I0644659

SAPERE

Scripta Antiquitatis Posterioris
ad Ethicam REligionemque pertinentia

Schriften der späteren Antike
zu ethischen und religiösen Fragen

Herausgegeben von

Rainer Hirsch-Luipold, Reinhard Feldmeier
und Heinz-Günther Nesselrath

unter der Mitarbeit von
Serena Pirrotta und Christian Zgoll

Band XVII

Synesios von Kyrene

Polis – Freundschaft – Jenseitsstrafen

Briefe an und über Johannes

eingeleitet, übersetzt und
mit interpretierenden Essays versehen von

Katharina Luchner, Bruno Bleckmann,
Reinhard Feldmeier, Herwig Görgemanns,
Adolf Martin Ritter,
Ilinca Tanaseanu-Döbler

Mohr Siebeck

ISBN 978-3-16-150655-0 (Leinen)
ISBN 978-3-16-150654-3 (Broschur)

Die Deutsche Nationalbibliothek verzeichnet diese Publikation in der Deutschen Nationalbibliographie; detaillierte bibliographische Daten sind im Internet über *http://dnb.d-nb.de* abrufbar.

© 2010 Mohr Siebeck Tübingen.

Das Werk einschließlich aller seiner Teile ist urheberrechtlich geschützt. Jede Verwertung außerhalb der engen Grenzen des Urheberrechtsgesetzes ist ohne Zustimmung des Verlags unzulässig und strafbar. Das gilt insbesondere für Vervielfältigungen, Übersetzungen, Mikroverfilmungen und die Einspeicherung und Verarbeitung in elektronischen Systemen.

Das Buch wurde von Nils Jäger, Christoph Martsch, Serena Pirrotta und Thorsten Stolper in der SAPERE-Arbeitsstelle in Göttingen gesetzt, von Gulde-Druck in Tübingen auf alterungsbeständiges Werkdruckpapier gedruckt und gebunden.

SAPERE

Griechische und lateinische Texte der späteren Antike (1.–4. Jh. n. Chr.) haben lange Zeit gegenüber den sogenannten ‚klassischen' Epochen im Schatten gestanden. Dabei haben die ersten vier nachchristlichen Jahrhunderte im griechischen wie im lateinischen Bereich eine Fülle von Werken zu philosophischen, ethischen und religiösen Fragen hervorgebracht, die sich ihre Aktualität bis heute bewahrt haben. Die – seit Beginn des Jahres 2009 von der Union der deutschen Akademien der Wissenschaften geförderte – Reihe SAPERE (Scripta Antiquitatis Posterioris ad Ethicam REligionemque pertinentia, ‚Schriften der späteren Antike zu ethischen und religiösen Fragen') hat sich zur Aufgabe gemacht, gerade solche Texte über eine neuartige Verbindung von Edition, Übersetzung und interdisziplinärer Kommentierung in Essayform zu erschließen.

Der Name SAPERE knüpft bewusst an die unterschiedlichen Konnotationen des lateinischen Verbs an. Neben der intellektuellen Dimension (die Kant in der Übersetzung von *sapere aude*, „Habe Mut, dich deines eigenen Verstandes zu bedienen", zum Wahlspruch der Aufklärung gemacht hat), soll auch an die sinnliche des „Schmeckens" zu ihrem Recht kommen: Einerseits sollen wichtige Quellentexte für den Diskurs in verschiedenen Disziplinen (Theologie und Religionswissenschaft, Philologie, Philosophie, Geschichte, Archäologie ...) aufbereitet, andererseits aber Leserinnen und Leser auch „auf den Geschmack" der behandelten Texte gebracht werden. Deshalb wird die sorgfältige wissenschaftliche Untersuchung der Texte, die in den Essays aus unterschiedlichen Fachperspektiven beleuchtet werden, verbunden mit einer sprachlichen Präsentation, welche die geistesgeschichtliche Relevanz im Blick behält und die antiken Autoren zugleich als Gesprächspartner in gegenwärtigen Fragestellungen zur Geltung bringt.

Vorwort zu diesem Band

Auch wenn die Auswahl der hier vorgestellten Briefe des Synesios eher schmal ist, haben die an der Entstehung des Bandes Beteiligten die Hoffnung, damit einen aufschlussreichen Einblick in das Briefcorpus dieser bemerkenswerten Persönlichkeit der Spätantike zu bieten. Am Beginn der Überlegungen zur Konzeption eines SAPERE-Bandes mit Synesios-Briefen stand der 43. Brief ‚An Johannes', der dem entsprechend die thematische Ausrichtung dieses Bandes wesentlich bestimmt. Ihm haben wir die anderen Briefe, in denen ein (nicht anderweitig zu identifizierender) ‚Johannes' erwähnt wird, voran- bzw. an die Seite gestellt, um so der enormen Wandlungsfähigkeit unseres Autors wenigstens exemplarisch Rechnung zu tragen. Ob Synesios bei dem in diesen Briefen immer wieder im Mittelpunkt stehenden ‚Johannes' tatsächlich jedes Mal an ein und dieselbe Person gedacht hat, wird in der Einleitung (u. S. 22–33) und dem Beitrag von Bruno Bleckmann (u. S. 211–215) diskutiert. Unabhängig von dieser Frage bieten die hier versammelten Texte einen Einblick in die stilistisch-literarische und inhaltliche Vielfalt der Briefkunst des Synesios. Allen, die am Zustandekommen dieses Bandes beteiligt waren, sei an dieser Stelle für ihre Hilfe und die gute Zusammenarbeit herzlich gedankt: den Kolleginnen und Kollegen, die mit ihren Beiträgen in diesem Band vertreten sind (hier ist vor allem Herwig Görgemanns zu nennen, auf dessen Idee die Entstehung dieses Bandes zurückgeht), den Herausgebern der Reihe SAPERE und den Mitarbeiterinnen und Mitarbeitern in der SAPERE-Arbeitsstelle, vor allem den geduldigen Korrekturleserinnen Serena Pirrotta und Balbina Bäbler.

München, April 2010 — Katharina Luchner

Inhaltsverzeichnis

A. Einführung

B. Text, Übersetzung und Anmerkungen

C. Essays

D. Anhang

A. Einführung

Einführung

Katharina Luchner

„Meine Werke sind meine Kinder: Die einen zeugte ich mit der aller erhabensten Philosophie (φιλοσοφία) und mit der Dichtkunst (ποιητική) – sie teilen sich ja ein Heiligtum; die anderen mit der Redekunst (ῥητορική), die zu aller Welt spricht. Trotzdem dürfte man erkennen, dass sie alle von ein und demselben Vater stammen, der bald ernsthafter Auseinandersetzung (σπουδή), dann aber wieder dem Amusement (ἡδονή) zuneigt."[1]

Diese Zeilen liest man als erstes, wenn man die Briefsammlung, der die Texte unserer Auswahl entnommen sind, aufschlägt. Synesios zeichnet hier, vermutlich gegenüber einem Dichterfreund aus Konstantinopel,[2] sich selbst als ambivalente Persönlichkeit (‚Ernst *vs.* Amusement') und begründet darin seine Vielseitigkeit als Schriftsteller (‚Philosophie und Dichtkunst *vs.* Rhetorik').[3]

So nimmt es nicht wunder, dass es immer wieder ein Suchen nach Grenzziehungen war, das die Forschung zu Synesios bestimmt hat: Grenzziehungen zwischen Synesios dem rhetorisierenden *homme de lettres* und dem Verfasser der philosophischen Schriften und Hymnen, zwischen dem Anhänger des Platonismus und dem christlichen Priester, zwischen dem Predigten verfassenden Bischof und dem gegen Wüstenstämme ausrückenden Feldherrn etc.[4] Gerade das obige ‚Vaterschaftsanerkenntnis' aller ‚Kin-

[1] Synesios, *Ep.* 1,1–5. Garzya 1989, 67 bemerkt lediglich „Da Cirene a Costantinopoli", Roques 1989, 225f. 2000 (Garzya / Roques), 1 Anm. 1 datiert auf 405. Synesios schreibt aus Kyrene an einen in *Ep.* 1 (und *Ep.* 75) vor allem als Dichter angesprochenen Nikandros, dessen Identität unsicher bleibt. *Ep.* 75 (*An Nikandros*) deutet darauf hin, dass er politischen Einfluss hat, hierzu Schmitt 2001, 749–751. Vielleicht ist Nikandros, wie Roques a.a.O. 1989, 225f. (s.a. Garzya 1979, 3) meint, mit dem Empfänger des in *Anth. Pal.* 9, 291 erhaltenen Gedichts des in Alexandria wirkenden Epigrammatikers Palladas identisch, s. *PLRE* II 781f. *s.v.* ‚Nicander (Νίκανδρος)'.

[2] Zur unsicheren Identität des Empfängers vgl. die vorangehende Anm.

[3] Der Gegensatz ‚Ernst'–‚Amusement' ist platonischen Ursprungs (z.B. *Symp.* 197E, *Gorg.* 481B/C, *Leg.* I 643B) und nimmt von dort seinen Weg durch die Zeiten bis hin zu Plotin (*Enn.* III 2,15,51–62. 3,8,1 *passim*), für weitere Belege s. Garzya / Roques 2000, 82f. Anm. 5. Synesios benutzt ihn immer wieder v.a. in seinem *Dion*, so implizit in seiner rühmenden Charakterisierung des Dion Chrysostomos (*Dion* 3,6–9), explizit ins Allgemeinere gewendet in *Dion* 12,1f. *et passim*, ebd. 14 *passim*, v.a. 14,7 *finis* (von Sokrates: παίζει τε καὶ σπουδάζει), hierzu Tinnefeld 1975, 147–149. Zum *Dion* s.u. S. 10.

[4] Zu diesen ‚Gegensätzen' s.u. 1.2, S. 9–16 zur Frage einer Positionierung des Synesios ‚zwischen Platonismus und Christentum' s.u. den Beitrag von I. Tanaseanu-Döbler. Ihre Monographie von 2008 stellt auch die letzte größere Auseinandersetzung zur Bekehrungsthese dar.

der' in all ihrer Verschiedenheit deutet jedoch schon an, dass im Fall des Synesios ein bloßes ,Auseinanderdividieren' wenig vielversprechend ist. Zwar lassen sich einzelne Werke oder Werkgruppen eher der ,ernsten', andere eher der ,heiter-scherzenden' Seite des Autors zuweisen. Auch sind in dem, was Synesios über sich und sein Leben erzählt, durchaus eindeutige Neigungen und Überzeugungen feststellbar, aber eben auch Widersprüche und Brüche. Eine einfache Formel, auf die all dies zu bringen wäre, lässt sich schwerlich finden.

In diesem Sinne versteht sich der folgende Überblick über Leben (1.1) und Werk (1.2) unseres Autors eher als Versuch, dem heutigen Leser einige wenige Seiten einer gerade in ihrer schillernden Vielfältigkeit faszinierenden Schriftstellerpersönlichkeit der Spätantike vorzustellen. Besonderes Gewicht lege ich dabei auf diejenigen Aspekte, die mir für das Verständnis der in unserem Band versammelten Texte hilfreich scheinen. Der zweite Teil informiert über die Sammlung, der unsere Briefe entstammen (2.1), und bietet einen ersten inhaltlichen Überblick über die Texte (2.2.1, 2.2.2, 2.2.3). Hinweise zur Benutzung dieses Bandes beschließen die Einführung (3).

1. Leben und Werk des Synesios von Kyrene

1.1. Ein Kuriale in Diensten seiner Stadt

Für Synesios' äußeres Leben sind wir nahezu ausschließlich auf das angewiesen, was er selbst uns mitteilt, so dass manch zeitliche Einordnung unpräzise bleibt, manch grundlegende Information nur erschlossen werden kann.[5]

Geboren wird Synesios, wohl in den frühen 70er Jahren des 4. Jh.s n. Chr.[6] als Sohn einer der führenden Familien von Kyrene, einer der nach Ptolemais wichtigsten Städte der libyschen Pentapolis.[7] Nur erschließen können wir den Namen seines Vaters Hesychios.[8] Kaum etwas wissen wir

---

[5] Synesios' Biographie steht schon immer im Zentrum des Interesses der Forschung; wichtige Beiträge stammen von Crawford 1901 und Grützmacher 1913 (die freilich in zahlreichen Einzelaspekten als überholt angesehen werden müssen) sowie Coster 1940/41, Lacombrade 1951a, Bregman 1974. 1981, Roques 1987. 1989, Roos 1991, Cameron / Long 1993, 28–35, Schmitt 2001.

[6] Die Angaben für das Geburtsdatum schwanken zwischen ca. 350 und 380, für die ältere Diskussion s. Lacombrade 1951b,13, Bregman 1982, 17 Anm. 1, Roques 1989, 21f. Neuere Forschung tendiert, wie bereits Lacombrade a.a.O., zu einer Datierung auf 370 (Roques 1989, 23–35) bzw. in die frühen 370er Jahre (Schmitt 2001, 146), so auch Vollenweider 2002, 598 („um 370") und Louth 2001, 524 („ca. 370").

[7] Die ,Pentapolis' liegt im Westen der Kyrenaika, s. Roques 2008, sowie u. Anm. 6 zu *Ep.* 94 und u. S. 207f.

[8] Dies hatte bereits 1913 Maas aus *Hymn.* 7,31 (Ἡσυχιδᾶν δόμος) sowie dem Namen des ältesten Sohnes des Synesios (*Ep.* 55,11f.), überlicherweise homonym mit dem Großvater

über seine Mutter und die beiden Schwestern.[9] Lediglich sein älterer Bruder Euoptios gewinnt durch die Briefe, die Synesios an ihn richtet, gewisse Konturen.[10] Etliche Mitglieder der Herkunftsfamilie hatten senatorischen Rang. Dass dies auch auf Synesios' nächste Verwandte bzw. ihn selbst zutrifft, ist eher unwahrscheinlich.[11] Unklar ist auch die religiöse Ausrichtung der Familie. Ging ältere Forschung wiederholt davon aus, dass Synesios erst spät im Leben getauft wird, nimmt man heute eher an, dass bereits die Herkunftsfamilie christlich ist.[12] Die Stadt, in die Synesios hineingeboren wird, liegt inmitten eines seit Jahrhunderten zutiefst griechisch geprägten Kulturraums,[13] so dass es nichts Außergewöhnliches ist, wenn Synesios die Wurzeln seiner Familie auf einen Heros der griechischen Kernlande, auf „Eurysthenes, der die Dorer nach Sparta gebracht hat", zurückführt.[14] Die damit umrissene soziale und geographische Herkunft als Kuriale der Kyrenaika prägen Synesios' gesamtes äußeres Leben.

So entspricht seine Ausbildung ganz dem, was man bei einem Angehörigen auch der provinzialen Oberschicht der Spätantike erwartet:[15] Synesios' gesamtes späteres Schreiben und Denken bezeugt nämlich eine umfassende Kenntnis der in der paganen Schultradition gelesenen Autoren

---

väterlicherseits, erschlossen; ihm folgt noch Schmitt 2001, 147, ebd. 148–157 zu inschriftlicher Evidenz und weiteren Familienmitgliedern.

[9] Den Namen von Synesios' Mutter kennen wir nicht; *Hymn.* 7,29ff. zusammen mit *Ep.* 75,3 erlaubt den Rückschluss auf zwei Schwestern, von denen aber nur eine, Stratonike, namentlich bekannt ist, s. Schmitt 2001, 209–218, dort auch eine Diskussion der vorgängigen Forschung.

[10] Zu Euoptios s. *PLRE* II 422 *s.v.* ‚Euoptius'; von ihm wissen wir, so er nicht, wie *PLRE* a.a.O. annehmen, 431 der Bischof gewesen ist, der Ptolemais auf dem Konzil von Ephesos vertrat, nur aus Synesios; s. u. S. 24.

[11] Für den senatorischen Rang entfernterer Teile von Synesios' Familie sprechen sich aus Coster 1940/41, 151 Anm. 8, Roques 1987, 132, B. Näf, *Senatorisches Standesbewußtsein in spätrömischer Zeit* (Freiburg i. Ue. 1995), 256; Schmitt 2001, 228–242, hier 232 versucht für Euoptios und damit dann auch (ebd. 239f.) für Synesios selbst senatorischen Rang zu erweisen.

[12] Vor allem in den *Hymnen* meinte man Passagen zu finden, die nur in einem rein paganen Denken Gültigkeit haben konnten, dagegen bereits Festugière 1945, 269, Marrou 1952, 478; dies korrespondierte mit der Nachricht bei Euagrios Scholastikos (*h.e.* 1,15), nach der Synesios' Taufe in die Zeit nach der Wahl zum Bischof gehöre. Long 1992, 373f. und Cameron / Long 1993, 28–35 zeigen, dass diese Nachricht unglaubwürdig ist und gehen davon aus, dass Synesios bereits als Christ geboren und aufgewachsen ist, Schmitt 2001, 195–201 nimmt zusätzlich die Taufe im Kindesalter an.

[13] S. Müller 2004, Roques 1987 mit Cameron 1992 sowie Roques 2008.

[14] So *Ep.* 41,241, ähnlich *Ep.* 113,17 (Λάκων γὰϱ ἄνωθέν εἰμι), *Hymn.* 3,36–39 (Kyrene und Sparta), *catast.* 2,5,1 (Geschlecht reicht bis Herakles hinab). Man hat diese Angaben in Zusammenhang mit der sozialen Stellung der Vorfahren des Synesios gebracht, s. Liebeschuetz 1990, 159; zu ähnlichen Ableitungen der eigenen Herkunft Garzya / Roques 2000, 137 Anm. 88.

[15] Einen detaillierten Blick auf die spätantike Ausbildung der Eliten bietet E. Cribiore, *The School of Libanius in Late Antique Antioch* (Princeton/Oxford 2007).

der ‚großen Zeit Griechenlands'.[16] Homer, die Historiker, die attischen Redner, Komödie und Tragödie und, nicht zuletzt, Xenophon und Platon gehören für Synesios zum stets gegenwärtigen Referenzrahmen. Hinzu kommen kaiserzeitliche Autoren, vor allem der Redner und Philosoph Dion von Prusa.[17] Konkret fassbar werden uns Synesios' Studienjahre in zwei Reisen in den 90er Jahren.[18] Die erste führt ihn nach Alexandria, wo er längere Zeit bei der neuplatonischen Philosophin Hypatia studiert. Obwohl sie sicherlich zu den prominentesten Intellektuellen ihrer Zeit gehörte, wissen wir über sie kaum mehr, als dass sie vermutlich einen stark auf mathematisch-naturwissenschaftliche Fragestellungen ausgerichteten Zweig des Platonismus repräsentierte.[19] Synesios wird ihr ein Leben lang in schwärmerischer Ergebenheit anhangen.[20] Die zweite führt Synesios an den zentralen Ort eben jener ‚großen Zeit Griechenlands', den er aus den studierten Texten als „Herdstelle der Weisen"[21] zu kennen meinte. Die Reise nach Athen freilich bleibt bloßer Versuch. Zu wenig findet Synesios in der Stadt seiner Tage von dem erhofften Sehnsuchtsort und reist deshalb rasch wieder ab.[22]

Synesios' Studienzeit ist damit abgeschlossen. Wenig später realisiert er – nach eigenen Angaben nur widerwillig[23] – die hervorgehobene Stellung seiner Familie durch die entsprechende politische Tätigkeit. Er reist, wohl Ende der 90er Jahre,[24] nach Konstantinopel, um bei Kaiser Arcadius (*reg.*

[16] Bregman 1982, 19 weist zu Recht darauf hin, dass wir nahezu ausschließlich aus dem später vorhandenen Wissen auf die Ausbildung des Synesios schließen können; ein Überblick über die Zitate aus klassischen Autoren findet sich in Crawford 1901, ‚Appendix D', Hauck 1911.

[17] Damit teilt Synesios eine Tendenz seiner Zeit, s. u. S. 10f.

[18] Die Datierung der Reisen ist unklar: Bregman 1982, 20 datiert in die früheren, Roques 1989, 87–103 (Alexandria). 161f. (Athen) erst in die späten 90er Jahre.

[19] Die Literatur zu Hypatia (*PLRE* II 575f. *s.v.* ‚Hypatia 1') ist Legion. Einen Überblick geben Dzielska 1998. 2008, Lacombrade 2001. Die Zeugnisse sind jetzt bequem zugänglich in H. Harich-Schwarzbauer, *Hypatia. Die Testimonien zur alexandrinischen Philosophin* (Graz 1997). Zum alexandrinischen Neuplatonismus s. Marrou 1964, Hadot 1978. 2004, Lamoureux / Aujoulat 2004.

[20] Von den neueren Beiträgen zu Hypatias Bild in den Briefen des Synesios seien stellvertretend für andere genannt Hose 2001, Harich-Schwarzbauer 2002. Eine deutsche Übersetzung bieten Vogt 1985, 84–91, Kehl 2002.

[21] So *Ep.* 136,18: ἑστία τῶν σοφῶν.

[22] Synesios mag sich auch von der Art des Neuplatonismus, der in Athen gelehrt wurde (s. Watts 2006), abgestoßen gefühlt haben; in *Ep.* 136 (*An den Bruder*), der den enttäuschenden Besuch schildert, ist seine Kritik grundlegender: In Athen gebe es gar keine Philosophie mehr (Z. 10f.), auch die entsprechenden Bauten seien verfallen (ebd. 11–15); allein in Alexandria bei Hypatia gebe es noch wahre Philosophie (ebd. 16f.).

[23] So *De ins.* 14,4.

[24] Ältere Forschung datierte die Gesandtschaftsreise im Anschluss an Seeck 1893, 462 auf 399–402, so von den Neueren auch Lacombrade 1951b, 100, Bregman 1982, 49, Gruber 1991, 11f., Hagl 1997, 63–70. Insgesamt setzt sich in der Forschung der neueren Zeit wieder die ältere Datierung auf 397–400 durch, s. Barnes 1986, 104, Cameron 1987, Cameron / Long 1993, 102, Schmitt 2001, 243–250.

383–408) das ‚Kranzgold' (*aurum coronarium*) zu entrichten und für seine Provinz eine Steuererleichterung zu erwirken. Über den tatsächlichen Erfolg dieser Mission wissen wir nichts,[25] lediglich über Kontakte, die Synesios in dieser Zeit knüpft, so beispielsweise zu dem Prätorianerpräfekten Aurelianos.[26] Insgesamt scheint die Angelegenheit sich, auch aufgrund einer Krise in Konstantinopel selbst, arg verzögert zu haben, so dass Synesios etwa drei Jahre im Umfeld des Hofes lebt.[27] Auf dem Rückweg trifft er in Alexandria seine Frau, wird dort, wohl 403 oder 404,[28] vom Patriarchen Theophilos (*reg.* 385–412)[29] getraut und verbringt im Anschluss ein paar wohl eher ruhige Jahre auf seinem Landgut Anchemachos in der Nähe von Kyrene. In diese Jahre fällt auch die Geburt des ältesten Sohnes. Insgesamt hat Synesios drei Söhne, von denen keiner den Vater überlebt.[30]

Aufs Ganze gesehen aber sind die zehn Jahre, die auf die Rückkehr nach Kyrene folgen, geprägt von Aufgaben, die von außen an Synesios herangetragen werden. Wohl ab den frühen Jahren des 5. Jhs. muss er wiederholt die lokale Selbstverteidigung gegen in die Kyrenaika einfallende Völker organisieren.[31] Wohl 411[32] schließlich ergeht an ihn durch eben jenen

[25] Schmitts 2001, 275–288 Versuch, die Rolle des Synesios bei diesem Aufenthalt vor allem entlang der Linien von Camerons 1965 ‚wandering poets' zu bestimmen, vermag trotz der in dieser Zeit entstandenen Werke (s. u. S. 12f.) nicht zu überzeugen. Synesios handelt eher wie die ‚Sophisten' der von ihm verehrten Kaiserzeit.

[26] S. *PLRE I* 128f. *s.v.* ‚Aurelianus 3'. Er ist der Adressat der *Epp.* 31. 35. 47, erwähnt wird er in *Ep.* 61,16 und figuriert als eine der Hauptpersonen in *De prov.* (s.u. S. 12f.). Zu den Briefen sowie Synesios' Verhältnis zu ihm s. Albert 1984, 192, Liebeschuetz 1984. 1990, 137f., Roques 1989, 210–212, Cameron 1993, 190, Schmitt 2001, 339–341.

[27] Zur Gotenkrise s. Albert 1984, Hagl 1997, 34–62; für einen Überblick über Datum, Finanzierung und Zweck der Reise, auch in der älteren Forschung, s. Schmitt 2001, 243–261.

[28] Die Datierung der Eheschließung ist umstritten, ebenso, ob man aus ihr Schlüsse auf Synesios' Karriere ziehen darf: Schon Lacombrade 1951b, 218 Anm. 16 und nach ihm Bregman 1982, 60 („Synesius' Christian marriage suggests the ... conjecture that he was or was about to become a catechumen"), Schmitt 2001, 458–461 sieht die Trauung als Parteinahme des Synesios für Theophilos in innerkirchlichen Streitigkeiten.

[29] Zu Theophilos s. *DThC* 15, 523–530. Der Einfluss des Theophilos bleibt für den weiteren Lebensweg des Synesios prägend. In den Briefen, in denen er als Adressat fungiert (*Epp.* 9. 66–69. 76. 80. 90) dominiert der respektvoll-demütige Ton gegenüber dem „Vater Theophilos" als kirchlichem Vorgesetzten; eine andere Sprache spricht *Ep.* 105, s. hierzu unten Anm. 35.

[30] Synesios hatte drei Söhne: Auf den ältesten, Hesychios, folgten Zwillinge; alle drei sterben in den letzten Lebensjahren des Synesios, s. hierzu H. Seng, „Die Söhne des Synesios", *Studia Patristica* 34 (2001) 227–234, Schmitt 2001, 751f., ebd. zur Frage einer Tochter des Synesios.

[31] Schmitt 2001, 555f. datiert die dramatische Zuspitzung der militärischen Lage in Libyen in das Jahr 405, ebd. 566–583 zum ‚Krieg' gegen die Wüstenstämme, hierzu auch u. S. 219f.

[32] Auch hier ist die Chronologie (sie leitet sich aus einer Kombination der *Epp.* 13 und 67 ab) schwierig, vgl. für Diskussion und ältere Literatur T.D. Barnes, „When did Synesius become bishop of Ptolemais", *GRBS* 27 (1986) 326–329, Liebeschuetz 1986, 180f., Schmitt 2001, 52–55.

Theophilos, der ihn getraut hatte, die Aufforderung, Bischof der Pentapolis zu werden. Beides wird man heute vor allem als Symptom einer militärisch und administrativ zunehmend geschwächten staatlichen Zentralgewalt sehen. Weder die Notwendigkeit eines Selbstverteidigungskommandos noch die Berufung gerade eines Kurialen zum Bischof stellt nämlich einen Einzelfall dar.[33] Synesios reagiert auf die Berufung – ebenfalls: wie mancher seiner Kollegen[34] – zunächst mit harscher Abwehr: Weder intellektuell noch spirituell sehe er sich zu diesem Amt in der Lage; zentrale Inhalte der christlichen Lehre erkenne er nur unter Vorbehalt an; vollends die ihm empfohlene Trennung von seiner Frau lehnt er harsch ab: „...vielmehr ist es mein Wille und Wunsch, dass mir noch recht viele tüchtige Kinder zuteil werden".[35] Trotzdem fügt er sich, den eigenen Aussagen nach unter äußerem Druck,[36] und wird, wohl am Neujahrstag 412, zum Bischof geweiht.

Das neue Amt stellt ihn vollends mitten in das Spannungsfeld zwischen weltlicher und kirchlicher Administration einerseits (vgl. seinen Konflikt mit dem *Praeses Libyae superioris* Andronikos)[37] und der Bedrohung durch die immer heftiger andrängenden Wüstenvölker andererseits. Für Synesios war beides, die innere Schwäche des Staates, die sich seiner Meinung

---

[33] Vgl. Hübner 2005, 265: Die Ausbildung der Kurialen ermöglichte „gleichermaßen ... eine Karriere im Staatsdienst und in der Kirche. Kuriale finden sich auf dem Stuhl des Patriarchen, auf den Erzbischofs- und Bischofsstühlen in den Provinzen und im Klerus der Kathedralkirchen."

[34] So weigert sich beispielsweise auch Gregor von Nazianz zunächst, das ihm angetragene Priesteramt anzunehmen und betrachtet noch in der Lebensrückschau diesen Schritt als erzwungen (*carm.* 2,1,11), wie er auch bemerkt, „dass keiner des großen Gottes Opfers und Priesters würdig ist, der sich nicht zuvor selbst als lebendiges Opfer Gott geweiht hat." (*or.* 20,4). – Gregors Weigerung gleicht bis in einzelne Wendungen hinein der des Synesios; es scheint somit zweifelhaft, bei letzterem, wie oft geschehen (s. u. Anm. 35), den Aspekt einer ‚Gewissensentscheidung' zu einseitig zu betonen; mindestens ebenso wichtig dürfte Synesios gewesen sein, dass es absehbar war, dass ihm ein kirchliches Amt keinerlei Muße für seine intellektuellen Interessen mehr lassen würde (s. *Ep.* 105,27–37).

[35] Vgl. *Ep.* 105, zu den genannten Punkten v.a. Z. 11f. 54–60. 82–90; das Zitat findet sich ebd. Z. 74f.: ἀλλὰ βουλήσομαί τε καὶ εὔξομαι συχνά μοι πάνυ καὶ χρηστὰ γενέσθαι παιδιά. – *Ep.* 105 ist das zentrale Zeugnis für den Schritt hin zum Bischof und wurde dementsprechend häufig, oftmals im Kontext der ‚Bekehrungsproblematik' bzw. der Frage nach Synesios' Haltung zum Christentum behandelt, vgl. J. Stiglmayr, „Synesius von Kyrene, Metropolit der Pentapolis", *Zeitschrift für die Katholische Kirche* 38 (1914) [509–563], 533–550, Lacombrade 1951b, 213–228, Marrou 1952. 1964, Garzya 1981, Bregman 1982, 155–163, Vollenweider 1989, 183–189. 203–213, Sirinelli 1989, Dihle 1990, Schmitt 2001, 21–24. S. a. u. S. 132–135. – Eine deutsche Übersetzung mit Einführung bietet Vogt 1985, 1–13. 94–98.

[36] So *Ep.* 96,1–3: „Ich rufe Gott als Zeugen an, ihn, den Philosophie und Freundschaft in gleicher Weise preisen, dass ich viele Tode dem Priesteramt vorgezogen hätte."

[37] Zu Andronikos vgl. *PLRE* II 89f. *s.v.* ‚Andronicus 1'; zum Konflikt Lacombrade 1951b, 237–243, R. Lizzi, *Il potere episcopale nell'Oriente romano* (Rom 1987) 85–116, Roques 1987, 169–213, 1989, 137–159 sowie u. S. 217 und im Essay von Tanaseanu-Döbler, Abschnitt 4.2, S. 140–146.

nach in verkommenen Statthaltern wie Andronikos manifestierte, und die zunehmende Bedrohung von außen, nicht voneinander zu trennen. So ruft der Prediger Synesios in zorniger Verzweiflung über das, was er als völlige Korrosion der ihn umgebenden Verhältnisse empfindet (*catast.* 2,3,1):

> „O wehe über den alten Stolz der Römer! *Sie*, die allerorten alles besiegten, *sie*, die Länder mit Siegeszeichen zusammenbanden, *sie* laufen jetzt unter dem Ansturm eines elenden Nomadenstammes Gefahr, die libyschen Gebiete zusammen mit den hellenischen zu verschleudern, und dazu auch noch das ägyptische Alexandria!"

Alles sieht dieser Synesios durch die ‚Schwäche der Römer' in Gefahr: die geographisch-kulturelle Heimat (‚die libyschen und hellenischen Gebiete') und das geistig-geistliche Zentrum seines Lebens (‚Alexandria'). Dieser Aufschrei gehört mit zum Letzten, was wir von ihm hören.[38]

Wann genau und unter welchen Umständen Synesios stirbt, wissen wir nicht. Vielleicht ist er bei einer der zahlreichen, von ihm stets beklagten militärischen Auseinandersetzungen ums Leben gekommen, vielleicht aus Kummer über den Verlust seines letzten Sohnes gestorben. Nach wohl spätestens 413 verlautet nichts mehr von ihm.[39]

1.2. ‚Bald Ernst, … bald Amusement': Philosophie und Rhetorik im Werk des Synesios

Etwa 43 Jahre ist Synesios alt geworden und dem entsprechend hat er ein Werk von eher schmalem Umfang hinterlassen. Neben den bereits erwähnten Briefen (auf die im Anschluss unter 2.1 noch genauer einzugehen sein wird) besitzen wir von ihm sechs Prosaschriften, ebenfalls vergleichsweise geringen Umfangs, wenige kürzere Predigten sowie die berühmten *Hymnen*.[40] Sieht man zunächst von den *Hymnen* ab, die auch innerhalb ihrer Gattung eine Sonderstellung einnehmen,[41] und fasst dieses Oeuvre als Ganzes in den Blick, so mag einem unwillkürlich jene ῥητορικὴ φιλοσοφοῦσα (*rhetorike philosophousa*) einfallen, die Brancacci im Sinne eines gar nicht voneinander Getrennt-Werden-Könnens von Rhetorik und Philosophie seiner Monographie über Dion von Prusa in den Titel geschrieben hat.[42] Mit Dion teilt Synesios das forschungsgeschichtliche Schicksal,

---

[38] Aujoulat folgt Roques 1989, 139–143 und datiert auf Juni 411 (Lamoureux / Aujoulat 2008b, 201).

[39] Meist datiert man den Tod des Synesios in dieses Jahr, s. z.B. Garzya / Roques 2000, IX, anders Liebeschuetz 1986, 195, der annimmt Synesios sei erst nach 414 gestorben.

[40] Nicht erhalten sind uns die *Kynegetikai* (‚Jagdgeschichten'), erwähnt *Ep.* 101,10. 154,14, vielleicht stellt *Ep.* 74 ein Begleitschreiben zu dieser Schrift dar; um welche Art von Werk es sich handelt, ist umstritten, Asmus 1900, 147 ging von Dichtung aus, ihm folgt Schmitt 2001, 299–304.

[41] Zu diesen u. S. 15f.

[42] Ursprünglich benutzt Philostratos (*VS* 1,480) den Ausdruck zur Definition der Sophistik der klassischen Zeit. Brancacci 1985 versteht ihn, wie eben bemerkt, eher im Sinne einer „*eloquentia-philosophia*" (15).

dass man nichtsdestotrotz eben eine solche Trennung immer wieder unternommen hat. Zu diskrepant schien das synesianische ‚Bald Ernst, ... bald Amusement'. Und so wollte man die beiden Seiten wenigstens durch ein einschneidendes inneres Erlebnis wie eine ‚Bekehrung', etwa von der Rhetorik zur Philosophie, in dann wenigstens zeitliche Distanz zueinander setzen.[43] Ein ‚jugendlicher Sophist' wäre dann von einem gleichsam geläuterten, ‚reifen Philosophen' abgelöst worden. Dion von Prusa betrachtet man längst differenzierter und scheidet nicht mehr schematisch zwischen ‚sophistischen' und ‚philosophischen' Schriften.[44] Für Synesios, zumal für den Synesios der Briefe steht eine solche differenziertere Betrachtungsweise teilweise noch aus.[45]

Dass Synesios überhaupt in solche Nähe zu dem Rhetor und Philosophen der Flavierzeit geraten konnte, hat er freilich, sozusagen, selbst verschuldet.[46] Dion ist ihm im *Lob der Kahlheit*[47] nicht nur literarische Herausforderung, sondern in seiner homonymen Schrift *Dion*[48] auch (auto-)biographisches Leitgestirn. In diesem Rückbezug auch und gerade auf Autoren der frühen und hohen Kaiserzeit ist Synesios in seiner Zeit kein Einzelfall (man denke etwa an den über einem Porträt des Aelius Aristides in Verzückung geratenden Libanios[49]). Nicht unzutreffend hat man deshalb in der Forschung der letzten Jahrzehnte begonnen, in der Spätantike, zumal im 4. Jh., eine ‚Dritte Sophistik'[50] anzusetzen, zu deren Exponenten dann auch Synesios in vielen Facetten seines Werkes zu zählen wäre:[51] Wie ihre Vorbilder in der frühen und hohen Kaiserzeit legen diese

---

[43] Schmitt 2001 stellt den umfassendsten Versuch in jüngerer Zeit dar. Er geht bei seiner These von der ‚Bekehrung' (vgl. den Titel) vor allem von einer Interpretation des *Dion* aus, die jedoch nicht in allen Aspekten auf Zustimmung gestoßen ist, vgl. beispielsweise die Rezensionen von H. Seng, *Gymnasium* 110 (2003) 290–293, H. Harich-Schwarzbauer, *Gnomon* 78 (2006) 401–408.

[44] Den entscheidenden Wendepunkt stellte spätestens J. L. Moles, „The career and conversion of Dio Chrysostom", *JHS* 98 (1978) 79–100 dar, der den Faktor autobiographischer Selbststilisierung stark machte. Einen Überblick über die Dion Chrysostomos-Forschung gibt S. Swain (Hg.), *Dio Chrysostom: politics, letters, and philosophy* (Oxford 2000).

[45] Zu einer Verortung der synesianischen Rhetorik quer durch die von ihm gebrauchten Prosa-Genres (also nicht nur in den von den Vertretern der ‚Bekehrungsthese' in eine sophistische Jugendphase gesetzten Werke) bis hin zu den Briefen vgl. beispielsweise Roques 2006, zu Synesios' Beitrag zur literarischen Auseinandersetzung mit Homer in der Spätantike vgl. Pizzone 2006.

[46] Hierzu Asmus 1900, Brancacci 1985, 137–197, H. Seng, „Die Kontroverse um Dion von Prusa und Synesios von Kyrene", *Hermes* 134 (2006) 102–116.

[47] Zum *Lob der Kahlheit* s. u. S. 11.

[48] Zum *Dion* s. u. S. 14f.

[49] Vgl. Libanios, *Ep*. 1534 Förster.

[50] Zum Begriff einer ‚Dritten Sophistik', der vor allem auf Pernot 1993 I 14 Anm. 9 zurückgeht, und von Amato u.a. 2006 aufgegriffen wurde, s. jetzt Stenger 2006, 16 mit Anm. 69, dort weitere Lit.

[51] Einen Überblick bietet Amato u.a. 2006, darin zu Synesios Roques 2006. Speziell zur

Autoren Wert auf attizistische Diktion, schöpfen inhaltlich, aber vor allem auch stilistisch-formal aus der paganen Tradition der ‚großen Zeit Griechenlands' und integrieren in einen dergestalt stark rhetorisch aufgeladenen παιδεία-Begriff auch Wissensbereiche, die in vorgängigen Diskursen als eher rhetorikfern, wenn nicht gar rhetorikfeindlich angesehen wurden. Und doch stehen sie, und mit ihnen Synesios, in vielerlei Hinsicht in ganz anderen politischen, sozialen, und – von beidem nicht zu trennen – philosophischen und spirituell-religiösen Zusammenhängen als ihre kaiserzeitlichen Vorbilder.[52]

So finden sich in Synesios' Oeuvre Werke, deren Entstehen sich wohl unter anderem ganz wesentlich dem Impuls verdankt, die Grenzen des in der ‚Zweiten Sophistik' Erreichten weiter auszuloten. Dies gilt insbesondere für das bereits erwähnte *Lob der Kahlheit* sowie die *Königsrede* und *Über das Geschenk*.

Das *Lob der Kahlheit* (Φαλακρίας ἐγκώμιον, *Calv.*)[53] wird explizit als Replik auf Dions *Lob des Haares* – Synesios nennt letzteres ‚brillant' (λαμπρόν)[54] – eingeführt. Tatsächlich ‚brilliert' Synesios in seinem *Lob* selbst, indem er Wortwitz mit eleganter Phraseologie, antiquarische mit mythologischer Gelehrsamkeit, ironischen Eifer mit offenem Scherz verbindet. Die *Königsrede* und *Über das Geschenk* sind wohl beide im Zusammenhang mit der Gesandtschaftsreise nach Konstantinopel entstanden. Die *Königsrede* (Εἰς τὸν αὐτοκράτορα περὶ βασιλείας, *De reg.*) wurde ursprünglich für den Vortrag vor Arkadios am Hof von Konstantinopel verfasst.[55] Sie

---

Wechselwirkung zwischen Rhetorik und Philosophie im vierten Jahrhundert s.a. R. J. Penella, *Greek Philosophers and Sophists in the Fourth Century A.D. Studies in Eunapius of Sardis*, ARCA, Classical and Medieval Texts, Papers and Monographs 28 (Leeds 1990).

[52] Auf diese Differenz weist zu Recht mit Nachdruck Stenger 2006, 16 hin, wenn er „das allmählich vorhandene Bewusstsein" konstatiert, „daß die gegenüber der Kaiserzeit veränderten politischen, gesellschaftlichen und religiösen Rahmenbedingungen sich auf die Produktion von Literatur niedergeschlagen haben müssen."

[53] Die Datierung ist schwierig und schwankt dem entsprechend zwischen 396/7 und (nicht zu lange) vor 405/6, s. Lamoureux / Aujoulat 2004, 1–10. Gegen die vor allem auf die Vorstellung von einem ‚jugendlichen Sophisten Synesios' gegründete Frühdatierung (so beispielsweise noch Vollenweider 2002, 579: „vielleicht ein Frühwerk") spricht vor allem Fitzgeralds 1930 Untersuchung des Klauselrhythmus, der *Calv.* eher in die Zeit nach (?) den *Katastaseis* (s. u. S. 15) verweist (a. a. O. 69–71). – Eine deutsche Übersetzung bietet W. Golder (Hg.), *Synesios von Kyrene – Lob der Kahlheit*. Übersetzt, kommentiert und mit einem Anhang versehen. Zweisprachig griechisch–deutsch (Würzburg ²2007).

[54] Vgl. den Beginn des Werks (*Calv.* 1,1): Δίωνι τῷ χρυσῷ τὴν γλῶτταν ἐποιήθη βιβλίον, κόμης ἐγκώμιον, οὕτω δή τι λαμπρὸν ὡς ἀνάγκην εἶναι παρὰ τοῦ λόγου φαλακρὸν ἄνδρα αἰσχύνεσθαι.

[55] Das exakte Jahr, in das man *De reg.* setzt, hängt von Details der Gesandtschaftsreise ab, einen Überblick bietet jetzt Lamoureux / Aujoulat 2008a, 11–26, ebd. 26–35 auch zur Frage des Genres. Pernots 1993 I 38 Definition des λόγος στεφανωτικός entspricht *De reg.* in zahlreichen Aspekten, so auch Schmitt 2001, 35. Die Forschung behandelte *De reg.* v.a. im Horizont der Frage nach dem spätantiken Kaisertum, s. Cameron / Long 1993, 103–142, H.

erinnert, zumal in der uns vorliegenden, wohl erweiterten und überarbeiteten Fassung, in mancherlei Hinsicht an die unter dem gleichen Titel seinerzeit in Rom vorgetragenen ‚Fürstenspiegel *avant la lettre*', nicht zuletzt auch hier wieder an die *Königsreden* des Dion Chrysostomos.[56] *Über das Geschenk* (Περὶ τοῦ δώρου, *De dono*) begleitete ein *Planisphaerium* für den, wiederum in Konstantinopel, einflussreichen Gönner Paionios.[57] Die Verschränkung von naturwissenschaftlicher, zumal astronomischer Gelehrsamkeit und Panegyrik ist von der Sache her spätestens im Hellenismus grundgelegt. In der konkreten Durchführung jedoch ist auch dieses Werk ohne die Kaiserzeit nicht denkbar. Dass es sich bei diesen Texten immer auch um *rhetorike philosophousa* handelt, gilt auch für das wiederholt als ‚sophistischstes' der synesischen Werke bezeichnete *Lob der Kahlheit*.[58] Gerade dort, wo sich sein Sprecher im Kern des ‚Lobes' zu einer zunächst absurd anmutenden These zu versteigen scheint, indem er das ‚Kahle' als Entsprechung des Göttlichen preist, blitzt in der Brechung der *Epideixis* (‚Schaurede') eine Kosmologie auf, deren Wurzeln im platonischen *Timaios* liegen.[59]

Im letzten der im Kontext der Reise nach Konstantinopel entstandenen Werke,[60] den *Ägyptischen Erzählungen* (Alternativtitel: *Über die Vorsehung*,

---

A. Gärtner, „Des Synesios Rede über das Königtum. Tradition und Aktualität", in: G.W. Most, H. Petersmann, A.M. Ritter (Hg.), *Philanthropia kai Eusebeia*. Festschrift A. Dihle (Göttingen 1993) 105–121, Hagl 1997, 63–102. Immer noch wichtige Hinweise enthält Lacombrade 1951b. Eine deutsche Übersetzung bietet J. G. Krabinger, *Synesios des Kyrenäers Rede an den Selbstherrscher Arkadios oder über das Königthum* (München 1825).

[56] Hierzu H. Brandt, „Die Rede περὶ βασιλείας des Synesios von Kyrene – Ein ungewöhnlicher Fürstenspiegel", in: F. Chausson / E. Wolff (Hgg.), *Consuetudinis Amor. Fragments d'histoire romaine (IIe - VIe siècles) offerts à Jean-Pierre Callu*, Saggi di storia antica 19 (Rom 2003) 57–70. Zur Verschränkung von Philosophie und Rhetorik auch in diesem Werk s. Roques 2006, 266.

[57] Die genaue Identität des Paionios lässt sich nicht klären, s. Cameron / Long 1993, 84–91, Schmitt 2001, 277, Lamourex / Aujoulat 2008b,163–165, ebd. 165–172 die wichtigsten Stationen der Forschungsgeschichte. G. Stramondo, *Sinesio. A Paeonio sul dono* (Catania 1964) ist großteils in die Anmerkungen bei Lamourex / Aujoulat 2008b eingegangen. Eine deutsche Übers. bietet Vogt 1985, 51–58.

[58] Vgl. in diesem Sinn z.B. Lacombrade 1951b, 82f.: „L'inanité même du sujet offre en la matière les limites extrêmes de l'art sophistique." Ihm antwortet Garzya 1989, 17 zurecht: „Ha la veste d'una giocosa μελέτη sofistica, ma è qualcosa di più ..."; s.a. die folgende Anm. 59.

[59] Vgl. *Calv.* 8 (cf. 7. 10), wo wiederum ‚Ernst' in den ‚Scherz' hineinkommt, in diesem Sinne Garzya 1989, 17: „un *excursus* ... che, nonostante il suo quanto mai labile legame con l'argomento (calvi son gli astri, chiomate le comete...) permette all'autore di introdurre alcuni pensieri „serî", i quali vanno ad aggiungersi agli altri sparsi elementi della speculazione sinesiana."

[60] Die Datierung von *De prov.* ist schwierig: Bereits Lacombrade 1951b, 314f. hatte die Jahre 400–402 als Abfassungszeitraum vorgeschlagen und trifft damit heute eher wieder auf Akzeptanz, s. Aujoulat (in Lamoureux / Aujoulat 2008b, 7, der freilich ebd. bemerkt: „le débat paraît toujours ouvert.", ebd. 1–7 für einen Überblick zur Diskussion. Nicht

Αἰγύπτιοι λόγοι ἢ περὶ προνοίας, *De prov.*) gelingt Synesios ein Schritt über das Ausloten der Tradition hinaus: Er kleidet die Gotenkrise der Jahre 399/400[61] in die allegorisch aufzulösende Erzählung des ägyptischen Mythos von Osiris und Typhos. Damit schafft er – bei allen Anregern und Vorbildern im Einzelnen – etwas völlig Neues, eine Art ersten ‚Schlüsselroman' der griechischen Literatur.[62] Für die Zeitgenossen müssen alle Figuren eindeutig identifizierbar gewesen sein. Die Forschung gerade der letzten Jahrzehnte hat viel Mühe darauf verwandt, auch für uns noch die feineren Verästelungen des Geschehens transparent zu machen.[63] Einigkeit herrscht darüber, dass mit Osiris der im Jahr der Krise amtierende Prätorianerpräfekt Aurelianos (*cos.* 400)[64] gemeint ist. Und wieder gibt sich Synesios mit den damit errichteten Ebenen ‚Mythos / Allegorese' und ‚historische Geschehensabläufe / deren Deutung' nicht zufrieden, sondern stellt sie in einen philosophisch-metaphysischen Bezugsrahmen: So lässt er den königlichen Vater in seiner Abschiedsrede über die göttliche Vorsehung und das Problem der Diskontinuität reflektieren; die Intervention der Götter wird erst vorausgesagt, dann im Gewand des Mysteriums erzählt.[65]

Diese Spur verfolgt Synesios weiter, wenn er, wohl bald nach der Rückkehr aus Konstantinopel sein *Traumbuch* (Περὶ ἐνυπνίων, *Über Träume, De ins.*) verfasst.[66] „Gott" habe, so teilt Synesios Hypatia mit, dieses Werk in-

---

durchsetzen konnte sich Liebeschuetz' 1990, 269–272 These einer Redaktion des zweiten Buchs im Jahr 414.

[61] S.o. Anm. 27.

[62] Die ägyptische Einkleidung des Stoffes erinnert u.a. an Plut. *De Is. et Os.*, s. Lamoureux / Aujoulat 2008b, 22f. Den (streng genommen natürlich anachronistischen) Begriff „Schlüsselroman" hat bereits E. Stein, *Geschichte des spätrömischen Reiches: Vom römischen zum byzantinischen Staat (284–476)* (Wien 1928) 346 auf *De prov.* angewendet. Die Komplexität der Forschungsdebatte um eine exakte Gattungsbestimmung in Übereinstimmung mit den Kategorien antiker Literaturtheorie beweist die innovative Qualität von *De prov.*, s. den Überblick bei Hagl 1997, 110–124, Lamoureux / Aujoulat 2008b, 15–26.

[63] Vgl. den Kommentar von Nicolosi 1959, Liebeschuetz 1990, v.a. ‚*App.* 1', Cameron / Long 1993, 143–252, Hagl 1997, 125–198, Schmitt 2001, 304–346, Lamoureux / Aujoulat 2008b, 29–57. – Eine deutsche Übersetzung bietet J.G. Krabinger, *Synesios des Kyrenäers Aegyptische Erzählung über die Vorsehung* (Sulzbach 1835).

[64] Zu ihm oben Anm. 26.

[65] Vgl. *De prov.* 1,1,18 (= Ende des ersten Logos) und 2,1 (= Beginn des zweiten). Die Passagen stehen somit an markanter Stelle. Für einen Überblick zum philosophischen Gehalt von *De prov.* s. Lamoureux / Aujoulat 2008b, 56–91.

[66] Wiederum ist die Datierung unsicher, zentrales Zeugnis ist *Ep.* 154 (s.u. Anm. 67), mit dem Synesios Hypatia *De ins.* und den *Dion* zur Begutachtung vor der Publikation übersendet. Dem entsprechend setzen die meisten Interpreten beide Werke in die Jahre 404 bzw. 405, s. Lacombrade 1951b, 139, Roques 1989, 39–43, Lamoureux / Aujoulat 2004, 96f. sowie Susannettis Kommentar (1992, 11), zum *Dion* a.u. Anm. 70. – Eine deutsche Übersetzung liegt vor in W. Lang (Hg.), *Das Traumbuch des Synesius von Kyrene. Uebersetzung und Analyse der philosophischen Grundlagen*, Heidelberger Abhandlungen zur Philosophie und ihrer Geschichte 10 (Tübingen 1926).

spiriert,[67] das sich durch die Titelwahl zunächst eher in die Tradition der antiken *Oneirokritiken* zu stellen scheint. Tatsächlich nimmt das Lob der Traummantik als einer gleichsam universellen Technik bedeutenden Raum ein: Sie stehe jedermann quer durch Zeiten und Stand zur Verfügung und betreffe jeden Lebensbereich, angefangen von praktischen Belangen (Synesios verweist auf seine Gesandtschaftsreise) über solche des Philosophierens (Synesios verweist wiederum auf sich selbst) bis hin zu Fragen des Stils (Synesios verweist auf sein Bemühen um attische Diktion).[68] Nachvollziehbar wird das Informationspotential der Träume für Synesios aber erst durch die neuplatonische Psychologie mit ihrer *Pneuma*-Konzeption. Wieder gelten also weite Teile der Schrift nicht nur dem auf einer ersten Ebene annoncierten Thema, sondern diesmal einer neuplatonisch grundierten, durch weitere Elemente (u.a. die *Chaldäischen Orakel*) ergänzten Seelenlehre. Der Kern des *Traumbuchs* ist somit genuin philosophisch, so dass sich an ihm die Diskussion um die philosophiegeschichtliche Einordnung des synesischen Neuplatonismus entzündet hat.[69]

Wohl etwa gleichzeitig mit dem *Traumbuch* denkt Synesios in seinem *Dion oder Vom Leben nach seinem Vorbild* (Δίων ἢ περὶ τῆς κατ' αὐτὸν διαγωγῆς) noch einmal grundsätzlich über das Verhältnis von Rhetorik und Philosophie nach.[70] Ausgehend von der apologetischen Grundsituation, sein literarischer Ehrgeiz werde von seinen Gegnern benutzt, um ihn als Philosophen zu diskreditieren, optiert Synesios für ein integratives Modell. In einer Mischung von *Protreptikos* mit autobiographisch-biographischen

---

[67] So *Ep.* 154,100f.: „[*De ins.*] ...θεὸς καὶ ἐπέταξε καὶ ἀνέκρινεν ὃ τῇ φανταστικῇ φυσικῇ χαριστήριον ἀνατέθειται. – ROQUES 1989, 40–42. 2000 (GARZYA / ROQUE), 421 Anm.1 datiert den Brief auf die letzten Wochen von 404, GARZYA 1989, 371 auf 405.

[68] S. *De ins.* 14,1f. mit dem Kommentar von SUSANETTI 1992.

[69] Hier diskutiert man vor allem, ob es sich bei Synesios eher um einen Neuplatonismus plotinisch-porphyrianischer oder jamblichischer Prägung handle. Zuletzt hat TANASEANU-DÖBLER 2008, 235–260 gezeigt, dass auch hier eine strikte Grenzziehung kaum möglich ist und Synesios' Denken insofern differenzierter betrachtet werden muss, als sich Elemente beider Richtungen (wenn auch in unterschiedlicher Gewichtung) gerade in *De ins.* finden, s. SCHMITT 2001, 38–42 und LAMOUREUX / AUJOULAT 2004, 194–267 zur überaus zahlreichen, älteren Literatur zur Frage. Die Diskussion um die Elemente christlichen Denkens in *De ins.* hat dem gegenüber in den letzten Jahrzehnten eher abgenommen, s. hierzu VOLLENWEIDER 1985, für einen Überblick über die gesamte Schrift LAMOUREUX / AUJOULAT 2004, 187–194.

[70] Wie bereits bemerkt (o. Anm. 66) datiert man den *Dion* auf der Grundlage von *Ep.* 154 sowie der Tatsache, dass er Synesios' Sohn Hesychios gewidmet ist, meist in die Jahre 404 bzw. 405, gelegentlich finden sich frühere Ansätze (z.B. VOLLENWEIDER 2002, 579: 403/4), unsicher muss auch bleiben, ob eine frühere Form der Schrift bereits in Ägypten vollständig vorlag und dann erst unter zunehmendem öffentlichem Druck auf den Schriftsteller Synesios 404/5 erweitert und publiziert wurde, s. hierzu A. GARZYAS Rezension von K. TREU (Hg.), *Synesios von Kyrene, Dion Chrysostomos oder Vom Leben nach seinem Vorbild,* Schriften und Quellen der Alten Welt 5 (Berlin 1959) in *Gnomon* 32 (1960) [505–509] 506. Für einen Überblick zur Forschung s. SCHMITT 2001, 37f. mit Anm. 93. 67–113, LAMOUREUX / AUJOULAT 2004, 96–101. 116–138. – Eine deutsche Übersetzung bietet K. TREU a.a.O., der auch einen Kommentar (*Synesios von Kyrene. Ein Kommentar zu seinem ‚Dion',* Texte und Untersuchungen zur Geschichte der altchristlichen Literatur 71 [Berlin 1958]) verfasst hat.

Elementen wählt er Dions philosophisches Schreiben in ästhetisch ansprechendem Gewand zum Vorbild. Damit grenzt er sich in gleicher Weise von paganen wie christlichen Verächtern einer umfassenden literarischen Bildung ab, distanziert sich aber gleichzeitig von einer bloßen *l'art pour l'art*-Rhetorik.[71] Für Synesios ist eben dies, ein Denken, das sich nach Maßgabe der traditionellen paganen παιδεία zu artikulieren weiß, ‚Hellenentum' im identifikatorischen Sinne.

Ein Bruch mit diesem Programm lässt sich – *pace* anderer Interpretationen des *Dion*[72] – auch nach der Wahl zum Bischof nicht feststellen. Aus Synesios' Bischofszeit besitzen wir (neben Briefen) lediglich zwei öffentliche Ansprachen (Καταστάσεις, *catast*. 1. 2) anlässlich der Nomadeneinfälle, dazu zwei nur fragmentarisch erhaltene Osterpredigten (*Hom*. 1. 2).[73] Auch diese Reden zeigen nach wie vor den an der paganen Tradition geübten Stilisten, wenn sich auch teilweise, zumal in den Predigten (und vereinzelt in den Briefen) eine leichte Neigung zu typisch christlichen Formulierungen sowie eine gewisse Vereinfachung in der Periodisierung finden mag.[74] Ein differenziertes Bild des Christen Synesios gewinnt man aus all diesen Schriften kaum.[75]

Hier ist man vor allem auf die *Hymnen* (Ὕμνοι, *Hymn*.), verwiesen, und unter ihnen vor allem auf die späteren *Hymn*. 3, 6, 7 und 8.[76] So thematisiert beispielsweise *Hymn*. 6 die Epiphanie, *Hymn*. 8 das Himmelfahrtsgeschehen. Die *Hymnen* entstanden wohl mehrheitlich in der Zeit zwischen der Reise nach Konstantinopel und dem Bischofsamt.[77] Schon ihre Zusam-

---

[71] Er tut dies u.a. mit dem vieldiskutierten Bild von den ‚Schwarz-, und ‚Weißmänteln', s. hierzu u. Anm. 9 zu *Ep*. 147 sowie S. 119f.

[72] S.o. Anm. 43.

[73] Zum Titel Καταστάσεις (wörtl. die griechische Entsprechung zu lat. *narratio*, also dem die Geschehnisse zusammenfassenden Teil einer Rede, hier aber mit Garzya 1989, 720. Anm. 1. 721. 725 entsprechend dem Sprachgebrauch der Papyri im Sinne von ‚Ansprache') sowie zu den Zusammenhängen der *catast*. s. Schmitt 2001, 42–44 sowie Lamoureux / Aujoulat 2008b, 193–195 (*catast*. 1). 200–203 (*catast*. 2). Auch die *Hom*. sind kurz: *Hom*. 1 bietet eine Exegese von Ps 74, *Hom*. 2 enthält allgemeinere moralische Appelle, s. zu beiden Schmitt 2001, 44f. Lamoureux / Aujoulat 2008b, 185–187. Für die *Hom*. wurde auch eine Abfassungszeit schon vor dem Bischofsamt vorgeschlagen, s. Coster 1968, 152 Anm.10.

[74] Dies beobachtet Vollenweider 1985, 13 und man wird ihm zugestehen, dass schon die verstärkte Verwendung von Bibelzitaten passagenweise eine eher parataktisch angelegte Syntax bewirkt.

[75] Ähnliches gilt in noch stärkerem Maße für die *Briefe*, s. u. S. 16–22.

[76] Verglichen mit den genannten *Hymn*., ist in *Hymn*. 9 und 1 kaum christliches Kolorit feststellbar; zu letzterem s. u. S. 123–129, während *Hymn*. 2,4 und 5 eindeutig auf christliche Vorstellungen Bezug nehmen. Die relative Chronologie der *Hymn*. lässt sich kaum mehr mit Sicherheit feststellen; sicher nicht von Synesios ist *Hymn*. 10, was bereits U. von Wilamowitz-Moellendorff, „Die Hymnen des Proklos und Synesios", SB Berlin 1907, 272–295, bemerkt hat.

[77] Die Literatur zu den Hymnen ist zahlreich; stellvertretend seien hier genannt zur Chronologie Schmitt 2001, 45–49 (dort auch die wichtigste ältere Literatur), für eine Gesamtdeutung Vollenweider 1989, Seng 1996. Über alle wesentlichen Aspekte infor-

menschau von Neuplatonismus und Christusglauben, Aufstieg zum Einen und Selbstentfaltung der göttlichen Trias, dies alles eingesponnen in den Bilderschatz der paganen Mythologie, ist beeindruckend. Die *Hymnen* allein hätten Synesios einen Platz in der Literaturgeschichte gesichert, dichtet hier doch einer zum letzten Mal ganz in der Tradition der alten Formen und verbindet dies mit den ‚neuen' philosophischen und religiösen Inhalten.[78] Hier, und vielleicht nur hier, ist Synesios ganz ‚Ernst', findet sich kaum eine Spur des sonst fast immer, und sei es nur in einer einzelnen Wendung, einer augenzwinkernden Formulierung, (auch) gegenwärtigen ‚Scherzes'.

Unser Überblick über die erhaltenen Werke des Synesios ist damit zu einem gewissen Abschluss gekommen. Manches aus den hier allzu kurz vorgestellten Werken findet sich in den Anmerkungen zu den Briefen. Der Leser wird zudem manchen Zug des Schriftstellers Synesios, der hier nur angedeutet werden konnte, auch in den Briefen unserer Auswahl wiederfinden. In einem Gutteil der uns erhaltenen Briefe kommt vor allem der brillante Formulierungskünstler Synesios zur Geltung, der freilich den inhaltlich gewichtigeren seiner Anliegen auch in den Briefen (innerhalb der Grenzen dieser Gattung)[79] stets ein philosophisches Fundament verleiht. Bevor wir uns nunmehr den Texten selbst zuwenden, sei zuletzt noch die Sammlung in den Blick genommen, der diese entstammen.

2. Die Briefe an und über ‚Johannes' in der Briefsammlung des Synesios

2.1. Die Briefsammlung

Die Gattung ‚Brief' allgemeingültig zu definieren, bereitet noch der modernen Literaturwissenschaft Schwierigkeiten.[80] Es ist somit nicht erstaunlich, dass man bereits in der Antike über eine rein formale Abgrenzung des Genres, jenes berühmte *habet quis ad quem scribat* Augustins,[81] kaum

---

miert zudem der Kommentar von Gruber / Strohm 1991; er enthält auch eine deutsche Übersetzung.

[78] S. hierzu H. Cancik / L. Käppel / G. Zuntz (Hg.), *Griechische philosophische Hymnen*. Studien und Texte zu Antike und Christentum 35 (Tübingen 2005),157–164, ebd. 164–193 Kommentar und Gesamtinterpretation von *Hymn*. 9.

[79] Hierzu s. den nächsten Abschnitt.

[80] Eine erste Annäherung bietet R. M. G. Nickisch, *Brief*, Sammlung Metzler 260 (Stuttgart 1991); seine Definition des Briefs „als Redesubstitut zum Zwecke eines dialogischen Austausches" (12) erinnert an antike Bestimmungen (s.u.); besonders betont Nickisch den durch die mediale Vermittlung bedingten „Phasenverzug" (11). Letzteres findet sich auch in J. G. Altman, *Epistolarity. Approaches to a Form* (Columbus 1982) 118.

[81] So Augustinus, *retract*. 2,20,1: [...] *epistula est; habet quippe in capite quis ad quem scribat*. Durch die Beschränkung auf das Briefformular hat die Definition allgemeine Gültigkeit,

hinauskam, zumindest, wenn man *alle* tatsächlich vorliegenden epistolaren Untergattungen durch *einen* Begriff bestimmen wollte.[82] Wo sich das ‚Was' einer Sache so schwer festmachen lässt, liegt es nahe, ihr ‚Wie' und ‚Wozu', das man beides aus der Praxis gewinnen kann, an dessen Stelle zu setzen. Und so finden sich bereits in der – bei aller Unsicherheit der Datierung Jahrhunderte von Synesios entfernten – ältesten uns erhaltenen, unter dem Namen des Demetrios überlieferten theoretischen Einlassung über das Briefeschreiben die für die Folgezeit wichtigsten Bestimmungen des ‚Wies' eines Briefes:[83] Briefe solle man, so liest man dort, „nach Art eines Dialogs" verfassen, ein Brief „solle, wie die eine Seite eines Dialogs" sein (223); er solle „gewissermaßen ein Abbild der Seele" seines Verfassers (227) von nicht zu großem Umfang (228) sein; zudem habe man nicht nur eine brieftypische Stilistik, sondern auch briefgemäße Gegenstände zu beachten (230), zu denen philosophische Spezialgegenstände gerade *nicht* gehörten.[84] An ihre Stelle träten im Brief Freundschaftsbezeugungen und die volkstümliche Weisheit des Sprichworts.[85] Diese Eckpunkte werden in der Folgezeit durch weitere brieftheoretische Texte ausgebaut und differenziert. Koskenniemi hat sie gesichtet und die funktionalen Grundbestimmungen des griechischen Briefs, sein ‚Wozu?', auf die drei Schlagworte φιλοφρόνησις (‚Freundschaftspflege / -bezeugung'), *παρουσία* (‚Anwesenheit im Brief trotz räumlicher oder zeitlicher Trennung/Abwesenheit'), ὁμιλία (der Brief als ‚Mittel des Umgangs, der Unterhaltung miteinander')

---

lässt damit aber sämtliche Fragen nach Inhalt, Funktion, Fiktionalisierungsgrad etc. eines Briefs außen vor.

[82] Einen Überblick über den antiken Bestand geben SYKUTRIS 1931, KLAUCK 1998 sowie M. TRAPP (Hg.), *Greek and Latin Letters. An Anthology with Translation*, Cambridge Greek and Latin Classics (Cambridge 2003), dort 1–5 auch ein Definitionsversuch.

[83] Die Datierungsansätze für das unter dem Namen des Demetrios überlieferte Περὶ ἑρμηνείας (*De elocutione*), das einen Exkurs über Briefe (§§ 223–235) enthält, schwanken zwischen 3. Jh. v. Chr. und 1./2. Jh. n. Chr., s. N. MARINI, *Demetrio. Lo stile*. Introduzione, traduzione e commento, Pleiadi 4 (Rom 2007) 8f. Sie neigt wieder eher der Spätdatierung zu; ihre Ed. liegt den folgenden Zitaten zugrunde, die Übersetzung orientiert sich an KLAUCK 1998, 149–152, für eine Interpretation der Passage s. MARINI *ad loc.* sowie THRAEDE 1970, 17–25.

[84] *De eloc.* 231: „Wenn nämlich jemand in einem Brief logische Feinheiten (σοφίσματα) und naturphilosophische Spekulationen (φυσιολογίας) niederlegt, schreibt er zwar, aber er schreibt bestimmt keinen Brief. Der Brief will doch ein Zeichen freundschaftlicher Gesinnung (φιλοφρόνησις) in geraffter Form (σύντομος) sein. Er legt einen schlichten Gegenstand in schlichten Worten dar."

[85] *De eloc.* 232: „Seine [*sc.* des Briefs] Schönheit ... besteht sowohl in den freundschaftlichen Bezeugungen des Wohlwollens (φιλικαὶ φιλοφρονήσεις) wie auch in den dichtgedrängten Sprichwörtern, die er enthält. Dies allein soll als philosophischer Einfall im Brief erlaubt sein, weil das Sprichwort etwas Volkstümliches ist und allen gemeinsam gehört." Im Anschluss (233) werden „Beweise" unter bestimmten Bedingungen vom Verdikt ausgenommen.

zurückgeführt.[86] Eben diese drei Punkte sind es, auf die bis in die Spätantike (und darüber hinaus) ein großer Teil der uns erhaltenen Briefe zurückgreift und sie fortschreibt.

Synesios selbst reiht sich bewusst in diese Tradition ein: So lässt er in *Ep.* 138 ein Lob des Briefs (genauer: seiner χρεία, ‚Funktion') anstimmen.[87] Besonders zu loben sei der Brief, da er (Z. 5–9)

> „...für unglücklich Verliebte ein Trost (παραμυθία) sei, bei körperlicher Abwesenheit eine Vorstellung von Anwesenheit gewähre (ἐν ἀπουσίᾳ σωμάτων φαντασίαν τῆς παρουσίας), und durch den Eindruck eines Gespräches (τῷ δοκεῖν προσδιαλέγεσθαι) das Verlangen der Seele erfülle."

Nur „ein Gott" so liest man weiter, kann derartiges den Menschen geschenkt haben.[88] Indem er Briefe verfasst, „freut sich" Synesios demnach „an dem heiligen Gunsterweis des Gottes"[89] und

> „ ... kann so sprechen, mit wem's mir zu sprechen Not tut, auch wenn es eigentlich nicht möglich ist, aber da ich ja schreiben kann, tue ich das oft, und bin so mit ihm, soweit es möglich ist, zusammen (κατὰ τὸ ἐνδεχόμενον σύνειμι) ...".

Die alten *Topoi* vom Brief als ‚Trost' (παραμυθία), an unserer Stelle offenbar aufgefasst als eine Unterart der φιλοφρόνησις, von der durch ihn ermöglichten ‚Anwesenheit trotz Abwesendsein' (ἀπουσία / παρουσία), und ‚dem Brief als Gespräch' (προσδιαλέγεσθαι) bzw. ‚Mittel des Umgangs' (σύνειμι) sind hier versammelt. Einmal mehr wird deutlich, in wie starkem Maße Synesios im Bewusstsein gerade auch der formalliterarischen Konventionen der von ihm benutzten literarischen Genres schreibt.

Dies zeigt sich in unterschiedlich starkem Maß in der gesamten Sammlung. Es handelt sich um 156 Briefe, die in ihrer Zuschreibung an den Kyrenaier relativ unbestritten sind.[90] Sie umspannen, soweit sie datierbar sind, beinahe die gesamte uns kenntliche Lebenszeit, vor allem die späteren 90er Jahre, die Jahre 405–407 sowie seine letzten Jahre, 410/11–413.[91] Gerichtet sind die uns erhaltenen Briefe nahezu ausnahmslos an Mitglieder der provinzialen Elite oder Angehörige der Oberschicht in Alexandria und Konstantinopel. Der Mehrzahl der etwa vierzig Adressaten ist Synesios per-

---

[86] S. Koskenniemi 1956, im Einzelnen durch Analyse spätantiker Briefsammlungen differenziert von Thraede 1970, 109–179, zu letzteren auch Courcelle ^{2}1948, Karlsson 1962, A. Garzya, „L'epistolografia letteraria tardoantica", in Garzya 1985, 115–148.

[87] Die gesamte Passage wird interpretiert und in den brieftheoretischen Kontext der Spätantike eingeordnet bei Thraede 1970, 180–183, s.a. Malherbe 1988. Einen Überblick über die brieftheoretischen Passagen bei Synesios bietet Simeon 1933, 5–9.

[88] *Ep.* 138,10f.: ...θεοῦ ... εἰς ἀνθρώπους εἶναι τὴν δόσιν.

[89] *Ep.* 138,12f.: Ἐγὼ μὲν οὖν ἀπολαύω τῆς ἱερᾶς τῆσδε τοῦ θεοῦ χάριτος... .

[90] Ernsthaft in Zweifel gezogen wurde lediglich *Ep.* 128 (vgl. Garzya 1979 *ad loc.*); ich folge jedoch Garzya, der den Brief für echt im Sinne der Verfasserschaft durch Synesios hält, ebenso in der Ausgabe von 2000, 383f.

[91] Die Datierung ist im Einzelnen höchst problematisch, für einen Überblick Roques 1989, 249–252.

sönlich verbunden, sei es durch die gemeinsame Studienzeit, sei es durch anderweitig begründete Freundschaft oder Verwandtschaft.[92] Andere, deutlich wenigere Briefe, entspringen eher aus Notwendigkeiten, die sich aus Synesios' Stellung innerhalb seiner Heimatstadt und der Kirche ergeben.[93] Gerade einen Großteil der, ganz entsprechend den Konventionen der Zeit, auch in der Sammlung des Synesios zahlreich enthaltenen Empfehlungsschreiben wird man in diesem Kontext verorten.[94] Der Forschung dienten die Briefe vor allem als biographische, prosopographische, historische bzw. kirchenhistorische Quellen. Auseinandersetzungen mit speziell literarisch-stilistischen Aspekten bilden dem gegenüber eher die Minderzahl.[95] Dabei muss ungewiss bleiben, wie vollständig das Bild ist, das wir auf diese Weise von der intellektuellen Gestalt des Synesios gewinnen: Zwar spiegelt die Briefsammlung nahezu das gesamte Spektrum seiner literarischen Möglichkeiten, was Inhalte und Formulierungskunst betrifft. Auch klingen wesentliche Themen dessen an, was für Synesios παιδεία (‚Bildung') im Sinne der von ihm verehrten Tradition darstellte; Verbindungslinien zu seinen philosophischen Werken lassen sich allenthalben ziehen. Nur in einzelnen Aspekten klarere Konturen aber gewinnt der Christ Synesios. Wenn die Spuren in der Briefsammlung seines Zeitgenossen Isidor von Pelusium von unserem Synesios stammen, würde dies bedeuten, dass es ursprünglich auch eine dezidiert christlich geprägte Korrespondenz gab, die uns dann schlicht vollständig verloren wäre.[96]

Ob dies auf einen bewussten Selektionsprozess vonseiten des Synesios selbst, vonseiten eines Redaktors oder lediglich auf eine der vielen Launen der Überlieferung zurückzuführen wäre, muss freilich ungewiss blei-

[92] Eine solche Briefgruppe stellen etwa die Schreiben an (den ansonsten kaum fassbaren) Pylaimenes in Konstantinopel dar (s. Schmitt 2001, 388–496), zu weiteren Briefgruppen u. Anm. 99. 144.

[93] Dies gilt z.B. für die Schreiben an die Bischöfe (*Epp.* 42. 72) oder an den Statthalter (*Epp.* 21. 62).

[94] Eine Auflistung der Empfehlungsschreiben samt Analyse nach typischen Aufbauelementen etc. findet sich bei Simeon 1933, 19–29; s.a. allgemein zu dieser Untergattung Keyes 1935.

[95] Zu den literarischen Aspekten s. z.B. D. A. Runia, „Repetitions in the letters of Synesius", *Antichthon* 13 (1979) 103–109, Hose 2003, Pizzone 2006, Roques 2006.

[96] Vier kurze Briefe (*lib.* 1, *Epp.* 232. 241. 418. 483 in der Ausgabe von P. Possinus [Hg.], *Sancti Isidori Pelusitae Epistolarum libri quinque, PG* 78 [Turnholtii 1857, Neudruck 1977]) sind an einen ‚Synesios' gerichtet, in dem immerhin ein Teil der Forschung Synesios von Kyrene erkennen will. Dafür spricht die Annahme, dass der ‚Euoptios', an den Isidor schreibt (vgl. *Ep.* 715), wohl als der Bruder des Synesios zu identifizieren ist, so bereits Chr. Lacombrade, *Synesius de Cyrène, Hymnes*, tom. I (Paris 1978) VII–IX. *Epp.* 232. 241 und 418 haben rein christliche Inhalte; so besteht etwa Isidors *Ep.* 241 in einer Auskunft hinsichtlich einer dogmatischen Unstimmigkeit zwischen Arianern und Eunomianern, nach der ‚Synesios' selbst gefragt habe (vgl. Z. 1: ὃ βούλει μαθεῖν...). Die Zuordnung wird u.a. dadurch erschwert, dass die vier Briefe nicht immer dasselbe Titular haben (teilweise mit ‚Bischof', teilweise ohne), s. hierzu P. Evieux, *Isidore de Péluse*, Théologie Historique 99 (Paris 1995), v.a. 76f. 96f., der sich vorsichtig abwägend für die Identifikation mit Synesios von Kyrene ausspricht.

ben. Über die Entstehung der Briefsammlung wissen wir nämlich so gut wie nichts, außer dass sie in ihrem jetzigen Zustand höchstwahrscheinlich nicht von Synesios' Hand stammt. Relativ sicher wurde sie erst *postum* herausgegeben.[97] Synesios selbst erwähnt, auch das ist im Einzelnen umstritten, ‚Kopialbücher' als mögliche Grundlage unserer Sammlung.[98] Plausibel scheint auf alle Fälle, dass eine Art ‚Kladde' des Synesios, also eine Sammlung von Kopien bestimmter Briefe aus seinem Besitz, den Grundstock des späteren Briefcorpus bildete. Wer die Sammlung edierte, wissen wir nicht. Ebenso unklar ist es in vielen Fällen, ob wir tatsächlich komplette Briefe vor uns haben. Nur relativ wenige Texte lassen durch Grußformeln oder ähnliche Bestandteile des üblichen Briefformulars sicher erkennen, dass sie vollständig in das Corpus Eingang gefunden haben.[99] Die Präskripte haben in Teilen der ursprünglichen Sammlung wohl gefehlt, so dass die Adressatennamen nicht selten unsicher sind.[100] Teilweise hat man bloße Einzelsätze vor sich, die eher wie eine Art *Florilegium* besonders geglückter bzw. pointierter Formulierungen wirken.[101] Andere Briefe hingegen erreichen beträchtlichen Umfang.[102] In einem Fall (*Ep.* 41) hat man wohl sogar davon auszugehen, dass eine Rede in die Sammlung Eingang gefunden hat.[103] Außerdem kann man sich bisweilen des Eindrucks nicht erwehren, es mit Überarbeitungen oder doch (mindestens) auch mit Blick auf eine spätere Publikation verfassten Texten zu tun zu haben: Dies trifft

---

[97] So bereits Seeck 1893, 468.

[98] Der Begriff ἐφημερίδες fällt *Ep.* 5,301f., ist aber in seiner Bedeutung umstritten; wir folgen Seeck 1893, 467f. (467: „Der Sammlung liegt ... in der Hauptsache das Journal des Synesios zu Grunde.") sowie Garzya / Roques 2000, Xf.

[99] Dies ist z.B. bei einem Teil der Briefe an Herkulianos (*Epp.* 140. 143. 145. 146) der Fall, zu diesen auch u. Anm. 105.

[100] Auf diese Problematik weist bereits Seeck 1893, 465f. hin, vgl. den *app. crit.* von Garzya / Roques 2000.

[101] Zu diesen Schreiben lassen sich *Epp.* 2. 63 und 64 unserer Auswahl zählen; im Fall der beiden letztgenannten *Epp.* ging bereits Seeck 1893, 478f. davon aus, dass sie ursprünglich einem längeren Schreiben angehörten, s. hierzu u. Anm. 1 zu *Ep.* 63. Ähnlich kurz sind z.B. *Epp.* 28. 33. 36. 44. 46. 65. 77 etc., Vergleichbares findet sich auch in anderen spätantiken Briefsammlungen, s. z.B. Lib. *Epp.* 3. 6. 7. 15 Förster etc. Das Problem bedürfte einer umfangreicheren systematischen Untersuchung, da in einem Teil der ‚Kürzest-Briefe' der gnomische Charakter dominiert (so in unseren *Epp.* 63. 64), andere aber wie hingeworfene Noten den Adressaten direkt ansprechen bzw. nicht verallgemeinerbare, konkrete Anweisungen für eine bestimmte Situation geben (so z.B. *Epp.* 36. 65). Ist bei letzteren noch vorstellbar, dass sie in der uns vorliegenden Form versandt wurden, scheint dies bei ersteren unwahrscheinlich, so dass man zutreffender von ‚Brief-Teilen' sprechen müsste. – Auch der Gedanke des Florilegien-Charakters der ‚Kladde' stammt von Seeck 1893, 466.

[102] Mit seinen (bei Garzya / Roques 2000) 178 Zeilen gehört der von uns ausgewählte *Ep.* 43 zu den längeren der Sammlung, wird aber von den längsten Briefen an Umfang bei weitem übertroffen; so zählt etwa *Ep.* 5 (Seesturmschilderung) 317 Zeilen, *Ep.* 66 (Bericht an Theophilos) 366 Zeilen.

[103] Auch sie hat beträchtlichen Umfang (371 Zeilen) und gehört in den Kontext der Auseinandersetzung mit Andronikos (s.o. Anm. 37).

besonders für diejenigen Briefe zu, die durch und durch Glanzstücke pointiert rhetorischer Stilisierung sind. Sie enthalten bisweilen Information, bei der fraglich scheint, ob sie dem im Präskript genannten Adressaten nicht ohnehin *en detail* bekannt sein musste, so dass sie wohl eher mit Blick auf einen weiteren Rezipientenkreis eingefügt wurde.[104]

Die Anlage der Sammlung folgt keinerlei chronologischen Gesichtspunkten.[105] Dem entsprechend ist in vielen Fällen die Datierung eines einzelnen Briefs in ein exaktes Jahr unsicher. Zumal dort, wo ein kleinerer Brief erst in den Kontext eines der bedeutenderen Ereignisse in Synesios' Leben eingefügt werden muss, um ein chronologisches Kriterium zu gewinnen, sind die Datierungen von Garzya und Roques eher als Hypothesen zur Gewinnung eines schlüssigen ‚Gesamtbildes Synesios' zu verstehen.[106] Schließlich scheint auch ein inhaltlicher Gestaltungswille im Hinblick auf die Abfolge der Briefe nicht gegeben oder zumindest mit unseren Mitteln nicht objektivierbar: Zwar hat man versucht, etwa die ersten vier Briefe als eine bewusst gestaltete Einleitung zu lesen; auch in der übrigen Sammlung lassen sich kleinere Gruppen ausmachen, denen man eine durch inhaltliche Assoziationen bestimmte Intention der Abfolge zuweisen könnte.[107] Derartige Versuche wären aber m.E. schon dann höchst problematisch, wenn wir sichere Kunde hätten, dass sich unsere Sammlung einem einheitlichen Redaktorwillen im Sinne eines durchgehenden, sei es ästhetischen, sei es inhaltlichen, sei es sonst irgendwie nachvollziehbaren Anordnungsprinzips verdankte. Bei unserer völligen Ahnungslosigkeit hinsichtlich der Entstehung der Sammlung sind aber wohl alle derartigen Ansätze kaum einer gesicherten methodischen Basis zuzuführen, so dass sie m.E. zu stark dem subjektiven Empfinden des jeweiligen Interpreten unterliegen.

---

[104] So kann man sich beispielsweise bei den Briefen unserer Auswahl fragen, ob in *Ep.* 104 dem Adressaten, Synesios' Bruder, der ja im selben geographischen Raum aufgewachsen ist wie Synesios, die in § 13 gegebenen Informationen zu Bombaia nicht ebenso bekannt sein mussten wie diesem (der gesamte übrige Brief setzt eine genaue Kenntnis des Geländes durch den Adressaten voraus); die Ausführungen hätten dann eher die Funktion, die antiquarische Gelehrsamkeit des Sprechers zu illustrieren, und dies dann wohl eher gegenüber einer breiteren Öffentlichkeit.

[105] Eine Ausnahme könnten die zehn Briefe an Herkulianos darstellen, die eine zusammenhängende Gruppe bilden (*Epp.* 137–146); doch herrscht auch hier schon im Hinblick auf die Chronologie Uneinigkeit, vgl. z.B. Cameron / Long 1993, 86 einerseits und Schmitt 2001, 497–563 andererseits *gegen* bzw. *für* eine chronologische Abfolge.

[106] Garzya 1989, Roques 1989, Garzya / Roques 2000; Roques' Datierungsansätze wurden gleich nach Ihrem Erscheinen kontrovers diskutiert, s. die Rezension von J. Vanderspoel in *BMCR* (http://bmcr.brynmawr.edu/1991/02.01.16.html [seen 10.03.2010]), für eine intensive Auseinandersetzung mit Roques vgl. Schmitt 2001 *passim*.

[107] S. zu ersterem Hose 2003, zu letzterem den Vortrag von H. Harich-Schwarzbauer, „Der Werkcharakter der Briefe des Synesios", gehalten auf der Tagung „Synesios von Kyrene: Politik – Literatur – Philosophie. Konstanz, 26. bis 29. Nov. 2008", der in dem gleichnamigen Tagungsband (ed. H. Seng) erscheinen wird.

All diese Unwägbarkeiten, zumal diejenige der Adressatenfrage und der Chronologie, versehen auch die vorgelegten Texte mit manchem Fragezeichen. Der 43. Brief, dem sowohl durch die Vielschichtigkeit seines mythischen Philosophierens als auch durch die Drastik der in ihm gebrauchten Bilder eine Sonderstellung innerhalb der Briefe des Synesios zukommt, stand am Beginn der Auswahl. Wiederholt hat man versucht, die anderen Briefe, welche den (recht gebräuchlichen) Johannes-Namen enthalten,[108] mit diesem merkwürdigen Brief in Beziehung zu setzen. Hierbei lässt sich wohl nur für *Ep.* 52 eine einigermaßen sichere Zuordnung zu ein und derselben Person gewinnen. In den anderen Fällen kommt man über mehr oder minder plausible Vermutungen kaum hinaus. Wenn im Folgenden die Texte unserer Auswahl trotzdem entlang den Linien einer möglichen Identität des je angesprochenen oder genannten Johannes vorgestellt werden, ist dies somit nicht als biographisch-historische Rekonstruktion zu verstehen. Die Anordnung entlang einer im Einzelfall kaum mehr als möglichen Chronologie sowie das Experiment, in unseren Briefen verschiedene Facetten des Lebens eines Angehörigen der provinzialen Elite, vielleicht teilweise desselben, zu sehen, zollt auch der bisherigen Forschung Tribut. Vor allem aber soll sie einem Leser, dem Synesios und seine Welt der spätantiken Kyrenaika bisher fremd sind, eine Einladung zur Lektüre sein, die (hoffentlich) eine erste Annäherung erleichtert.

2.2. Die Briefe an und über ‚Johannes'

2.2.1. Wie viele Personen namens ‚Johannes'?[109]

Wie bereits erwähnt, besitzt der Name ‚Johannes' aufgrund seiner Häufigkeit kaum Signifikanz im Sinne einer eindeutigen Identifikation einer Person.[110] Prosopographische Unterscheidungshilfen, sei es in Form sonstiger Erwähnungen oder inschriftlicher Bezeugungen besitzen wir nicht oder können sie aufgrund der wenig spezifischen Informationen unserer

---

[108] S. hierzu im Anschluss 2.2.1. – Nicht dazu gehören die sicher identifizierbaren ‚Johannes' aus *Ep.* 67 und *Ep.* 110: Bei Ἰωάννῃ τῷ μακαρίτῃ in *Ep.* 67,8 handelt es sich um Johannes Chrysostomos, den berühmten Kirchenlehrer und Erzbischof von Konstantinopel; bei ὁ θαυμαστὸς Ἰωάννης in *Ep.* 110,20 um den *comes sacrarum largitionum* des Jahres 401 (*PLRE* II 593f. *s.v.* ‚Ioannes 1'); beide kommen für keine der in unseren Briefen vorausgesetzten Rollen in Frage.

[109] Im Folgenden findet eine erste Annäherung an diese Frage vor allem anhand von gemeinsamer Motivik bzw. Charakterisierung statt; für eine Einschätzung der Frage mehr entlang historischer Gesichtspunkte s. u. im Beitrag von Bleckmann, S. 211–215.

[110] Nichts hindert, dass Synesios (fast möchte man sagen:) beliebig viele Personen dieses Namens gekannt hat, s.o. Anm. 108 zu denjenigen Trägern dieses Namens, die in der Briefsammlung erwähnt werden, aber für unseren Kontext nicht in Frage kommen und u. S. 213 mit Anm. 27.

Briefe nicht zuordnen.[111] Wir sind somit ausschließlich auf die in unseren Texten gegebenen Informationen angewiesen.

Dem entsprechend fallen die Einschätzungen der Forschung höchst unterschiedlich aus: Minimalkonsens ist, dass es sich bei der in *Epp.* 43 und 52 erwähnten Mordaffäre, in die beide Male ein Johannes als potentieller Täter verstrickt ist, um dasselbe Ereignis handelt, so dass aller Wahrscheinlichkeit nach auch die Namensträger in beiden Briefen identisch sind. Außerdem lässt sich daraus, wie Synesios in den *Epp.* 52 und 104 (beide an Euoptios[112]) über den je behandelten ‚Johannes' spricht, schließen, dass Euoptios die Person, um die es jeweils geht, kennt. Daraus schien Roques eine Identität aller Träger des Namens ‚Johannes' wahrscheinlich, eine These, die stimmen kann, aber, wie man zurecht bemerkt hat, aus der gemeinsamen Bekanntschaft mit Euoptios nicht hinreichend begründet ist.[113]

Gibt man aber einmal die Identität der ‚Johannes' genannten Personen in *Epp.* 43 und 52 einerseits und *Ep.* 104 andererseits preis, ziehen diese die an sie anknüpfbaren Briefe nach sich. Die Zuschreibung von ‚Feigheit' an ‚Johannes' nämlich, die explizit in *Ep.* 104 begegnet, passte gut zu *Ep.* 94 und könnte in *Ep.* 34 den Hintergrund bilden. *Ep.* 2 mit seinem Gerichtskontext würde man, wenn überhaupt, eher mit der Affäre von *Epp.* 43 und 52 in Verbindung bringen; ebenso, wenn man möchte, den Johannes von *Ep.* 63, der mit den Mächtigen Umgang pflegt, mit demjenigen von *Ep.* 52. Doch merkt man spätestens hier, wie spekulativ diese Zuweisungen bleiben müssen. *Ep.* 147 mit dem ‚Mönch Johannes' bleibt bei all dem außen vor. Nur Roques, der an der Identität aller erwähnten Personen namens ‚Johannes' festhält, integriert auch diesen Brief im Sinne einer späten Lebenswende hin zum Mönchtum.[114] Vorsichtiger verfährt Garzya und setzt – mit vielerlei Fragezeichen – drei verschiedene Personen namens ‚Johannes' an, den Johannes der Mordaffäre (*Epp.* 43. 52. 2. 63. 64), den er auch für den tollkühnen Feldherrn von *Ep.* 104 hält, einen Freund des Synesios in *Epp.* 34 und 94 und schließlich einen dritten Johannes, den Mönch.[115] Ihm widerspricht Schmitt, den Garzyas Argumente für eine Identität der Namensträger von *Ep.* 104 und *Ep.* 43 (zu Recht?) nicht zu überzeugen vermögen, und der dann (mindestens) vier verschiedene Träger des Namens annehmen muss.[116]

---

[111] Dem entsprechend muss etwa auch der Versuch der Rekonstruktion der Karriere eines der Namensträger, wie sie beispielsweise Schmitt 2001, 694 für den Johannes von *Ep.* 104 unternimmt, hypothetisch bleiben.

[112] Zu ihm o. Anm. 10.

[113] Zu Roques 1989, 228 s. zuletzt Schmitt 2001, 696 Anm. 408.

[114] So Roques 1989, 227–230. 2000 (Garzya / Roques), 84 Anm. 2: „Jean deviendra finalement moine (ép. 147)."

[115] S. die Einträge bei den einzelnen Briefen in Garzya 1989.

[116] S. Schmitt 2001, 696 mit Anm. 408.

Zusammenfassend lässt sich festhalten, dass – außer für *Ep.* 43 und *Ep.* 52 – jede Ineinssetzung des in den Briefen je erwähnten ‚Johannes' hypothetisch bleiben muss. Bei dem nun anschließenden, einführenden Gang durch unsere Texte werden deshalb zunächst die Einzelbriefe vorgestellt (2.2.2) und dann, in einem zweiten Schritt, mögliche Verbindungslinien zwischen den Briefen gezogen (2.2.3). Im Fall des 43. Briefes beschränke ich mich zudem auf die nötigsten Angaben zum Inhalt; er ist zentrales Thema der Essays im zweiten Teil dieses Bandes.

2.2.2. Die Texte

Unsere Auswahl setzt ein mit *Ep.* 104, einem Schreiben an Synesios' älteren Bruder Euoptios.[117] An ihn sind etwa vierzig Briefe erhalten,[118] unter ihnen die berühmte Seesturmschilderung (*Ep.* 5),[119] der programmatische Brief über das Bischofsamt (*Ep.* 105)[120] sowie die Klage über den Tod der Kinder (*Ep.* 89): Ein satirisches Feuerwerk, ein Brief, eigentlich an den Patriarchen, mit dem Bruder als im Präskript genannten Ansprechpartner, der eine offene Stellungnahme bis hin zu den philosophischen Grundüberzeugungen ermöglicht, und schließlich sprachlich fein ziselierte, leise-resignierende Trauer. Gerade die Briefe an den Bruder sind es, in denen Synesios alle ihm zur Verfügung stehenden Register zum klingen bringen kann. Von den genannten Schreiben steht unserem Brief die Seesturmschilderung (*Ep.* 5) am nächsten. Wie sich Synesios dort unter Einsatz aller denkbaren Ressentiments auf einen unfähigen Kapitän und seine furchterregend skurrile Mannschaft einschießt (ihre Inkompetenz bringt das gesamte Schiff in Todesgefahr),[121] so nimmt er in *Ep.* 104, wohl angesichts der realeren Bedrohungslage mit etwas ernsterem Unterton, den Möchtegern-Kommandanten Johannes und seine Kumpane ins Visier.

Inhalt: Als eine Art Motto stellt Synesios die allgemeine Erfahrung voran, dass der Krieg wie ein ‚Prüfstein' wahren Mut von bloßer Angeberei scheide (§ 1). – Dies wird auf Johannes und die Seinen angewendet und mit Szenen aus dem Krieg gegen die Wüstenvölker illustriert. Vor seinem eigentlichen Auftritt wird Johannes als schon äußerlich effeminierter Aufschneider geschildert (§ 2–5). Seine Spießgesellen gleichen ihm: eine ihm blind ergebene, moralisch verkommene, marodierende Rotte ‚langhaariger Kerle'. Dann erscheint Johannes selbst (§ 6–12): In der angespannten Situation des Feldlagers

[117] S.o. Anm. 10; zur Briefgruppe Roques 1989, 161–196.

[118] Die Zahl lässt sich nicht mit letzter Sicherheit bestimmen, da ein Teil der Briefe lediglich das problematische τῷ αὐτῷ im Präskript trägt, s. o. S. 20 mit Anm. 100.

[119] *Ep.* 5 ist einer der meistbehandelten Briefe der Sammlung, vgl. zuletzt Pizzone 2006, 97–117.

[120] Zu diesem zentralen Dokument für Synesios' Haltung zum kirchlichen Amt s.o. Anm. 35.

[121] S. v.a. *Ep.* 5,20–50, die Zuspitzung im Wortwechsel ebd. Z. 60–69 sowie die prahlerische Großsprecherei des Kapitäns in ebd. Z. 76: Τοιοῦτον ... τὸ τέχνῃ ναυτίλλεσθαι. Letztere erinnert an *Ep.* 104 § 7.

stürzt er mit inkompetentem Aktionismus erst alles in Tumult (§ 6f.), um später, als die Feinde erst angekündigt, dann sichtbar werden, in wilder Panik Reißaus zu nehmen (§ 8–10). Durch sein Verhalten sät er allgemeines Misstrauen, so dass schließlich Freund und Feind unverrichteter Dinge abziehen (§ 11f.). Der Brief schließt mit dem Blick auf einen Johannes, der sich ‚wie eine Feldmaus' in den Tiefen eines Felsenkastells verkrochen hat, so dass sich gleichsam als *quod erat demonstrandum* des Eingangsmottos ergibt: Johannes ist der größte Feigling von allen (§ 13).

Zumal ab dem Moment, wo Johannes' Gefolge (§ 4) und dann er selbst (§ 6) in den Blick kommen, erinnert *Ep.* 104 mit seinen pointierten Formulierungen, rasanten Periodisierungen, dem leichthin spottenden Ton und den immer wieder komödienhaften Zügen der in ihm auftretenden Personen an die Brillanz des Verfassers des *Lobs der Kahlheit*. Raffiniert hat Synesios außerdem gerade in dieses rhetorische Virtuosenstück ein Motiv eingeflochten, das zunächst weder durch den äußeren Geschehenskontext, die Situation im Felde, noch durch das ‚Argumentationsziel', Johannes als lächerlicher Feigling, vorgegeben ist: Dieser Johannes ist nicht nur ein moralisch zwielichtiger *effeminatus*, sondern auch ein ‚Sophist' der schlimmsten Sorte, dem nur seine verblendeten Anhänger seine leeren Lehr-Versprechungen glauben.[122] Synesios selbst hingegen figuriert im Briefgeschehen ausschließlich als verantwortungsvoll besonnener Feldherr. Als Verfasser des Briefs jedoch, distanziert sich Synesios durch die Zuweisung ‚Sophist', bei allem ‚Scherz', zusätzlich von einer Art von rhetorischer Kunst, die ihm, wie im *Dion* breiter ausgeführt, leeres Wortgeklingel ohne wirklichen Kern ist.

Die Leichtigkeit des Tons von *Ep.* 104 erreicht keiner der in diesem Band enthaltenen Briefe mehr. Umso bedauerlicher ist es, dass wir nicht sicher wissen, wie lange Zeit ihn von der ‚Johannes-Affäre' der Briefe 43 und 52 trennt.[123] Eine *allein* aufgrund des rhetorischen Schwungs frühe Datierung scheint, zumal angesichts des metapoetischen Subtexts nicht angemessen.[124] Auch wird man den Feldherrn Synesios nicht ungern erst an den Beginn des 5. Jh.s setzen, so dass diesen Brief von *Ep.* 43[125] vielleicht nur relativ kurze Frist trennt.

Leichtigkeit des Tons ist freilich bei dem zentralen Text unserer Auswahl schon von der Grundthematik her kaum möglich: Den Johannes von *Ep.* 43, diesmal selbst der Adressat, bezichtigt das Gerücht, die Ermordung seines Bruders Aimilios[126] initiiert zu haben. Deshalb soll er sich, so Synesios' dringender Appell, dem Gericht stellen.

---

[122] S. *Ep.* 104 § 5 und 7 mit den dortigen Anm. 21 und 27.

[123] Garzya 1989, 264f. datiert auf 396, Roques 1989, 165. 2000 (Garzya / Roques), 360 Anm. 1 auf Mai 405.

[124] Es treffen hier dieselben Argumente wie für die Datierung von *Calv.*, s.o. Anm. 53.

[125] Garzya 1989, 146f. setzt *Ep.* 43 zeitgleich mit *Ep.* 52, i.e. ins Jahr 408, Roques 1989, 227–230. 2000 (Garzya / Roques), 147 Anm. 1 datiert auf das zweite Drittel 407.

[126] Aimilios kennen wir außerhalb der Briefe nicht, vgl. Roques 1987, 188. 190f.

Inhalt: Nach einer kurzen Einleitung (§ 1) errichtet Synesios die Alternative ‚Schuld-Unschuld' (§ 2/3), deren zweiter Teil zunächst hintan gestellt wird. Durch Rekurs auf drohende Unterweltsstrafen (§ 6f.), die in Aussicht gestellte Verzeihung durch das Opfer (§ 9) sowie allgemeinere Überlegungen zur ‚Zuchtlosigkeit' (§ 12) rät Synesios eindringlich dazu, dass sich Johannes bereits im Diesseits dem Richter stelle (§ 4–12). In Aufnahme der Anfangsalternative wird dies in einem zweiten Schritt auch für den Fall empfohlen, dass Johannes unschuldig sei (§ 13–16): Die Gerüchte können nur durch einen Prozess unter Auslieferung der möglichen Helfershelfer des Johannes, v.a. des ‚Spatalos', aus der Welt geschafft werden. – Das Briefende (§ 17) stellt pointiert einen freigesprochenen Johannes und die allwissende Göttin der Gerechtigkeit nebeneinander. Sollte Johannes Synesios' Rat nicht befolgen, droht dieser ihm die Aufkündigung aller Beziehungen an.

Ep. 43 nimmt nicht nur durch den relativ großen Umfang und die Drastik der im imaginierten Verhör des ‚Spatalos' ausgemalten Brutalität (sie ist in dieser Form einzig im gesamten Werk des Kyrenäers)[127] eine Sonderstellung auch innerhalb der Briefsammlung ein. Der Brief besticht nicht zuletzt durch die Vielschichtigkeit der in ihm verarbeiteten Bezüge (u.a. Plat. *Gorg., Phaed., Rep.; Orac.Chald.; Pyth.Ep.*).[128] Wie hier für den Kundigen stets eine zweite Ebene tieferen Verständnisses mitgeführt wird, auf der Textebene, i.e. für den Horizont des im Präskript Angesprochenen,[129] dies alles aber auch unmittelbar suggestiv dem Argumentationsziel dient, zeigt einmal mehr die hohe Virtuosität des philosophierenden Rhetors Synesios. Die an sich auch aus der Perspektive einer rein mythisch geprägten, volkstümlichen Religiosität nachvollziehbaren Vorstellungen von ritueller Reinheit, Unterweltsgericht und -strafe gründen auf diese Weise tiefer,[130] ohne dass der Brief seinen passagenweise ins Diatribenhafte reichenden Schwung einbüßte.

Einem Adressaten ‚Johannes', der es mit den Gerichten zu tun bekommt, offenbar mit den Mächtigen verkehrt und einer Belehrung, eigene Wünsche betreffend, bedarf, ordnen unsere Ausgaben drei weitere Briefe zu, *Epp*. 2, 63 und 64.[131] *Ep*. 2 besteht aus einer paradoxal zugespitzten Gno-

[127] Nur annähernd derartig detaillierte Schilderungen von Folter finden sich ansonsten nur mit Bezug auf den verhassten *praeses* Andronikos, jenen „Quälgeist des Landes" (*Ep*. 41,82f.), der die Königshalle der Stadt zu einer „Folterstätte" (ebd. Z. 161) gemacht hat: Er hat neuartige Folterinstrumente eingeführt, die Synesios auch einzeln aufzählt (*Ep*. 42,9–14), lässt einen Einzelnen peinigen (ebd. 41–43) etc. All dies schildert Synesios voller Abscheu. Dass derartiges in *Ep*. 43 Teil einer positiven Argumentation werden kann, mag teilweise der *Gorgias*-Adaptation geschuldet sein, s. zu letzterer den Beitrag von Ritter / Görgemanns / Feldmeier, v. a. Abschnitt 3 und 4.

[128] S. hierzu neben den Anm. zu *Ep*. 43 den Beitrag von Ritter / Görgemanns / Feldmeier.

[129] Zu dem möglicherweise weiteren Adressatenkreis, s. u. S. 116–118.

[130] Vgl. zur Einbettung dieser Vorstellungen in die Traditionen der entsprechenden Diskurse um Jenseitsgericht und -strafe die Beiträge von Feldmeier und Ritter.

[131] Wenn man *Epp*. 2. 63 und 64 nicht unmittelbar in den Kontext der Geschehnisse von *Ep*. 43 setzt, sind sie zu kurz, um einen Anhaltspunkt für eine Datierung zu enthalten;

me über das Verhältnis von Furcht und Gesetz; aus dieser wird ein Ratschlag an den Adressaten abgeleitet, der offenbar in einem Prozess vor bestechlichen Richtern steht. Auch *Ep.* 63 und *Ep.* 64 haben gnomischen Charakter: Ersterer mahnt zum rechten Gebrauch, nicht Missbrauch, von einflussreichen Freunden. Letzterer empfiehlt rechtes Maßhalten in den eigenen Wünschen. In allen drei Fällen hat man kaum mehr als einen (*Epp.* 63. 64), höchstens zwei (*Ep.* 2) Sätze vor sich, die sich durch die ganz offensichtlich gesuchte und hoch-artifizielle rhetorische Stilisierung auszeichnen.[132] Wenn unsere obige Vermutung (S. 20) richtig ist, handelt es sich um Einzelsätze, die ursprünglich in einem größeren Briefkontext standen, in der ‚Kladde' des Synesios aber wegen ihrer stilistischen Qualität gesondert aufbewahrt wurden.

Aus anderer Perspektive wird die Affäre von *Ep.* 43 in *Ep.* 52 thematisiert. Vermutlich etwa zeitgleich mit *Ep.* 43 verfasst,[133] nimmt Synesios hier, in gewohnt vertrautem Ton, wiederum gegenüber dem Bruder Euoptios, auf den Fall Bezug.

Inhalt: Voll Ekel berichtet Synesios seinem Bruder von den Gerüchten um Aimilios' Ermordung, für die Johannes verantwortlich sein soll. Unabhängig von der Schuldfrage sei der Mord ein Zeichen für den moralischen Niedergang von Kyrene: Zum einen verfüge Johannes über einen Charakter, der zu einem Mord passe; zum anderen sei seinen Gegnern jede Art von Verleumdung zuzutrauen (§ 1–2). Als Konsequenz hieraus will Synesios sich ganz aus dem öffentlichen Leben seiner Heimatstadt zurückziehen und ersucht deshalb seinen Bruder, ihn auch für andere nicht mehr um Beistand vor Gericht zu bitten (§ 3–4).

Neben den zugrunde liegenden Fakten (die Mord-Affäre um Aimilios) teilt dieser Brief mit *Ep.* 43 das tiefe Unbehagen des Sprechers an weit mehr als nur der einen Person Johannes sowie die in *Ep.* 43 breiter ausgeführte, in *Ep.* 52 etwas isoliert stehende Personifikation der *Dike*.[134] Trotz des insgesamt gelasseneren Tonfalls stellt er aber gegenüber diesem eine Verschärfung dar: Der Synesios von *Ep.* 52 hat sein Urteil über Johannes' Charakter, dem sich der Synesios von *Ep.* 43 zunächst ganz als ‚Freund' präsentiert, längst gefällt, und dies vernichtend (§ 1). Mögliche ‚Reinigung', gleichgül-

---

Roques 1989, 228 findet in allen dreien „le même esprit moralisateur", woraus er schließt, die Briefe seien „évidemment contemporains de cette lettre [i.e. *Ep.* 43] et font référence aux mêmes difficultés judicaires de Jean." Er setzt dementsprechend die drei genannten Briefe ebenfalls ins zweite Drittel von 407. Garzya 1989, 68 Anm. 1 vermutet vorsichtig den selben Adressaten für die genannten Briefe (zu *Ep.* 2: „Forse lo stesso di cui alle *Epp.* 63 seg. e 43?"), verzichtet aber auf eine explizite Datierung.

[132] Vgl. die Anm. zu den jeweiligen Briefen.

[133] Roques 1989, 172f. 2000 (Garzya / Roques), 157 Anm. 1 datiert wegen der umittelbaren inhaltlichen Nähe zu *Ep.* 43 auf das zweite Drittel 407, Garzya 1989, 164f. dem entsprechend auf 408.

[134] Vgl. *Ep.* 43 § 17 mit *Ep.* 52 § 1. Vielleicht darf man aus der Tatsache, dass das Bild in *Ep.* 43 durchgeführt ist, in *Ep.* 52 aber nur anklingt, schließen, dass sein ursprünglicher Ort in *Ep.* 43 ist, d.h. dass dieser vor *Ep.* 52 verfasst wurde.

tig ob im Dies- oder Jenseits, kommt gar nicht in den Blick. Vielmehr werden sogar die Feinde des Johannes in das moralische Vernichtungsurteil einbezogen (ebd.), so dass die Affäre zu einem Symptom für die Verfasstheit von Kyrene als Ganzem wird (§ 3). Zu dieser ‚universellen' Deutung der Tat des Johannes trägt nicht zuletzt bei, dass dieser hier, anders als in *Ep.* 43, klar als Teil derjenigen Gruppe erkennbar wird, die über Einfluss bei dem Synesios so verhassten Statthalter Andronikos verfügt (§ 3). In diesem Sinne ‚betrifft' eine zweifelhafte Figur wie Johannes tatsächlich das gesamte Gemeinwesen. Bezeichnend ist die Kontrastfolie, die Synesios zu all diesem ihm Grauenhaften entwirft: In sentimentaler Gebärde misst er die seiner Meinung nach verkommene Gegenwart nicht etwa an primär politischen Größen der ‚guten alten Zeit', sondern an bedeutenden Philosophen der ‚großen Zeit' Griechenlands (Aristipp) bzw. des Hellenismus (Karneades), die beide aus Kyrene stammten (ebd.). Dass der letztgenannte Karneades für die Nachgeborenen eben ein Vertreter der *rhetorike philosophousa* war,[135] und dass auch der Synesios dieses Briefs als geschickter Rhetoriker nicht anders kann, als seinen konkreten Fall mit anschaulich-witzigen mythischen Exempla zu illustrieren, rundet das Bild ab.[136] Und doch spricht auch hier wieder vor allem der Philosoph Synesios: Er kann aus dem Geschilderten nur die Konsequenz eines Philosophen ziehen, nämlich „Armut fern von der *vita activa*" (§ 4) und verwehrt es so auch dem Kurialen Synesios, weiterhin durch die Unterstützung seiner Mitbürger ein nützliches Mitglied seiner ‚Mutterstadt Kyrene' zu sein (ebd.). Aufs Ganze gesehen, geht es somit in *Ep.* 52 vor allem auch um den Sprecher selbst. Die Johannes-Affäre ist dem Synesios von *Ep.* 52 Anlass für eine Standortbestimmung und Selbstdefinition.

Die nun noch verbleibenden Briefe tragen alle den Johannes-Namen (erwähnt in *Epp.* 34 § 1. 94 § 3; Adressat von *Ep.* 147), stehen aber in keinem unmittelbaren Zusammenhang mit der Affäre der *Epp.* 43 und 52. Von diesen trennt sie vermutlich der Abstand von ein paar Jahren,[137] so dass sie zur Gruppe derjenigen Briefe unserer Sammlung gehören, die Synesios aller Wahrscheinlichkeit nach in den Jahren vor seinem Tod verfasst hat. *Epp.* 34 und 94 sind beide an Anysios, den *dux Libyarum* des Jahres 410 gerichtet,[138] der gegen die Wüstenvölker im Feld steht. *Ep.* 34[139] informiert Anysios als Kommandanten über eine Krankheit des Johannes, die die-

---

[135] S. Anm. 17 zu *Ep.* 52.

[136] Es ist bezeichnend, dass sich im Bereich der mythischen Exempla (in *Ep.* 52 § 2 Aias, Paris, Odysseus, Sisyphos) Überschneidungen mit *Calv.* ergeben, vgl. Anm. 9 zu *Ep.* 52.

[137] S. die folgenden Anm. 139. 141. 143.

[138] Anysios ist auch der Adressat der *Epp.* 6. 14. 59. 77 und 78 und wird in den beiden *catast.* erwähnt; s. zu ihm *PLRE* II 108 *s.v.* ‚Anysius 1', Roques 1987, 229. 1989, 208–210, Schmitt 2001, 140–143 (zu *Ep.* 59).

[139] Roques 1989, 208–211. 2000 (Garzya / Roques), 124 Anm. 1 datiert Ende April/Anfang Mai 411, auch Garzya 1989, 114f. setzt den Brief ins Jahr 411.

sen an den Kampfhandlungen hindere. Rein formal handelt es sich um ein Empfehlungsschreiben. Doch ist hier die übliche Situation (‚dem Adressaten unbekannte Person wird von ihm bekannter Person in ihren Vorzügen gepriesen und dadurch empfohlen') derart auffällig abgewandelt (Johannes kennt Anysios offenbar, der Brief annonciert an sich einen Mangel des zu Empfehlenden), dass vermutlich eben diese originelle Variation des so geläufigen epistolaren Subgenres den wenigen Zeilen einen Platz in der Briefsammlung beschert hat.[140]

Auch *Ep.* 94 spielt in militärischem Kontext.[141] Der Johannes dieses Briefs bedarf im Felde besonderer Unterstützung, zu deren Umsetzung Synesios dem Anysios rät.

Inhalt: Nach kurzem Eingehen auf den gegenseitigen Informationsstand (§ 1) beglückwünscht Synesios den Anysios zu seinen militärischen Aktionen, erkundigt sich nach seinem Ergehen (§ 1/2) und gibt Ratschläge für den Einsatz des Johannes (§ 3). Grüße an die gemeinsamen Freunde und ein erneutes Eingehen auf Johannes beschließen den Brief (§ 4).

Es handelt sich um den am meisten entlang den Linien epistolarer Konvention gestalteten Brief unserer Auswahl: Die Punkte ‚gemeinsamer Informationsstand', *captatio benevolentiae*, ‚Ergehen des Adressaten', ‚gemeinsame Bekannte', ‚Grüße' entsprechen völlig epistolarer Konvention.[142] Lediglich das erneute Eingehen auf Johannes am Briefende ist spezifisch und zeigt so, dass es sich nicht um einen rein philophronetischen Brief des Kontakterhalts zwischen Anysios und Synesios handelt. Der hier erwähnte Johannes ist tatsächlich von Belang. Freilich lässt sich über ihn allein auf Grundlage von *Ep.* 94 kaum Genaueres sagen, als dass sich Synesios offenbar in irgendeiner Weise für ihn und sein Wohlergehen verantwortlich zu fühlen scheint.

Noch unklarer bleibt die Figur des Johannes in *Ep.* 147, wozu nicht zuletzt das vieldiskutierte Bild von den ‚Schwarz- und Weißmänteln' beiträgt. Über diesen Johannes erfährt man zunächst nur, dass er sich zu einer Lebensform außerhalb der städtischen Zentren entschlossen hat.[143]

Inhalt: Synesios gratuliert Johannes überschwänglich zu seiner eremitischen Lebensform (§ 1) und erzählt ihm, was Johannes' Freund Ganos über ihn vermeldet (§ 2): Nicht

[140] Zur Verschränkung mit dem Freundschaftsmotiv s. u. S. 102–107.

[141] Roques 1989, 69. 209. 2000 (Garzya / Roques), 345 Anm. 1 datiert Ende April / Anfang Mai 411; auch Garzya 1989, 240f. setzt diesen Brief zeitgleich mit *Ep.* 34, i.e. ins Jahr 411. wenn man, wie Roques und Garzya es tun von einer Identität der Personen namens ‚Johannes' in *Epp.* 34 und 94 ausgeht, handelt es sich wohl bei dem Empfehlungsschreiben *Ep.* 34 um den früheren Brief, da der Johannes von *Ep.* 94 schon selbstverständlich in der Rolle als Soldat vorausgesetzt wird.

[142] Vgl. hierzu Klauck 1998, 154–156, vgl. 35–41.

[143] Roques 1989, 227–230. 2000 (Garzya / Roques), 413 Anm.1 setzt den Brief in den Mai / August 411, also nach *Ep.* 34 und 94; Garzya 1989, 354f. datiert auf 408 und zieht die Identität mit dem Johannes der vorangehenden Briefe in Zweifel.

nur äußerlich gleiche Johannes jetzt einem Mönch; er begebe sich außerdem nur noch zum Erwerb theologischer Schriften in die Stadt. Der Brief schließt mit der Wiederholung des Glückwunsches sowie der Bitte an Johannes, den in seinem Bemühen um die Philosophie weit weniger erfolgreichen Synesios in seine Gebete mit einzuschließen (§ 3).

Oberflächlich betrachtet ist der Tonfall dieses Briefs freundlich-interessiert, in der Schlusswendung sogar bewundernd. Doch hat man Schwierigkeiten, die vom Sprecher zur Schau getragene Haltung ernst zu nehmen: Zwar kennt man einen demütig bewundernden Synesios durchaus, zumal wenn es um philosophische Belange geht (man denke etwa an die Briefe an die verehrte Lehrerin Hypatia und ihren Kreis).[144]

Dagegen, dass wir es bei dem Johannes von *Ep.* 147 mit einer Person zu tun haben, die ähnlicher Verehrung würdig wäre, i.e. mit jemandem, der sich ernsthaft und erfolgreich um intellektuelle Belange bemüht, spricht jedoch dreierlei: Zum einen lässt nicht nur die Erzählung des Ganos, sondern auch die Formulierung, mit der Synesios den Entschluss zur abgesonderten Lebensform einführt,[145] darauf schließen, dass dieser Johannes noch nicht lange zu dieser Lebensweise gefunden hat, es sich somit bestenfalls um einen hoffnungvollen ‚Anfänger *in philosophicis*' handeln kann. Zum zweiten empfiehlt Synesios diesem Johannes, der offensichtlich nach Art der Wanderprediger dunkel gekleidet auftritt, ein strahlend weißes Gewand (§ 2). Dies ist im Kontext von *Ep.* 147 zwar plausibel (vgl. die anschließende Ausweitung auf die Lichtmetapher); im *Dion* und in *Ep.* 154 aber benutzt Synesios ‚Weiß-' und ‚Schwarzmäntel' in gleicher Weise ambivalent zur Bezeichnung seiner Gegner in Bildungsdingen.[146] Und zum dritten hat die Gratulation des Schlusses, Johannes habe „spontan" (§ 3) das Ziel intellektueller Bemühungen bereits erreicht (!), aus dem Mund des überzeugten Platonikers Synesios einen so seltsamen Klang, dass man spätestens hier anfängt zu fragen, ob man sich nicht das ganze Schreiben eher in ironischem Ton gesprochen denken muss.[147] Träfe dies zu, befänden wir uns mitten in der Diskussion des *Dion* um die rechte Art zu philosophieren und zu leben. Dem Synesios des *Dion* wäre der Johannes von *Ep.* 147 so verstanden schiere Provokation. Einer Figur, die sich durch bloße Kostümierung in einen noch dazu fragwürdigen Prediger-Habit die Rolle eine Intellektuellen anmaßt, stünde aber auch der Synesios der Briefe eindeutig feindselig gegenüber.

---

[144] Zu Hypatia o. Anm. 19; an sie richtet Synesios die *Epp.* 10. 15. 16. 46. 81. 124. 154. Hypatia ist „Mutter, Schwester, Lehrerin, als dies alles: meine Wohltäterin, Inbegriff all dessen an Tat und Namen, was Verehrung verdient (ἅπαν ὅ τι τίμιον καὶ πρᾶγμα καὶ ὄνομα)", die mit ihr Verbundenen sind „glückselige Gefährten (μακάριοι ἑταῖροι)" (*Ep.* 16,2–4 bzw. 11).

[145] S. *Ep.* 147 § 2 mit den dortigen Anm. 8 und 12.

[146] Vgl. *Dion* 7 und *Ep.* 154,2–4 mit Anm. 9 zu *Ep.* 147 sowie u. S. 119f.

[147] S. Anm. 12 zu *Ep.* 147.

2.2.3. Mögliche Verbindungslinien?

Aus den damit inhaltlich grob vorgestellten Texten hat bereits Roques[148] das gemacht, was Schmitt leicht ärgerlich charakterisiert als die „Geschichte eines Mannes", der zuerst „jugendlicher Aufschneider" ist, dann eines Mordes verdächtigt wird, „unter Anysios wieder ... Soldat" ist, „und schließlich Mönch wird".[149] Bevor wir nun zum Schluss die in diesem Konstrukt möglichen Verbindungslinien zwischen unseren Texten nachzeichnen, seien die Briefe hier nochmals in der Reihenfolge ihrer von Garzya (erste Nennung) bzw. Roques (zweite Nennung) gegebenen Datierung aufgeführt:[150]

Ep. 104: *An den Bruder (Euoptios)*	Der *Feigling* Johannes als Möchte-Gern-Feldherr	396 oder 405?[151]
Ep. 43: *An Johannes*	Der *Mörder* Johannes – Prozess im Diesseits *vs.* Jenseitsstrafen	408 oder 407?[152]
Ep. 2: *An Johannes*	(Der *Feigling* ?) Johannes und die bestechlichen Richter	Wie *Ep.* 43??
Ep. 63: *An Johannes*	(Der ??) Johannes und seine Freundschaften mit den Mächtigen	Wie *Ep.* 2??
Ep. 64: *An den nämlichen (Johannes)*	(Der *Schwelger*?) Johannes und die Maßlosigkeit seiner Wünsche.	Wie *Ep.* 2??[153]
Ep. 52: *An den Bruder (Euoptios)*	Der *Mörder* Johannes als Symptom des Niedergangs von Kyrene	408 oder 407?[154]
Ep. 34: *An Anysios*	Der kranke Johannes als ehrgeiziger Soldat	411?
Ep. 94: *An Anysios*	(Der gelegentlich ängstliche) Johannes als Soldat	411?[155]
Ep. 147: *An Johannes*	Der *Mönch* Johannes (ein Möchte-Gern-Intellektueller?)	408 oder 411?[156]

Ep. 104 zeigt einen Johannes, der sich durch folgende Schlagworte charakterisieren lässt: *effeminatus* (mit ebensolchen Kumpanen), ‚Sophist', Feigling als Feldherr. Das letztgenannte, die beiden anderen Motive dominierende Charakteristikum der ‚Feigheit' kann man nun in Beziehung setzen zu dem Johannes von *Epp.* 2 und 94: Das Handeln des Johannes von

[148] S.o. Anm. 114.

[149] So Schmitt 2001, 696 Anm. 408, s. auch u. S. 211–215.

[150] Die den Briefen beigesellten ‚Titel' werden im Folgenden erläutert; die im Anschluss an die Tabelle erwähnten inhaltlichen und motivischen Einzelpunkte, auf deren Grundlage sich Verbindungslinien ziehen lassen, finden sich allesamt ausführlicher in den entsprechenden Anmerkungen zu den Briefen selbst, ich verzichte deshalb hier auf den Einzelnachweis.

[151] S.o. Anm. 123.

[152] S.o. Anm. 125.

[153] S. zur Datierung von *Epp.* 2, 63 und 64 o. Anm. 131

[154] S.o. Anm. 133.

[155] S. zur Datierung der *Epp.* 34 und 94 o. Anm. 139 und 141.

[156] S.o. Anm. 143.

Ep. 2 ist durch (falsche) Furcht und Scham gekennzeichnet; dem Johannes von *Ep*. 94 muss man seinen Bruder zugesellen, damit er ein „unverzagter Soldat“ (§ 3) sein kann. Mit den *Epp*. 94 und 34 verbindet *Ep*. 104 zudem allgemein der militärische Kontext.

Auch der Adressat von *Ep*. 43 hat es nötig, dass Synesios ihm ‚Tapferkeit‘ wünscht (*Ep*. 43 § 11), explizit „feige“ sind hier freilich nur die „Lügenerfinder“ (ebd. § 13), welche die Gerüchte über Johannes in die Welt gebracht haben. Sie trifft auch der *effeminatus*-Vorwurf (‚Kotys-Anhänger‘ § 13). Johannes selbst wird zwar auch in den Kontext von ‚Lust am Bösen‘ und mangelnder Beherrschtheit (§ 11f.) gestellt, seine Affäre hat einen angedeuteten amourösen (jedoch eindeutig hetrerosexuellen) Touch (§ 15); auch ist sein Umfeld ähnlich unerfreulich wie das des Johannes von *Ep*. 104. Dass er selbst als *effeminatus* zu sehen sei, lässt sich aber allenfalls mittelbar vermuten, wenn man den Namen seines Kumpanen ‚Spatalos‘ als sprechenden versteht.[157] Die Gerichtssituation teilt *Ep*. 43 mit *Ep*. 2, wobei es freilich dem tieferen Sinn von *Ep*. 43 zuwiderliefe, wenn man sich auch den dortigen Richter bestechlich denkt.[158] Mit dem Johannes von *Ep*. 63, der Freundschaften zu den Mächtigen pflegt, lässt sich derjenige von *Ep*. 43 ebenfalls nur mittelbar in Beziehung setzen. Und zwar nur dann, wenn man unserer Annahme folgt, dass es sich in *Ep*. 43 um denselben Fall und somit auch um denselben Johannes wie in *Ep*. 52 handele. Der Johannes von *Ep*. 52 gehört zum unmittelbaren Umfeld des Provinzstatthalters, er pflegt also ‚Freundschaften mit den Mächtigen‘. Dass er sie ‚missbrauche‘, stimmte zu seinem insgesamt negativen Charakter. Dass der Johannes von *Ep*. 43 auch in seinen Wünschen maßlos ist, wie es der von *Ep*. 64 zu sein scheint, passte ins Bild, lässt sich aber inhaltlich nur recht lose anschließen, weswegen Roques und Garzya hier auch den mittelbaren Weg über *Ep*. 63 gewählt haben.[159]

Bleibt noch der letzte Brief unserer Auswahl, *Ep*. 147. Hier spricht, wie oben (S. 30) skizziert, manches dafür, dass unter der zugewandt-freundlichen Oberfläche des Textes eigentlich Spott und Ablehnung lauern. Auch wirft der Name des Gewährsmannes, Ganos,[160] vielleicht ein schräges Licht auf den mit diesem Ganos befreundeten Johannes. Trifft diese Interpretation von *Ep*. 147 zu, dann wäre eine mögliche Erklärung für die Doppelbödigkeit des Schreibens, dass es sich bei seinem Adressaten wiederum um den ‚Freund der Mächtigen‘, i.e. den Johannes von *Ep*. 52 und 43 (viel-

---

[157] S.u. Anm. 11 zu *Ep*. 43.

[158] Da die Gerichtsbarkeit durch die Statthalterschaft in *Ep*. 43 Teil einer positiven Argumentation ist, muss Synesios insgesamt jede Trübung dieser Instanz unterdrücken, so dass hier, anders als in der übrigen Korrespondenz keinerlei Schatten auf den *praeses* bzw. sein Amt fällt; s. aber u. S. 118.

[159] Beide a.a.O. o. Anm. 113.

[160] S.u. Anm. 7 zu *Ep*. 147.

leicht auch *Ep.* 63) handelt. Freilich ist dies kaum mehr als eine Vermutung und es sind zahlreiche andere Gründe für die beschriebene Sprechhaltung denkbar. Die dem Brief zugrundeliegende Situation, der Rückzug eines Mitglieds der Provinzelite in den kirchlichen (?) Bereich,[161] stellt ansich keinen Sonderfall dar; gerade von Kurialen ist bekannt, dass nicht wenige von ihnen kirchliche Funktionen als Flucht vor den gewaltigen finanziellen Belastungen ihres Standes suchten.[162] Es muss also ungewiss bleiben, ob wir hier das Zeugnis einer erstaunlichen Wandlung vom ‚jugendlichen Aufschneider zum Mönch' vor uns haben, bzw., wenn unsere Interpretation zutrifft, weit weniger erstaunlich, ‚vom Möchte-Gern-Feldherr zum Möchte-Gern-Intellektuellen', oder ob wir mit *Ep.* 147 einen Blick auf ein Leben werfen, das uns sonst völlig unbekannt ist, und das nur zufällig auch einem Träger des Namens ‚Johannes' angehört.

Die einführende Vorstellung unserer Texte hat damit ihr Ende erreicht. Der Leser möge nun selbst entscheiden, auf welche Weise er die folgende Auswahl rezipiert, ob entlang der eben nachgezeichneten Linien oder eher als Facetten eines Kurialenlebens im Libyen der Spätantike, die ein häufiger Name eher zufällig zusammen in den Blick gerückt hat. Einen (hoffentlich zu weiterer Lektüre verführenden) Eindruck von den zahlreichen Facetten des Schriftstellers und Intellektuellen Synesios von Kyrene erhält er allemal.

3. Textgestalt und Zitationsweise

Mit der Ausgabe von Garzya 1979 liegt für die *Briefe* des Synesios ein zuverlässiger Text vor. Er bildet in Gestalt des Wiederabdruckes in Garzya / Roques 2000 die Grundlage unseres griechischen Textes, wobei wir uns jedoch an zwei Stellen genötigt sahen, *cruces* in den Text zu setzen, an anderen, kleinere Eingriffe in den Text vorzunehmen; einzelnes ist in den Anmerkungen zu den jeweiligen Stellen vermerkt. Durchgängig haben wir uns vorbehalten, in die Interpunktion einzugreifen, vor allem dort, wo dies die Orientierung im griechischen Text im Hinblick auf die deutsche Übersetzung erleichtert. Ebenso haben wir bisweilen die Binnengliederung des Textes in Absätze geändert, um das der Übersetzung zugrundeliegende Textverständnis zu verdeutlichen.

Die *Briefe* unserer Auswahl werden dem entsprechend nach den Paragraphen unseres Textes zitiert. Bei allen anderen *Briefen* geben wir zusätzlich zur Briefnummer die fortlaufende Zeilenzahl von Garzya / Ro-

[161] Es ist nicht mit letzter Sicherheit auszumachen, welche Lebensform der Johannes dieses Briefs *genau* gewählt hat, Synesios lässt dies wohl absichtlich etwas im Ungefähren; dass Johannes eine Form des Mönchtums gewählt hat, ist die wahrscheinlichste Lösung.

[162] S. Hübner 2005, 147–153.

ques 2000. Die übrigen Werke des Synesios folgen den im Literaturverzeichnis genannten Editionen. Wo ein zeilengenauer Verweis hilfreich schien, geben wir zusätzlich zur Buch- bzw. Kapitelzählung der jeweiligen Werke die Zeilennummer der dort genannten Ausgaben. Alle Werktitel ohne weitere Angabe beziehen sich auf Werke des Synesios. Bei den übrigen antiken Autoren wurden Editorenkürzel bzw. Band- und Zeilennummer nur dort hinzugefügt, wo entweder die Zählungen der verschiedenen Ausgaben stark abweichen oder ein zeilengenauer Verweis nötig war. Querverweise innerhalb der Anmerkungen zur Übersetzung beziehen sich zunächst immer auf die Anmerkungen zum selben Brief, andernfalls findet sich ein Vermerk. Entsprechendes gilt für Querverweise auf Anmerkungen zu den *Essays* im zweiten Teil des Bandes.

B. Text, Übersetzung und Anmerkungen

Ep. 104

Τῷ ἀδελφῷ.

[1] Τοὺς αὐτοὺς ἂν ἴδοις ἐν μὲν εἰρήνῃ θρασεῖς, ἐν δὲ πολέμῳ δειλούς, τοῦτ᾽ ἔστιν ἁπανταχοῦ πονηρούς. Ὥστε μοι δοκεῖ ταύτην τις δικαίως εἰδέναι τῷ πολέμῳ χάριν, ὅτι βάσανός ἐστι τοῦ περὶ τὴν καρδίαν αἵματος ἀκριβής, καὶ συχνοὺς ἀλαζόνας παραλαβὼν μετριωτέρους ἡμῖν ἀποδίδωσιν. [2] Οὐ γὰρ οἶμαι τὸ ἀπὸ τοῦδε σοβήσειν διὰ τῆς ἀγορᾶς Ἰωάννην τὸν ἀλιτήριον οὐδὲ πὺξ ἐντενεῖν οὐδὲ λὰξ ἐναλεῖσθαι τῶν ἐπιεικεστέρων τινί. Χθές τοι πάνυ λαμπρῶς συνηγορήκει τῇ παροιμίᾳ, μᾶλλον δὲ τῷ χρησμῷ· χρησμὸς γὰρ ἄντικρυς. Τοῦτό γε πάντως οἶσθα τὸ

,οὐδεὶς κομήτης ὅστις οὐ ψηνίζεται'.

[3] Ἡμέρας μὲν γάρ τινας ἑξῆς οἱ πολέμιοι προσηγγέλλοντο, κἀμοί τε ἀπαντητέον ἐδόκει καὶ Βαλαγρίτας συντεταγμένους ἐξῆγεν ὁ φύλαρχος· εἶτα φθάσαντες ἂν εἰς τὴν πεδινὴν περιεμένομεν. Οὐδαμοῦ δὲ φαινομένων περὶ βουλυτὸν ἀπεχωροῦμεν ἕκαστος οἴκοι, συνθέμενοι πάλιν ἥξειν εἰς τὴν ὑστεραίαν.

[4] Ὁ δὲ Φρὺξ Ἰωάννης τέως μὲν ἦν οὐδαμοῦ – οὔκουν ὥστε καὶ φανερὸς εἶναι –, φήμας δὲ ὑπέπεμπε, νῦν μὲν ὡς κατεαγὼς εἴη καὶ διαπρίεται τὸ σκέλος, νῦν δὲ ὡς τὸ ἆσθμα νοσεῖ, νῦν δὲ ὡς ἄλλο τι κακὸν ἐξαίσιον ἔχει. Τοιοῦτοί τινες ἐφοίτων λογοποιοί, ἄλλος ἄλλοθεν ἥκειν φάμενοι, τοῦ μηδὲ σαφὲς εἶναι ποῖ γῆς καταδέδυκεν ἢ κρύπτεται. Μεταξὺ δ' ἂν διηγούμενοι πρὸς τὴν ἀκαιρίαν τῆς συμφορᾶς ἐσχετλίαζον, ὑπεδάκρυον· „Νῦν ἔδει τοῦ γενναίου λήματος, νῦν τῶν ἐκείνου χειρῶν. Τί ἂν ἐποίησε; Τί ἂν ἐγένετο;" καὶ ἐπὶ πᾶσιν „Ὦ τοῦ δαίμονος" εἰπὼν ἕκαστος καὶ τὼ χεῖρε πατάξας ἀπηλλάττετο. [5] Ἦσαν δὲ οὗτοι τῶν ἐπ᾽ οὐδενὶ χρησίμῳ πάλαι παρατρεφομένων αὐτῷ, κομῆται καὶ οὗτοι καὶ οὐδὲν ὑγιές,

Ep. 104

An den Bruder (Euoptios).[1]

[1] Manchmal erlebt man es, dass dieselben Menschen in Friedenszeiten verwegene Draufgänger sind, im Krieg dagegen Feiglinge[2] – also in beiden Fällen nichts taugen. So kann man, meine ich, dem Krieg mit Recht dankbar sein, dass er ein unfehlbarer Prüfstein ist für die Beherztheit[3] eines Menschen und oftmals Leute, die er als Prahlhänse vorfindet, uns bescheidener geworden zurück gibt. [2] Denn ich glaube nicht, dass dieser Galgenstrick Johannes[4] in Zukunft noch hochmütig über den Marktplatz stolzieren wird,[5] und dass er irgendeinem anständigen Menschen einen Faustschlag versetzen oder auf die Füße treten wird.[6] Gestern hat er jedenfalls ganz glänzend das Sprichwort[7] bestätigt – oder man sollte eher sagen: das Orakel, denn es ist ja ein regelrechter Orakelspruch, du kennst ihn natürlich:

„Kein Langbehaarter, der nicht ‚Feigenwespe' macht".[8]

[3] Ein paar Tage nacheinander wurde die Annäherung der Feinde[9] angekündigt; ich hielt es für geboten, gegen sie auszurücken,[10] und ebenso führte der Phylarch[11] die Balagriten[12] in geschlossener Formation aus der Stadt. Wir erreichten jedesmal[13] frühzeitig die Ebene[14] und warteten dann ab. Als die Feinde sich nirgends zeigten, zogen wir beide zu der Zeit, da man die Ochsen ausspannt,[15] wieder nach Hause, mit der Verabredung, am nächsten Tag wieder zu kommen.

[4] Aber der Phryger[16] Johannes war in dieser Zeit nirgendwo – jedenfalls nicht so, dass man etwas von ihm hätte sehen können –, und er ließ unbestimmte Nachrichten verlauten, einmal: Er habe sich ein Bein gebrochen und es müsse amputiert werden, dann wieder: Er leide an Asthma, und dann, dass er sonst eine schreckliche Krankheit habe. Es tauchte eine Reihe von Leuten auf, die solche Nachrichten in die Welt setzte, der eine kam von hier, der andere von dort – so sagten sie, damit man sich kein Bild machen konnte, wo in aller Welt der Mann sich verkrochen und versteckt hatte.[17] Sie unterbrachen ihre Erzählungen immer wieder mit Verwünschungen über das Unzeitige des Unglücks und jammerten: „Jetzt wäre sein tapferer Mut nötig, jetzt seine starken Hände. Was würde er vollbringen! Was würde dann geschehen!" Am Ende sagte jeder: „Welch unseliges Verhängnis!", schlug die Hände zusammen und verschwand wieder. [5] Das waren Leute von seinen Kumpanen,[18] die er schon seit langem an seinem Tisch durchfüttert – zu keinem guten Zweck, langhaarig wie er selbst, Nichtsnutze,[19]

,ἀρνῶν ἠδ᾽ ἐρίφων ἐπιδήμιοι ἁρπακτῆρες',
καὶ νὴ τοὺς θεοὺς ἔστιν ὅποι καὶ γυναικῶν. Τοιούτους λοχίτας ἐκ πολλοῦ παρεσκεύαστο μεθ᾽ ὧν εἶναι μὲν ἀνὴρ οὐδ᾽ ἐπιχειρεῖ – χαλεπὸν γάρ –, σοφιστὴς δ᾽ ἐστὶ καὶ ὡς ἂν δοξειεν ἀνὴρ εἶναι παρὰ τοὺς ὄντας ἄνδρας ἄριστα σκέπτεται.

[6] Ἀλλά μοι δοκεῖ καλῶς αὐτῷ τὸ δαιμόνιον ἀντιπολιτεύσασθαι. Πέμπτην μὲν γὰρ ἤδη ἐν τοῖς ὅπλοις μάτην προεληλύθειμεν, ἔτι τὰ μετεωρότερα κακουργούντων τῶν πολεμίων· ὁ δὲ καὶ παντάπασιν ἀπογνοὺς ἥξειν αὐτούς, ὡς οὐκ ἂν τὸ βάθος τῆς χώρας θαρρήσοντας, παρῆν καὶ πάντα εὐθὺς ἀκοσμίας ἐμπίπλησι. Καὶ ἀσθενείας μὲν οὐκ ἐμέμνητο – καταγελᾷ γέ τοι καὶ ἀνασχομένων ἀκοῦσαι –, αὐτὸς δὲ ἥκειν ἔφη πόρρωθεν, οὐκ οἶδα ὅθεν· ἐκεῖ γὰρ εἰς συμμαχίαν παρακεκλῆσθαι. Παρ᾽ ὃ καὶ σεσῶσθαι τοὺς ἐπικαλεσαμένους ἀγρούς· οὐδὲ γὰρ ἐμβεβληκέναι τοὺς πολεμίους, πρὸς τὴν φήμην τῆς τοῦ Ἰωάννου παρουσίας καταπλαγέντας. [7] Ἀσφαλῶς δὲ τἀκεῖ καταστησάμενος πρὸς τὸ πονοῦν ἔφη δεδραμηκέναι· προσδέχεσθαι γὰρ ὅσον οὔπω τοὺς ἄνδρας, ἢν λάθῃ παρὼν καὶ μὴ διαδοθῇ τοὔνομα. Εὐθὺς οὖν ἅπαντα ἀκοσμίας ἐμπίπλησι, παραστρατηγεῖν ἀξιῶν καὶ ἐν βραχεῖ τέχνην τοῦ νικᾶν παραδώσειν ὑπισχνούμενος, βοῶν „Ἐπὶ μέτωπον", „Ἐπὶ φάλαγγα" καὶ „Κατὰ τὸ κέρας πολὺ τὸ πλαίσιον", ποιῶν ὀνόματα τάξεων, ὧν ἠγνόει τὴν χρείαν. Καί τισιν ἀπὸ τούτου ἔδοξέ τις εἶναι καὶ τήν γε φύσιν ἐμακάριζον καὶ ἐμαθητίων πολλοί.

[8] Ἤδη δὲ δείλη τε ἦν ὀψία καὶ καιρὸς ἐφόδου, καὶ δὴ πρόσω τῆς ὀρεινῆς καταβαίνοντες ἐγενόμεθα. Κἀνταῦθα νεανίαι τέτταρες, ἐσταλμένοι χωρικῶς καὶ κεκραγότες ὅσον ἐχώρουν αἱ κεφαλαί, δρόμῳ πρὸς ἡμᾶς ἔθεον, ὡς μηδενὶ μάντεως δεῖν, ὅτι πολεμίους πεφόβηνται καὶ σπεύδουσιν εἴσω τῶν ὅπλων γενέσθαι. Πρὶν δὲ καὶ καλῶς αὐτῶν ἐκείνων ἀκοῦσαι λεγόντων, ὅτι καὶ δὴ πάρεισιν, ὁρῶμεν ἐφ᾽ ἵππων ἀνδράρια πονηρὰ καί, ὡς ἐμοὶ δοκεῖν, ὑπὸ λιμοῦ στρατηγούμενα, προχειρότατα δ᾽ οὖν ὑπὲρ τῶν ἡμετέρων ἀγαθῶν ἀποθνήσκειν ἐθέλοντα.

[9] Ἐπειδὴ δ᾽ οὖν εἶδον καὶ ὤφθησαν, πρὶν εἴσω βέλους ἐλθεῖν, οἱ μὲν ἀποβάντες, ὅπερ εἰώθεσαν, τῶν ἵππων ὡς εἰς μάχην διεσκευάζοντο, καί μοι καλῶς ἔχειν ἐδόκει μιμεῖσθαι τοὺς ἄνδρας –

„Räuber von Lämmern und Ziegen in ihrem eigenen Lande"[20] – und bei den Götter, hier und da auch von Frauen. Solche Kumpane hatte er im Laufe der Zeit um sich geschart; in ihrer Gesellschaft versucht er gar nicht erst, als Mann aufzutreten – das wäre auch nicht leicht! Aber er ist ein Sophist[21] und versteht es geschickt einzurichten, dass er in der Öffentlichkeit männlicher erscheint als die wirklichen Männer.

[6] Aber das göttliche Geschick hat, meine ich, seine Machenschaften wirkungsvoll durchkreuzt. Wir waren nämlich schon vier Tage lang[22] vergebens in Waffen ausgerückt, während die Feinde noch die höher liegenden Gegenden[23] verwüsteten;[24] da hatte er die Erwartung ganz aufgegeben, dass sie noch kommen würden, weil sie sich nicht in tiefer gelegenen Regionen[25] wagten, und so war er auf einmal da und füllte alles mit Tumult. An eine Krankheit konnte er sich nicht erinnern – er fand es ziemlich lächerlich, dass wir uns solche Geschichten auch nur angehört hatten –, sondern erklärte höchstselbst, er komme von weit her – woher, weiß ich nicht –, dahin habe man ihn gerufen, um im Kampf Beistand zu leisten. Dadurch seien die Landgüter, zu denen man ihn gerufen hatte, tatsächlich gerettet worden; die Feinde seien gar nicht erst eingefallen, weil die Kunde vom Kommen des Johannes sie abgeschreckt habe. [7] Nachdem er dort für Sicherheit gesorgt habe, sei er, so sagte er, dahin geeilt, wo Not am Mann war; er erwarte jetzt jeden Augenblick den Angriff dieser Männer, wenn nur seine Anwesenheit geheim bleibe und sein Name sich nicht herumspräche. Sofort brachte er alles durcheinander, maßte sich an, der zweite Feldherr zu sein[26] und verkündete, in kürzester Zeit die Kunst des Siegens zu lehren.[27] Er schrie: „Richt euch!", „In Gefechtslinie!", „In Marschkolonne das ganze Karree!" – und brachte so Namen für Formationen auf, ohne zu wissen, wozu sie gut waren.[28] Etliche waren davon beeindruckt, hoben sein Talent in den Himmel, und nicht wenige wollten unbedingt seine Schüler werden.[29]

[8] Es war schon gegen Abend,[30] somit ein günstiger Zeitpunkt für einen Angriff, und wir waren beim Abstieg aus dem Bergland[31] schon ziemlich weit gekommen. Da tauchten vier junge Männer auf, in ländlicher Kleidung,[32] sie schrieen aus Leibeskräften und rannten auf uns zu; man brauchte keinen Orakeldeuter, um zu erkennen, dass sie vom Feind in Schrecken versetzt waren und hinter unserer Front Schutz suchten. Noch ehe man sie selber deutlich verstehen konnte, wie sie riefen: „Sie sind da!", sahen wir die Feinde: jämmerliche Männlein auf Pferden, die, so kam es mir vor, unter dem Kommando des Hungers standen und ohne weiteres bereit waren, für unsere Besitztümer zu sterben.[33]

[9] Als sie uns jetzt sahen und wir sie, stiegen sie von den Pferden, wie sie es gewöhnlich tun, und machten sich kampfbereit;[34] und ich fand es richtig, ihrem Beispiel zu folgen, denn das Gelände war für Pferde unge-

καὶ γὰρ ἄφιππα ἦν –· ὁ δὲ γεννάδας οὐκ ἔφη παρανομήσειν εἰς τὴν ἱππικήν, ἀλλὰ τὸν ἀγῶνα τῶν ἵππων ποιήσειν. Τί οὖν; Παρενεγκὼν βίᾳ τὸ ψάλιον καὶ μεταστραφείς, ἔφυγεν ἀνὰ κράτος ἐξελαύνων, ἐξαιμάττων τὸν ἵππον, ἅπασαν ἡνίαν ἀφείς, κέντρῳ παντὶ χρώμενος, καὶ ἡ μάστιξ πυκνὴ καὶ ἡ βοὴ τὸ κελευστικὸν ἤχει. [10] Ἐν τούτῳ δὲ οὐκέτι ῥᾴδιον εἰπεῖν, ὅντινά τις ἂν μᾶλλον ἐπῄνεσε, πότερον τὸν ἵππον ἢ τὸν ἱππέα· ὁ μὲν γὰρ ὁμοίως κατὰ πρανῶν, ὁμοίως καὶ κατ᾿ ὀρθίων ἐφέρετο, καὶ διὰ τῶν δασέων καὶ διὰ τῶν ψιλῶν ῥύμῃ μιᾷ διεπήδα τάφρους, ὑπὲρ τοὺς ὄχθους ᾔρετο· ὁ δὲ διὰ πάντων χωρίων ἔποχος ἦν καὶ ἐν οὐδενὶ τῆς καθέδρας ὤλισθησε.

[11] Δοκεῖ γάρ μοι καὶ τοῖς πολεμίοις καλὴ θέα γενέσθαι, καὶ ὡς πολλὰ ἂν εὔξαιντο τοιαῦτα θεάσασθαι. Οὐ μὴν τό γ᾿ ἐφ᾿ ἡμῖν εἶδον, ἀλλ᾿ ἀθυμότεροι μὲν ὡς τὸ εἰκὸς ἐγενόμεθα, ψευσθέντες παραπολὺ τῶν εἰς τὸν κομήτην ἐλπίδων· ἐταξάμεθα γοῦν ὡς εἴ τις ἐπίοι δεξόμενοι, αὐτοὶ δὲ μάχης ἄρχειν οὐ διενοούμεθα. Καὶ γὰρ ὅστις αὐτὸς εὔψυχος ἦν, ἠπίστει τῷ πέλας, πρὸς παράδειγμα τὸ γεγονὸς ὁρῶν. Ἔνθα οὐδὲν ἦν αἴσχιον κόμης· ὅτῳ γὰρ ἦν, οὗτος ἐπιδοξότατος πρὸς τὸ προδώσειν ἡμᾶς. [12] Οὐ μὴν ἀλλὰ καὶ τοῖς πολεμίοις ταὐτὸν ἴσως τοῦτο παρέστη· καὶ <γὰρ> ταξάμενοι περιέμενον ἡμᾶς ὡς, ἢν ἐμβάλωμεν, ἀμυνούμενοι. Ἐπεὶ δὲ παρ᾿ οὐδετέρων ἐπεχειρεῖτο, πρῶτον μὲν αὐτοὶ τὴν ἐπὶ τὰ λαιὰ φέρουσαν, καὶ μετ᾿ ἐκείνους ἡμεῖς τὴν ἐπὶ θάτερα ἐτραπόμεθα, οὐδέτεροι θᾶττον ἢ βάδην, ἀλλὰ σχολαίῳ βαδίσματι, τοῦ μὴ δοκεῖν εἶναι φυγὴν τὴν ἀναχώρησιν.

[13] Εἶτα μέντοι καίπερ ἐν τούτοις ὄντες ἐπυνθανόμεθα ποῖ γῆς Ἰωάννης. Ὁ δ᾿ ἑνὶ πνεύματι καταλαβὼν ἄρα τὴν Βομβαίαν δίκην ἀρουραίου μυὸς ἐνεδεδύκει τῇ πέτρᾳ. Ὄρος ἐστὶν ἡ Βομβαία κοῖλον, ὃ συνελθοῦσαι τέχνη καὶ φύσις εἰργάσαντο φρούριον ἐρυμνότατον. Τοῦτο καὶ πάλαι μὲν εὐδοκίμει δικαίως, καί τινες αὐτὸ παρὰ τὰς Αἰγυπτίους ἐξήταζον Σύριγγας· νυνὶ δὲ κέκριται τὰ πανταχοῦ τείχη νικᾶν οἷς ὁ παρὰ πάντας ἑαυτοῦ προμηθέστατος, ἵνα μὴ λίαν ἀγροίκως εἴπω δειλότατος – αὐτὸ τὸ τοῦ πράγματος ὄνομα –, τούτῳ παρακάθηται καὶ τὴν σωτηρίαν προὐτίμησε. Καὶ γὰρ εἰσελθόντι λαβυρινθῶδές ἐστι καὶ δυσδιεξίτητον, ὡς μόνους ἂν χωρῆσαι τοὺς Ἰωάννου δρασμούς.

eignet.[35] Unser Held aber weigerte sich, gegen die Regeln der Reitkunst zu verstoßen, sondern wollte den Kampf zu einem Wettstreit der Pferde machen.[36] Und was tat er? Er riss mit aller Kraft das Zaumzeug herum, machte kehrt und ergriff die Flucht, aus Leibeskräften davon sprengend.[37] Das Pferd wurde blutig, als er die Zügel völlig fahren ließ und ihm unaufhörlich die Sporen gab; immer wieder knallte die Peitsche und erschallten seine Anfeuerungsrufe. [10] In diesem Augenblick war es nicht leicht zu sagen, wer mehr Lob verdiente, das Ross oder der Reiter: Das Pferd jagte ebenso schnell hangab- wie hangaufwärts, durch Gebüsch wie auf freier Fläche setzte es in einem Zug über Gräben, flog über Hügel; der Reiter aber hielt sich in jedem Gelände auf seinem Reittier und verlor nie den festen Sitz.

[11] Der Anblick war auch für die Feinde, glaube ich, prächtig, und sie hätten wohl gewünscht, noch mehr Schauspiele dieser Art zu genießen. Sie bekamen aber, soweit es auf uns ankam, nichts dergleichen zu sehen. Wir waren zwar, wie man denken kann, ziemlich niedergeschlagen von der großen Enttäuschung, die uns der Langhaarige bereitet hatte, aber immerhin bildeten wir eine Formation, um einen eventuellen Angriff aufzufangen, dachten aber nicht daran, selbst den Kampf zu eröffnen. Denn auch wer selber mutig genug war, traute seinem Nachbarn nicht, weil er das Beispiel vor Augen hatte, das sich gerade abgespielt hatte. Da war nichts in solchem Misskredit wie langes Haar: Wer es hatte, von dem erwartete man am ehesten, er würde uns im Stich lassen. [12] Freilich gab es vielleicht auch bei den Feinden solche Gedanken; denn sie bildeten eine geschlossene Formation und warteten auf uns, um uns abzuwehren, wenn wir angriffen. Aber als keine Seite etwas unternahm, da zogen erst sie nach der linken Seite hin ab, und danach wir in der anderen Richtung, beide ohne besondere Eile,[38] sondern in bedächtigem Schritt, damit der Rückzug nicht wie eine Flucht aussähe.

[13] Hinterher haben wir, trotz der gefährlichen Lage, Erkundigungen eingezogen, wo in aller Welt Johannes geblieben sei. Der hatte, so stellte sich heraus, ohne ein einziges Mal Atem zu schöpfen, Bombaia[39] erreicht und war nach Art der Feldmaus[40] in dem Felsen untergeschlüpft. Bombaia ist ein ausgehöhlter Berg, den Natur und Kunst im Zusammenwirken zu einem uneinnehmbaren Kastell gemacht haben. Es war schon früher zu Recht berühmt, und manche stellen es neben die ägyptischen Syringen.[41] Jetzt aber ist endgültig entschieden, dass es allen Festungen auf der Welt überlegen ist, nachdem der für sich selbst vorsorglichste aller Menschen – um nicht allzu unhöflich zu sagen: der feigste (das wäre eigentlich das richtige Wort) –, nachdem[42] dieser sich hier festgesetzt und diesem Zufluchtsort[43] den Vorzug vor anderen gegeben hat. Denn Bombaia ist, wenn man hineinkommt, wie ein Labyrinth, aus dem man schwer wieder den

Ep. 43

Ἰωάννῃ.

[1] Ὥσπερ ἄλλοτε πολλάκις ἐπὶ τῶν καιρῶν ἐγενόμην σοι χρήσιμος, καὶ παρεμυθησάμην δυσχέρειαν τύχης τὰ μὲν λέγων, τὰ δὲ ποιῶν, ὡς ἑκάστοτε ἡ δύναμις ὑπηγόρευσε, καὶ νῦν περὶ τῶν καταλαβόντων σε πραγμάτων δοκεῖ μοι συνεισενέγκαι τινὰ γνώμην, ἐπειδὴ μὴ ἔργον δύναμαι. Συνέσιον γὰρ οὐ θέμις, ἕως ἐμπνεῖ τε καὶ δύναται, μὴ οὐχὶ παντὶ τρόπῳ πρόθυμον εἶναι τοὺς φίλους ἀγαθόν τι ποιεῖν. Ἄκουε τοίνυν ἅ μοι καλῶς ἔχει διαλεχθῆναι πρὸς σέ.

[2] Εἰ μὲν θεός ἐστιν ἡ φήμη κατά τινα τῶν παρ᾽ ἡμῖν ποιητῶν, σὺ διεχρήσω τὸν μακαρίτην Αἰμίλιον, οὐ πράξας, ἀλλὰ βουλεύσας τὸν φόνον, καὶ βαρβαρικὸν μὲν δρᾶμα συνθείς, τὸν σφαγέα δὲ καθεὶς ἐκ τῶν σαυτοῦ λοχιτῶν τὸν ὠμότατον. Λέγει μὲν γὰρ ἡ φήμη ταῦτα, ψεύδεσθαι δὲ οὐ θέμις, οὖσαν θεόν. Εἰ δὲ Ἡσίοδος μὲν οὐδὲν λέγει, πολλὰ δὲ λέγεται μάτην, καὶ τοῦτο περὶ σοῦ τῶν πολλῶν ἐστιν ἕν – ὡς ἔγωγε βουλοίμην ἄν· περὶ ἐλάττονος γὰρ ποιοῦμαι τὴν ἐν ἀργυρίῳ ζημίαν ἢ τὴν ἐν φίλῳ –, καὶ νῦν ἂν οὐχ ὑπαίτιος ὢν ἀκούῃς κακῶς, ἀτυχεῖς μὲν ἄρα, ἀλλ᾽ οὐκ ἀδικεῖς – ὡς ὤφελες μηδὲ ἀτυχεῖν –. [3] Ἀλλ᾽ ἐκείνως μὲν ἄν σοι μῖσος ὠφείλετο δίκαιον, οὕτω δὲ ἔλεος. Ἐγὼ δέ μοι δοκῶ, λίαν ὑπὸ συνηθείας ἁλώσιμος ὤν, κἀκείνως ἂν τὴν μὲν πρᾶξιν μισεῖν, σὲ δὲ ὅμως ἐλεεῖν. Τοῦ δὲ ἐλεοῦντός ἐστι βοηθεῖν ὅση δύναμις καὶ ἐξευρίσκειν ὅθεν ἂν οἴηται ὀνῆσαί τι. Οὐκοῦν καθ᾽ ἑκάτερόν μοι προσήκει συμβουλεῦσαί σοι τὸ φαινόμενον βέλτιστον.

[4] Ἔοικε δὲ ταὐτὸν εἶναι συμφέρον αἰτίῳ τε ὄντι καὶ ἀναιτίῳ. Ἴθι παρὰ τοὺς νόμους καὶ σαυτὸν ἐπίδος τῷ δικαστῇ μετὰ ἀθρόων τῶν λοχιτῶν, εἴ τι κήδῃ κἀκείνων. Καὶ εἰ μὲν ἐπράχθη τὸ δεινόν, δεήθητι, καθικέτευσον, ἀντιβόλησον, μὴ ἀνῇς προκαλινδούμενος, πρὶν ἂν διαπράξῃ τὸ παρὰ τῆς ψήφου συστῆναι δημίῳ καὶ δοῦναι τὴν δίκην. Ἐν καλῷ σοι κείσεται παρὰ τοῖς κάτω δικαστηρίοις τὸ προκαθηράμενον ἀπελθεῖν, ἑταῖρε Ἰωάννη. [5] Μὴ λόγον

Ausgang findet – und so bietet es wohl allein für die Fluchtversuche des Johannes Platz.[44]

Ep. 43

An Johannes.[1]

[1] Schon früher[2] habe ich dir gelegentlich in schwierigen Lagen[3] einen Dienst geleistet und die Folgen eines Missgeschicks mit Rat und Tat[4] gemildert, so wie meine Möglichkeiten es jeweils geraten sein ließen. Ebenso möchte ich dieses Mal in den Verhältnissen, in die du verstrickt bist, wenigstens meine Meinung beisteuern; denn praktisch eingreifen kann ich nicht. Ein Synesios würde seine heiligsten Pflichten verletzen, wenn er sich nicht bemühte, solange er atmet und wirken kann, seinen Freunden auf jede Weise von Nutzen zu sein.[5] Höre also, was ich dir nach bestem Wissen und Gewissen zu sagen habe.[6]

[2] Wenn die Fama, wie einer unserer Dichter sagt,[7] eine Göttin ist – dann hast du den verstorbenen Aimilios[8] um das Leben gebracht, nicht mit eigener Hand, sondern durch Planung der Mordtat. Du warst der Autor eines grausigen Dramas,[9] und du hast den Schlächter entsandt,[10] den Brutalsten von deinen Kumpanen.[11] So sagt es die Fama, und lügen darf sie ja nicht, weil sie eine Göttin ist.[12] Aber wenn Hesiod nicht recht hat[13] und vieles, was geredet wird, nicht stimmt, und wenn deine Sache zu diesem Vielen gehört – ich wünschte, es wäre so; denn mir macht ein Schaden, der mein Vermögen trifft, weniger aus als einer, der meinen Freund[14] trifft! –, wenn du also jetzt in den Schmutz gezogen wirst, ohne etwas verschuldet zu haben, dann bist du ein Unglücklicher, aber kein Übeltäter[15] – ich wünschte freilich, du wärest auch vom Unglück frei! [3] Du hättest im ersten Fall Abscheu verdient, im letzteren Mitleid. Ich für meine Person finde aber, weil ich allzu sehr unter dem Einfluss der alten Verbundenheit[16] stehe, daß ich auch im ersten Fall nur die Tat verabscheuen würde, aber mit dir trotzdem Mitleid hätte. Wer Mitleid hat, sollte Hilfe leisten, so gut er kann, und Mittel finden, mit denen er glaubt, irgendwie von Nutzen zu sein. Darum ist es in beiden Fällen meine Pflicht, dir den Rat zu geben, der mir am besten scheint.

[4] Nun ist allem Anschein nach für dich ein und dasselbe Mittel von Nutzen, wenn du schuldig und wenn du unschuldig bist: Stelle dich den Gesetzen,[17] gib dich in die Hand des Richters[18] mit all deinen Kumpanen – wenn dir auch an diesen etwas liegt! Und wenn die ruchlose Tat wirklich begangen worden ist, so bitte, flehe, bettle, lass nicht ab, Dich im Staube zu wälzen,[19] bevor du erreicht hast, dass du durch ein Urteil dem Scharfrichter überantwortet wirst und deine Strafe erleidest! Es wird dir zugute

ἄλλως οἰηθῇς τὴν παραίνεσιν, μηδὲ προσπαίζειν με νομίσῃς σαυτῷ – οὕτω τῆς ἱερᾶς φιλοσοφίας ὀναίμην καὶ προσέτι τῶν παιδίων τῶν ἐμαυτοῦ –· οὐκ ἂν μὴ φιλτάτῳ σοι τυγχάνοντι συνεβούλευσά τι τοιοῦτον ὅ γε ἀπεύχομαι τοῖς ἐχθροῖς τοῖς ἐμοῖς· καὶ μήποτε αὐτῶν ἐπὶ νοῦν ἀναβαίη τὸ κάλλιον εἶναι τὸν ἀδικοῦντα δοῦναι τιμωρίαν αὐθαίρετον· ἀλλὰ μηδὲ παύσαιντο εὐτυχοῦντες ἐν οἷς ἀδικοῦσιν, ἵνα πλείω τε χρόνον εἶεν κακοὶ καὶ πάσας ἐκεῖ τὰς δίκας ὀφείλοιεν.

[6] Πρὸς σὲ δὲ διὰ φιλίαν κινδυνεύω τι καὶ τῶν ἀπορρήτων εἰπεῖν, ὡς ἀνόμοιόν ἐστιν ἐν παχεῖ σώματι καὶ ἐν εἰδώλῳ δοῦναι τὴν δίκην. Ἰσχυρότερον μὲν γὰρ ἀνθρώπου θεός, τοῦ δὲ θείου παντὸς διακόσμου σκιὰ τὸ ἀνθρώπινον. Ἀλλ᾽ ὅπερ εἰσὶν ἐν ταῖς πολιτείαις οἱ δήμιοι, χεῖρες τῶν νόμων, τὴν αὐτὴν αἱ Ποιναὶ χρείαν τῇ φύσει τοῦ κόσμου παρέχονται. Δαίμονές εἰσι καθαρτήριοι, τέχνην ἔχοντες ἐπὶ ταῖς ψυχαῖς, ἣν οἱ κναφεῖς ἐπὶ τοῖς ἱματίοις τοῖς πιναροῖς. Ἀλλ᾽ εἴ τις ἱματίοις αἴσθησις ἦν, τί ἂν οἴει πάσχειν αὐτὰ λακτιζόμενα καὶ νιτρούμενα καὶ πάντα τρόπον κναπτόμενα; Διὰ πόσων δ᾽ ἂν ὀδυνῶν ἐκπεπλύσθαι κηλῖδας ἀρχαίας καὶ προστετηκότα ὀμόργματα; Ἐῶ γὰρ λέγειν, ὅτι πολλοῖς ὁ ῥύπος οὕτως ἐνέφυ σφόδρα διὰ τοῦ βάθους ὡς ἀναπάλλακτος εἶναι, καὶ φθάνει διαφθαρέντα πρὶν εἰς τὴν φύσιν ἐπανελθεῖν, ὅτι τὸ πάθος αὐτοῖς γέγονε φύσις ἢ διὰ χρόνου πλῆθος ἢ διὰ μέγεθος· οὕτω δὲ ἐχούσῃ ψυχῇ καλῶς ἂν εἶχεν εἶναι φθαρτῇ. [7] Νῦν δὲ τὰ μὲν ἁμαρτήματα λόγον ἔχει πρὸς τὰς ἀνεκπλύτους κηλῖδας, ἡ ψυχὴ δὲ οὐκέτι πρὸς θοιμάτιον ἐκεῖνο τὸ πιναρόν τε καὶ οὐκ ἀντέχον, ἀλλ᾽ ἀθάνατος οὖσα τίνει δίκην ἀθάνατον, ὅταν ἁμάρτῃ δευσοποιά τε καὶ ἀναπόνιπτα. Ἀλλ᾽ ἐν ᾧ γάρ τις ἥμαρτε βίῳ δίκας διδούς, οὔπω πάνυ προστετηκὸς ἔχει καὶ προσιζῆσαν τὸ πάθος, ἀλλ᾽, ὡς ἂν εἴποι τις, ἀρτιβαφὴς οὖσα ψυχὴ τάχιστα πλύνεται. Διὸ δοτέον ἐστὶν ὡς ἔνι διὰ τάχους τὴν δίκην, καὶ τιμωροῖς ἀνθρώποις, ἀλλὰ μὴ δαίμοσι.

[8] Λέγεται δέ τις λόγος, ὅς με πείθει· τοὺς ἠδικημένους κυρίους εἶναι μακροτέρας τε ποιεῖν καὶ ἐπιτέμνειν τὰς τιμωρίας. Διὸ πα-

gerechnet werden bei den Gerichten dort unten, wenn du nach vorheriger Reinigung von hier scheidest, mein Freund Johannes. [5] Glaube nicht, diese Mahnung sei bloßes Gerede, und auch nicht, ich machte mich über dich lustig. Ich schwöre dir: So wahr ich mich an der heiligen Philosophie und dazu auch an meinen eigenen Kindern erfreuen möge[20] – wenn ich dir nicht in besonderer Freundschaft verbunden wäre, würde ich dir nicht raten, so etwas zu tun. Gerade dies würde ich nämlich von meinen Feinden wegwünschen:[21] Möge ihnen nie der Gedanke kommen, dass es besser ist, wenn ein Übeltäter aus eigenem Entschluss Strafe büßt; ja mögen sie nie aufhören mit ihren Untaten Glück und Erfolg zu haben, auf dass sie umso längere Zeit böse sind und dort drüben die volle Strafe abbüßen müssen!

[6] Aber dir will ich um der Freundschaft willen auch etwas Geheimes[22] anzuvertrauen wagen, nämlich, welch ein Unterschied es ist, ob man in einem festen Körper seine Strafe erleidet oder als Scheinbild.[23] Gott ist ein stärkeres Wesen als der Mensch, und im Vergleich zur umfassenden göttlichen Weltordnung[24] ist das menschliche Dasein nur ein Schatten.[25] Was in den irdischen Staaten die Scharfrichter sind, die Arme der Gesetze, eben diesen Dienst leisten die Strafgöttinnen[26] für die Weltnatur.[27] Sie sind Reinigungs-Geister,[28] und ihr Beruf ist es, die Seelen zu behandeln wie die Walker[29] die schmutzigen Kleider.[30] Wenn Kleider etwas empfinden könnten, was würden sie spüren, wenn sie getreten und gelaugt und auf das gründlichste durchgewalkt werden? Unter wieviel Qualen würden alte Flecken[31] ausgewaschen und festgefressene Besudelungen? Ich will gar nicht davon reden, dass bei vielen der Schmutz so sehr in die Tiefe eingedrungen ist, dass er sich nicht wieder entfernen lässt; diese Kleider werden eher zerstört als dass sie zu ihrem Naturzustand zurückkehrten; die Verderbnis ist für sie zur Natur geworden, sei es durch lange Dauer oder durch Intensität. Für eine Seele, die in diesem Zustand ist, wäre es besser, sie wäre vergänglich.[32] [7] Nun stehen menschliche Vergehen in einem Analogieverhältnis[33] zu den unauswaschbaren[34] Flecken; aber die Seele ist nicht ebenso analog zu dem schmutzigen Wäschestück, das die Reinigung nicht aushält; sie ist vielmehr unsterblich und büßt eine unsterbliche, nicht endende Strafe, wenn sie Untaten begangen hat, die haltbar färben und nicht auszuwaschen sind. Wenn jedoch jemand in demselben Leben, in dem er sich vergangen hat, Strafe büßt, dann ist bei ihm das Leiden noch nicht ganz eingefressen und festhaftend; die Seele ist sozusagen frisch gefärbt und lässt sich ganz schnell reinwaschen. Aus diesem Grund sollte man seine Strafe büßen, so schnell es geht,[35] und zwar durch Menschen als Scharfrichter, nicht durch Dämonen.

[8] Nun gibt es eine Überlieferung, der ich Glauben schenke:[36] dass die Opfer einer Missetat die Befugnis haben, die Strafe dafür zu verlängern

ραπλήσιόν ἐστιν ἕνα κακόν τι μέγα ἐργάσασθαι καὶ πολλοὺς κατὰ μικρὸν ἀδικῆσαι· ἐπέξεισι γὰρ ἕκαστος ἐν τῷ μέρει, καὶ δεῖ πᾶσιν ὑπηρετῆσαι τὴν δίκην. Ὅταν δέ τις ἰάσιμος ᾖ, μέγα παρὰ τῷ δικαστῇ δύναται τὸ τοσαῦτα προπεπονθέναι τὴν ψυχήν, ὡς ἤδη καὶ παρ᾽ αὐτῶν τῶν ἠδικημένων ἔλεον εὕρασθαι. [9] Πότε τοίνυν εἰκός ἐστι τῆς μακαρίτιδος Αἰμιλίου ψυχῆς συγγνωμονεστέρας τυχεῖν; Ἐγὼ μὲν οἶμαι, μᾶλλον δὲ οἶδα σαφῶς, ὡς ἅπας ἱκέτης αἰδέσιμος ὅστις ἑαυτὸν τετιμώρηται. Καί τις ἤδη παρ᾽ ἡμῖν εἰς ἀπολογίαν ὑπὲρ ἁμαρτήματος καταστάς, αὐτῷ τῷ φθάσαι τὴν αἰτίαν ὁμολογῆσαι καὶ φῆσαι κολάσεως ἄξιος εἶναι, τὴν κόλασιν ἐξωνήσατο· τὸ δὲ ἐνευωχηθῆναι τοῖς δι᾽ ἅ τις ἠδίκησεν, εἴτε χρήμασιν εἴτε σώμασι, βαρυθυμότερον τὸν ἠδικημένον καθίστησι.

[10] Καὶ τίς ἂν γένοιο, τοῦ σώματος ἐξελθών, εἴθ᾽ ὑπὸ βιαίας δίκης εἴτε ἕτερον τρόπον, κἄπειτα αὐτὴν τὴν ψυχὴν αὐτῇ τῇ ψυχῇ θεασάμενος, οὐκ οὔσης ἀρνεῖσθαί σοι γλώττης, ἀλλ᾽ ἐγκεκολαμμένον ἔχων τοὐπίσημον τὸ τῆς πράξεως; Οὐκ ἰλιγγιάσεις; Οὐκ ἀπορήσεις; Ἕλξῃ σιγῶν καὶ ἐκκείσῃ τῇ δίκῃ, καὶ σὺ κἀγὼ καὶ πᾶς, ὃν οὐ προκαθαίρει μετάνοια δημοσιευθεῖσα. [11] Ἀλλ᾽ ἀνδριστέον, ὦ γενναῖε – γενναῖος γὰρ εἴης –, καὶ τῶν μὲν ἡδονῶν ὑπεροπτέον, ἃς ἀδικοῦντες ἐπορισάμεθα· τοὺς δὲ ἀνθρώπους οὐκ αἰσχυντέον, ἀλλὰ τῷ δικαστῇ μὲν ὁμολογητέον τὴν πρᾶξιν, ἐξιλαστέον δὲ τῇ παραυτίκα τίσει τὰς κάτω Ποινάς. Μεγίστου γὰρ ὄντος ἀγαθοῦ τοῦ μὴ ἁμαρτεῖν, δεύτερον ἀγαθὸν τὸ δικαιωθῆναι· ὅστις δὲ χρόνον πολὺν ἀδικῶν ἀκόλαστος μένει, τοῦτον δεῖ νομίζειν τὸν ἀτυχέστατον, οὗ μήτε θεὸς μήτ᾽ ἄνθρωπος κήδεται.

[12] Σκόπει γὰρ καὶ ταύτῃ. Τὸ ἀκόλαστον εἶναι πρὸς κακοῦ καὶ λέγεται καὶ ἀκούεται. Οὐκοῦν τὸ κεκολάσθαι πρὸς ἀγαθοῦ· τῷ γὰρ ἐναντίῳ τὸ ἐναντίον ὁ λόγος νέμει. Εἰ μὲν οὖν ἐγὼ παρὼν ἐτύγχανον, οὐδὲν ἂν ἔδει σε πρᾶγμα σχεῖν ἀπερυθριῶντα καὶ σαυτὸν καταγγέλλοντα, ἀλλ᾽ ἐμαυτὸν ἂν ἔταξα συνηγορήσοντά σοι καὶ προσήγαγον ἄν σε καθάπερ ἰατροῖς τοῖς νόμοις. Ἀνόητος μὲν γὰρ ἄν τις εἶπεν ὡς Συνέσιος Ἰωάννου κατηγορεῖ, σὺ δ᾽ ἂν ἠπίστασο τἀληθές, ὅτι φειδοῖ καὶ κηδεμονίᾳ τῇ σῇ τὴν κατηγορίαν εἱλόμην, ἵν᾽ ὡς ἐν κακοῖς ἄμεινον πράξειας. [13] Ἀλ-

und zu verkürzen. So macht es keinen großen Unterschied, ob man einem Einzelnen ein großes Übel antut oder ob man viele in kleinen Dingen schädigt; jeder von ihnen verfolgt den Übeltäter für seinen Teil, und er muss allen Genugtuung leisten. Wenn einer aber heilbar[37] ist, macht es für das Urteil des Richters[38] viel aus, wenn die Seele schon vorher so viel gelitten hat, dass sie sogar bei den Opfern selbst Mitleid findet. [9] Wann also ist zu erwarten, dass du die hingeschiedene Seele des Aimilios eher zum Verzeihen geneigt findest? Ich meine, vielmehr ich weiß es gewiss, dass jeder Bittflehende auf Nachsicht[39] rechnen kann, der gegen sich selbst Vergeltung geübt hat.[40] Auch in unserer Welt kommt es ja vor, dass jemand, der sich für einen Fehler zu verantworten hat, sich schon dadurch, dass er im Vorhinein seine Schuld zugibt und erklärt, die Strafe verdient zu haben, von der Strafe freikauft; aber wenn man sich dem vollen Genuss dessen hingibt, wofür man die böse Tat begangen hat, seien es Sachen oder Personen,[41] dann erregt das bei den Opfern besonders tiefen Groll.

[10] Wie wirst du dich denn fühlen, wenn du deinen Körper verlässt – sei es bei der Vollstreckung eines Urteils, sei es auf andere Art –, wenn du dann mit der bloßen Seele die bloße Seele anschauen musst, wenn du keine Zunge hast zum Leugnen, sondern das eingegrabene Kennzeichen, das deine Tat bekundet?[42] Wirst du da nicht schwindelig werden?[43] nicht hilflos dastehen? Du wirst fortgeschleppt, ohne protestieren zu können, du wirst der Strafe hilflos ausgesetzt sein – du und auch ich und jeder, der nicht vorher gereinigt ist[44] durch eine öffentlich bekundete Reue. [11] Aber fasse Mut, mein tapferer Freund,[45] – denn Tapferkeit ist es, was ich dir wünsche –; jetzt gilt es, die Lust zu verachten, die wir uns mit Missetaten verschafft haben; sich vor Menschen nicht zu scheuen, sondern dem Richter[46] die Tat zu gestehen und durch eine Sühne hier und jetzt die Strafgöttinnen der Unterwelt zu besänftigen. Das größte Gut ist es, keine Verfehlung zu begehen, das zweite, dem Recht Genüge zu leisten;[47] aber wer lange Zeit in Verfehlungen lebt, ohne Strafe zu leiden, den muss man für den Unglücklichsten halten: Weder Gott noch Mensch nimmt sich seiner an.

[12] Sieh die Sache auch so an: ‚Zuchtlos'[48] zu sein, ist etwas Schlechtes, so sagt man und hört man. Also ist es etwas Gutes, gezüchtigt zu werden; ‚das Gegenteil kommt zum Gegenteil',[49] wie der alte Spruch sagt. Wäre ich nun in deiner Nähe, dann brauchtest du es hier nicht auf dich zu nehmen, dich selbst anzuzeigen und dieser Beschämung auszusetzen, sondern ich hätte mich selbst zu deinem Rechtsbeistand eingesetzt und dich den Gesetzen gestellt wie vor Ärzte.[50] Ein Tor würde sagen: ‚Synesios klagt Johannes an!' Aber du wüsstest die Wahrheit: dass ich aus Schonung und Fürsorge für dich die Anklage übernommen hätte, um es dir in deiner Not leichter

λὰ ταῦτα μέν, εἰ τἀδίκημα γέγονεν – ὃ μὴ γένοιτο, σοῦ τε ἕνεκα καὶ τῆς πόλεως· ἅπασα γὰρ ἂν εἴη μιαρὰ τῷ φόνῳ, τολμηθέντος αἵματος ὁμογνίου. Εἰ δὲ σὺ καθαρὸς καὶ χεῖρα καὶ γνώμην – εἴη δὲ οὕτως –, ἐπάρατοι μὲν οἱ ταῦτα συνθέντες ἐπὶ σοί· κἀκείνους δὲ περιμένει τὰ κατὰ γῆς κολαστήρια, ὡς οὐχ ἕτερος οὕτω τρόπος θεομισὴς ὡς ὁ λογοποιὸς ὁ τιτρώσκων ἐξ ἀφανοῦς· ἀγεννέστατος γὰρ ὢν μέγιστα κακὰ διαπράττεται, καὶ λέγεταί τις αὐτοῖς μοῖρα κιναίδοις προσκεῖσθαι καὶ τῶν ἐν τῇ τέχνῃ τοῦτ᾽ εἶναι τὸ κράτιστον, ἐπεὶ καὶ πρὸς ἄλλα πολλὰ σοφισταὶ γίνονται καὶ εὐμήχανοι. Ὥστε ἄν τις ἁλῷ φήμας ἐπὶ τοῖς οὐκ οὖσι ποιῶν, τοῦτο ἐκεῖνο, μὴ ἐπανέρῃ μηδὲ διστάσῃς, ἀλλὰ κἂν στερεώτατος εἶναι δοκῇ, θαρρῶν ἀποφαίνου τὸν ἄνδρα ἡμίγυνον, αὐτόχρημα θιασώτην τῆς Κότυος.

[14] Σοὶ δὲ ἔξεστιν ἀπὸ τῶν λόγων τούτων ἀποφῆναι συκοφαντοῦσαν τὴν δόξαν, εἰ σαυτόν τε καὶ τοὺς σοὺς ἐπιδοίης τῇ δίκῃ. Εἰπὲ γὰρ εἰσελθὼν ὡς· „Ἐμοῦ κατήγοροί τινές εἰσιν ἀφανεῖς, οἳ προκατεγνωκότες αὑτῶν ἀξιοῦσι λανθάνειν, κατηγοροῦσι δὲ ὅμως πολλὰ καὶ χαλεπά καὶ κινδυνεύουσι πείθειν ἐνίους· οὕτως εἰσὶν ἐπίβουλοι καὶ δεινοὶ παραδοῦναι λόγον τῇ φήμῃ". [15] Κᾆτα διεξελθὼν τὰς αἰτίας, ἐφ᾽ αἷς ἀκούεις κακῶς, γάμον καὶ φόνον ἀνόσιον, ἐπειδὴ Σπάταλον, οἶμαι, τινά φασι παρὰ σοῦ κάθετον ἐξειργάσθαι τὸν φόνον, τοῦτον ἅμα προσάγων δεήθητι τοῦ δικαστηρίου, λιπαρῶν καὶ προσπίπτων, μὴ ἀνεξέταστος ἀπελθεῖν μηδὲ ἐρήμην ἁλῶναι. „Οὐ γὰρ δή, κράτιστε τῶν ἡγεμόνων," ἐρεῖς, „διότι γραφὴν εἰς τοὐμφανὲς οὐδεὶς ἀπηνέγκατο, παρὰ τοῦτό σε δεῖ †ποιήσασθαι† τὸ μὴ διὰ πάσης ἐλθεῖν βασάνου, μετιόντα καὶ θηρώμενον τὴν ἀλήθειαν. Ὁ διαβεβοημένος Σπάταλος οὗτός ἐστιν. Ἔχεις τὸν ἄνδρα· χρῶ τῷ σώματι. Τοῦτον, εἴ τι γέγονε, τήμερον ἀναφανῆναί γε δεῖ κατήγορον αὑτοῦ τε κἀμοῦ".

[16] Κἂν μὲν οὕτω σοῦ λέγοντος μὴ πείθηταί σοι, καὶ τοῦθ᾽ ἅλις ἔχει πρός γε ἡμᾶς τοὺς ἀνθρώπους· εἰ δὲ φιλάνθρωπός τε εἴη καὶ χαρίσαιτό σοι τὴν περὶ τούτων ἀκρόασιν, ἅπαν ἐνταῦθά ἐστι τὸ λαμπρῶς ἀπολογήσασθαι καὶ τοὺς λογοποιοὺς καταισχῦναί τε καὶ κατασιγάσαι. Τὸν γὰρ δὴ Σπάταλον τοῦτον οὐ δεήσει

zu machen. [13] Das alles gilt nur, wenn die Tat geschehen ist; ich wünsche, sie wäre nicht geschehen, um deiner und der Stadt willen: denn die ganze Stadt wäre befleckt von dem Mord, bei dem Verwandtenblut vergossen wurde.[51] Aber wenn du rein bist an Herz und Hand[52] (ich wünsche, es wäre so), dann sind die verflucht, welche dies gegen dich in die Welt gesetzt haben; auch auf sie wartet die Bestrafung in der Unterwelt, denn keine Menschenart ist Gott so verhasst wie der Lügenerfinder, der aus dem Dunkeln sein Opfer trifft. Er ist der feigste Mensch, der gleichzeitig den größten Schaden stiftet. Man sagt, dass ihnen ein ähnliches Schicksal bestimmt ist wie den Kinäden;[53] die Leute von diesem Fach sind in solchen Praktiken besondere Meister, sind sie doch auch sonst hinterlistige Wortverdreher. Wenn du einen zu fassen bekommst, der Gerüchte fabriziert, die mit der Wirklichkeit nichts zu tun haben, dann frag nicht und zaudere nicht (wie man so sagt): Mag der Mann auch unangreifbar scheinen, hab keine Angst und entlarve ihn als ein halbes Weib, ein leibhaftiges Mitglied in der Bruderschaft der Kotys.[54]

[14] Wen du von diesen Argumenten ausgehst, kannst du klar und deutlich machen, dass die über dich verbreitete Meinung eine Verleumdung ist – falls du dich und die deinigen dem Gericht stellst. Tritt dort auf und sage: „Ich habe gewisse Ankläger, die nicht in Erscheinung treten;[55] sie haben sich selbst schon dadurch im Vorhinein ins Unrecht gesetzt, dass sie unsichtbar bleiben wollen, und trotzdem erheben sie viele schwere Anklagen und könnten vielleicht manche überzeugen – so heimtückisch sind sie und geschickt, die öffentliche Meinung zu beeinflussen." [15] Dann lege die Vorwürfe dar, die gegen dich im Umlauf sind, das verwerfliche Liebesverhältnis und den heillosen Mord;[56] und da ein gewisser Spatalos,[57] soviel ich weiß, von dir ausgeschickt[58] sein soll, um den Mord zu vollbringen, stelle diesen Spatalos mit dir vor den Gerichtshof[59] und bitte flehend und kniefällig, dass du nicht ohne ein Verfahren weggeschickt und nicht ungehört verdammt wirst. Sprich dann: „Bester aller Statthalter, du darfst nicht etwa deshalb, weil niemand offen Klage gegen mich erhoben hat, es für angemessen erachten,[60] keine gründliche Ermittlung durchzuführen, der Wahrheit nicht nachzugehen und nachzujagen.[61] Der verschrieene Spatalos steht zu deiner Verfügung. Er ist in deiner Hand, du kannst über seinen Körper verfügen.[62] Dieser Mann muss, wenn etwas geschehen ist, heute als Ankläger gegen sich selbst und gegen mich an die Öffentlichkeit treten."

[16] Wenn er dann auf deine Rede nicht hören will, so reicht schon das aus, jedenfalls gegenüber uns Menschen. Sollte er sich aber gnädig[63] zeigen und deine Forderung nach einer öffentlichen Verhandlung bewilligen, dann kommt alles darauf an, dass du eine glänzende Verteidigungsrede hältst, die Gerüchteerfinder beschämst und zum Schweigen bringst. Die-

τρυφᾶν, ἀλλὰ καὶ δεθήσεται καὶ κρεμήσεται καὶ τὼ πλευρὼ διορυγήσεται· δεινοὶ γὰρ ἐξελέγξαι προσποίησιν οἱ βασανισταί, καί τινες αὐτοῖς ὄνυχές εἰσιν ἐξευρημένοι, συλλογισμῶν ἐπιστημονικῶν ἔχοντες δύναμιν, ὥσθ᾽ ὅ τι ἂν ἐκείνων κρατούντων ἀναφανῇ, τοῦτ᾽ ἔστιν αὐτὸ τἀληθές.

[17] Ἂν οὕτως ἀπολυθῇς μηδὲν ἀδικῶν, ἄπει τοῦ δικαστηρίου νενικηκὼς καὶ γαῦρος, εὐαγὴς ὤν τε καὶ δοκῶν. Εἰ δὲ ἐγὼ μὲν εἰσηγησάμην ἅττα σοι λυσιτελεῖν οἶμαι, σὺ δὲ οὐ ποιήσεις οὐδὲ πρὸς τὸν δικαστὴν πρόσει, τὸ μὲν ἀληθὲς εἶδέ τε καὶ οἶδεν ἡ Δίκη. Πάντως ὁ διὰ πάντων ἥκων ὀφθαλμὸς τοῦ θεοῦ καὶ Λιβύην ἑώρα καὶ φάραγγα ἐκείνην καὶ †θροῦν† ἐκεῖνον, εἴτε τὸν ὄντα εἴτε τὸν ἐπιποίητον, καὶ τὸν Αἰμιλίου δρόμον, καὶ ὅ τι πέπονθε καὶ ὑφ᾽ οὗ, καὶ ὅ τι εἶπε καὶ ὅ τι ἤκουσεν, εἰ δή τι καὶ εἶπε καὶ ἤκουσε. [18] Καὶ οἶδεν ὅτι, εἰ καὶ τύχοις μὲν ἀναίτιός σοι καὶ καθαρὸς τῷ θεῷ, μήτε πράξας μήτε βουλεύσας ἔργον ἐξάγιστον, ἀλλ᾽ ἡμῖν γε τοῖς ἀνθρώποις οὔπω καθαρός, ἕως ἂν ἀπολόγητος ᾖς. Οὐδὲ ἐμβαλοῦμέν σοι δεξιὰν οὐδὲ ἀπὸ τῆς αὐτῆς σιτησόμεθα· τοὺς Αἰμιλίου γὰρ ἀλάστορας δέδιμεν, εἰ θιγγάνων ἡμῶν ἐναπομόρξῃ τὴν προστροπήν. Εἰσὶ καὶ ἡμῖν οἰκεῖαι κηλῖδες· οὐ δεῖ καὶ προσερανίζεσθαι.

Ep. 2

Ἰωάννῃ.

[1] Ἀφοβία μεγίστη τὸ φοβεῖσθαι τοὺς νόμους, σὺ δὲ αὐτοὺς ᾐσχύνθης ἀεὶ φανῆναι φοβούμενος. Τοιγαροῦν δέδιθι τοὺς ἐχθρούς, καὶ μετὰ τούτων τοὺς δικαστάς, ἂν μὴ κλέπτωσι. [2] Κἂν κλέπτωσι μέν, μὴ σὺ δὲ ᾖς ὁ τὰ πλείω διδούς, οὐδὲν ἧττον εὐλαβητέον· μάχονται γὰρ ὑπὲρ τῶν νόμων, ὅταν καὶ μισθοδότας προσλάβωσιν.

ser Spatalos allerdings wird nichts zu lachen haben:[64] Man wird ihn fesseln und aufhängen und ihm die Rippen durchstechen[65] – die Folterknechte haben wirksame Mittel, Vortäuschungen aufzudecken, und sie haben Klauen erfunden, die die Kraft von wissenschaftlichen Syllogismen[66] haben: Was unter ihrer Gewalt ans Licht kommt, das ist die reine Wahrheit.

[17] Wenn du auf diese Weise von aller Schuld losgesprochen wirst, kannst du das Gericht als Sieger mit erhobenem Haupt verlassen; dann bist du gereinigt und stehst in der Öffentlichkeit fleckenlos da. Aber wenn ich zwar Vorschläge gemacht habe, die dir, wie ich glaube, zum Besten dienen, du aber ihnen nicht folgst und dich nicht dem Richter stellst, so hat doch die Göttin der Gerechtigkeit gesehen[67] und weiß, was die Wahrheit ist. Wie die Dinge auch liegen mögen: Das Auge der Göttin,[68] das die Welt durchdringt, hat auch Libyen im Blick gehabt, jene Schlucht, jenes Getümmel,[69] sei es wahr oder nachträglich erfunden; das Rennen des Aimilios und was ihm geschah und von wem, was er sagte, was er hörte, wenn er überhaupt etwas gesagt oder gehört hat. [18] Die Göttin weiß[70] auch, dass du, selbst wenn du tatsächlich schuldlos bist vor deinem Gewissen[71] und rein vor Gott, weil du die ruchlose Tat weder ausgeführt noch geplant hast, so doch vor uns Menschen noch nicht rein bist, solange du dich nicht vor Gericht entlastet hast.[72] Wir werden dir nicht die Hand reichen und nicht von demselben Tisch speisen, denn wir fürchten die Rachegeister des Aimilios, solltest du die Befleckung durch eine Berührung auf uns übertragen.[73] Wir haben unsere eigenen Flecken; da sollen wir nicht noch mehr von anderen einsammeln.

Ep. 2

An Johannes.[1]

[1] Höchste Furchtlosigkeit ist: die Gesetze fürchten.[2] Aber du hast dich dein Leben lang geschämt, in der Öffentlichkeit Furcht vor ihnen sehen zu lassen.[3] So fürchte dich denn vor deinen Feinden und, zusammen mit ihnen, vor den Richtern[4] – es sei denn, daß sie käuflich sind.[5] [2] Und auch wenn sie käuflich sind, du aber nicht der Meistbietende bist, musst du ebensosehr auf der Hut sein. Denn sie kämpfen für die Gesetze – wenn sie dazu noch Geldgeber finden.

Ep. 63

Ἰωάννῃ.

Χρῆσθαι δεῖ ταῖς τῶν δυνατῶν φιλίαις, οὐ καταχρῆσθαι.

Ep. 64

Τῷ αὐτῷ.

Μὴ αἴτει μεγάλα, ἵνα μὴ δυοῖν θάτερον ἢ τυγχάνων λυπῇς ἢ μὴ τυγχάνων λυπῇ.

Ep. 52

Τῷ ἀδελφῷ.

[1] Ἀπέκτονε, φησί τις, Ἰωάννης Αἰμίλιον, ἕτερος δέ τις τοὺς πολιτευομένους ἐχθροὺς ἐπ᾽ αὐτῷ ταῦτα συμπλάσαι. Τὸ μὲν οὖν ἀληθὲς οἶδεν ἡ Δίκη καὶ ὁ χρόνος εὑρήσει, ἐγὼ δέ, καίπερ ἀδήλου τοῦ πράγματος ὄντος, οἶμαι δεῖν ἅπαντας ἑξῆς ἀποτροπιάζεσθαι, τὸν μέν, ὅτι τοιοῦτός ἐστιν, ὥστ᾽ εἰ καὶ μὴ πεποίηκεν, ἀλλ᾽ ἐποίησεν ἂν καὶ τοῖς ἑαυτοῦ τρόποις πρέπουσαν αἰτίαν ἐδέξατο· τοὺς δὲ καὶ μὴ πλάσαντας, ὅτι συνέπλασαν ἄν, καὶ πρὸς αὐτῶν τὸ ἐγχείρημα. [2] Ὡς ἔστιν ἦθος ἀνοίκειον ὑποψίᾳ τινί, κἂν εἰ συνωμόται πολλοὶ μαρτυροῖεν, οὐδὲν αὐτοῖς ἔσται πλέον εἰς πίστιν. Οἷον εἴ τις ἑταιρήσεως διώκοι τὸν Αἴαντα, γέλως ἂν εἴη πλατύς· ὁ δὲ Ἀλέξανδρος, εἰ μὴ θῆλυς, ἀλλὰ θηλυδρίας γε ἦν καὶ τὴν αἰτίαν ἐχώρει. Τὸν Σίσυφον δὲ καὶ τὸν Ὀδυσσέα μισῶ. Καὶ γὰρ εἴ τι καὶ λέγοιεν ἀληθές, ἀλλὰ τοιοῦτοί γε ἦσαν οἷοι τὰ πλείω ψεύδεσθαι.

[3] Ἐγὼ δὲ οἷς ἀτυχῶ λίαν εὐτυχῶ, πολιτῶν τοιούτων ἐχθρῶν καὶ φίλων στερούμενος. Διατετειχίσθω μοι τὰ πρὸς ἅπαντας, οὐδὲν ἐμοὶ πρὸς ἐκείνων οὐδένα. Ξένος ἐν ξένοις βιῴην. Ὁ τρόπος ἡμᾶς πρὸ τοῦ τόπου διῴκισεν. Ὀδύρομαι δὲ τὸ κλεινὸν ἔδαφος τῆς Κυρήνης, ὃ πάλαι μὲν εἶχον Καρνεάδαι τε καὶ Ἀρίστιπποι, νυνὶ

Ep. 63

An Johannes.[1]

Gebrauchen soll man die Freundschaft mit den Mächtigen, nicht missbrauchen.[2]

Ep. 64

An den nämlichen (Johannes).[1]

Verlange[2] nichts Großes, damit dir nicht eines von Zweien geschieht: Wenn du es erhältst, ärgerst du andere, wenn du es nicht erhältst, ärgerst du dich selbst.[3]

Ep. 52

An den Bruder (Euoptios).[1]

[1] Ein Mörder ist Johannes[2] , sagen manche, der Mörder des Aimilios.[3] Andere aber sagen, seine Feinde in der politischen Klasse hätten diesen Verdacht gegen ihn in die Welt gesetzt.[4] Was die Wahrheit ist, weiß die Göttin der Gerechtigkeit,[5] und die Zeit wird es an den Tag bringen. Für mich aber, meine ich, ist es das Richtige, wenn auch die Tatsachen unklar sind, mit ihnen allen samt und sonders zu brechen.[6] Der eine ist ein solcher Mensch, dass er, auch wenn er die Tat nicht begangen hat, sie doch hätte begehen können; die Beschuldigung bleibt an ihm haften, weil sie mit seinem Charakter in Einklang ist. Die anderen hätten den Verdacht, auch wenn sie ihn nicht frei erfunden haben, doch erfinden können; solche Machenschaften liegen in ihrer Art. [2] Sofern ein bestimmter Verdacht dem Charakter des Verdächtigten wesensfremd ist, werden seine Feinde, selbst wenn viele sich insgeheim verabreden und alle gegen ihn aussagen, es nicht dazu bringen, dass man ihnen Glauben schenkt. Wenn etwa jemand Anklage wegen Prostitution[7] gegen Aias erheben würde, gäbe es ein schallendes Gelächter;[8] Alexandros dagegen war, wenn nicht ein Weib, so doch effeminiert, und bei ihm wäre für diesen Vorwurf Raum gewesen.[9] Sisyphos und Odysseus sind mir ganz zuwider; wenn sie auch hier und da etwas Wahres gesagt haben, waren sie doch von solcher Art, dass sie zum größten Teil Lügen geredet haben.[10]

[3] Was mich betrifft, so habe ich gerade im Unglück großes Glück[11] damit, dass ich Mitbürger[12] von dieser Art verliere, Feinde so gut wie Freunde.[13] Eine Mauer soll stehen[14] zwischen mir und all diesen Leuten, ich habe nichts mit ihnen zu schaffen, mit keinem. Als Fremder will ich unter Fremden leben. Der Charakter hat uns geschieden, bevor der Ort uns trennte.[15]

δὲ Ἰωάνναι τε καὶ Ἰούλιοι, μεθ᾽ ὧν οὐκ εὐκαίρως γενόμενος εὐκαίρως ἀποδημῶ. [4] Σὺ δὲ ἀλλὰ μηδὲ γράφειν ἔτι μοι περὶ τῶν ἐκεῖθεν πραγμάτων τινός· μηδὲ συνιστάναι τοὺς ἔχοντας δίκας· οὐ γὰρ ἂν ἐπιδοίην ἐμαυτὸν ἔτι τούτων τινί. Ἀτυχέστατος μεντἂν εἴην, εἰ τῶν μὲν ἀγαθῶν τῆς φιλτάτης πατρίδος στεροίμην, μετέχοιμι δὲ ἀντιλογιῶν καὶ πραγμάτων ἀφελκόντων με τῆς ἐν φιλοσοφίᾳ ῥᾳστώνης, καὶ πενίαν ἐξ ἀπραξίας ὡς κέρδος ἑλόμενος τἀλλότρια κακὰ προῖκα περιεργάσομαι.

Ep. 34

Ἀνυσίῳ.

[1] Ἰωάννης, ὃν ὅτι σε φιλεῖ δι᾽ αὐτὸ τοῦτο φιλῶ, νόσῳ χαλεπῇ προσεπάλαισεν. Ἦν δὲ αὐτῷ δεινὸν οὐχ ἡ νόσος, ἀλλὰ τὸ σοῦ τῆς ἱερᾶς ἀπεῖναι κεφαλῆς, ἐπεὶ καὶ νῦν ἐν τοῖς ὁμοίοις ἐστί. [2] Τούτῳ δέ τι καὶ τρίτον προσὸν χαλεπωτέραν τὴν νόσον ποιεῖ· ἐρᾷ τοῦ τι ποιεῖν στρατιώτῃ πρέπον καὶ δυσκόλως ἔχει πρὸς τὴν ἐξ ἀνάγκης ἀργίαν.

Ep. 94

Ἀνυσίῳ.

[1] Πρώην οὐκ ἔφθασα τὴν βαρεῖαν ἀκοὴν ἀπὸ τῆς Κυρήνης πυθόμενος, κἀγὼ μὲν διενοούμην ᾗ τάχος ἐπὶ τὰ Τεύχειρα παραπέμψαι τὴν φήμην· ἧκε δέ τις ἀγγέλλων, ὡς ὁ στρατηγὸς ἤδη τὰ μετέωρα τῆς χώρας κατείληφεν. Ἐφθάκεις γὰρ ἄρα πυθόμενος. Εὕραιο τῆς προθυμίας ἀμοιβὴν παρὰ τοῦ θεοῦ, καὶ νῦν καὶ εἰς ἔπειτα.

[2] Ἐγὼ δὲ αὐτὰ ταῦτα νῦν καὶ ἐπαινεσόμενος ἔπεμψα καὶ πευσόμενος, ἐν οἷς εἴης· εἴης δὲ ἐν ἅπασιν ἀγαθοῖς. Μέλει μὲν γάρ μοι, μέλει καὶ Πενταπόλεως – πῶς γὰρ οὔ; – τῆς γε μητρίδος, ὡς ἂν Κρῆτες εἴποιεν, οὐχ ἥκιστα δὲ σοῦ καὶ τῆς δόξης τῆς σῆς· ἐφ᾽ ἑκάστῳ γὰρ δὴ τῶν σῶν ἀγαθῶν ἐμοὶ πάντες ἀξιοῦσι συνήδεσθαι. Ὡς οὖν ἐν σοὶ κρινόμενος, ἄριστε ἀνδρῶν τε καὶ στρατηγῶν, δίκαιός εἰμι καὶ εἰδέναι τὰ σά.

Aber wehklagen muss ich über den ruhmreichen Boden von Kyrene,[16] wo einst Männer wie Karneades[17] und Aristipp[18] zuhause waren, jetzt aber solche wie Johannes[19] und Iulios.[20] Mit ihnen zu leben war kein gutes Geschick für mich; von ihnen fern zu leben, ist mein gutes Geschick.[21] [4] Aber schreibe du mir bitte nichts mehr über irgendwelche Ereignisse dort und empfiehl[22] mir auch keine Leute, die Prozesse haben. Ich würde mich für keinen davon mehr verwenden. Es wäre wahrhaftig der Gipfel meines Unglücks, wenn ich das Gute, das meine geliebte Vaterstadt hat, entbehren müsste, und trotzdem in Streitereien und Affären verwickelt würde, die mich aus dem sorgenfreien Verweilen bei der Philosophie herausreißen,[23] und wenn ich, nachdem ich mich für eine Armut fern vom aktiven Leben entschieden habe und hierin meinen Gewinn sehe, mich in fremdes Unglück einmischen müsste,[24] ohne etwas davon zu haben.

Ep. 34

An Anysios.[1]

(1) Johannes,[2] der dich liebt und den ich deshalb auch liebe,[3] hatte mit einer schweren Krankheit zu kämpfen. Das Schlimme war für ihn nicht die Krankheit, sondern dass er deiner verehrten Person[4] fern bleiben musste, denn er ist auch jetzt noch in einem ähnlichen Zustand. (2) Ein Drittes kommt dazu, das ihm diese Krankheit noch schlimmer macht: Er brennt darauf, etwas zu vollbringen, das eines Soldaten würdig ist[5] und ist höchst missgestimmt über seine erzwungene Untätigkeit.

Ep. 94

An Anysios.[1]

[1] Kaum hatte ich vorgestern die bedrohliche Nachricht aus Kyrene erfahren,[2] da hatte ich schon die Absicht, die Informationen nach Taucheira[3] weiterzuleiten. Aber da kam jemand und berichtete,[4] der Kommandant habe bereits auf den Höhen Stellung bezogen.[5] Du hattest also die Nachricht schon vorher erhalten. Ich wünsche dir Gottes Lohn für deinen tatkräftigen Einsatz, jetzt und in Zukunft.

[2] Diesen Brief schicke ich, um dich für diese Maßnahme zu loben, und außerdem zu fragen, wie es dir geht. Ich wünsche, dass es dir in allen Dingen gut geht! Ich mache mir Sorgen, Sorgen um die Pentapolis[6] – natürlich, sie ist ja mein ‚Mutterland', wie die Kreter sagen würden –,[7] aber ebensosehr um dich und deinen Ruhm. Denn bei jedem Erfolg, den du hast, halten es alle für angebracht, mir[8] zu gratulieren! Da ich also nach

[3] Ἰωάννην προετρεψάμην, ὡς ἐνῆν, ἀγαθὸν εἶναι καὶ ἄλλως οὐκ ἄθυμον στρατιώτην, ἐὰν ὁ θεὸς αὐτῷ τιθῆται. Δὸς αὐτῷ χεῖρα τὸν ἀδελφόν, ὃς ἀντὶ πολλῶν ὑπουργήσει. Τοῦτο ἐμοὶ μὲν ἄριστον δοκεῖ βούλευμα τῷ τὰς φύσεις εἰδότι τῶν νεανίσκων καὶ ὡς ἔχουσι πρὸς ἀλλήλους αἰδοῦς· εἰ δὲ καὶ σοὶ φανεῖται, κύριον ἔστω.

[4] Τῶν ἑταίρων τοὺς στρατευομένους ἄσπασαι. Ὁ σύντροφός μου ταχέως ἐπανηκέτω καλόν τι φέρων περὶ πολέμου διήγημα· ὃς καίτοι δειλότατος ὢν ἐθάρσησε τὴν ὁδόν, τῶν σῶν ὅπλων ἔμπροσθεν ὄντων. Δὸς τῇ Κυρήνῃ τὴν συνωρίδα τῶν ἀδελφῶν· μαχοῦνται γὰρ ὑπὲρ τῆς ἐνεγκούσης τε καὶ τρεφούσης αὐτούς.

Ep. **147**

Ἰωάννῃ.

[1] Οἶμαί σε καὶ πρὸ εὐχῆς εὖ πράττειν, ὅς γε ἀφεὶς τοὺς ἀνθρώπους ἡμᾶς,

Ἄτης ἐν λειμῶνι κατὰ σκότον ἠλάσκοντας'

καὶ ταῖς χθονίαις ἐγκαλινδουμένους φροντίσιν, αὐτὸς ὑπὲρ ταύτας στήσας σαυτὸν ἀνεχώρησας ἔτι δεῦρο ὢν καὶ μακαρίας ἥψω ζωῆς, εἰ μὴ φίλος ὢν Γάνος ἐν τῷ λέγειν καὶ διαγγέλλειν τὰ σὰ πρὸς ἡμᾶς οἴεται δεῖν τι καὶ ψεύδεσθαι· δεινὸν γὰρ ἡ εὔνοια κλέψαι τὴν ἀλήθειαν. [2] Οὗτος οὖν ὁ Γάνος ἐπεφήμισέ σοι τὸν μονήρη βίον, καὶ πρόφασιν τῆς εἰς τὴν πόλιν εἰσόδου βιβλία καὶ τὸν νοῦν αὐτῶν, ὅσος εἰς θεολογίαν τείνει· καὶ φαιὸν τριβώνιον ἀμπέχεσθαί σέ φησιν. Οὐδὲν μὲν ἦν μεῖον, εἰ καὶ λευκὸν ἦν· τῇ γὰρ φανοτάτῃ φύσει μᾶλλον ἀνακείμενον εἴη τὸ ἐν τοῖς αἰσθητοῖς καθαρὸν καὶ φωτοειδέστερον· εἰ δὲ καὶ τὸ μέλαν ἐπῄνεσας, ἐπειδὴ ζήλῳ τινῶν προλαβόντων ἐποίησας, ἐπαινῶ πᾶν τὸ ἐπὶ τῷ θείῳ γινόμενον. Τὸ γὰρ οὗ χάριν γίνεται δίδωσι κατορθοῦν τῷ ποιοῦντι, καὶ ἡ προαίρεσις ἔχει τὴν ἀρετήν.

dir beurteilt werde, bester aller Männer und Feldherrn,[9] habe ich auch ein Recht darauf, zu wissen, wie es bei dir steht.[10]

[3] Ich habe Johannes[11] ermuntert, so gut ich konnte, sich tüchtig zu zeigen und überhaupt als unverzagten Soldaten, wenn denn Gott ihm beisteht. Gib ihm als Stütze[12] seinen Bruder.[13] Der wird so gute Dienste leisten wie viele andere zusammen. Das scheint mir der beste Plan zu sein, weil ich das Naturell der beiden jungen Männer kenne und ihr gegenseitiges Verhältnis, das von Ehrgefühl bestimmt ist. Wenn du diesen Plan auch gut findest, soll er beschlossene Sache sein.

[4] Grüß meine Freunde, die beim Heer sind. Mein Kindheitsgenosse[14] soll bald heimkehren und einen erfreulichen Bericht von der Kriegslage bringen. Er hat sich trotz seiner großen Ängstlichkeit[15] voll Zuversicht auf den Weg gemacht, weil er sich unter dem Schirm deiner Waffen fühlt. Mach Kyrene ein Geschenk mit diesem Brüdergespann![16] Sie werden sich im Kampf einsetzen für die Stadt, die sie erzeugt hat und nährt.[17]

Ep. 147

An Johannes.[1]

[1] Ich glaube, dass du, schon bevor ich es dir wünsche, das Wohlergehen erreicht hast,[2] da du uns Menschen hinter dir gelassen hast, die wir

‚auf den Gefilden des Wahns ziellos im Finstern wandern'[3]

und uns in irdische Sorgen verstricken;[4] du selbst hast dich an einen Platz jenseits von diesen Sorgen gestellt. Du bist, noch in dieser Welt weilend, doch schon von ihr geschieden[5] und hast dich zu einem glückseligen Leben emporgeschwungen.[6] Es sei denn, dass Ganos[7] aus lauter Freundschaft meint, wenn er mir über dich erzählt und berichtet, ein bisschen hinzuerfinden zu müssen. Wohlwollen hat ja eine erstaunliche Fähigkeit, die Wahrheit zu verfälschen. [2] Dieser Ganos hat über dich die Kunde verbreitet, dass du das Leben eines Einsiedlers führst.[8] Der Anlass für deinen Besuch in der Stadt seien Bücher gewesen, soweit ihr Inhalt die Gotteslehre betrifft, und du habest einen dunklen Philosophenmantel getragen. Es wäre freilich ebenso gut, wenn der Mantel weiß wäre.[9] Denn der strahlendsten Wesenheit wäre eher das zu widmen, was im Bereich des Wahrnehmbaren[10] rein und besonders lichtartig ist. Aber auch wenn du dich für das Schwarze entschieden hast – das hast du ja sicher in Nachahmung gewisser Vorgänger getan –, so heiße ich alles gut, was im Blick auf das Göttliche geschieht. Denn das Ziel, um dessentwegen etwas getan wird, verleiht dem Handelnden den Charakter des Rechthandelns, die Absicht enthält in sich den ethischen Wert.[11]

[3] Ἡμεῖς μὲν οὖν σοι συνηδόμεθα σχεδιάσαντι τὸ τέλος, ὅπερ ἡμεῖς πάλαι σὺν πόνῳ μόλις θυροκοποῦμεν· σὺ δὲ ἡμῖν σύνευξαι φθάσαι ποτὲ καὶ αὐτοῖς καὶ εὑρέσθαι τι κέρδος ἀπὸ τῆς ἐν φιλοσοφίᾳ μερίμνης, ἵνα μὴ τὴν ἄλλως ὦμεν κατατετριφότες πρὸς τοῖς βιβλίοις τὸν βίον. Ἐρρωμένος εὐδαιμονῶν διαβιῴης, θαυμάσιε.

[3] Nun gratulieren wir dir, dass du mit spontanem Entschluss[12] das Ziel erreicht hast, bei dem wir nach langer Zeit und mit viel Mühe gerade nur an die Tür klopfen.[13] Du aber bete mit uns, dass auch wir dereinst dorthin gelangen und ein wenig Gewinn aus unserer Bemühung um die Philosophie finden, damit wir nicht vergeblich unser Leben über den Büchern zugebracht haben. – Mögest du stets in Gesundheit und Glück leben,[14] mein Bewundernswerter![15]

Anmerkungen zur Übersetzung

Ep. 104

1 Zu Synesios' Bruder Euoptios vgl. o. S. 5. Garzya 1989, 264f. datiert auf 396, Roques 1989, 165. 2000 (Garzya / Roques), 360 Anm. 1 auf Mai 405. Beide nehmen a.a.O. an, dass Synesios aus (dem Hinterland von?) Kyrene (s.u. Anm. 14) nach Phykus, den Hafen von Kyrene, schreibt.

2 Zum Motiv der Feigheit, das hier prägnant auf den Gegensatz ‚Krieg – Frieden' angewendet wird, s. o. *Einführung*, S. 31–33.

3 Wörtl.: „für das Blut im Bereich des Herzens". Platon beschreibt in *Tim.* 70A/B das Herz als Sitz des θυμοειδές, des ‚zornartigen' Seelenteils, auf dem die Tugend der Tapferkeit (ἀνδρεία) beruhe. Der Blutkreislauf dient der schnellen Übermittlung der Erregung an alle Körperteile. Entsprechend definiert Arist. *De an.* I 1 p. 403a31 den Zorn als ζέσις τοῦ περὶ καρδίαν αἵματος καὶ θερμοῦ (etwa: ‚bis zum Siedepunkt gelangende Erwärmung des in der Herzgegend befindlichen Blutes'). Dass die Tapferkeit im Herzen lokalisiert ist, ist eine alte Vorstellung, so bereits Arch. Fr. 114,4 West (καρδίης πλέως).

4 Zur Identität dieses Johannes, s.o. *Einführung*, S. 22–24.

5 Die Wendung, die Synesios auch auch *Ep.* 45,17 benutzt, ist klassisch, vgl. Dem. *or.* 21 (*Gegen Meidias*),158: διὰ τῆς ἀγορᾶς σοβεῖ, dort in einer ganzen Serie von angeberischem, indezenten Verhalten des Meidias.

6 Hier wie im Folgenden verleihen Tonfall und einzelne Formulierungen der Schilderung komödienhafte Züge: Zu den Adverbien πύξ (wörtl. ‚fäustlings') und λάξ (‚füßlings') vgl. Philem. *Lithoglyphos* Fr. 41,6 *PCG*: ὁ δ' ἐνήλατ' εὐθύς μοι παραστὰς τῷ σκέλει / παίει τε λάξ πύξ … sowie Didymos *De Dem.* col. 9, l. 66.

7 Dass im Brief philosophische Erörterung angemessener durch das Sprichwort ersetzt werde, findet sich als Rat schon in der ältesten uns erhaltenen brieftheoretischen Abhandlung, in Ps.-Dem. *De eloc.* 232, s. o. S. 17 mit Anm. 85.

8 Der Vers findet sich in Sprichwortsammlungen und bei Lexikographen, in der vorliegenden Fassung: *CPG* II 197,17 und Suda Ψ 72; in anderen Fassungen steht statt des φηνίζεται βινητιᾷ (*CPG* II 197, 17; *CPG* II 581 als Variante) oder περαίνεται (*CPG* II 581,11; Photios; Suda O 821). Vielleicht entstammt er der Alten Komödie, vgl. *Com. Adesp.* Fr. 12. 13. 14 Kock (allerdings nicht in *PCG* VIII aufgenommen) sowie den Titel Ψῆνες, der für den Komödiendichter Magnes bezeugt ist (V 627 *PCG*). Synesios benutzt die Wendung auch in *Calv.* 22,2 (Anfang, s.u. Anm. 54 zu *Ep.* 43), lässt dort aber aus Dezenz das letzte Wort weg, so dass nicht sicher ist, welche der drei Varianten er im Sinn hat. – Das Verb ψηνίζειν ist abgeleitet von ὁ ψήν, einem wespenähnlichen Insekt (lat. *culices*, vgl. Plin. *Nat.* 15,80, zoolog. *Blastphaga psenis*), das man im Fruchtkörper der Feige findet. Es überträgt den Pollen der männlichen Blüte, indem es in den weiblichen Fruchtkörper durch die untere Öffnung eindringt (εἰσδύειν / -δύεσθαι: Hdt. I 193,5; Arist. *Hist.an.* V 32 p. 557b25–31; Theophr. *Hist. plant.* II 8,2. *Caus.* II 9,5). Die befruchtende Wirkung war den Feigenzüchtern gut bekannt, wenn auch noch keine genauere Einsicht in die Sexualität der Pflanzen bestand, vgl. E. Olck, „Feige", *RE* VI.2 (1909) 2129–2133, L. Georgi, „Pollination ecology of the date palm

and fig tree: Herodotus 1.193.4–5, *CPh* 77 (1982) 224–228, Chr. Hünemörder, „Feige", *DNP* 4 (1998) 456f. Das Aktiv (ὑπο-, προ-)ψηνίζω bedeutet „die Befruchtung durch die Feigenwespe herbeiführen, kaprifizieren"; ψηνίζεσθαι (nur in unserem Vers belegt) dürfte ein Passiv dazu sein. Die Varianten des Verses legen einen obszönen Sinn nahe: ‚das Eindringen einer Feigenwespe, d.h. einen Penis, dulden', was auf passive Homosexualität (griech. Kinädentum) zu beziehen wäre. Sprachlich wäre aber auch ein medialer Sinn möglich: ‚sich als Feigenwespe betätigen', also von einem aktiven Eindringen (Päderastie); die mediale Bedeutung wird angenommen von J. Henderson, *The Maculate Muse* (Yale ^{2}1991), 216f., die passivische von D. Bain, „Six Greek Verbs of sexual congress: βινῶ, κινῶ, πυγίζω, λήκω, οἴφω, λαικίζω", *CQ* 41 (1991) 51–77, hier 62, und Ch. Platter, „Longhairs get the gnat: Comica adespota 12", *CW* 89 (1995/96) 207–211. – Bei Synesios legt der Kontext in *Calv.* nahe, dass er das Verb passivisch verstand; in *Ep.* 104 ist jedoch ein anderes Verständnis möglich: Das Hineinkriechen der Feigenwespe könnte ein Bild für die Feigheit des Johannes sein, der sich am Schluss der Erzählung in dem labyrinthischen Felsennest Bombaia (s.u. Anm. 39) verkriecht (§ 13: ἐνεδεδύκει); die Feigenwespe findet meist keinen Ausweg mehr und stirbt in der Frucht, s. Georgi a.a.O. 227f. Dass Synesios das Sprichwort mit Emphase als ‚Orakelspruch' bezeichnet, hätte dann die Pointe, dass er darin eine Zweideutigkeit findet, nämlich die grammatische von ψηνίζεσθαι. Die Übersetzung versucht, der Zweideutigkeit gerecht zu werden.

9 Die ‚Feinde' sind ab 405 verstärkt in das Gebiet der Kyrenaika einfallende Wüstenstämme; zu ihrer Identifizierung sowie den Umständen dieses Krieges s. Roques 1987, 265–295 sowie unten S. 219f.

10 Synesios bekleidet offiziell kein militärisches Amt, übt aber, wie das Folgende (v.a. § 7) zeigt, die Funktion eines στρατηγός (‚Oberbefehlshabers') aus. Verteidigung in lokalen Konflikten war in zunehmendem Maß Aufgabe der Städte, deren lokale Eliten dabei dann Führungsaufgaben übernahmen, vgl. unter Bezugnahme auf unseren Brief Schmitt 2001, 590–594.

11 ‚Phylarch', im klassischen Athen ursprünglich die Bezeichnung des Vorstehers einer *Phyle* (Untereinheit der *Polis*), wird zur regulären Übersetzung des lat. *tribunus militum* (vgl. z.B. Plut. *Rom.* 20), in der Kaiserzeit dann auch zunehmend zur üblichen Bezeichnung für die Anführer nicht-römischer Truppenteile; ein offizieller Titel innerhalb der Administration wird der Begriff freilich nie, vgl. Roques 1987, 251f., dem Schmitt 2001, 590f. Anm. 84 unter Bezug auf Ph. Mayerson, „The use of the term phylarchos in the Roman-Byzantine East", *ZPE* 88 (1991) 291–295 folgt.

12 Balagrai (heute el-Beida) ist ein kleinerer Ort ca. 20 km südöstlich von Kyrene (s.u. Anm. 14) mit einem weithin berühmten Asklepiosheiligtum, vgl. Paus. II 26,9; hierzu Roques 1987, 49. 252 mit Fig. 4 *ebd.* 67 (Karte). Zum Charakter der ‚Balagriten' genannten Truppe s. Schmitt 2001, 593–596. 680–683.

13 ‚*Jedesmal* frühzeitig' (griech.: φθάσαντες ἄν) gibt die Bedeutung der Partikel ἄν wieder, die hier beim Partizip in iterativer Bedeutung steht.

14 Kyrene befindet sich im nordostafrikanischen Küstengebiet, i.e. in einer Landschaft, die von den inneren Landesteilen Libyens auf ca. 870 m Höhe in mehreren Stufen zum Meer hin abfällt; die Stadt liegt ca. 10 km Luftlinie von der Küste entfernt am nördlichen Rand der hier genannten ‚Ebene' (πεδινή), verfügt also im Süden über ein relativ flaches Hinterland auf ungefähr 600 m Höhe, vgl. Roques 1987, 66–69 (v.a. Fig. 4). Es wird hier also beschrieben, wie die Truppen von Kyrene aus täglich (vgl. § 3) ins Hinterland ausrücken, um so die aus den höher gelegenen Regionen erwarteten Feinden abzufangen und am Abend wieder nachhause zurückkehren.

15 ‚Zur Zeit, da man die Ochsen ausspannt' (griech. περὶ βουλυτόν) ist ein archaischer Ausdruck für den ‚Feierabend' seit Hom. *Il.* XVI 779, *Od.* IX 58. Vielleicht soll die Wendung die Kampfeshandlungen des Folgenden augenzwinkernd in den Assoziationshorizont epischer Größe stellen: Auch in bestimmten Stadien des Kampfes um

Troja (vgl. *Ilias* 8–10) spielt stets die Entfernung der ‚in der Ebene' lagernden Truppen von ‚der Stadt' eine besondere Rolle.

16 ‚Phryger' bezeichnet sprichwörtlich einen Feigling, vgl. A. Otto, *Die Sprichwörter und sprichwörtlichen Redensarten der Römer* (Leipzig 1890, 2. Nachdr. Hildesheim 1988), 278 Nr. 1411 und die Anm. zu Apost. V 90^{n}: II 359 *CPG*; so v.a. ab der Neuen Komödie, s. Men. *Asp.* 242 (vgl. 206); Apollodor Fr. 6 (II 508 *PCG*). Auch Strabo I 2,30: 36C: 88,29f. Radt („feiger als ein phrygischer Hase") könnte auf eine Komödie zurückgehen, vgl. VIII 456 *PCG* (Apparat).

17 Das Motiv des ‚Verkriechens und Versteckens', das mit der Redensart von der ‚Feigen-Wespe' (s. § 2 mit Anm. 8) vorbereitet wurde, wird hier – als bloße Unterstellung – wieder aufgenommen und am Ende (§ 13) Realität.

18 Diese ‚Kumpane' (hier nur οὗτοι, vgl. jedoch im Anschluss nach dem Zitat: τοιούτους …λοχίτας) sind vielleicht dieselben, die in *Ep.* 43 § 2 (ebenfalls λοχῖται) erwähnt werden. Träfe dies zu, handelte es sich um ein weiteres Argument für die Identität der in *Ep.* 43 und *Ep.*104 ‚Johannes' genannten Person(en). In *Ep.* 104 stellt Synesios die ‚Kumpane' in ein negatives Licht, indem er homosexuelle Beziehungen andeutet; auch die wiederholt genannten ‚langen Haare' (*Ep.* 104 § 2. 5. 11) weisen auf Effeminierung hin.

19 ‚Nichtsnutze', οὐδὲν ὑγιές, wörtl. ‚nichts Gesundes', hier im Sinn von ‚nichts Anständiges, Ordentliches', benutzt Synesios auch in *De reg.* 17,5. Die Formel ist im klassischen Sprachgebrauch häufig; dass das Neutrum Singular auf eine Person bezogen wird, begegnet, wohl in Nachahmung umgangssprachlicher Wendungen, bereits bei Aristophanes (z.B. *Plut.* 37, *Thesm.* 394).

20 Wörtliches Zitat von Hom. *Il.* XXIV 262.

21 Synesios benutzt hier (anders als etwa im *Dion*) ‚Sophist' in der bereits seit klassischer Zeit (v.a. Platon) möglichen derogativen Bedeutung, die vor allem auf die Fähigkeit abhebt, andere durch die Art des Auftretens zu täuschen; ähnlich etwa auch *Ep.* 154,32. Das Motiv ‚Johannes, der Sophist' wird in § 7 (s. Anm. 27) wieder aufgenommen.

22 Wörtl. ‚am fünften Tag', hier in inklusiver Zählung: Vier Tage sind bereits verstrichen, ohne dass sich etwas ereignete, jetzt ist bereits der fünfte, so auch Roques' Übers.

23 Vgl. o. Anm. 14 zum Gelände, auf das sich Synesios bezieht.

24 Roques in Garzya / Roques 2000, 361 Anm. 17 weist unter Rückgriff auf J.M. Reynolds, „A civic Decree from Benghazi", Libyan Studies 5 (1974) 19–24 darauf hin, dass das hier für das Wüten der Feinde gebrauchte Wort κακουργεῖν sich auch in den offiziellen Verlautbarungen der Städte (bei Reynolds: Berenike) gegen die libyschen Nomadenvölker findet; die Kämpfe, um die es hier geht, tragen somit insgesamt den Charakter von Guerillakämpfen, so Roques 1989, 285–292.

25 Vgl. wiederum o. Anm. 14.

26 ‚Er maßte sich an, zweiter Feldherr zu sein', griech. παραστρατηγεῖν ἀξιῶν: Damit greift Johannes in die Kompetenz des eigentlichen Kommandaten, Synesios, ein, was dieser natürlich nicht gerne sieht. Das Präfix παρα- bezeichnet – *pace* Schmitt 2001, 591 („eine Änderung der Strategie") – bei Synesios auch sonst ein Übergreifen in fremde Zuständigkeitsbereiche, vgl. z.B. *Ep.* 41,282 und *Ep.* 103,80 (παραδιοικεῖν), *De reg.* 16,5 (παραδυναστεύειν). Der Konflikt wird an dieser Stelle des Briefs ganz auf Synesios und Johannes zugespitzt, weswegen der § 3 erwähnte Phylarch hier nicht mehr in den Blick kommt.

27 Die griechische Formulierung erinnert an die Lehrtätigkeit der Sophisten, wie Platon sie darstellt, z.B. *Meno* 90e2: τοὺς ὑπισχνουμένους διδάξειν τὴν τέχνην (vgl. unsere Stelle: τέχην … παραδώσειν ὑπισχνούμενος). Als ‚Sophist' war Johannes schon in § 5 bezeichnet worden, ἐμαθητίων (‚wollten unbedingt seine Schüler werden') am Ende dieses Absatzes weist in denselben Vorstellungskreis. Das Wort μαθητιᾶν entstammt der Komödiensprache des Aristophanes, so *Nub.* 183: Strepsiades will unbe-

dingt „Schüler [*sc.* des in dieser Komödie als ‚Sophist' dargestellten Sokrates] werden". Verben des Begehrens auf -ιάω bezeichnen oftmals einen krankhaften Trieb, s. SCHWYZER-DEBRUNNER I 732. Synesios benutzt das Wort auch in *Ep.* 154,28, ebenfalls für Lehrer, die in kürzester Zeit durchschlagende Erfolge versprechen. Dass ausgerechnet der ‚Sophist' Johannes sich im Anschluss nicht darauf versteht, ὀνόματα (wörtl. ‚Bezeichnungen', hier: ‚für bestimmte Bewegungen bzw. Formationen von Truppenteilen', vgl. die folgende Anm.) recht zu gebrauchen, erhöht den witzigen Charakter der Schilderung.

28 Johannes lässt die Truppen exerzieren. Die angeführten Kommandos lassen sich, teils wortgleich, teils nur wenig variiert, vor allem aus Xenophon belegen, vgl. z.B. *Cyr.* I 6,43, wo die Wendungen κατὰ κέρας (‚in Marschkolonne'), ἐπὶ φάλαγγος (‚in Gefechtslinie!') und κατὰ πρόσωπον (‚richt euch!') nebeneinander begegnen. An Xenophons Wortgebrauch orientiert sich Synesios auch für die folgenden Kampfschilderungen, s.u. Anm. 34. 35. 37. Johannes' letzter Befehl κατὰ τὸ κέρας πολὺ τὸ πλαίσιον ist unsinnig und kann nur wildes Durcheinanderlaufen auslösen: Truppen können nicht *gleichzeitig* eine ‚Kolonne' *und* ein ‚Karree' bilden, i.e. hintereinander marschieren und das Viereck einer geschlossenen Schlachtordnung bilden. Damit illustriert der Johannes unseres Briefs aufs Schönste seine von Synesios im Anschluss resümierend bemerkte völlige Inkompetenz in militärischen Begriffen.

29 S.o. Anm. 27.

30 Das griech. δείλη τε ἦν ὀψία meint wörtl. den ‚späten Nachmittag' (etwa 4–6 Uhr) im Unterschied zum ‚frühen Nachmittag', δείλη πρωΐη, so *LSJ s.v.* δείλη, vgl. bereits Hdt. VIII 6 bzw. 9, Thuc. VIII 26, aber auch Dem. *or.* 57,9; Synesios benutzt hier den klassischen Ausdruck anstelle des späteren (δείλη) ἑσπέρα, vgl. z.B. Philon *Flac.* 110, *Leg.* 269 (περὶ δείλην ἑσπέραν). – Gemeint ist, dass die offenbar bereits längeren Schatten bzw. vielleicht bereits die erste Dämmerung dem Gegner eine gute Gelegenheit für einen unvermuteten Angriff gegeben hätten.

31 Offensichtlich war man tagsüber über das ebene Hinterland von Kyrene (vgl. § 1 τὴν πεδινήν) hinaus den in den höheren Regionen befindlichen Feinden (vgl. § 6) entgegengezogen, wiederum jedoch (s. § 3), ohne auf sie zu treffen; jetzt, gegen Abend, hatte man sich mangels einer Begegnung mit ihnen auf den Rückweg hinunter in die Ebene (und dann zurück nach Kyrene, vgl. § 3) gemacht.

32 Vgl. wiederum § 6: Natürlich betreffen die dort erwähnten ‚Verwüstungen der höher gelegenen Gebiete' die ländliche Bevölkerung, zu der folglich auch die ‚Vorboten', welche die Feinde gleich so drastisch ankündigen werden, gehören. Dass dies hier eigens erwähnt wird, trägt zusammen mit dem jugendlichen Alter der Männer zum komischen Effekt der Szene bei: Nur in militärischen Dingen vollkommen unerfahrene, naive Hirten oder Bauern können von den ‚jämmerlichen Männlein' des Folgenden derart ‚in panischen Schrecken' versetzt werden und bedürfen so des Synesios und seiner Truppe. Wenn Johannes im Anschluss ebenfalls flüchtet, stellt er, der eben noch Kommandos gebrüllt hat, sich mit diesen Wehrlosen auf eine Stufe.

33 Synesios erweckt den Eindruck, als wären die Gegner hoffnungslos unterlegen; das griech. προχειρότατα ... ἀποθνήσκειν heißt in paradoxer Zuspitzung wörtlich: Sie waren ‚leicht bei der Hand mit dem Sterben'. So armselig sind diese Angreifer, dass sie schon für die bloße Augenblicksbeute (‚unsere Besitztümer') willig in den Tod gehen würden. Ganz ähnlich zeichnet Synesios die Angreifer auch in *Ep.* 132,16–20: „... man tut ihnen zuviel Ehre an, wenn man sie ‚Feinde' nennt, man muss sie eher Räuber oder Strauchdiebe (λῃστὰς καὶ λωποδύτας) oder irgendwie dem entsprechend nennen. Denn keinem, der ihnen beherzt entgegen tritt, halten sie Stand, sondern sie metzeln nur diejenigen, die vor ihnen in Panik geraten, nieder wie Opfervieh und nehmen ihnen alles ab." – An unserer Stelle dient die abschätzige Charakterisierung vor allem dazu, den Schaden, den Johannes' Eskapade bewirkt hat, besonders groß erscheinen zu lassen: Ein Sieg wäre sicher gewesen, hätte er nicht die Kampfesstimmung derart verdorben, dass man diesen leichten Erfolg verpasste.

34 Zur Wendung ‚und machten sich kampfbereit (ὡς εἰς μάχην διεσκευάζοντο)' vgl. Xen. *Anab.* I 8,1: ὡς εἰς μάχην παρεσκευασμένος.

35 Zu ‚für Pferde ungeeignet', griech. ἄφιππα ἦν, vgl. Xen. *Hell.* III 4,12: ἡ δὲ Καρία ἄφιππος ἦν.

36 Synesios spricht ironisch: Angeblich wollte Johannes τὸν ἀγῶνα τῶν ἵππων ποιήσειν, wörtl.: „den Wettkampf zu einem der Pferde machen", also statt einer Schlacht zu einem Wettrennen, das dann freilich recht einseitig ausfällt. θέα (‚Schauspiel') in § 11 nimmt den hier ironisch vorgestellten ‚Show-Effekt' wieder auf.

37 Zur Formulierung ἔφυγεν ἀνὰ κράτος ἐξελαύνων, ἐξαιμάττων τὸν ἵππον ... κέντρῳ παντὶ χρώμενος vgl. Xen. *Anab.* I 8,1: ἐλαύνων ἀνὰ κράτος ἱδρῶντι τῷ ἵππῳ sowie ders. *Cyr.* VII 1,29 ἰσχύρωη ἐξαιμάττων τῷ κέντρῳ.

38 Zu θᾶττον ἢ βάδην, wörtl. ‚schneller als im Schritttempo', vgl. Menander 460 *PCG*, dort weitere Belege für die klassisch umgangssprachliche Wendung, die in der Kaiserzeit wieder in Gebrauch kommt, vgl. z.B. Plut. *Fab.* 24,3, *Cor.* 34,3, *Ages.* 4,3, *De Alex. fort. aut virt.* 334a7, *Amat.* 771d3, Dion. Hal. *Antiqu. Rom.* V 44,2. IX 57,3.

39 Bombaia ist, wie die anschließende Beschreibung klar macht, eine Felsenfestung. Roques 1987, 107 identifiziert sie mit Gasr Beni Gdem (vgl. seine Fig. 11, S. 102), ca. 30 km südöstlich von Kyrene und verweist für genauere Angaben auf S. Stucchi, *Architettura Cirenaica,* Monografie di archeologia libica 9 (Rom 1975) 422–427.

40 Synesios denkt hier wohl an eine reale Feldmaus. Die bekannte Fabel von Stadt- und Feldmaus (Aesop *Fab.* 134 = Dos. 16; Aphth. 26; Babrios 108) passt nicht in den hier geforderten Assoziationshorizont (nicht die Feldmaus schlüpft in ein Felsenloch, sondern beide Mäuse in ein Loch in einer Speisekammer); eher erinnert das griech. ἐνεδεδύκει noch einmal an die Feigenwesepe zu Beginn des Briefs, vgl. § 1 mit Anm. 8.

41 Die ‚Syringen' sind unterirdische Grabstollen bei Theben, die man in der Kaiserzeit als Touristenattraktion schätzte; benannt sind sie nach ihrer Anlage als unterschiedlich lange, etwa parallel nebeneinander liegende Röhren, angesichts derer sich der antike Betrachter an eine Hirtenflöte, *Syrinx* (griech. σύριγξ), erinnert fühlte. Vgl. hierzu H. Kees, „Syringes", *RE* IV A2, (1960) 1776f.

42 Das Relativpronomen οἷς ist nicht klar zu beziehen; sollte eine Korruptel vorliegen? Wir übersetzen so, wie es der Zusammenhang nahelegt.

43 Zu σωτηρία als ‚Mittel, Gelegenheit zur Rettung' vgl. z.B. Antiph. *or.* 2,4,1: εἰς ἄλλην σωτηρίαν καταφυγεῖν. Johannes hat von mehreren Möglichkeiten diese gewählt (προυτίμησε), vielleicht ist zu ergänzen <ταύτην> τὴν σωτηρίαν.

44 Es kann kaum gemeint sein, dass diese Räume zu eng sind, um für einen anderen Flüchtling Platz zu lassen, da nicht die Enge, sondern das Verwirrende des Labyrinths betont wird. Darum ist es wohl metaphorisch zu verstehen: Dieses kryptisch-trügerische Bauwerk ist der passende Platz für eine heimlichtuende, auf Täuschungen und Überraschungen ausgehende Person wie Johannes. Hier kommt der Kontrast zu den ‚richtigen Männern' noch einmal zur Geltung. Es geht eigentlich nicht um Sexuelles, sondern um den Charakter. Für offene, geradlinige, zuverlässige Männer, zu denen sich Synesios offenbar rechnet, käme so ein Schlupfwinkel nicht in Frage.

Ep. 43

1 Zur Adressatenfrage s. o. *Einführung*, S. 22–24 sowie im Beitrag von B. Bleckmann Abschnitt 2, S. 211–215. Garzya 1989, 146f. setzt *Ep.* 43 zeitgleich mit *Ep.* 52, i.e. ins Jahr 408, Roques 1989, 227–230. 2000 (Garzya / Roques), 147 Anm. 1 datiert auf das zweite Drittel 407 und nimmt an, dass sowohl Synesios als auch sein Adressat sich in (der Gegend von?) Kyrene befinden.

2 Das Motiv, dass Synesios und Johannes einander schon länger bekannt seien, wird in § 3 mit dem Ausdruck der συνήθεια (‚Vertrautheit') wieder aufgenommen. Der

Johannes von *Ep.* 94 ist Synesios' ‚Kindheitsgenosse' (σύντροφος), s. *Ep.* 94 § 4 mit der dortigen Anm. 14; wenn in unserem Brief auf eine Vorgeschichte der Beziehungen zwischen Synesios und Johannes rekurriert wird, könnte dies ein Indiz für die Identität der beiden Personen namens Johannes sein.

3 Zu καιρός im Sinne von ‚Notlage, Gefahr' s. H. Görgemanns, „Eros als Gott in Plutarchs *Amatorius*", in: R. Hirsch-Luipold (Hg.), *Gott und die Götter bei Plutarch. Götterbilder – Gottesbilder – Weltbilder*, RVV 54 (Berlin 2005) [169–195] 181 Anm. 62. Der Artikel bringt zum Ausdruck, dass es sich um bestimmte ‚*Einzel*fälle' handelt, die dem Adressaten bekannt sind.

4 Das griech. λέγων / ποιῶν ist ähnlich redensartlich wie unsere deutsche Übersetzung und begegnet schon bei den Autoren der klassischen Zeit, z.B. Dem. *or.* 32, 28, Xen. *Mem.* IV 3,18,1. Es wird im Fortgang durch γνώμην / ἔργον weitergeführt (ähnlich: καὶ χεῖρα καὶ γνώμην in § 13, u. Anm. 52), das eine Variation der ebenfalls konventionellen λόγος / ἔργον-Alternative (oftmals: -Antithese) darstellt, s. z.B. Aeschin. *or.* 2,178, Andoc. *or.* 1,30. 97, aber auch Plat. *Apol.* 32d1, *Tht.* 173a2, *Men.* 244a3, *Rep.* II 383a5. VI 501e5 *et mult al. loc.* Auch der Gedanke selbst (‚wenigstens Rat, wo praktische Hilfe nicht möglich') begegnet traditionell dort, wo der Sprecher sich explizit in die Rolle des Ratgebers begibt. So nimmt etwa auch der Platon des *Siebten Briefs* von der anfangs referierten Forderung ‚Beistand in Rat und Tat (ἔργῳ καὶ λόγῳ)' (Plat. *Ep.* 7, 324a1), nur die Ratgeberrolle an (ebd. ab 330C, v.a. 331d7f. und wieder ab 334C). Dass Synesios sich, zumindest zu Beginn von *Ep.* 43, vor allem in der Ratgeberrolle sieht, macht sein Sprechen von dem ‚Nutzen', den sein Adressat haben werde, deutlich (s. § 3 ὀνῆσαι, § 4 συμφέρον) und wird explizit in § 3 und 5 (συμβουλεῦσαι bzw. συνεβούλευσα) gesagt.

5 Synesios spricht in den Briefen öfters von sich in der dritten Person, vor allem um emotionale Bewegtheit auszudrücken, z.B. in seiner Rolle als Freund, oder wenn es ihm darum geht, Grundsätzliches auszusagen, so etwa *Ep.* 79,131f., *Ep.* 97,13f., *Ep.* 130,55, *Ep.* 133,38 *et al. loc.* An unserer Stelle ist der Tonfall nahezu feierlich: ἐμπνεῖν begegnet in der ältesten Dichtung (s. Hom. *Il.* XVII 502, Hes. *Op.* 508), in der Bedeutung ‚leben' v.a. im Drama (z.B. Aesch. *Ag.* 671), dann aber bereits im klassischen Griechisch in Prosa, u.a. Plat. *Apol.* 29d4f. (καὶ ἕωσπερ ἂν ἐμπνέω καὶ οἷός τε ὦ, οὐ μὴ παύσωμαι φιλοσοφῶν καὶ ὑμῖν παρακελευόμενος κτλ.), einer Stelle, die Synesios vielleicht erinnerte, als er das ‚Bekenntnis' unseres Briefs formulierte.

6 Immer wieder spricht Synesios im Folgenden seinen Adressaten in diatribenhafter Manier direkt an, so besonders deutlich am Beginn von § 10 mit den wiederholten, drängenden Fragen. Dem entsprechend wird hier (ähnlich *Ep.* 105,18f.) eingesetzt mit dem lebhaften Anruf ἄκουε τοίνυν, den schon die Klassik quer durch alle Genres, zumal zur Erregung von Aufmerksamkeit vor längeren Erzählungen oder sonstigen Ausführungen kennt (z.B. Eur. *Ion* 936. 987, Aristoph. *Plu.* 649, Xen. *Cyr.* II 4,16, Plat. *Phaed.* 96a6); auch Synesios' Zeitgenossen verwenden ihn gerne, z.B. Joh. Chrys., *De cruce (hom. 2)* 49,413,65 *MPG*, *De decem mil.* 51,19,55 *MPG*, *In Gen. (hom.)* 53,112,62. 228, 64. 383, 57 *MPG*. Zudem erfüllt Synesios so die antike Brieftheorie vom Brief als ‚einer Seite des Dialogs' (hierzu o. S. 17), die man auch in διαλεχθῆναι πρὸς σέ anklingen hören kann.

7 Hes. *Op.* 761f.

8 Zu Aimilios vgl. o. S. 25. – μακαρίτης zur Bezeichnung v. a. erst jüngst Verstorbener begegnet gelegentlich schon klassisch (z.B. Aesch. *Pers.* 633, Aristoph. Fr. 488,10), ist aber dann ab der frühen Kaiserzeit allgemein gebräuchlich, s. *LSJ s.v.*

9 Zu συνθείς für das Verfassen einer Schrift s. *LSJ s.v.* II 3.

10 Zu καθιέναι von der Inszenierung eines Dramas s. z.B. Kallim. Fr. 464 Pfeiffer, Plut. *Cim.* 8: ... πρώτην ... διδασκαλίαν τοῦ Σοφοκλέους ... καθέντος; doch klingt dies hier in Fortführung des συνθείς (s. Anm. 9) nur an, es dominiert die Bedeutung ‚entsenden', wie sie oftmals bei den Historikern begegnet, z.B. στρατόπεδον καθιέναι, ‚ein Heer einmarschieren lassen', Polyb. III 70,11.

11 Der Betreffende wird in § 15 ‚Spatalos' genannt: Der Name scheint, wenn auch selten und in der Mehrzahl der Fälle erst ab der Kaiserzeit, als Individualname (*cognomen*?) bezeugt, s. *GLPN* IIIA 400 *s.v.*, IV 316 *s.v.*, Pape-Benseler *s.v.* verzeichnen nur unsere Stelle. Zur weiblichen Form (Σπατάλη, Σπατάλιον) s. O. Masson, „Nouvelles notes d'anthroponymie grecque", *ZPE* 119 (1997) [57–75] 74f. – Freilich passt es zum Anliegen des Briefs, dass σπάταλος (etwa: ‚Schwelger') bereits in paganer Literatur einen jeder Art von verweichlicht-effeminierter Ausschweifung ergebenen und damit allgemein moralisch verkommenen Menschentyp bezeichnet, z.B. *Anth. Gr.* V 18 (Rufin). XI 402 (Ps.-Lukian), für weitere Belege s. *LSJ s.v.* Eine eigene Karriere macht das Wort dann, vor allem in der verbalen Form (κατα-)σπαταλᾶν, bei den christlichen Autoren (s. *PGL s.v.*), zumal bei den Interpreten von *Sprüche* 29,21: „Wer von Jugend an sich dem Luxus ergibt (κατασπαταλᾷ), wird ein Knecht (οἰκέτης) sein." (Belege bei *PGL s.v.*). Dem Namen haftet somit ein negativer Beiklang an, so dass wir es vielleicht mit einem ‚Schimpfnamen', i.e. nicht dem tatsächlichen Individualnamen des Betreffenden zu tun haben. Wollte man diese Linie weiterführen, könnte das Ausmalen der nach klassischem attischen Recht (s. u. Anm. 62) nur für einen Sklaven zugelassenen Foltermethoden in § 16 sowie die amouröse Note, die in § 15 dem gesamten Vorfall gegeben wird, den damit eröffneten Assoziationshorizont fortsetzen. – Als λοχῖται werden auch die ‚Kumpane' des Johannes von *Ep.* 104 § 5 bezeichnet.

12 Dass Götter nicht lügen dürfen, bemerkt Plat. *Rep.* II 382A–383A und lässt er auch den Sokrates seiner *Apologie* sagen (21b6 [über Apollon]): οὐ γὰρ δήπου ψεύδεταί γε· οὐ γὰρ θέμις αὐτῷ. Synesios formuliert Vergleichbares in *Ep.* 57,9f.: ἀγαθοὶ δαίμονες ὄντες οὐκ ἄν ποτε ψεύσαιντο.

13 S.o. Anm. 7.

14 Der Gestus der Freundschaft mit Johannes bestimmt den Brief vor allem in seiner ersten Hälfte, s. u. S. 110–118.

15 Die griech. Worte ἀτυχεῖς / ἀδικεῖς bilden eine Paronomasie, die Synesios auch in *Ep.* 10,4f. und *Ep.* 42,46 benutzt. Sie findet sich bereits in Arist. *EN* X p. 1135b16–20 und nimmt über die *Alexanderrhetorik* (1427a30–38) und Menander (*apud* Stob. *Ecl. Phys.* 2,8,7= 2,154 Wachsmuth) den Weg in Kaiserzeit (z.B. Plut. *De sera num. vind.* 3, 349B/C) und Spätantike (z.B. Lib. *Ep.* 400,4, *Ep.* 1320,2 Förster). – In unserem Brief wendet Synesios das zumal bei den attischen Rednern beliebte Stilmittel durchgängig an, so in § 9 (χρήμασιν / σώμασιν, vgl. Lys. *or.* 19,58. 25,4, Dem. *or.* 18,20. 60. 21,145 *et mult. al. loc.*), § 16: καταισχῦναι / κατασιγάσαι, ebd.: δεθήσεται / κρεμήσεται, § 17: ὢν / δοκῶν, ebd.: εἶδε / οἶδεν.

16 Zu συνήθεια, ‚Vertrautheit', das spezifischer ist als das allgemeinere φιλία (s. *LSJ s.v.*) und somit gut zu einer schon länger währenden Bekanntschaft passt, s.o. Anm. 2.

17 Die Formulierung erinnert an Plat. *Gorg.* 480a7 (ἰέναι ἐκεῖσε ... παρὰ τὸν δικαστήν), dass Synesios hier statt der Person (δικαστής ‚Richter') die ‚Gesetze' (νόμοι) selbst eingesetzt hat, an die Personifikation derselben im *Crit.* (ab 50A); s. auch u. S. 160f. – Der *Gorgias* als Bezugstext wird im Folgenden immer wieder aufgenommen, vgl. die Anm. 21. 35–38. 42– 45. 47. 50. 53. 61.

18 ‚Richter' meint den Provinzstatthalter (*praeses*, ἡγεμών), vgl. die unten § 15 imaginierte Anrede κράτιστε τῶν ἡγεμόνων. Vor ihm wurden Mordfälle verhandelt, vgl. *Cod. Theod.* 9,3,6 (Dez. 380) sowie ebd. 9,2,5 (Jan. 409, somit wohl nach unserem Brief), Roques 1989, 171. 187–189 sowie u. S. 216f.; zur Terminologie allgemein Mason 1974 s.v. δικαστής 5 sowie ebd. 144–151 ‚17. ἡγεμών... ', hier: 148f.

19 Die Reihung der von Synesios für den Akt des Flehens gebrauchten Worte ist in ihrem rhetorischen Schwung recht drastisch; die zwar schon klassisch belegte (Isocr. *or.* 4,151), aber dennoch gesuchte Vokabel προκαλινδεῖσθαι (wörtl.: ‚sich vor [jmd.] herumwälzen') hat zunehmend einen negativen Beigeschmack, im Sinne eines Verhaltens, das eines freien Mannes eigentlich unwürdig ist, s. z.B. Greg.Naz. *De filio* (*or.* 30) 14 (προκαλινδούμενον ... καὶ προσπίπτοντα δουλικῶς). Synesios schätzt Komposita von diesem Verb, s.u. *Ep.* 147 § 1 mit der dortigen Anm. 19.

20 Bei den eigenen Kindern zu schwören, ist die gesamte Antike hindurch gebräuchlich, Synesios tut dies auch in *Ep.* 95,56f. Sprachlich am nächsten steht hier wohl Aristoph. *Thesm.* 469 (οὕτως ὀναίμην τῶν τέκνων). Die klassische Formel wird an unserer Stelle durch ‚die heilige Philosophie' erweitert: Damit sind zwei Dinge genannt, die Synesios durchgängig als seine höchsten Werte präsentiert, wobei an unserer Stelle, wie meist, die Philosophie den Vorrang erhält (vgl. die Abstufung durch προσέτι), ähnlich z.B. *Ep.* 10,11–15, wo die Philosophie gleichsam in der philosophischen Lehrerin Hypatia personifiziert ist. Die Betonung von ἐμαυτοῦ ist auffällig, vielleicht im Sinne: Die Philosophie ist ein allgemeines Gut, das man mit anderen teilt, die Kinder ein ganz persönliches. – Dass die Kinder im Plural genannt werden, ergibt den *terminus post quem* für die Datierung, s. o. S. 7.

21 Vgl. zum Gedanken Plat. *Gorg.*: Ein ‚Feind' (*Gorg.* 480e7: ἐχθρός) sollte möglichst unbestraft bleiben, ὅπως μὴ ἀποθανεῖται, ..., ἀλλ' αθάνατος ἔσται πονηρὸς ὤν, εἰ δὲ μή, ὅπως ὡς πλεῖστον χρόνον βιώσεται τοιοῦτος ὤν (ebd. 481a6f.). Dass eine solche Forderung aus dem Mund des Sokrates eine paradoxe Zuspitzung ist, versteht sich von selbst, s. Dalfens 2004, 308f. und Dodds' 1958, 257 („ironical conclusion") Kommentar zur Stelle.

22 Das Wort ἀπόρρητα (‚etwas, von dem man nicht sprechen darf'), eröffnet einen Assoziationshorizont, der im Anschluss in den Gleichnissen vom Färben, Walken und Waschen mit ihren Vorstellungen von Befleckung und Reinheit/-igung (hierzu u. Anm. 73) seinen Nachklang findet. Seit klassischer Zeit begegnet ἄρρητον / ἀπόρρητον im Kontext der (v.a. Eleusinischen) Mysterien, vgl. W. Burkert, *Antike Mysterien* (München [4]2003) 16 mit Anm. 44. Mysteriensprache, ein Sprechen von Initiation und Reinigung als Metaphern philosophischer Erkenntnisprozesse, haben nach dem Vorbild des Meisters im gesamten Platonismus ein reiches Nachleben, vgl. E. Des Places, „Platon et la langue des mystères", *AFLA* 38 (1964) 9–23, J. Pépin, „L'initié et le philosophe", in: S. Matton (Hg.), *La pureté: quête d'absolu au péril de l'humain*, Morales 13 (Paris 1993), 105–130, Chr. Riedweg, *Mysterienterminologie bei Platon, Philon und Clemens von Alexandrien*, Diss. Zürich 1984/5, Untersuchungen zur antiken Literatur und Geschichte 26, (Berlin 1987). Deutlicher als an unserer Stelle stellt sich Synesios in diese Tradition beispielsweise *De ins.* 3,2f. und 6,2 (ausdrücklich: τῆς ἀπορρήτου φιλοσοφίας). – Zum *Lysis-Brief* als möglicher Inspirationsquelle auch in diesem Punkt s.u. Anm. 29.

23 Mit dem ‚Scheinbild' (εἴδωλον) muss die körperlose Seele nach dem Tod gemeint sein. In den Mythen Platons wird dieser Ausdruck nicht gebraucht; Synesios greift hier auf den Sprachgebrauch Homers zurück. Jedoch erinnern manche seiner Ausdrücke (παχύς, εἴδωλον, dazu § 6 Ποιναί, § 6 und 7 κηλίς, § 6 ὀμόργματα) an ein komplizierteres Konzept der Leib-Seele-Verbindung, das er in *De ins.* entwickelt hat. Dort knüpft er an die im Neuplatonismus geläufige Vorstellung an (v.a. an Porphyrios und die chaldäischen Orakel, s. Vollenweider 1985, 155), dass die Seele beim Eingehen in den Körper ein Bindeglied braucht, das den Kontakt mit der Materie vermittelt, ein ‚Seelen-Vehikel' (ὄχημα, *De ins.* 6,3), und das auch als *Pneuma*-Leib beschrieben werden kann. (In der Nachfolge dieses Konzepts stehen neuzeitliche Spekulationen über einen ‚Astralleib'; zur Geschichte des Konzepts R.C. Kissling, „The ΟΧΗΜΑ-ΠΝΕΥΜΑ of the Neo-Platonists and the *De insomniis* of Synesius of Cyrene", *AJPh* 43 (1922) [318–330] 328f., E.R. Dodds (Hg.), Proclus. *The Elements of Theology* (Oxford 1963), 313–321, P. Moraux, „Quinta essentia", *RE* XXIV (1963) [1171–1263], 1251–1256 ‚Das ätherische Vehikel der Seele', Hadot 1978, 181–187, Vollenweider 1989, 184f., Lamoureux / Aujoulat 2004, 231–238.) Nach *De ins.* 6,3 kann dieses *Pneuma* durch schlechte Lebensführung ‚verdickt' und erdhaft werden (παχύνεται ebd. 6,3); durch gute Lebensführung wird es leicht und ätherisch. Auch in *De ins.* 7,2 werden unterschiedliche Zustände dieses *Pneumas* beschrieben: „Dieses seelische Pneuma ... wird zu einem Gott, zu einem *Daimon* von allerlei Art und zu einem Scheinbild (εἴδωλον), und in diesem büßt eine Seele ihre Strafen (τὰς ποινάς ἐν τούτῳ τίνει ψυχή)." Die-

ser Satz kommt der Formulierung an unserer Stelle in *Ep.* 43 nahe. Sein Sinn ist aber nicht leicht eindeutig zu fassen. Die Reihe ‚Gott – *Daimon – eidolon*' rekurriert auf eine Hierarchie von Mittelwesen (ausführlicher in *Hymn.* 5,37–58), die im Platonismus „spätestens seit Kelsos und Porphyrios" (Vollenweider 1985, 134) geläufig ist. Das εἴδωλον ist jedenfalls die niedrigste Stufe, die „forma ‚degenerata' del pneuma stesso", so Susanetti 1992, 127. In diesem Zustand ist es der postmortalen Strafe unterworfen. (Das bestätigt sich bei Porph. *Sent.* 29, Philop. *Comm. in De an. CAG* XV 18; ähnliches ist wohl in den chaldäischen Versen *Or. Chald.* Fr. 158 des Places impliziert, die Synesios *De ins.* 9,1 zitiert.) – An unserer Briefstelle führt Synesios allerdings nicht dieses Konzept eines pneumatischen Vehikels durch, sondern das einfache Leib-Seele-Schema; in der Wortwahl lässt er jenes aber mehrfach durchblicken: ἐν παχεῖ σώματι meint in *Ep.* 43 den materiellen, nicht den pneumatischen Leib, εἴδωλον ist die Seele selbst im Hades, die Ποιναί sind personifiziert. Dass die Seele in *Ep.* 43 § 10 als „nackt" bezeichnet wird, hat ein platonisches Vorbild (s.u. Anm. 42), widerspricht aber dem ‚Vehikel'-Modell. Die „Befleckung" (κηλίς), die hier der Seele insgesamt widerfährt und von einer Person auf die andere übertragen werden kann (§ 18 ἐναπομόργνυμαι), geht in jenem Modell von der Seele auf das ‚Vehikel' über (*De ins.* 7,2). Wenn Synesios, obgleich er „etwas Geheimes" (§ 6) aussprechen will, sich dennoch mit dem populärphilosophischen Modell begnügt, darf man dies vielleicht als Anpassung an das philosophische Niveau des Adressaten verstehen. An einer Vertiefung der Seelenlehre hindert ihn freilich auch die epistolographische Konvention, die von philosophischen Erörterungen im Brief abrät (Dem. *De eloc.* 231: keine Darlegung διαλεκτικῶς, s. a. *Einführung*, S. 17), eine Einschränkung, die zur Zeit des Synesios erst allmählich wieder eine Lockerung erfährt.

24 διάκοσμος begegnet seit Parmenides (28 B 8,60 *DK*) nahezu gleichbedeutend mit διακόσμησις, das jedoch insgesamt der gebräuchlichere Ausdruck ist (s. *PGL s.v.*). διακόσμησις bezeichnet im allgemeinen eher den dynamischen Aspekt des Wortes, den Prozess des ‚Durch-Ordnens' (so auch *De prov.* 1,11,5), während die ‚Ordnung' an unserer Stelle komplexiv-statisch betrachtet und so als Kontrastfolie zur ‚Schattenhaftigkeit' menschlichen Seins gedacht wird; ähnlich z.B. Hierocl. *In Carm. aur.* 1,9,2 Köhler: der λογικὸς διάκοσμος als εἰκὼν ὅλου τοῦ δημιουργοῦ θεοῦ.

25 Hier denkt man, wie die meisten Kommentatoren der Stelle (vgl. Garzya 1979 *app.* 1989,148 Anm. 2, Roques in Garzya / Roques 2000,148 Anm. 13) unwillkürlich an Pindars σκιᾶς ὄναρ ἄνθρωπος (*Pyth.* 8,96f.). Freilich ergibt der *Pythien*-Kontext keine zusätzliche Deutungsnuance.

26 Ποινή (lat. *Poena*), die personifizierte Vergeltung, kennt bereits die attische Tragödie (Aesch. *Choeph.* 947); dargestellt oftmals als weibliches Flügelwesen, bisweilen mit furchteinflößenden Gesichtszügen, begegnet sie sowohl im Singular als auch, wie hier, im Plural (Ποιναί, *Poenae*). Die Strafgöttinnen gehören zur Gefolgschaft der *Dike* und werden oftmals als mit den Erinnyen verwandt gedacht, vgl. C. Lochin, „Poine", *LIMC* VII.1/2 (1994) 422f. / 343. S. a. o. Anm. 23 (zu *De ins.* 7,2) und u. Anm. 67.

27 ἡ φύσις τοῦ κόσμου scheint eine Variation zu ὁ θεῖος διάκοσμος (Anm. 24) zu sein. Der Wortgebrauch ist für Synesios eher ungewöhnlich, bedeutet doch sonst bei ihm κόσμος in den meisten Fällen ausschließlich die sichtbare Welt, s. Seng 1996, 211f.

28 Das griech. δαίμονες καθαρτήριοι evoziert den Kontext der synesianischen Dämonologie; sie spielt in den Briefen insgesamt kaum eine Rolle, sondern begegnet eher in den *Hymnen* und *De prov.* Einen Überblick vermitteln Lacombrade 1951, 114f., Nicolosi 1959, 136–161, Vollenweider 1985, 171–181, Garzya 1985, 232f.

29 Das Walkergleichnis verbindet mehrere Motive, die in der Tradition vorgegeben sind: 1. Das Färbergleichnis: Seelische Prägungen werden als der Vorgang der Färbung eines Stoffes dargestellt; diese soll haltbar (δευσοποιός) und unauswaschbar (ἀνέκπλυτος) sein (zuerst Plat. *Rep.* IV 429d5–e6; vgl. Cic. *Hort.* Fr. 23 Müller, Diog. Laert. IV 10, Burkert 1961, 22; zur Verwendung des Gleichnisses bei den christlichen Autoren

s. E. LAMBERZ, „Zum Verständnis von Basileios' Schrift *Ad adolescentes*", in: W. A. BIENERT / K. SCHÄFERDIEK (Hgg.), *Von Konstantin bis Theodosius*. Beiträge zur Kirchen- und Theologiegeschichte des 4. Jhs, Wilhelm Schneemelcher zum 65. Geburtstag (Stuttgart 1979) [75–95] 87f.). – 2. Das Walken: Ein frisch gewebter Stoff wird mit scharfen, kratzenden Instrumenten aufgerauht und verfilzt. Das geschieht ursprünglich mit dornigen Pflanzen, namentlich der Weberkarde. Das Instrument des Walkers heißt κνάφος (dt. ‚Wollkrämpel, Kardätsche'). Bei Herodot (I 92, dazu Suda *s.v.* und Hesych *s.v.*) heißt so ein Folterinstrument; Platon (*Rep.* X 616A) schildert die Unterweltsstrafe des Ardiaios durch dämonische Folterknechte mit ἐπ' ἀσπαλάθων κνάμπτοντες, „auf Aspalathos [i.e. einer dornigen Pflanze] walken" (zum Handwerklichen s. A. PEKRIDOU-GORECKI, „Walken, Walker", *DNP* 12.2 [2002] 382f. sowie H. BLÜMNER, *Technologie und Terminologie der Gewerbe und Künste bei Griechen und Römern*, Bd. 1 [Leipzig [2]1912, Nachdruck 1969] 170–190). – 3. Das Waschen mit scharfen, auch ätzenden Mitteln. Dies ist ebenfalls eine Berufstätigkeit des Walkers; sie wird bei Platon a.a.O. geschildert: Waschen kann einer gründlichen Färbung nichts anhaben. – Synesios hat die Unterweltsstrafe als Folter des ‚Walkens' (‚2.') aus Platon *Rep.* X aufgegriffen, sie jedoch zu einem Waschvorgang (‚1.' und ‚3.') umgedeutet. Ihm geht es nicht mehr um die Haltbarkeit der Farbe, sondern um die Hartnäckigkeit des Schmutzes. – Die Färbe- und Wasch-Motive finden sich auch in einem der *Pythagoreer-Briefe*, dem sog. *Lysis-Brief* (*Pyth. Ep.* 2 STÄDELE). Synesios kannte diesen Brief, wie *Ep.* 143,13f. zeigt, und sah ihn als autoritativen Text an. Mehrere Wendungen daraus klingen in *Ep.* 43 an: Lysis wirft seinem Adressaten vor, pythagoreische Geheimnisse profaniert zu haben. Um die Lehren des Meisters aufnehmen zu können, bedürfe es eines „langen Zeitraumes" (*Pyth. Ep.* 2,12 STÄDELE ὅσον χρόνου μᾶκος, vgl. *Ep.* 43 § 6 χρόνου πλῆθος), in dem die Adepten damit beschäftigt sind, die Flecken abzuwaschen, „die in unserer Brust eingegraben sind" (ἐν τοῖς στάθεσιν ἁμῶν ἐγκεκολαμμένους, vgl. *Ep.* 43 § 10 ἐγκεκολαμμένον τουπίσημον). Dann folgt eine Adaptation des Färber-Gleichnisses (*Pyth. Ep.* 2,15–19 STÄDELE): „Wie nämlich Färber die Kleider, die gefärbt werden sollen, zuvor reinigen (προεκκαθαράντες ἔστιψαν, vgl. *Ep.* 43 § 10 προκαθαίρει ... μετάνοια) ..., damit sie die Farbe nicht auswaschbar (ἀνέκπλυτον, vgl. *Ep.* 43 § 7 ἀνεκπλύτους κηλῖδας) ... in sich aufsaugen, auf die gleiche Weise bereitete der göttliche Mann [i.e. Pythagoras] die Liebhaber der Philosophie vor" (Übers. STÄDELE 1980). Auch hinter diesem Text steht Plato *Rep.* IV a.a.O. Von den Entsprechungen zu Synesios ist besonders auffallend der Ausdruck ἐγκεκολαμμένος, „eingegraben", weil er in *Ep.* 43 aus dem Bild herauszufallen scheint. Im Ganzen ist gemeinsam, dass der Waschvorgang auf den Schmutz, nicht die Farbe bezogen ist. Der Verfasser des *Lysis-Briefs* hat Platons vage Aussage προπαρασκευάζουσιν οὐκ ὀλίγῃ παρασκευῇ θεραπεύσαντες technisch richtig präzisiert (s. J. ADAM [Hg.], *The Republic of Plato*. With an Introduction by D. A. REES [Cambridge [2]1963, zuerst ebd. 1902, Nachdruck 1969] *ad loc.*, wo erklärt wird, dass mit θεραπεύειν die στύψις gemeint sein muss). Die ‚vorherige Reinigung' setzt der Pythagoreer hinzu, weil sie für ihn zum Erziehungsgang gehört. Bei Synesios ist diese ‚vorherige Reinigung' verschoben: Es ist die Reue, die vor dem jenseitigen Gericht steht (s.a. u. Anm. 44). – All das führt zu der Vermutung, dass Synesios – *pace* STÄDELE 1980,232 (hierzu u. S. 115f. mit Anm. 136) – von dieser Stelle des *Lysis-Briefs* angeregt wurde, aber die Motive frei umgestaltet hat. Man kann dann weiter fragen, ob auch andere Elemente, wie der Anklang an den Mysterienkontext (*Ep.* 43 § 10, s.o. Anm. 22), der durchgängig stark präsente Reinheitsgedanke (§ 10. 12. 17 etc.), die Negativzuschreibung von ‚Sophistentum' (vgl. *Pyth.Ep.* 2,3 mit § 13), der amouröse Touch der Affäre (ebd. 5 γάμοι mit § 15 γάμον), die Gewaltsamkeit der Verhörszene (vgl. ebd. 5 mit § 15f.), sowie das brüske Ende (vgl. ebd. 7 mit § 18 *finis*) unseres Briefs zumindest *auch* durch den *Lysis-Brief* angeregt sind; *Gorgias* und *Lysis-Brief* wären dann miteinander verschränkt, s. u. S. 90–94.

30 Unwillkürlich denkt man auch an das in der antiken Tradition geläufige Sprechen von einem ‚Gewand der Seele', so ROQUES in GARZYA / ROQUES 2000, 148 Anm. 14, der auf A.

Kehl, „Gewand der Seele", *RAC* 10 (1978), 945–1025, verweist. Die Assoziation trifft jedoch das von Synesios verwendete Bild nicht präzise, da die im Folgenden entworfene Analogie (s.u. Anm. 33) die Seele selbst als das von den Walkern zu reinigende Kleidungsstück annimmt, nicht etwa einen Leib o.ä. als ‚Gewand' derselben.

31 Das griech. κηλίς (‚Fleck') evoziert die Bilderwelt der *Chaldäischen Orakel*, vgl. *Or. Chald.* Fr. 196 des Places mit dem dortigen Kommentar, sowie bestimmter Strömungen des (v.a. Neu-)Platonismus, z.B. Porph. *De abst.* 2,46,1 Bouffartigue-Patillon, Procl. *Hymn.* 1,36 (hierzu auch u. Anm. 67), weitere Belege bei Seng 1996, 251 Anm. 354. Synesios benutzt κηλίς gerade in allegorischem Kontext gerne, vgl. neben der Wiederaufnahme im Schlussatz unseres Briefs (*Ep.* 43 § 18 am Ende) *Dion* 9,8, *Hymn.* 1,551–3 sowie *Ep.* 105,49–60, auch dort im Zusammenhang mit der Vorstellung eines ‚Auswaschens' (ebd. 60 ἐκπλύνοντα) der Befleckungen. Inhaltlich besonders nahe steht unserer Stelle *De ins.* 7,2: hier v.a. Z. 17, hierzu Anm. 23.

32 Vgl. zum Gedanken Plat. *Phaed.* 107c6: Wenn mit dem Tod alles zu Ende wäre, wäre das für die Bösen ein Vorteil (wörtl. ἕρμαιον ‚Glücksfund'); auch dort dient diese Feststellung der Paränese, vgl. den Kommentar von Th. Ebert (Hg.), *Platon. Phaidon*, Übersetzung und Kommentar, Platon. Werke I.4 (Göttingen 2004), 411f.

33 Mit λόγον ἔχει greift Synesios ein bei Platon häufiges Denkschema auf, die Verhältnisgleichung (griech.: ἀναλογία) a : b = c : d; hierzu M. Berger, *Proportion bei Platon*, AKAN-Einzelschriften 4 (Trier 2008), 74f., ebd. 75 Anm. 205 die Belege für ἀναλογία. Hier: ‚Verfehlungen' : ‚Verschmutzungen' = ‚Seele' : ‚Kleidungsstück'. Aber die Analogie geht nicht glatt auf, weil die Seele die das Bild ‚störende' Eigenschaft der Unsterblichkeit hat.

34 Schon Platon verwendet ἀνέκπλυτος in metaphorischer Bedeutung in *Tim.* 26c3 (dort von der mittels Enkaustik fixierten Farbe eines Bildes). Das Wort begegnet erst wieder bei Philon (*Spec.* 3,89,3. 4,164,1), bis es dann durch die Rezeption der *Timaios*-Stelle, zumal in den Kommentaren der Neuplatoniker (z.B. Porphyr. *Comm. In Tim.* 1,25,9, Procl. *Comm. In Tim.* 1,194,12. 195,11) wieder an Präsenz gewinnt. Zum Kontext des Bildes s.a. oben Anm. 29.

35 Synesios setzt hier die in § 5 begonnene Linie der *Gorgias*-Anspielungen fort, vgl. hier Plat. *Gorg.* 476A–478B.

36 Vgl. zur Formulierung Plat. *Gorg.* 524a8: ἃ ἐγὼ ἀκήκοὼς πιστεύω ἀληθῆ εἶναι.

37 Vgl. zu ἰάσιμος wiederum Plat. *Gorg.*, hier 525b6, 526b8 sowie *Phaed.* 113e6. Medizinische Bilder begegnen bei Platon oft und wirken (auch) von dort in die gesamte nachfolgende philosophische Literatur, s. P. Cordes, *Iatros. Das Bild des Arztes in der griechischen Literatur von Homer bis Aristoteles*, Palingenesia 39 (Stuttgart 1994), 153–169.

38 Synesios denkt an einen Unterweltsrichter, wie er etwa auch Plat. *Gorg.* 524d8–525a7 erwähnt wird; zur dortigen Vorstellung eines Gerichts über die Toten s. Dodds 1958, 373–375 sowie u. S. 160f.

39 Mit αἰδέσιμος greift Synesios auf das alte attische Rechtsinstitut der αἴδεσις zurück (s. Lipsius 1905–15, 604. 610), das Platon auch in seine *Nomoi* (IX 869a) aufgenommen hat. Im Mythos des *Phaidon* (107D–114C) ist eine Unterwelts-Szene zwischen Tätern und Opfern ausgemalt, wo solche Begnadigung gegeben oder verweigert wird. Hierauf bezieht sich Synesios, das ‚Verlängern oder Verkürzen der Strafe' in § 8 entspricht genau der *Phaidon*-Szene. Man könnte also sagen, dass mit der hier angeführten „Überlieferung, der ich Glauben schenke" eben der *Phaidon* gemeint ist, vgl. hierzu Görgemanns 1988, 44–47 sowie u. S. 161.

40 Die griech. Formulierung ἑαυτὸν τετιμώρηται erinnert an den Komödientitel des Menander / Terenz: *Heauton timorumenos*.

41 Der ‚Genuss' von σώματα (‚Personen', ‚Körper') deutet auf eine sexuelle Komponente des gesamten Falls hin, was dazu passt, dass in § 15 neben dem ‚heillosen Mord' auch von einem ‚verwerflichen Liebesverhältnis' (γάμος καὶ φόνος ἀνόσιος) die Rede ist: Diente der Mord dazu, den Nebenbuhler bei einer Frau aus dem Weg zu räumen? –

Zur möglichen Kontextualisierung des γάμος s.o. Anm. 29, zur rhetorischen Formung o. Anm. 15.

42 Vgl. Plat. *Gorg.* 523e1–6: Die Seele steht nackt vor dem nackten Totenrichter, der „die Seele durch die Seele selbst betrachtet (κριτὴν ... αὐτῇ τῇ ψυχῇ τὴν ψυχὴν θεωροῦντα)" (ebd. e3f.) und an dessen Stelle hier das Mordopfer vorgestellt ist. In *Gorg.* 523D heißt es auch, an der nackten Seele seien alle Fehler und Gebrechen zu sehen, was hier durch ἐγκεκολαμμένον drastisch zu einer Art ‚Schand-Mal' gesteigert ist (zur möglichen Herkunft des Worts aus dem *Lysis-Brief*, s.o. Anm. 29). Die Bezugstexte *Lysis-Brief* und *Gorgias* begegnen hier also in unmittelbarer Engführung.

43 ἰλιγγιᾶν, ‚Schwindel empfinden', begegnet oftmals bei Platon in metaphorischer Bedeutung zur Beschreibung intellektueller Überforderung oder Desorientierung, vgl. Ast *s.v.* – Neben der stilistischen Anleihe kann man auch diese Formulierung unseres Briefs als Fortsetzung der Anspielungslinie auf den *Gorgias* verstehen; dort heißt es nämlich just im Schlussmythos (527a2–6), also ebenfalls in einer Gerichtsszene: ...ἐλθὼν παρὰ τὸν δικαστήν ... χασμήσῃ καὶ ἰλιγγιάσεις ..., καί σε ἴσως τυπτήσει τις καὶ ἐπὶ κόρρης ἀτίμως καὶ πάντως προπηλακιεῖ. Ähnlich zuvor ebd. 486b1–4. S. hierzu auch u. S. 161.

44 προκαθαίρειν ist äußert selten belegt: Außerhalb des medizinischen Fachdiskurses begegnet es zunächst nur auf Papyri (vgl. *LSJ s.v.*) und wird dann erst bei den christlichen Autoren, zumal in der Spätantike, häufiger verwendet (s. *PGL s.v.*). Angesichts dieses Befundes kann man erwägen, ob hier nicht eine Reminiszenz an den *Lysis-Brief* (*Pyth.Ep.* 2,15f. Städele, s.o. Anm. 29) vorliegt; das dort gebrauchte, προ-εκκαθαίρειν ist ebenfalls selten; *Pyth.Ep.* 2 und dann erst wieder Josephos (*Ant.* XVIII 5,2, im Kontext der Taufe durch Johannes: ἅτε δὴ καὶ τῆς ψυχῆς δικαιοσύνῃ προεκκεκαθαρμένης) bieten die frühesten Belege, für weitere s. Städele 1980, 232.

45 Vgl. Plat. *Gorg.* 480c5: μὴ ἀποδειλιᾶν ... εὖ καὶ ἀνδρείως. Roques in Garzya / Roques 2000, 149 Anm. 28 erwägt, den Aufruf zur Tapferkeit als in ironischem Ton gesprochen zu verstehen; will man in dem Johannes dieses Briefs dieselbe Person wie in *Ep.* 104 sehen (s. Roques 1989, 227–230), ist dies zwingend, da dieser Johannes ein Feigling *par excellence* ist; will man auch nur eine Identität der Person mit *Ep.* 52 annehmen, ist dies angesichts des dort geäußerten Abscheus recht wahrscheinlich.

46 Vgl. oben Anm. 18.

47 Vgl. zum Gedanken Plat. *Gorg.* 527b7–c1: καὶ τοῦτο δεύτερον ἀγαθὸν μετὰ τὸ εἶναι δίκαιον, τὸ γίγνεσθαι καὶ κολαζόμενον διδόναι δίκην, eine Passage in unmittelbarer Nähe zur zuvor benutzten, s. Anm. 43.

48 Synesios spielt mit der Etymologie von ἀκόλαστος, das wörtl. ‚nicht gezüchtigt', im Sprachgebrauch ‚zuchtlos, ausschweifend' bedeutet (s. *LSJ s.v.*): Er geht vom Sprachgebrauch aus und schließt daraus, dass das κολάζειν positiv zu bewerten ist.

49 Synesios benutzt hier das durch die Zeiten sprichwörtlich gewordene ‚*contraria contrariis*', das in Abwandlungen bereits bei Platon Verwendung findet (z.B. *Phileb.* 34e3–35a9), s. C.W. Müller, *Gleiches zu Gleichem. Ein Prinzip frühgriechischen Denkens*, Klassisch-philologische Studien 31 (Wiesbaden 1965) 142–145. Die ursprüngliche Herkunft der Wendung aus der Medizin (vgl. Hipp. *De vent.* 5) passt gut zu der durch die *Gorgias*-Übernahmen angeregten Linie medizinischer Formulierungen und Bilder (s. Anm. 37).

50 Man soll nicht nur sich selbst vor Gericht stellen, sondern auch die Nahestehenden, s. Plat. *Gorg.* 480c2, wo im Anschluss (478c6f.) auch der Ärztevergleich folgt.

51 ‚Die Stadt' ist Kyrene; Johannes gehört aller Wahrscheinlichkeit nach wie Synesios zur Führungsschicht. Die Vorstellung, dass ein Mord die ganze Stadt befleckt, kann von klassischen Autoren angeregt sein, z.B. Antiph. *or.* 2 (Tetr.1),1,3, Soph. *OT* 101; s. hierzu D.M. Mac Dowell, *Athenian Homicide Law in the Age of the Orators*, Publications of the Faculty of Arts of the University of Manchester 15 (Manchester 1963) 3f.; Parker,^{2}1996, 104–130. Bei Platon ist die Polis betroffen, wenn ein Täter, ohne gereinigt zu sein, öffentliche Orte betritt (*Leg.* IX 868AB).

52 Die Übersetzung ‚Herz und Hand‘ versucht die rhetorische Prägnanz wiederzugeben, die das griechische καὶ χεῖρα καὶ γνώμην, eine Variation der ἔργον / λόγον-Alternative (s.o. Anm. 4), hat; den Ausdruck kennt bereits die klassische Tragödie (z.B. Eur. *Iph. Aul.* 601), für die zahlreichen Belege, zumal in späterer Prosa, s. Garzya / Roques 2000, 92 Anm. 8.

53 ‚Kinäde‘ (griech. κίναιδος) bezeichnet einen Mann, der beim homosexuellen Verkehr den passiven Part einnimmt, s. Dover 1983, 73f. Die Vokabel ist klassisch selten und gehört dort eher der gepflegt urbanen Ausdrucksweise an. Sexuelle Passivität galt die gesamte Antike hindurch als ‚unmännlich‘ und war in diesem Sinne negativ konnotiert, vgl. etwa Plat. *Gorg.* 494e4, wo ‚das Leben von Kinäden führen‘, ein von jeder Selbstkontrolle losgelöstes Hingegebensein an die ‚Lüste‘ (ἡδοναί) meint. An unserer Stelle bezeichnet Synesios damit die Anhänger der Kotys, die für ihren Transvestitismus bekannt waren, s. die folgende Anm. 54.

54 Kotys (auch: Kotyto, Kotto) ist eine thrako-phrygische Göttin, die mit orgiastischen Riten verehrt wurde, vgl. K. Schwenn, „Kotys (1)“, *RE* XI (1922) 1549–1551, R. L. Gordon, „Kotyto“, *DNP* 6 (1999) 785f. Nicht sicher wissen wir, ob ihr Kult zu Synesios' Zeiten noch lebendig war oder ob er in diesem Punkt völlig aus der Literatur, z.B. der Komödie mit ihrer sexuell aufgeladenen Skoptik (vgl. Eupolis, *Baptai* Fr.* 93 *PCG*), schöpft. Synesios setzt die (nach unserer Kenntnis:) korinthisch-sizilische Kultvariante voraus, die geprägt war von Obszönität und Transvestitismus (vgl. Gordon a.a.O.), siedelt selbst aber die Göttin auf Chios an, s. *Calv.* 21,5 mit Lamoureux / Aujoulat 2004, 87 Anm. 180. Auch in *Calv.* 21,5 ist von einem θιασιώτης der Kotys die Rede, ein Geheimbund wird angedeutet; der Gegensatz von heimlichem und öffentlichem Tun entspricht den hinterlistigen Praktiken an unserer Stelle. Als Kennzeichen gelten lange Haare (wie sie auch der Johannes von *Ep.* 104 hat), verbunden mit dem Sprichwort οὐδεὶς κομήτης ..., das auch in *Ep.* 104 § 1 steht. Sollte Synesios ironisch die hypothetischen Feinde des Johannes mit Zügen ausstatten, die er ihm anderswo selbst zuschreibt? – Die Anhänger der Göttin begegnen ähnlich auch in *Ep.* 45,9f.

55 Der Kampf gegen ‚unsichtbare Ankläger‘, welche die öffentliche Meinung negativ beeinflussen, erinnert an Plat. *Apol.* 18B.

56 Die Vorgänge werden nur angedeutet, s.o. Anm. 41.

57 Die Person ist uns nicht identifizierbar, s.o. Anm. 11.

58 Mit κάθετον wird die Beschuldigung des Anfangs wörtlich wieder aufgenommen, s.o. § 2 καθεὶς mit Anm. 10.

59 Gemeint ist der Provinzstatthalter, s.o. 18 sowie den Fortgang des Textes.

60 ποιήσασθαι ist eindeutig überliefert, aber sprachlich nicht recht klar; wir setzen es deshalb in *cruces* und übersetzen nach dem Gesamtsinn der Stelle.

61 Jagdmetaphern sind bei Platon insgesamt häufig, u.a. auch in Verbindung mit ‚Wahrheit‘, vgl. z.B. *Gorg.* 482e4 (τὴν ἀλήθειαν διώκειν), *Phaedr.* 262c2 (ὁ τὴν ἀλήθειαν μὴ εἰδώς, δόξας δὲ τεθηρευκώς); zu ihrer Interpretation Louis 1945, 53f. 214f. sowie speziell C. J. Classen, *Untersuchungen zu Platons Jagdbildern*, Deutsche Akademie der Wissenschaften zu Berlin. Schriften der Sektion für Altertumswissenschaften 15 (Berlin 1960).

62 βάσανος ist der *terminus technicus* für ‚Folter‘ bzw. ein Verhör unter Folter, vgl. Gaudemet [2]1982, 27, Schiemann 1998. Das klassische attische Recht, an das Synesios hier offenbar denkt, schützte Bürger vor Folter; bei Verbrechen gegen den Staat und Kapitalverbrechen kam „zur Erzwingung eines Geständnisses bei ... Handlungen von Mittätern [*sc.* die Folter] auch als Mittel der Überführung anderer Täter in Betracht“ (Schiemann1998, 585). Ein Folterverhör von Sklaven war nur mit Einwilligung des Herrn erlaubt, vgl. Lipsius 1905–15, 604. 610. Den letztgenannten Kontext setzt Synesios an unserer Stelle wohl voraus (Johannes solle Spatalos ausliefern, als ob er sein Sklave wäre), obwohl zu seiner Zeit die rechtliche Lage sich dahingehend verändert hatte, dass das Folterverbot längst nicht mehr seine volle Gültigkeit hatte und sogar

Kurialen körperlicher Exekution ausgesetzt werden konnten, s. J.-M. Carrié, „Le gouverneur romain à l'epoque tardive. Les directions possibles de l'enquête", *Antiquité Tardive* 6 (1998) [17–30] 27f. Auch vor dem Hintergrund der zeitgenössischen Praxis ist es somit eher zweifelhaft (vgl. o. Anm. 39), wenn auch nicht völlig auszuschließen (s. u. S. 217), dass Spatalos tatsächlich Johannes' Untergebener war.

63 Die Übersetzung ,gnädig' berücksichtigt den Umstand, dass das griech. φιλάνθρωπος auf die Herrschertugend der φιλανθρωπία verweist. Sie gewinnt, zumal in der Spätantike, zunehmend an Bedeutung, s. G. Downey, „Philanthropia in Religion and Statecraft in the 4th century after Christ", *Historia* 7 (1955) 199–208, J. Kabiersch, *Untersuchungen zum Begriff der Philanthropia bei dem Kaiser Julian*, Wiesbaden 1960, H. Hunger, „Φιλανθρωπία. Eine griechische Wortprägung auf Ihrem Wege von Aischylos bis Theodoros Metochites", Anzeiger der Österreichischen Akademie der Wissenschaften, Philosophisch-Historische Klasse (1963) 1–20, O. Hiltbrunner, „Humanitas (φιλανθρωπία)", *RAC* 16 (1994) [711–751] 721, F. Kolb, *Herrscherideologie in der Spätantike*, Studienbücher Geschichte und Kultur der Alten Welt, (Berlin 2001), 123. 126, Demandt ^{2}2007, 129. 267.

64 Das griech. τρυφᾶν (wörtl.: ,sich der Schwelgerei ergeben', hier etwa: ,sich's gut gehen lassen') korrespondiert mit den Konnotationen des Namens ,Spatalos' (s.o. Anm. 11) und ist von Synesios sicherlich bewusst gesetzt; Roques in Garzya / Roques 2000, 150 Anm. 45 erwägt dementsprechend, ob es sich um ein Indiz dafür handle, dass wir es nicht mit einem echten Individualnamen zu tun haben.

65 Zu den Einzelheiten der Folter vgl. J. Vergote, „Folterwerkzeuge", *RAC* 8 (1972) 112–141 sowie u. S. 217 mit der dortigen Anm 44. Die von Synesios benutzten Ausdrücke deuten auf die in Rom gebräuchlichen Werkzeuge ,Streckpferd' (*eculeus*), Seil (*fidicula*) und Kralle (*ungula*), hierzu Schiemann 1998, Vergote a.a.O. 133f., deren Anwendung beispielsweise in Prudent. *Perist.* (10, 109f. *eviscerandum eculeo pendere et uncis vinculisque crescere*) oder dem *Cod. Theod.* (9,12,1 *ferarum vestigiis* [*i.e. ungulis*] *latera persecando* [= griech. διορυγήσεται]) beschrieben werden.

66 Der Vergleich wird einleuchtend, wenn man von dem (nicht ausgesprochenen) Wort ἀνάγκη ausgeht; es kann sowohl physischen als auch logischen Zwang bedeuten, s. *LSJ s. v.*

67 Die Vorstellung von einem ,Auge der Dike' (vgl. den Fortgang des Textes) ist alt und hat ihren Ursprung wohl in Hesiods Sprechen von einer personifizierten *Dike* und ihrem „weithin sehenden Vater Zeus" (*Op.* 239. 256); zu den verschiedenen Spielarten der Personifikation s. H.A. Shapiro, „Dike", *LIMC* III.1 388–391. III.2 280f. Bereits in der Lyrik geht ,das Auge' auf *Dike* selbst über (vgl. Solon *Fr.* 4,15f. West), so dass die Vorstellung über die klassische Tragödie (Eur. *El.* 771) und Komödie (Diph. *Spuria* 136 [Philem. fr. 246 K.],5 *PCG*) zu einer allgemeinen Redensart wird (z.B. Polyb. XXIII 10,3: κατὰ τὴν παροιμίαν ... Δίκης ὀφθαλμός); von den zahlreichen spätantiken Vergleichsstellen steht unserem Kontext Procl. *Hymn.* 1, 37f. besonders nahe: Proklos bittet dort seinen Gott, dass er „das schnelle Auge der *Dike* (θοὸν ὄμμα Δίκης), die alles sieht" besänftigen möge und ihn so vor den *Poinai* (38: Ποινῶν δ' ἀπάνευθε φυλάσσοις) erretten.

68 Zum ,Auge der Dike' s. die vorhergehende Anm. 67.

69 Der Passus mit θροῦν passt schlecht in den Ablauf des Satzes; da der gesamte folgende Abschnitt in der Überlieferung gestört ist (s. die *app.crit.* bei Garzya 1979. 2000, ausführlicher Fritz 1898, 206f.) setzen wir *cruces* und übersetzen gemäß dem Gesamtsinn der Passage.

70 Die Personifikation der *Dike* (o. Anm. 68) wird fortgeführt, der zweite Teil des paronomastischen εἶδέ τε καὶ οἶδεν aus § 17 wird wörtlich aufgegriffen, weswegen οἶδα (die Lesart eines *Parisinus*, vgl. im *app.crit.* bei Garzya 1979: οἶδ' in A v), das Fritz 1898, 207 vorzog, zurückzuweisen ist. Die Vorstellung von der ,wissenden *Dike*' begegnet auch in *Ep.* 52 § 1.

71 Überliefert ist συ (s. *app. crit.* Garzya / Roques 2000: *codd.*); wir übernehmen mit Garzya als Konjektur von Fritz 1898 den Dativ σοι.

72 Auch hier übernehmen wir mit Garzya die Konjektur von Fritz 1898 (ἂν ἀπολόγητος) gegen die handschriftliche Überlieferung (s. *app.crit.* Garzya 1979, Garzya / Roques 2000: ἀναπολόγητος *codd.*, *praeter* Va qui ἂν ἀναπ-).

73 Synesios greift alte Vorstellungen von Befleckung (μίασμα) und Reinhaltung (ἁγνεία) auf, vgl. Parker ^{2}1996, A. Bendlin, „Reinheit/Unreinheit", *HrwG* 4, 412–416. Ähnliche Reinheitsregeln gegenüber einem Mörder, namentlich Verwandtenmörder bei Plat. *Leg.* IX 868D/E (e4: μηδὲ ὁμοτράπεζος γιγνέσθω). Synesios gebraucht die Formel οὔτε ἐμβαλοῦμεν αὐτῷ δεξιὰν οὔτε ἀπὸ τῆς αὐτῆς ποτε σιτησόμεθα auch *Ep.* 42,83f. bei der Exkommunikation des Andronikos. Es besteht also eine gewisse Verwandtschaft mit der christlichen Aufhebung der *communio*, bei der vor allem vom gemeinsamen Abendmahl ausgeschlossen wird; insgesamt aber ist der gesamte Reinheitskomplex altgriechisch, so Lacombrade 1951, 247, vgl. Soph. *OT* 236–242. Auch die Vorstellung vom ‚Rachegeist' (ἀλάστωρ) ist klassisch, s. Parker a.a.O. 108f., Fraenkel (Ed. Fraenkel, *Aeschylus. Agamemnon*, Oxford 1950) zu Aesch. *Ag.* 1501. Außer an die Tragiker ist an den Rhetor Antiphon zu denken (hierzu Görgemanns 1988), s. Antiphon, *or.* 5,11: ἐν μὴ ὁμωρόφιος γίγνεται τῷ αὐθέντῃ, ebd. 82 vom συμπλεῖν; er benutzt anstelle von ἀλάστωρ den Begriff προστρόπαιος.

Ep. 2

1 Zur Adressatenfrage s. o. *Einführung*, S. 22–24 sowie im Beitrag von B. Bleckmann Abschnitt 2, S. 211–215. – *Ep.* 2 sowie die folgenden *Epp.* 63 und 64 sind so kurz, dass sie für sich genommen nicht datierbar sind. Roques (vgl. *Einführung*, S. 3 Anm. 1) setzt unseren sowie die beiden folgenden kurzen Briefe in den Kontext der Geschehnisse von *Ep.* 43 und datiert dem entsprechend zeitgleich mit *Ep.* 43, i.e. auf das zweite Drittel 407 (1989, 227–230, Garzya / Roques 2000, 84 Anm. 1). Garyza 1989, 68 Anm. 1 vermutet ebenfalls einen Zusammenhang zwischen den genannten Briefen, verzichtet aber auf eine Datierung. – Vergleichbares gilt für Aussagen über Absende- bzw. Empfangsort: Wenn Roques' a. a. O. Hypothese zutrifft, befinden sich beide Briefpartner wohl in (der Gegend von?) Kyrene.

2 Die Formulierung ist rhetorisch pointiert: Äußerste Kürze (mit Ellipse der Kopula), Paronomasie in anaphorischer Stellung, paradoxes Spiel mit antithetischen Begriffen; die zwei Satzglieder bilden ein Isokolon (4+3 Silben / 4+3 Silben). Dass Synesios den Satz aus einer Quelle übernommen hätte (Roques in Garzya / Roques 2000, 85 Anm. 3 erwägt eine Erinnerung an Plat. *Crit.*) ist unwahrscheinlich. Das Motiv der ‚Gesetzesfurcht' sowie die Diskussion um das Verhältnis von Unterordnung unter das Gesetz *vs.* Freiheit sind alt und begegnen beispielsweise bereits im Demaratos-Gespräch bei Herodot (VII 104,4 ἐλεύθεροί εἰσιν ... δεσπότης νόμος ...), in Aesch. *Eum.* 696 oder Plat. *Phaedr.* 231E. Entsprechend gehören derartige Sentenzen in den Bereich volkstümlicher Spruchweisheit, vgl. z.B. *Gnom. Vat.* Nr. 507, wo auf die Frage, was das Gesetz sei, Solon antwortet: τῶν μὲν δειλῶν φόβος, τῶν δὲ τολμηρῶν κόλασις („Grund zur Furcht für die Feigen, Strafe für die Dreisten"); für eine Fülle weiterer Vergleichsstellen s. H.R. Balz, φοβέω κτλ., *ThWbNT* 9 (1973) [186–194] 190. Synesios gibt dem konventionellen Motiv eine überraschende, originelle Wendung. Der Stolz auf die elegante Formulierung erklärt die Aufnahme dieses Kurzsatzes (und anderer von vergleichbarem Charakter) in unsere Sammlung.

3 Den in den beiden ersten Sätzen umrissenen Themenkomplex ‚Furcht – Scham, furchtsam zu erscheinen' kann man, ebenso wie die Grundkonstellation ‚Johannes, umringt von Feinden' möglicherweise in Beziehung setzen zu ‚Johannes, dem Feigling', s. *Einführung*, S. 31–33. – Dem Johannes unseres Briefs wird ‚Furchtlosigkeit' gegenüber

den Gesetzen zugeschrieben, motiviert durch ein (verkehrtes) Ehrgefühl (ᾐσχύνθης). Das ist eine ironische Umschreibung der Tatsache, dass er keinerlei Respekt vor den Gesetzen hat.

4 Zur Gerichtsbarkeit durch die Provinzstatthalter vgl. o. Anm. 18 zu *Ep.* 43.

5 Die Klage über bestechliche Richter beginnt bereits mit Hesiods ‚gabenfressenden Königen' (*Op.* 38f.), erhält aber in der Kaiserzeit neue Brisanz: Mit der richterlichen Kompetenz der durch ihre Karrieren in den Kernlanden finanziell oft arg beanspruchten Statthalter gewann das alte Motiv neue, prägnante Bedeutung. An unserer Stelle gibt Synesios dem ansich trivialen Motiv eine originelle Wendung, indem er gleichsam eine ‚Konkurrenz der Bieter' imaginiert. Unzufriedenheit mit den Statthaltern äußert Synesios mehrfach, so z.B. *De reg.* 27,1–5, *De prov.* 1,17,1–18,8 Die Briefe zeigen ihn in heftigem Konflikt mit dem *praeses* Andronikos (*Epp.* 41. 42. 72. 73. 79), hierzu Garzya 1986, Roques 1987, 195–201, u. den Beitrag von Bleckmann, S. 217 und den von Tanaseanu-Döbler, S. 140–146; zu vergleichbaren Fällen Petit 1955, 258–260. 292.

Ep. 63

1 Zur Adressatenfrage s. o. *Einführung*, S. 22–24 sowie im Beitrag von Bleckmann, S. 211–215. – *Epp.* 63 und 64 sind so kurz, dass sie für sich genommen nicht datierbar sind. Seeck 1893, 478f. vermutete, dass die beiden Sätze, die heute unsere *Epp.* 63 und 64 bilden, ursprünglich ein und demselben längeren Schreiben angehörten (s. Anm. 2 zu *Ep.* 64). Roques in Garzya / Roques 2000, 172 Anm. 3 hingegen hält es für möglich, dass auch die Einzelsätze, gleichsam als prägnanter Kommentar zu einer bestimmten Situation, alleine verschickt wurden. Hierzu sowie zur Problematik der ‚Kürzest'-Briefe allgemein s. o. S. 20 mit Anm. 101. Roques a.a.O. setzt *Epp.* 63 und 64 unmittelbar in den Kontext der Ereignisse von *Ep.* 43 und datiert dem entsprechend auf das zweite Drittel 407 (für *Ep.* 63: Roques 1989, 230. 2000 (Garzya / Roques), 172 Anm. 1). Garzya 1989, 59 vermutet ebenfalls einen Zusammenhang der Briefe, verzichtet aber auf eine explizite Datierung. – Vergleichbares gilt wiederum für Absende- bzw. Empfangsort von *Epp.* 63 und 64: Wenn Roques' Hypothese zutrifft, befinden sich beide Briefpartner wohl in (der Gegend von?) Kyrene.

2 Der Satz brilliert in seiner Formulierung: Χρῆσθαι δεῖ und οὐ καταχρῆσθαι bilden eine paronomastisch gefasste (‚gebrauchen' / ‚missbrauchen') antithetische Klammer; die je zwei Wörter errichten so ein Spannungsfeld, in dem ταῖς τῶν δυνατῶν φιλίαις mit seiner geschlossenen Wortstellung und seinem syntaktischen Doppelbezug auf Anfang und Ende des Satzes gleichsam schwebt.

Ep. 64

1 Zur Adressatenfrage s. o. *Einführung*, S. 22–24 sowie im Beitrag von Bleckmann, Abschnitt 2, S. 211–215. – Roques 1989, 230. 2000 (Garzya / Roques), 173 Anm.1 datiert auf zweites Drittel 407, vgl. aber zur Problematik der Datierung und der Begleitumstände derart kurzer Schreiben die Anm. 1 zu *Ep.* 63.

2 Das Folgende legt nahe, dass man mit diesem ‚Verlangen' in Konkurrenz zu anderen steht, z.B. indem man sich bei einer übergeordneten Autorität um ein Amt oder ein Privileg bewirbt. Dann könnte der Satz in den Kontext von *Ep.* 63 gehören, wie schon Seeck 1893, 478f. vermutete: Der ‚Missbrauch' von *Ep.* 63 bestünde darin, von dem Freund besondere Vergünstigungen zu verlangen. Wenn dies die Pointe ist, ist ein Zusammenhang mit dem Mordfall von *Ep.* 43 nicht naheliegend.

3 Auch hier ist es wiederum eher die im Dt. nicht abbildbare stilistische Formung als der bloße Inhalt, der den Satz bemerkenswert macht: Zwei Parisapaare mit wachsenden Gliedern und jeweils sechssilbigem ersten Kolon (6+8 und 6+7 Silben) gliedern den

Satz in zwei Hälften (μὴ ... θάτερον und ἢ ... λυπῇ) und bilden gleichzeitig die wiederum zweigliedrige inhaltliche Struktur der beiden Satzhälften ab. Die zweite Hälfte bildet einen antithetischen Parallelismus mit zwei Gleichklängen: τυγχάνων / μὴ τυγχάνων, λυπῆς / λυπῇ (Aktiv und Medium). Mit der vorangestellten Satzapposition δυοῖν θάτερον werden die zwei Alternativen in prägnanter Kürze verklammert.

Ep. 52

1 Zu Euoptios, dem Bruder des Synesios, vgl. o. S. 5. Roques 1989, 172f. 2000 (Garzya / Roques), 157 Anm. 1 datiert vor allem wegen der unmittelbaren inhaltlichen Nähe zu *Ep.* 43 sowie auf Grundlage von § 3 (s.u. Anm. 15) auf das zweite Drittel 407. Wo sich die beiden Briefpartner befinden, lässt er offen, vermutet aber, Synesios schreibe von Phykus (dem Hafen von Kyrene) nach Phykus oder Ptolemais. Garzya 1979, 91 und 1989, 164f. setzt den Brief entsprechend seiner Datierung von *Ep.* 43 in das Jahr 408, nimmt aber an, dass „*fortasse*" Euoptios sich in Alexandria, Synesios in Ptolemais befinde.

2 Dass es sich hier um dieselbe Person handelt wie in *Ep.* 43, ist durch den Rekurs auf den Mord und den Namen des Bruders im Anschluss eindeutig; zu den Unterschieden in der Haltung des Synesios s. o. S. 27 sowie u. S. 215 mit Anm. 35.

3 Zu Aimilios, dem Bruder des Johannes vgl. oben Anm. 8 zu *Ep.* 43, zu dem Mordfall insgesamt s. auch o. S. 25.

4 οἱ πολιτευόμενοι bezeichnet, ebenso wie οἱ πολῖται, in der Spätantike oftmals prägnant Angehörige des Kurialenstandes, Belege bei Roques 1987, 133 unter Verweis auf Petit 1955, 25–32. 63, s. a. u. S. 215f.

5 Dieselbe Personifikation der Gerechtigkeit als Göttin findet sich in *Ep.* 43 § 17, s. die dortige Anm. 67.

6 Im Schlusssatz von *Ep.* 43 droht Synesios dem Johannes lediglich für den Fall, dass er sich *nicht* den Gerichten stelle, den völligen Abbruch jeder Beziehung an. An unserer Stelle wird ein solcher Kontaktabbruch unabhängig davon, wie Johannes sich entscheidet, vorweggenommen und auf seine ‚Feinde', also einen großen Teil der Schicht, der Synesios selbst angehört, ausgeweitet. Dies wirft ein bezeichnendes Licht auf den hohen Stilisierungsgrad der Sprecherrolle von *Ep.* 43. – Der griech. Ausdruck ἀποτροπιάζεσθαι meint eigentlich ‚ein drohendes Unheil abwenden durch religiöses Ritual, etwa Anrufung von θεοὶ ἀποτρόπαιοι (‚apotropäischen Göttern')', vgl. Aesch. *Pers.* 203 mit dem Scholion und dem Kommentar von H. D. Broadhead (Hg.), *The Persae of Aeschylus* (Oxford 1960) 82. – Synesios gebraucht das Wort in einem säkularisierten Sinn, vgl. *Ep.* 5,47: ἀπεπειρᾶτο τῆς Σκύλλης ἣν ἐν τοῖς γραμματείοις ἀποτροπιαζόμεθα: „er [*sc.* der Kapitän] versuchte, es mit der Skylla aufzunehmen, (deren Gefahren) wir (schon) in der Schule zu fürchten und zu meiden lernen". Wie sich in *Ep.* 5 aus dem Folgenden ergibt, sind drohende Klippen gemeint, deren allegorische Ineinssetzung mit dem Monstrum Skylla man aus der Homer-Lektüre kannte. Im Deutschen entspricht dem etwa der Ausdruck ‚vor etwas drei Kreuze schlagen' im Sinne von ‚nichts damit zu tun haben wollen'. Für unsere Stelle in *Ep.* 52 bedeutet dies: Sowohl Johannes als auch seine Gegner sind so unheimlich-bedrohlich, dass man besser jeden Verkehr mit ihnen vermeidet.

7 Synesios benutzt hier mit ἑταίρησις einen Begriff des attischen Rechts klassischer Zeit: Ein athenischer Bürger, der sich als Jugendlicher homosexuell prostituierte, d.h. gegen Geld die passive Rolle übernahm, war von Ämtern und vom Auftreten in der Volksversammlung ausgeschlossen. Bei Zuwiderhandlung konnte gegen ihn eine γραφὴ ἑταιρήσεως (Anklage wegen Prostitution) angestrengt werden, vgl. Lipsius 1905–1915, 436f., Dover 1978, 20. 27 u.ö. – Bei Synesios klingt es entgegen der historischen Tatsachen so, als ob Prostitution an sich strafbar wäre. Diesen Eindruck vermit-

teln bereits einige Passagen bei Aischines (*or.* 1, 72. 87), unserer und vielleicht auch Synesios' Hauptquelle für dieses Delikt.

8 Aias, der Sohn des Telamon, ist die gesamte Antike hindurch das Urbild des männlichen Kriegerhelden: Bei Homer ist er nach Achill der tapferste der vor Troja kämpfenden Griechen. Seine Schönheit ist von nahezu überdeterminierter Maskulinität: Riesig wie der Kriegsgott selbst überragt er die anderen Griechen um Haupt und Schultern, handelt und spricht männlich-herb; charakteristisch ist seine kurze, energische Rede in der Gesandtschaft an Achill (*Il.* IX 622–642); für weitere Belege und Darstellungen Roscher I.1 115–131, O. Touchefeu, „Aias I", *LIMC* I.1 312–336, I.2 232–252. Sich diesen Aias in der als ‚weibisch' verstandenen Rolle homosexueller Passivität vorzustellen, muss dem antiken Betrachter höchst lächerlich erscheinen.

9 Da vor und nach der Nennung des ‚Alexandros' mythische Figuren angeführt werden, ist dem Verständnis des Scholiasten der Briefe zu folgen und hier an Paris, den Sohn des Priamos, zu denken. Dafür spricht auch *Calv.* 21,4: Der hier genannte ‚Alexandros' ist durch den Kontext (a.a.O. 21,1–3) eindeutig als der homerische Paris zu identifizieren und begegnet zwar nicht selbst als ‚käuflich', figuriert aber als ein Urbeispiel unzüchtigen Verhaltens (hier: ‚Ehebruch'), das nur noch durch Prostitution übertroffen werde; der Kontext ist somit unserer Stelle vergleichbar. Die von Garzya 1989, 164f. Anm. 4 und Roques in Garzya / Roques 2000, 158 Anm. 6 erwogene Alternative, dass auf Alexander den Großen und Hephaistion angespielt werde, ist deswegen unwahrscheinlich; auch spricht dagegen, dass in dieser Beziehung stets (vgl. die Stellen bei Garzya bzw. Roques a.a.O.) Hephaistion als παιδικά (‚Liebling', i.e. passiver Teil) bezeichnet wird. Dass man sich Paris weit eher als Aias in dieser Rolle vorstellen kann, ist unmittelbar einleuchtend: In der *Ilias* spielt Paris teilweise eine unrühmliche Rolle, zaudert, muss sich von Aphrodite retten lassen (v.a. *Il.* III 325–382) und wird öffentlich ein Feigling genannt (*Il.* XI 385. XII 769); folgerichtig hat er Helena nicht durch explizit männliche Eigenschaften, sondern durch Schönheit und Luxus bezaubert (ebd. III 392) etc. In der darstellenden Kunst sieht man ihn zunächst vor allem als einfachen Hirten, dann aber bald in phrygischer Tracht, s. Roscher III 1580–1638, R. Hampe, „Alexandros", *LIMC* I.1 [495–529] 498f., I.2 374–396, A. Kossatz-Deissmann, „Paridis iudicium", *LIMC* VII.1 176–188, VII.2 105–127. Letzteres lässt einen an den Johannes von *Ep.* 104 denken, den Synesios als ‚Phryger' beschimpft, s.o. *Ep.* 104 § 4 mit Anm. 16.

10 Odysseus gilt schon bei Homer als πολύτροπος (etwa: ‚vielverschlagen', *Od.* I 1. X 330) und πολύμητις (‚vielklug', *Il.* I 131 u.ö.), zu weiteren Aspekten s. Roscher III 602–681, G. Camporeale, „Odysseus", *LIMC* VI.1 943–983, VI.2 624–652. In der *Odyssee* hilft er sich immer wieder durch Lügengeschichten aus schwierigen Lagen. Eine solche lässt ihn auch Synesios in *Ep.* 121 erzählen; für seine Verwendung der Figur ist bezeichnend, dass er eine Version wählt, in der Odysseus durchschaut wird. – Sisyphos ist, ebenfalls bereits seit Homer (*Il.* VI 153 κέρδιστος ἀνδρῶν), Inbegriff verschlagener Schläue, zur Tradition s. Roscher IV 958–972, J.H. Oakley, „Sisyphos I", *LIMC* VII.1 781–787, VII.2 564–568. Synesios benutzt den Namen auch sonst als Synonym für hinterlistige Machenschaften, s. *Ep.* 121,30, *Ep.* 127,18. – Für die Zusammenstellung von Sisyphos und Odysseus genügt wohl, dass sie als die beiden berühmtesten ‚trickster-heroes' gelten können. Dies hat vermutlich auch zu der (bei Makarios Chrysostomos 6,20: *CPG* II, 191 bezeugten) Redensart Ὀδυσσεὺς Σισύφῳ συνῆλθεν, etwa: ‚da hat Odysseus Sisyphos getroffen' im Sinne von: ‚der Gipfel an Gerissenheit', geführt (Garzya 1989, 165 Anm. 5, Garzya / Roques 2000, 158 Anm. 7).

11 Wieder bedient sich Synesios der Paronomasie (ἀτυχῶ λίαν εὐτυχῶ), wie wir es bereits aus *Ep.* 43 (s. die dortige Anm. 15) kennen; zahlreiche weitere Stellen ließen sich anführen, so etwa *Ep.* 95,18 (εὐτυχεῖς γὰρ ἐν ἀτυχοῦσιν, ἐγὼ δὲ τῇ πόλει συνατυχῶ), *Ep.* 50,3f. etc. – Auch in unserem Brief führt Synesios die pointierte Rhetorisierung vor allem durch Paronomasien und Antithesen bis zum Briefende weiter fort, s. noch in §

3, ξένος ἐν ξένοις sowie τρόπος ... πρὸ τοῦ τόπου, οὐκ εὐκαίρως ... εὐκαίρως (ebd.), § 4 πενία als κέρδος in paradoxaler Zuspitzung.

12 Das griech. πολῖται kann prägnant auf Kurialen verweisen, s.o. Anm. 4.

13 Johannes gehört zu den ‚Freunden'. Die Pointe: Feinde zu ‚verlieren' ist selbstverständlich kein Gewinn; paradoxerweise ist es hier aber gerade ein Gewinn, einen ‚Freund' wie Johannes zu verlieren.

14 Die Übersetzung versucht das griech. διατετειχίσθω möglichst genau widerzugeben: Das Wort ist drastisch und bezeichnet, zumal im resultativen Perfekt, eine totale und endgültige Trennung, vgl. *LSJ* und *PGL s.v.* sowie für vergleichbare Komposita *Ep.* 79,58 (ἐπιτειχίζω), *De dono* 3,5 (ἀποτειχίζειν), beidemale von der Befestigung von Dekeleia.

15 Synesios hielt sich also nicht in Kyrene auf; nach *Ep.* 43 § 12 scheint er von dort abgereist zu sein, bevor die Affäre um Johannes ruchbar wurde. Sein leidenschaftlicher Ausbruch deutet die Absicht an, für immer von Kyrene fern zu bleiben. Unklar ist aber, wo er sich jetzt befindet. Lacombrade 1951a, 207 hielt Ptolemais für den naheliegenden Ort für ein solches Exil; dagegen wendet Roques in Garzya / Roques 2000, 159 Anm. 12 ein, der Ausdruck ξένος ἐν ξένοις müsse bedeuten „außerhalb der Pentapolis" („hors de Pentapole"). Er sieht deshalb Alexandria als Ziel an, so dass der Brief in der Hafenstadt Phykus geschrieben sein könnte (wo Synesios dann auf eine Schiffsgelegenheit gewartet hätte). Nun hat aber Braunert 1964 gezeigt, dass ξένος für ‚Ortsfremde' ganz allgemein gebraucht wird (25); es gibt Listen von ξένοι, in denen die Mehrzahl aus Orten desselben Gaues stammt (a.a.O. 156). Die Vermutung von Lacombrade ist daher sehr wohl möglich. – Die Herkunft der Paronomasie τρόπος ... πρὸ τοῦ τόπου ist klassisch (Garzya / Roques 2000, 159 Anm. 12), z.B. Arist. *Rhet.* 1,12 p. 1372a32, Aeschin. *or.* 3,78; man kann sie hier gleichsam als Umkehrung des klassischen Brieftopos ‚wenn auch örtlich getrennt, so doch im Herzen vereint' lesen, der in zahlreichen Varianten immer wieder begegnet, s. zu ἀπὼν προσώπῳ – παρὼν καρδίᾳ Thraede 1970, 96, zum verwandten ἀπὼν τῷ σώματι – παρὼν τῷ πνεύματι ebd. 114f.

16 Seit der Kaiserzeit erfreut sich die epideiktische Redeform des ‚Städtelobs' großer Beliebtheit. Zu deren Topoi gehört auch der Hinweis auf eine ‚große' Vergangenheit, die sich oftmals in bedeutenden Persönlichkeiten manifestiert. Ihr Gegenstück ist die Klage über eine Stadt (z.B. Ael. Arist. *or.* 18 *Monodie über Smyrna*), hierzu Pernot 1993, I 178–216. 289–291. Synesios' Tonfall erinnert an dieses Genre.

17 Gemeint ist der ältere Karneades (214/3–129/8 v. Chr.), nach dem Ort seines späteren Wirkens und Bürgerrechts auch ‚der Athener' (so Synesios selbst in *Dion* 1,2), der wohl berühmteste Philosoph der sog. Mittleren Akademie, der auf eine Erneuerung der skeptischen Grundsätze des Arkesilaos abzielte, s. T. Dorandi, „Carnéade de Cyrène *RE* (K)1 et *Suppl.* XI", *DPhA* II Nr. 42, 224–226. – Synesios erwähnt ihn auch in seinem *Dion* (a.a.O. sowie ebd. 1,5): Die dortige Diskussion um das Verhältnis von Philosophie und Rhetorik setzt ein mit einem Referat aus Philostratos (*VS* 1,4), wo Karneades zu denjenigen Philosophen gezählt wird, „die aufgrund ihrer Redegewandtheit in den Ruf von Sophisten gerieten" (*Dion* 1,1). Er ist somit in dieser Hinsicht eine positive Identifikationsfigur für Synesios, während ihm seine Philosophie mit ihrer skeptischen Grundausrichtung eher fremd war.

18 Aristipp aus Kyrene (Ende 5.–Mitte 4. Jh. v. Chr.) gehörte in Athen zum unmittelbaren Schülerkreis des Sokrates, nahm dann aber einen eigenen Weg und wurde zur Gründungsgestalt der sog. ‚Kyrenaïker', einer philosophischen Schule, die bis ins 3. Jh. v. Chr. bestand und eine hedonistische Ethik vertrat, s. Fr. Caujolle-Zaslawsky, „Aristippe de Cyrène *RE* 8", *DPhA* I Nr. 356, 370–375. – Sein Leben oder Denken bietet kaum Anknüpfungspunkte für den Platoniker Synesios, so dass Aristipps Nennung hier die einzige in seinem Oeuvre ist und sicherlich ausschließlich dessen Herkunft geschuldet; der geringere persönliche Bezug macht auch verständlich, dass der Name des Karneades entgegen der Chronologie zuerst fällt.

19 Zu Johannes s.o. Anm. 2.

20 Es handelt sich „mit Sicherheit" (so Schmitt 2001, 696) um denselben Iulios wie in *Ep.* 95 (Z. 10. 31. 50), der etwa in dieselbe Zeit wie unser Brief gehört (die Datierung ist nur mittelbar über *Ep.* 52, der wiederum mittelbar über *Ep.* 43 datiert wird, möglich, vgl. Schmitt a.a.O. Anm. 409 sowie u. S. 212 mit Anm. 26); erwähnt wird er auch in *Ep.* 79 (Z. 33. 37f.). Der homonymen Person in *Ep.* 134 (Z. 34. 39) steht Synesios freundlich gegenüber, sie ist nicht mit dem vorgenannten identisch. Der Iulios unseres Briefs gehört zum engeren Umfeld des dem Synesios verhassten *praeses* Andronikos (s.o. Anm. 5 zu *Ep.* 2); Synesios war auch mit ihm in eine schwere Auseinandersetzung geraten, er ist ihm eine ‚angeschwollene Leber' (*Ep.* 95,101) im Körper von Kyrene, sein Freundschaftsangebot kann nur unaufrichtig gemeint sein (ebd.: Z. 9–21). Dass es sich bei Iulios um einen *curialis* handelt, gilt allgemein als wahrscheinlich; der Lebenslauf freilich, den Roques 1988, 166. 179f. für ihn entwirft (erst *principalis*, dann von den Abgaben befreiter *honoratus*, schließlich Mitglied, vielleicht sogar *princeps* des *officium* des Statthalters), wurde zuletzt von Schmitt 2001, 694–708, hier 697–703, wohl zu Recht, zurückgewiesen. Für unsere Stelle, an der altehrwürdige philosophische Prominenz gegen aktuellen Verfall ausgespielt wird, trifft Schmitts resümierende Charakterisierung des Iulios (2001, 703): „Er war ein Aufsteiger, den manche seiner exzellenten Beziehungen wegen schätzten, den andere aber als nicht ebenbürtig ... ablehnten."

21 μεθ' ὧν γενόμενος muss hier als komplexiv rückblickender Aorist verstanden werden im Sinne von ‚sich aufhalten', da sich ansonsten, bei Annahme der Bedeutung ‚geboren', nicht die hier geforderte Antithese zu ἀποδημῶ ergibt.

22 Synesios benutzt hier mit συνιστάναι den *Terminus technicus* für ‚Empfehlungsschreiben' (ἐπιστολαὶ συστατικαί, s. S. 99). Offenbar hatte Euoptios Synesios öfters Bittbriefe geschrieben, seinen Einfluss für Freunde geltend zu machen.

23 Synesios denkt hier an den Gegensatz zwischen *vita activa* und *contemplativa*.

24 Der potentiale Kondizionalsatz ist zunächst nach klassischer Regel im Optativ konstruiert, aber auf die Optative στεροίμην und μετέχοιμι folgt als drittes Glied der Indikativ Futur περιεργάσομαι. Das ist eine feine Pointe: Auf die imaginäre Möglichkeit folgt mit brutaler Deutlichkeit das faktische Ergebnis. Formal kann man hier eine Abwandlung der bei Synesios häufigen Konstruktion: Kondizionalsatz im Optativ, Nachsatz im Indikativ Futur (Fritz 1898, 118) sehen.

Ep. 34

1 Zu Anysios vgl. o. S. 28 mit Anm. 138. Roques 1989, 208–211. 2000 (Garzya / Roques), 124 Anm. 1 datiert auf Ende April / Anfang Mai 411; in dasselbe Jahr setzt den Brief auch Garzya 1989, 114f. – Roques a. a. O. nimmt an, dass Synesios aus Kyrene oder seiner Umgebung wohl nach Ptolemais schreibt, Garzya a.a.O., dass Synesios selbst sich in Ptolemais befinde.

2 Zur Frage der Identifikation des Johannes dieses Briefs s. o. *Einführung*, S. 22–24 sowie im Beitrag von Bleckmann, Abschnitt 2, S. 211–215.

3 Dass Freundschaft übertragbar sei, ist eine geläufige Vorstellung, die Synesios in unterschiedlich elaborierter Form immer wieder verwendet; am nächsten kommt unserer Stelle *Ep.* 143,54 (über eine zu grüßende Person): „ich bin ihm nämlich freundschaftlich verbunden, weil er dir in so tiefer Freundschaft verbunden ist (φιλῶ γὰρ αὐτὸν διότι σε πάνυ φιλεῖ)". In unserem Brief wendet Synesios den Topos auf den ihm offenbar bekannten Johannes an, was umso auffälliger ist, da der Fortgang deutlich macht, dass Johannes dem Anysios empfohlen werden soll, (v.a. § 3, s.u. Anm. 5). Empfehlungsschreiben bilden eine gerade in spätantiken Briefsammlungen reich vertretene epistolare Untergattung, die stark durch standardisierte Ausdrucksformen geprägt ist, s. Keyes 1935, 42; deren Variierung stellt für einen ehrgeizigen Stilisten eine eigene Herausforderung dar, s. u. Anm. 5 sowie u. S. 108–110.

4 Das griech. ἱερὰ κεφαλή (wörtl. ‚heiliges Haupt') mag den modernen Leser befremden. In den Briefsammlungen der Spätantike gehört diese Wendung und ihre Variationen aber zu den üblichen Formulierungen, die in ihrer schwächsten Bedeutung schlicht nur eine (oftmals: höhergestellte) Person umschreiben, dann aber auch unter Gleichrangigen besonderen Respekt oder emotionale Verbundenheit signalisieren. Sie begegnet nahezu unterschiedslos bei christlichen und paganen Autoren, oft als Anrede oder in Ausdrücken besonderer Sehnsucht nach dem Briefpartner, so etwa bei den drei Kappadokiern, aber auch bei Libanios und Julian, s. u. S. 102 mit Anm. 64. Synesios schätzt besonders die Verbindung mit ἱερά, so auch *Ep.* 58,1 (ὦ θεία καὶ ἱερὰ κ.), *Ep.* 95,22 (νὴ γὰρ τὴν ἱεράν σου κεφαλήν). 56, *Ep.* 79,99f., *Ep.* 105,132, *Ep.* 123,19f., *Ep.* 133,3f., *Ep.* 140,20.

5 Erst hier wird klar, dass der sachliche Kern des Briefs darin besteht, dass Johannes hofft, unter Anysios einen militärischen Posten zu erhalten, es sich also formal um ein Empfehlungsschreiben (hier: speziell für den Heeresdienst) handelt. Anhaltende körperliche Schwäche (§1 ‚Krankheit ... auch jetzt noch') ist nun freilich gerade *kein* Ausweis für die offenbar erstrebte Position und vermutlich ist es eben dies, was der Leser unseres Briefs an dem kleinen Text(-ausschnitt?) bewundern soll: Die Krankheit wird zu einem aktiven Kampf stilisiert (s. προσεπάλαισεν § 1) und aus diesem *einem* Umstand drei Unterpunkte herausgesponnen: Johannes in misslicher Lage 1. weil er schwer krank ist, 2. weil die Krankheit ihn hindert, bei Anysios zu sein, 3. weil die Krankheit ihn hindert, sich als Soldat zu beweisen. Dies wird mit dem Freundschaftsmotiv verschränkt, und so der Mangel des zu Empfehlenden genutzt, um seine charakterliche Eignung (§ 1: Freundschaft, Loyalität zu Anysios, § 2: militärischer Ehrgeiz) umso deutlicher hervortreten zu lassen.

Ep. 94

1 Zu Anysios vgl. o. S. 28 mit Anm. 138. Roques 1989, 69. 209. 2000 (Garzya / Roques), 345 Anm. 1 datiert auf Ende April / Anfang Mai 411; auch Garzya 1989, 240f. setzt diesen Brief zeitgleich mit *Ep.* 34, i.e. ins Jahr 411. – Synesios schreibt (aus Ptolemais? s.u. Anm. 3) an Anysios, der auf dem Höhenzug oberhalb von Taucheira (§ 1) im Feld steht.

2 Offenbar die Nachricht von der Annäherung eines feindlichen Trupps, nach Roques 1987, 279–295, Garzya 1989, 240 Anm. 1 das Einbrechen der Ausurianer in das Gebiet von Kyrene, s. u. S. 219f. Die Situation erinnert an *Ep.* 104.

3 Taucheira (Tocra) liegt ca. 130 km Luftlinie (leicht süd-)westlich von Kyrene an der Küste, Synesios erwähnt die Stadt auch in *Ep.* 3,15, *Ep.* 126,15. Es handelt sich um eine der ältesten griechischen Städte der Kyrenaïka, vgl. zuletzt Müller 2004, zu Taucheira allgemein Roques 1987, 95, A. Laronde, *Cyrène et la Libye hellénistique. Libykai historiai de l'époque républicaine au principat d'Auguste*, Études d'antiquités africaines (Paris 1987), 59–63. – Synesios' Schilderung des Informationsflusses (‚aus Kyrene' – zu Synesios – ‚nach Taucheira') legt nahe, dass er sich zwischen den genannten Orten, vermutlich in Ptolemais (ca. 40 km nordöstlich von Taucheira, ebenfalls an der Küste) befindet, zumal beide Straßen von Kyrene nach Taucheira dort vorbeiführen, s. Roques 1989, 190f.

4 Der Satz lässt eine berühmte Stelle aus der *Kranzrede* des Demosthenes anklingen (*or.* 18,169: ἧκε δ' ἀγγέλλων τις ... ὡς Ἐλάτεια κατείληπται; Demosthenes schildert seine eigene Rolle in der allgemeinen Panik nach der Einnahme von Elateia als vorbildlich), ohne dass diese stilistische Anleihe unserer Stelle mehr als eine gewisse Grandezza verliehe.

5 Der ‚Kommandant' ist natürlich Anysios; Synesios wechselt in die dritte Person, weil er den Bericht des Boten zitiert. Die Feinde kommen aus dem Landesinneren des li-

byschen Hochlandes und rücken auf der in mehreren Stufen zum Meer hin abfallenden Landschaft in Richtung Küste vor. Vgl. zur Geographie der Gegend Roques 1987, 67–69 sowie oben Anm. 14 zu *Ep.* 104.

6 Kyrene bildet zusammen mit Ptolemais, Euhesperides (später Berenike), Taucheira (später Arsinoë) und Apollonia (später Sozusa) die libysche Pentapolis (‚Fünf-Städte-Bund'); der Begriff ist erstmals bei Plinius (*Nat.* 5,31) bezeugt, vgl. W. Huß, „Kyrenaia", *DNP* 6 (1999) [998–1000] 998f., Roques 2008 sowie u. S. 208 mit Anm. 4 – Dieselbe Sorge um die Pentapolis findet sich auch in *Ep.* 69 (Z. 1: Μέλει γάρ σοι, μέλει καὶ Πενταπόλεως, dort vonseiten des Adressaten Theophilos), den Roques 1989, 221–223. 2000 (Garzya / Roques), 189 Anm. 1 in das zweite Drittel 412 setzt, also nur etwa ein Jahr nach unserem Brief.

7 Die Wendung nimmt Plat. *Rep.* IX 576d6f. (τὴν ... φίλην μητρίδα ..., Κρῆτές φασι,...) auf, so auch Plut. *An seni ger.* 17,792e9. Die Geburtsstadt als ‚Mutter' ist eine alte Vorstellung, die sich bereits bei Pindar (*Pyth.* 8,98; *Isthm.* 1,1) findet. Synesios verwendet sie auch in *Ep.* 5,15f.: ‚die Mutter Kyrene (τὴν μητέρα Κυρήνην)'.

8 Das von uns in den Text gesetzte ἐμοί hat die Mehrzahl der Handschriften, Garzya zieht mit der Handschriftengruppe *h* (= *MP*) die Lesart ἐμὲ vor. Das würde bedeuten: „bei jedem Erfolg, den du hast, fordern alle von mir, dass ich mich mit (ihnen?) freue." Daran lässt sich aber der folgende Satz nicht anschließen, wie es durch οὖν (s. *Greek Particles* 425f.) vorgegeben ist. Einleuchtender ist die sich für ἐμοὶ ergebende Gedankenverbindung: ‚die Leute gratulieren mir (statt dir), als ob ich mit dir identisch wäre; also steht und fällt mein Ansehen mit dem deinen'. Das ist wohl in scherzendem Tonfall gesprochen, vgl. auch die folgenden Anm. 9. 10.

9 Der Sokrates der platonischen *Apologie* spricht seine Unterredner mit „bester der Männer (ἄριστε ἀνδρῶν)" an, s. *Apol.* 27b7. 29d7, auch *Euthd.* 282c6; es passte gut zum urban-lockeren Tonfall der gesamten Passage, wenn man dies hier, ebenfalls als Scherz, mithören sollte.

10 Der Kern der Aussage dieses ersten Teils des Briefs erhellt durch das Ende des Abschnitts: Er enthält die höfliche, aber dringende Bitte, über die Ereignisse auf dem Laufenden gehalten zu werden und so in Zukunft nicht mehr auf zufällig eintreffende Dritte angewiesen zu sein, hat also neben dem philophronetischen auch ein ganz praktisches Anliegen.

11 Zur Frage der Identifikation des Johannes dieses Briefs s. o. *Einführung*, S. 22–24 sowie im Beitrag von Bleckmann, Abschnitt 2, S. 211–215.

12 Die griechische Formulierung ist schwierig, wie schon frühere Eingriffe in den Text (διὰ vor τὸν ἀδελφόν cf. *app. crit. ad loc.*) zeigen: Die Formulierung δὸς χεῖρα + Dat. im Sinne von ‚jmd. helfen' ist nicht klassisch, begegnet aber öfters bei christlichen Autoren, vor allem bei Gregor von Nazianz, z.B. *Ep.* 133,3. *Ep.* 141,3. *Ep.* 148,4. *De paup. am.* 35, 896, 12 *MPG et mult al. loc.*, ähnlich Athan. *Hom. in occ. dom.* 28, 985, 25 *MPG*. Dort ist χεῖρα freilich stets direktes Objekt zu δὸς, nicht Prädikativum; trotzdem ist es angesichts des nahezu formelhaften Charakters der Wendung δὸς χεῖρά τινι wahrscheinlich, dass Synesios analog zu den genannten Stellen formuliert. – Eine zusätzliche Pointe, die gut zum Briefstil passte, hätte unsere Stelle, wenn man χεὶρ wie das lat. *manus* (vgl. *manipulus*) als militärtechnischen Begriff verstehen dürfte. Diese Bedeutung ist eher selten, begegnet aber ab der Kaiserzeit, vgl. z.B. Plut. *Luc.* 25,6, *Mar.* 41,4, *Sul.* 29,2 etc. Dann wäre der Sinn unserer Stelle wohl: ‚Unterstelle Johannes ein Manipel – nämlich seinen Bruder! Der wird ebenso Dienste leisten wie eine ganze Truppe!' Ein einzelner Mann wäre somit soviel wert wie eine ganze ‚Truppe'. Dieses zugespitzte Paradoxon wäre dann wiederum im Scherz gesprochen.

13 Wenn es sich um denselben Johannes wie in *Epp.* 43 und 52 handelt und Roques' Datierungen dieser beiden Briefe sowie des hier behandelten zutreffen, kann es sich nicht um Aimilios handeln, da dieser dann bereits vier Jahre vor unserem Brief ums Leben gekommen wäre. Dann lässt sich nur mit Roques in Garzya / Roques 2000,

346 Anm. 9 folgern: „Jean pouvait avoir plusieurs frères." Auf alle Fälle befindet sich dieser Bruder dieses Johannes offenbar auch bei der Truppe des Anysios.

14 Der Rekurs auf ein gemeinsames Aufwachsen in Kyrene (das die Zugehörigkeit zur etwa selben sozialen Schicht impliziert) wird am Ende des Briefs in ‚für die Stadt, die sie erzeugt hat etc. (ὑπὲρ τῆς ἐνεγκούσης ... αὐτούς)' nochmals aufgenommen; auch bei dem Johannes von *Ep.* 43 (v.a. Z. 1–6) betont Synesios die lange Dauer der freundschaftlichen Beziehung, dort freilich vor allem aus der Perspektive dessen, der sich schon des öfteren um Johannes verdient gemacht habe.

15 S.u. Anm. 17.

16 Der metaphorische Gebrauch von συνωρίς, ‚Gespann' zur Veranschaulichung von gerade in ihrem Zusammenwirken ausgezeichneten Agierenden begegnet bereits in der Tragödie, z.B. Soph. *OC* 895, Eur. *Med.* 1145. *Ba.* 324. *Phoen.* 1085. 1618, auch dort bereits bisweilen für Geschwisterpaare. Roques in Garzya / Roques 2000, 346 Anm. 12 weist darauf hin, wie beliebt das Bild gerade zur Zeit des Synesios wieder war, z.B. Greg.Naz. *or.* 7,8, Z. 11 Calvet-Sebasti, *Anth. Gr.* VIII 139, 1 (ebenfalls Greg.Naz.), *Anth. Gr.* IX 203, 11 (Leon Byz.), weitere Belege bei Roques a.a.O.

17 Grüße an Dritte bildeten schon in der Antike einen üblichen Briefschluss. Synesios lässt es damit aber nicht bewenden, sondern kehrt, weil ja eben auch Johannes zu den ‚Freunden beim Heer' gehört, nochmals zu diesem zurück. Für seine Bemühung, Johannes auf den rechten Weg zu bringen, werden zwei Motive erkennbar: Zum einen Loyalität (im Sinne von φιλία) gegenüber dem ‚Kindheitsgenossen' (σύντροφος); seine Schwäche wird positiv umgedeutet, vgl. ‚trotz seiner Ängstlichkeit', was an den ‚Feigling Johannes' von *Ep.* 104 erinnert (vgl. o. *Einführung* 2.2.3). Zum anderen das Interesse der Heimatstadt Kyrene, um die Synesios sich ‚Sorgen' (§ 1) macht: Johannes ist ein wertvoller Bürger, den man nicht aufgeben darf, aus dem man mit psychologischen Kunstgriffen das Beste herausholen muss, um ihn zum ‚Geschenk' für die ‚Mutterstadt' zu machen; die Wendung δὸς τῇ Κυρήνῃ lässt δῶρον, ‚Geschenk', mitschwingen.

Ep. 147

1 Zur Adressatenfrage s. o. *Einführung*, S. 22–24 sowie im Beitrag von Bleckmann, Abschnitt 2, S. 211–215. – Roques 1989, 227–230. 2000 (Garzya / Roques), 413 Anm. 1 datiert auf Mai/August 411; Garzya 1989, 354f. zieht die Identität dieses Johannes mit dem der vorhergehenden Briefe in Zweifel und datiert auf 408. – Synesios schreibt, so Roques a.a.O. und Garzya a.a.O. übereinstimmend, vermutlich aus Ptolemais an Johannes, der sich offenbar in einer nicht näher bestimmbaren Einsiedelei, einer klösterlichen Gemeinschaft o.ä. außerhalb der städtischen Zentren aufhält (s.u. Anm. 8).

2 Wörtl.: *‚dass es dir* vor einem Wunsch *wohl ergeht'*. Das griech. εὖ πράττειν lässt die epistolare Grußformel in ihrer platonischen Variante assoziieren: Das gewöhnliche Brief-Präskript lautet ‚ὁ δεῖνα τῷ δεῖνι χαίρειν', und deutet eher auf eine allgemeines Wohlgefühl (χαίρειν, wörtl. ‚sich freuen'). Die unter dem Namen Platons überlieferten Briefe tragen statt dessen allesamt ‚Platon dem Y εὖ πράττειν', so dass die Formulierung schon der Antike als ‚Markenzeichen' platonischer Korrespondenz gilt, so Diog.Laert. III 61, wo das εὖ πράττειν der Platon-Briefe u.a. vom εὖ διάγειν der Epikureer abgesetzt wird. Mit εὖ πράττειν wird dem Empfänger ein ‚Wohlergehen' gewünscht, das gleichzeitig ein ‚gut handeln' anempfiehlt, somit eine ethische Dimension hat, vgl. die Schlussworte der *Politeia* (X 621d2f.) sowie *Gorg.* 507c3–4 mit dem Kommentar von Dodds 1959, 335f. – Dass sich Synesios hier pointiert auf Platonisches bezieht, wird auch durch eine eher formale Reminiszenz an Plat. *Ep.* 3 nahegelegt: Dort steht am Anfang eine ähnliches ‚Wörtlich-Nehmen' der Grußformel (Plat. *Ep.* 3,315a6–b2), und auch dort wird der Adressat später (ebd. 328b4) mit ὦ θαυμάσιε

angesprochen, wie es Synesios ganz am Ende unseres Briefs tut (s.u. Anm. 15). Ob in unserem Brief die Aufnahme der Grußformel im ersten Satz diese ersetzte oder man im Präskript εὖ πράττειν lesen konnte, ist nicht mehr feststellbar, da die Briefe unserer Sammlung größtenteils ohne Briefformular überliefert sind (s. o. S. 20). – Der Sinn des platonisierenden Colors ist unmittelbar klar, spricht hier doch der Philosoph Synesios zu dem ‚Philosophen' Johannes; Vergleichbares leistet auch das folgende Empedokles-Zitat. Insgesamt muss man sich unseren Brief wohl eher in ironischem Tonfall gesprochen denken, was vor allem § 3 nahelegt, hierzu unten Anm. 12.

3 Das Empedokles-Zitat (*Katharmoi* 31 B 121,4 *DK*) findet sich bei den Neuplatonikern öfter, vgl. die bei *DK* aufgeführten Belege aus Hierokles und Proklos. Synesios bringt dasselbe Zitat in ausführlicherer Form (v. 3–4) auch am Beginn von *De prov.* I 1,4.

4 Die griech. Formulierung (ἐγκαλινδουμένους) ist im Deutschen kaum nachahmbar: ἐγκαλινδεῖσθαι, wörtl. ‚sich (umher)wälzen in', wird oft metaphorisch für ein Sich-Verstricken in moralisch Zweifelhaftem oder Unglück verwendet, vgl. *LSJ s.v.*, Synesios schätzt Komposita von diesem Verb, vgl. *Ep.* 43 § 4 mit Anm. 19 (προκαλινδεῖσθαι). Dass hier tatsächlich eine prägnante Erinnerung an platonische Vorstellungen vorliegt, wie Roques in Garzya / Roques 2000 *ad loc.* unter Verweis auf *Phaed.* 82e4, *Theaet.* 172c9, *Polit.* 309a6 (dort stets κυλινδεῖσθαι) vorschlägt, scheint eher zweifelhaft. Das Wort ist wohl frühestens im Hellenismus, vermutlich erst in der frühen Kaiserzeit, im schwierig zu datierenden *Hipp. Ep.* 17,7 (IX 366,15 Littré), belegt und begegnet später zwar weiterhin in paganem Kontext (z.B. Lib. *Decl.* 12,2,36 Förster; Them. *or.* 29,346b6), weit häufiger aber bei christlichen Autoren (z.B. Joh.Chrys. *De sac.* I 4,29, *Quod nemo laed.* 6,18. 90, *In Ps.* 55, 339, 32. 343, 3 *MPG*, *In Matth.* 58, 581, 51. 624, 19 *MPG et mult. al. loc.*).

5 ἀνεχώρησας soll hier wohl verschiedene Assoziationshorizonte aufrufen (s. *PGL s. v.* 2. 3): Ausgehend von der Grundbedeutung bedeutet es jegliche Art von ‚Rückzug', von einem bloßen Verlassen der Heimat aus einer Notsituation heraus, über den Eintritt in das Leben als Mönch (‚Anachoret') bis hin zum ‚letzten Rückzug', i.e. dem Sterben; seit der römischen Kaiserzeit wurde das Wort, zumal in Ägypten, im Sinne von „der Steuer oder Wehrpflicht durch Rückzug in die Wüste entgehen" benutzt, so S. Elm, „Anachoreten", *RGG*[4] I (1998) 446; seit dem vierten Jahrhundert wurde ‚Anachoret' zur Bezeichnung des Eremiten schlechthin, s. F. E. Morard, „Monachos, Moine", *FZPhTh* 20 (1973) [332–411] 407–410, Braunert 1964, v.a. 23–25. 158–160. 234–237, Bagnall 1993, 298ff. (zum finanziellen Status der Mönche).

6 Die griech. Formulierung erinnert an Platon, wo für das Erreichen des höchsten philosophischen Ziels des öfteren ἅπτεσθαι verwendet wird, so beispielsweise *Symp.* 211b7: σχεδὸν ἄν τι ἅπτοιτο τοῦ τέλους.

7 Der Freund des Johannes ist ansonsten unbekannt; der Name ist auffällig, begegnet auch bei Synesios nur in unserem Brief. In *LGPN* findet sich quer durch Zeiten und Orte kein einziger Beleg, auch Pape-Benseler *s.v.* kennen nur das *Geographicum*. Dem Typus nach handelt es sich bei Γάνος wohl um einen Kurznamen, etwa in Verkürzung von Γανυμήδης. Derartige Namen scheinen einen vulgären Ton zu haben und werden vielleicht als ‚Spitznamen' empfunden, hierzu Schwyzer-Debrunner I 636 (dort als Beispiele Τῆλος für Τηλέμαχος, Σῶσος für Σώστρατος, Λῦσος für Λύσιππος etc.). Dass der frisch gebackene ‚Philosoph' Johannes einen mit dem jünglingshaft schönen Mundschenk der Götter homonymen Freund hat, wäre dann ähnlich witzig wie ein ‚sprechender' (Spott-)Name ‚Spatalos' in *Ep.* 43, s. die dortige Anm. 11.

8 Hier und im Folgenden bezieht sich Synesios nach eigenen Angaben auf einen Bericht des Ganos, der etwa folgendermaßen gelautet haben soll: Ganos habe ‚in der Stadt' – *pace* Garzya 1989, 356 Anm. 2, der Konstantinopel annimmt –, vermutlich Ptolemais, den Johannes getroffen und von ihm gehört, dass er nur wegen theologischer Schriften in die Stadt gekommen sei; also lebt Johannes normalerweise außerhalb der Stadt (in einer Mönchssiedlung? Eremitage? Kloster?). Bei dieser Gelegenheit trug Johan-

nes den typischen groben Philosophenmantel (τριβώνιον) in dunkler Farbe. – Zur schon in der hohen Kaiserzeit gewissermaßen ‚standardisierten Philosophentracht' vgl. Hahn 1989, 33–45, hier 34f. (zum Mantel), zur (den) Mönchstracht(en) der Spätantike s. Ph. Oppenheim, *Das Mönchskleid im christlichen Alterthum*, Römische Quartalschrift für christliche Altertumskunde und Kirchengeschichte. Supplementheft 28 (Freiburg 1931) hier 69–71, zu den verschiedenen Formen des Mönchtums in der Kyrenaika vgl. Roques 1987, 377–379; in den Briefen des Synesios kommt es, aufs Ganze gesehen, eher selten in den Blick, vgl. aber die folgende Anm. 9.

9 ‚Schwarz'- und ‚Weißmäntel' spielen auch in Synesios' *Ep.* 154 (Roques 1989, 40–42. 2000 [Garzya / Roques], 423 Anm. 1 datiert auf Ende 404) eine wichtige Rolle: Der Brief begleitet Synesios' *Dion*, in dem er sich gegen den Vorwurf von „Leuten in weißen Mänteln und auch denen in dunklen (ἐν λευκοῖς ... τρίβωσι καὶ ... ἐν φαιοῖς)" zu verteidigen sucht, dass er durch seine literarischen Interessen „gegen die Gesetze der Philosophie verstoße (παρανομεῖν εἰς φιλοσοφίαν)" (*Ep.* 154,2–4, vgl. *Dion* 7). Die Identifikation der damit durch ihr äußeres Erscheinungsbild gekennzeichneten Personengruppen wurde in der Forschung kontrovers diskutiert, auch herrscht keine Einigkeit darüber, ob Synesios in *Ep.* 154 und 147 dieselben Leute meint; wir folgen hier der Ansicht Vollenweiders 1985, 19f., der sich Schmitt 2001, 72f. mit Anm. 14 anschließt: Danach handelt es sich bei den ‚Weißmänteln' von *Ep.* 154 um „esoterisierende Philosophen", bei den ‚Schwarzmänteln' um „vorzüglich heidnische Popularphilosophen kynischer Prägung", wobei zu letzten wohl „*auch* christliche Mönche zählen" (so Vollenweider a. a. O.), für eine Kontextualisierung s. u. S. 119f. – Diese Zuordnung gibt auch für *Ep.* 147 guten Sinn: Johannes wäre dann nach Art derjenigen christlichen Mönche aufgetreten, deren Erscheinungsbild kaum von dem paganer Wanderprediger zu unterscheiden war. Dies passt zur anschließenden Überlegung des Synesios von *Ep.* 147, dass ein weißer Mantel passender gewesen wäre; Synesios sagt dann dort in wohl ironischem Tonfall (s.u. Anm. 12): ‚Wenn einer wie du vor allem Theologie treiben willst, ist ein Wanderprediger-Habitus wohl kaum angemessen, da kleide dich lieber wie jene esoterisierenden Philosophen!'. Streit um die rechte Art des Mönchtums sowie das Auftreten von einer oft nur schwer differenzierbaren Gruppe von ‚Schein-Mönchen' bzw. ‚-Predigern' unterschiedlicher Couleur in den Städten sind zumal im frühen 5. Jh. häufig, so u.a. auch bei Synesios' Zeitgenossen Johannes Chrysostomos, s. hierzu D. Caner, *Wandering Begging Monks. Spiritual authority and the Promotion of Monasticism in Late Antiquity*, The Transformation of the Classical Heritage 33 (London 2002) 158–205.

10 Synesios geht von der Seinslehre des Platonismus aus: Die ‚strahlendste Wesenheit' ist das νοητόν, ‚Intelligible', die materielle Welt das αἰσθητόν, ‚Wahrnehmbare', vgl. v.a. Plat. *Rep.* VII 514A–519C. 521C–533A sowie z.B. Porph. *De abst.* II 45,4.

11 Hier stehen Vorstellungen der Stoa im Hintergrund: ‚Rechthandeln' (καθορθοῦν) erinnert an den stoischen Begriff des κατόρθωμα, die vollkommen richtige sittliche Handlung; der sittliche Wert liegt allein in der Absicht (προαίρεσις) des Handelnden, die Einzelheiten der Ausführung (hier: die Farbe des Mantels) sind im Sinne der Stoa ἀδιάφορα, i.e. im ethischen Sinne neutrale Mitteldinge. Stoisches Denken beeinflusst zumal den alexandrinischen Neuplatonismus insgesamt, vgl. Aujoulat 1986, 273–282, ders. „De la *phantasia* et du *pneuma* stoïciens, d'après Sextus Empiricus, au corps lumineux néoplatonicien (Synèsios de Cyrène et Hiéroclès d'Alexandrie)", Pallas 34 (1988) 123–146.

12 σχεδιάζειν bezeichnet eine unvorbereitete, improvisierte, vielleicht auch unüberlegte Handlung, cf. *LSJ s.v.*, s.a. ebd. *s.v.* αὐτοσχεδιάζειν (vom improvisierten Virtuosenvortrag der Sophisten). Damit wird klar, dass Synesios von Johannes' Entschluss zum Mönchtum überrascht ist, sich dieser also seiner Meinung nach früher nie mit dem Gedanken an diese Lebensform getragen hatte. Synesios legt großen Wert darauf, dass er intensive philosophische Studien auch zur Gotteslehre getrieben und sein Leben mit

Büchern zugebracht habe, vgl. *Ep.* 41,119–125, *De ins.* 14,4, Lacombrade 1951a, 21–23. 26–31. Der Johannes von *Ep.* 147 hingegen scheint, anders als Synesios (s. *Ep.* 130,60f., *Ep.* 154,62–64, *Dion* 15,6), keine eigene Bibliothek zu besitzen, sondern muss sich seine Bücher in der Stadt besorgen (§ 2). Die Bemerkung über theologische Inhalte (ebd.) erinnert daran, dass bei Synesios das Interesse an Büchern auch auf Formales, Literarisches geht, wie vor allem der *Dion* zeigt. – Nimmt man den Fortgang des Satzes hinzu, gewinnt man spätestens an dieser Stelle den Eindruck, dass Synesios im Tonfall höchster Ironie spricht: Nach platonischem Verständnis ist es nämlich unmöglich, dass irgendjemand ‚das Ziel (τὸ τέλος!)' ‚improvisierend' erreicht. Zur tiefsten philosophischen Einsicht bedarf es vielmehr langer mühevoller Studien, vgl. z.B. Plat. *Ep.* 7,340b8f.: Durch einen philosophischen ‚Test' erkennt der Lernende, „was die Sache [*sc.* der Philosophie] insgesamt ist, wie beschaffen ... und wie große Mühe (ὅσον πόνον) sie mit sich bringt", so dass der Glückwunsch zu Beginn von § 3 kaum ernst gemeint sein kann. Wenn Synesios im Anschluss sich selbst als einen zeichnet, der eben erst ‚an die Tür (*sc.* solch tieferen Wissens) klopfe', übersteigert dies den ‚Vorsprung' des Johannes ins Groteske.

13 θυροκοπεῖν entstammt wohl der klassischen Umgangssprache, vgl. Aristoph. *Vesp.* 1254, wird aber ab der Kaiserzeit zunehmend in Prosa und in metaphorischer Bedeutung gebräuchlich, s. *LSJ s.v.* Synesios kennt es sowohl in wörtlicher als auch in metaphorischer Bedeutung, z.B. *Ep.* 140,11f., *Dion* 12,4. Zum Sinn des Bildes vgl. die vorangehende Anm. 12.

14 Vergleichbare Fassungen der *formula valetudinis* benutzt Synesios auch in *Ep.* 97,8f. (Ἐρρωμένος καὶ εὐδαίμων διαβιῴης) und *Ep.* 140,45 (Ἐρρωμένος διαβιῴης); Julian Apost. sendet einem Freund eine verwandte Formel (*Ep.* 10, 404b2f.): Ἐρρώμενος καὶ εὐδαιμονιῶν διατελοίης ἐπὶ μήκιστον. Ansprechend weist Roques in Garzya / Roques 2000, 351 Anm. 4 auf die sprachliche Nähe zu einem der Pythagoreer-Briefe hin (*Pyth. Ep.* 8 [*Theano an Euridike*] Z. 16 Städele: ἐρρωμένη <δια>βιῴης). Sollte es sich an unserer Stelle um eine Reminiszenz handeln, so passte dies gut zu dem von uns festgestellten Dominieren des Pythagoreer-Motivs in Synesios' Freundschaftstopik einerseits (s. u. S. 104f.) und zu dem Spott über den ‚Philosophen' Johannes andererseits. Jedoch ist sowohl die Datierung als auch der Textbestand des fraglichen *Pyth. Ep.* umstritten (δια- ist Konjektur von Holstenius), so dass Städele 1980, 337 umgekehrt vermutet, dass „Wahrscheinlich ... der Verfasser des Schreibens an Eurydike von der Sprache des Bischofs [i.e. Synesios] beeinflußt" sei, wie er überhaupt (a.a.O. 351 mit Anm. 28) Synesios als stilistischen Inspirator und somit *terminus post quem* für die *Theano-Briefe* ansetzt; zu dieser Frage auch u. S. 115f.

15 Die Anrede ὦ θαυμάσιε ist bei Platon häufig, z.B. *Euth.* 3b1. 5a3 etc., *Apol.* 26d1, *Crit.* 48b3, *Theaet.* 151c6 etc. *Rep.* IV 337b6. 352e6 etc. Plat. *Ep.* 3, 328b4 *et mult. al. loc.* Vermutlich nimmt Synesios hier den Assoziationshorizont vom Anfang (s.o. Anm. 2) wieder auf. Die Anrede changiert zwischen echter Anerkennung, leichtem Zweifel und höflicher Kritik. Diese Ambivalenz ist gerade als Schlusspunkt der ‚philosophischen' Verabschiedung (s. Anm. 14) des Pseudo-Philosophen Johannes besonders passend.

C. Essays

Freundschaft und Freundschaftsbrief bei Synesios

Katharina Luchner

„Ein Synesios würde seine heiligsten Pflichten verletzen, wenn er sich nicht bemühte, solange er atmet und wirken kann, *seinen Freunden* auf jede Weise von Nutzen zu sein..." (*Ep.* 43 § 1), „*Um der Freundschaft* willen wage ich es, Dir auch etwas Geheimes anzuvertrauen" (ebd. § 6) liest man in *Ep.* 43 unserer Auswahl, wie ja Synesios überhaupt nicht müde wird, immer wieder seine freundschaftliche Gesinnung gegenüber seinem Adressaten zu beteuern (s. u. 2.2.).[1] Den modernen Rezipienten mag diese wiederholte Versicherung befremden: Kann ein ‚Freund' zum Ziel derart heftiger Anmutungen und Vorwürfe werden? Unterstellt man einem ‚Freund' engeren Umgang mit einem derart ungeschützt als ‚zwielichtiges Subjekt' gezeichneten Menschen wie ‚Spatalos'? Und schließlich: Imaginiert man einen ‚Freund' in derart drastisch geschilderten Posen der Selbsterniedrigung wie Synesios es hier mit Johannes tut?

Für den antiken Rezipienten – handele es sich nun um Johannes selbst, um einen größeren Kreis von intendierten Adressaten oder die späteren Leser der veröffentlichten Sammlung[2] – war die wiederholte Beteuerung wohl kaum ausschließlich Zeugnis einer persönlichen Haltung des Schreibenden gegenüber dem Adressaten. Für den Zeitgenossen, aber auch für den der paganen Traditionen kundigen Leser späterer Jahrhunderte, ver-

[1] Mit dem ersten der genannten Zitate hat Synesios sogar einen Auftritt in einer der meistzitierten neueren Überblicksdarstellungen zum antiken Freundschaftsbegriff, in KONSTAN 1997, 171. Für eine erste Orientierung ist dies zu ergänzen durch K. TREU, „Freundschaft", *RAC* 8 (1972) 418–434, H.-J. GEHRKE / B. VON REIBNITZ „Freundschaft I. Sozialgeschichtlich. II. Philosophisch", *DNP* 4 (1998) 669–671. 671–674, sowie WHITE 1992 (für Christentum und Spätantike), PIZZOLATO 1993 (bezieht auch jüdische und christliche Autoren mit ein), FITZGERALD 1996 (für die paganen Grundlagen christl. Denkens), FÜRST 1996, D. KONSTAN, „Greek Friendship", *AJPh* 117 (1996) 71–94, KONSTAN 1997, M. PEACHIN (Hg.), *Aspects of Friendship in the Graeco-Roman World. Proceedings of a conference held at the Seminar für Alte Geschichte, Heidelberg on 10–11 June, 2000,* Journal of Roman Archaeology Suppl. 43 (Portsmouth, Rhode Island 2001), SMITH-PANGLE 2003 (für den philosophischen Diskurs). – Weitgehend unbeachtet bleiben im Folgenden die sozial-lebensweltliche Funktion von Freundschaft sowie insgesamt die Entwicklungen in der lateinischsprachigen Welt; neben den genannten Lexikonartikeln bieten einen leichten Zugang G. HERMAN, *Ritualised Friendship and the Greek City* (Cambridge 1987), für die Differenz zum lateinischen Bereich K. MEISTER, „Die Freundschaft bei den Griechen und Römern", *Gymnasium* 57 (1950) 3–38, sowie jetzt REBENICH 2008, dort 11 Anm. 3 grundlegende neuere Literatur.

[2] Wir kommen u. S. 116–118 darauf zurück.

wies das Signalwort ‚Freundschaft', zumal in einem Brief, neben dem bloß pragmatischen Informationswert hinsichtlich der Beziehungen der beiden an der Kommunikation beteiligten Subjekte auch auf einen weit gespannten Assoziationshorizont: Er reichte von den Freundschaftslehren der Philosophen der klassischen und hellenistischen Zeit bis hin zu den Schulübungen und Handbüchern der Rhetoren, in denen es bekanntlich einen eigenen Typus des Briefs, eben den ‚Freundschaftsbrief', gab. Ein tieferes Verständnis dessen, was Synesios mit seinem Schreiben bezweckt, ist somit ohne einen gewissen Einblick in diese Assoziationshorizonte kaum möglich, so dass im Folgenden versucht wird, unsere Texte in diesen Rahmen zu stellen. Dabei nähern wir uns dem Gegenstand in zwei Schritten: Nach einem kurzen Überblick über die Traditionen zu Freundschaft (1.1) und Freundschaftsbrief (1.2), versuchen wir, Synesios' Verhältnis zu diesen Traditionen zu klären (2.1) und kehren dann wieder zu den Briefen unserer Auswahl, vor allem *Ep.* 43, zurück (2.2).

1. Freundschaft: Aspekte der Tradition

1.1. Freundschaft in Literatur und Philosophie – Schlaglichter

Zum Begriff der ‚Freundschaft' (φιλία, auch φιλότης)[3] hat sich in der Literatur vor Synesios eine in ihren Details nahezu unüberschaubar große Menge an mythischem Personal, an populärer Weisheit,[4] oft in Gnomenform,[5] und, teilweise darauf bezogen bzw. in Weiterentwicklung derselben, an Versuchen philosophischer Durchdringung des Phänomens angesammelt.[6] Betrachtet man diese Menge aus der Distanz, lassen sich ein paar grundlegende Linien erkennen, die bis weit über das Ende der Antike hinaus wirksam bleiben.

Aus den unter dem Namen Homers überlieferten Epen gehen in die folgende Tradition vor allem die legendären Freundespaare der *Ilias* einerseits (am prominentesten wohl Achill und Patroklos)[7] sowie eine Reihe

[3] Zur Begrifflichkeit immer noch grundlegend ist Dirlmeier 1931, s.a. Konstan 1997, 53–56. Für den christlichen Bereich ist er zu ergänzen durch M. Paeslack, „Zur Bedeutungsgeschichte der Wörter φιλεῖν ‚lieben', φιλία ‚Liebe', ‚Freundschaft', φίλος ‚Freund' in der LXX und im NT", *Theologia Viatorum* 5 (1953/5) 51–142, K. Treu, „Φιλία und ἀγάπη. Zur Terminologie der Freundschaft bei Basilius und Gregor von Nazianz", *StudClass* 3 (1961) 421–427.

[4] Für die klassische Zeit gibt einen Überblick K. J. Dover, *Greek Popular Morality in the time of Plato and Aristotle* (Indianapolis / Cambridge ^{2}1994), hier v.a. 180f. 273–278.

[5] Für Beispiele s. Fürst 1996, 19–23.

[6] S. hierzu für einen Überblick O. Gigon, *Grundprobleme der antiken Philosophie* (Bern / München 1959) 302–314, dazu J.C. Fraisse, *Philia. La notion d'amitié dans la philosophie antique. Essai sur un problème perdu et retrouvé*, Diss. (Paris 1974) sowie für weitere Lit. die Einleitung in Fürst 1996.

[7] Behandelt bei Konstan 1997, 24–42 (Homer), hier: 41f. (Patroklos und Achill).

von später zunehmend dekontextualisierten Einzelversen ein. An deren Spitze stehen etwa die Worte des Alkinoos „Ein guter Freund kommt im Wert einem Bruder gleich“[8] oder, noch prominenter, das später stets im Kontext von ‚Freundschaft‘ zitierte „Gott bringt stets gleich und gleich zusammen“.[9] Noch in Platons *Lysis* wird diese Zeile Sokrates zum Ausgangspunkt dienen, um in Gott selbst den Urheber menschlicher Freundschaft zu erweisen.[10]

Das homerische Ausgangsmaterial wird aber zuvor noch weiter in der Dichtung bearbeitet. Dabei löst sich sich der Begriff der φιλότης von seiner vor allem auch auf verwandtschaftliche Beziehungen gerichteten Verwurzelung und findet zunehmend Anwendung auf ‚Wahlverwandtschaften‘, wie sie etwa zwischen ἑταῖροι bestehen.[11] Die Anweisungen zum rechten Gebrauch von Freunden werden gleichzeitg konkreter: So mahnt etwa Hesiod zu Kontinuität in den Freundschaftsbeziehungen und zum rechten Maß an Freigiebigkeit,[12] Theognis rät vergleichbar zur Loyalität in schon bestehenden Freundschaften, die vor dem negativen Einfluss dritter geschützt bleiben müssten und nicht durch die Suche neuer Freunde ersetzt werden dürften.[13] Er bietet darüber hinaus eine wahre Fundgrube für später immer wieder verwendete Sentenzen, in deren bekannteren er seinem Kyrnos rät, sich nur mit ‚guten‘ Männern abzugeben, von denen er ‚Gutes‘ lernen könne, oder wiederum den Loyalitätsgedanken zum Ausdruck bringt, diesmal mit Reflex auf ein ‚sowohl in guten als auch in schlechten Zeiten‘ Zueinander-Stehen.[14] Den Appell zum Umgang mit Guten wird Aristoteles in seiner *Nikomachischen Ethik* aufgreifen, wenn er vor der πολυφιλία (‚Viel-Freundschaft‘) warnt,[15] später schreibt Plutarch

---

[8] So Hom. *Od.* VIII 584–586. Überhaupt steht der Freundschaftsbegriff bei Homer (und teilweise noch bei den Tragikern) in unmittelbarer Nähe zu dem der Verwandtschaft (συγγένεια) und seinen Präzisierungen, s. Dirlmeier 1931, 8f. 14–18. 20f.

[9] So Hom. *Od.* XVII 218: ὡς αἰεὶ τὸν ὁμοῖον ἄγει θεὸς ὡς τὸν ὁμοῖον (es spricht Eumaios, so dass schon hier die ‚Volkstümlichkeit‘ der Aussage grundgelegt ist). Dem Vers ist eine Karriere quer durch alle Genres und Zeiten beschieden, die über Platon (s. Haupttext im Fortgang) und Aristoteles (*M.mor.* II 11 p. 1208b10, *EE* VII 1 p. 1235a7, *Rhet.* I 11 p. 1371b16) bis in die Sprichwortsammlungen (Diogenian 5,16) hin zu Cicero (*Cat.m.* 7) und darüber hinaus reicht, s. Fürst 1996, 236–242.

[10] S. Plat. *Lys.* 214a6 mit U. Wolf, „Die Freundschaftskonzeption in Platons *Lysis*“, in: E. Angehrn (Hg.), *Dialektischer Negativismus.* Michael Theunissen zum 60. Geburtstag (Frankfurt a. Main 1992) 103–129.

[11] S. Dirlmeier 1931,22–24 (ἑταῖρος), Konstan 1997, 31–33 (ἑταῖρος). 42–52 (weitere).

[12] S. Hes. *Op.* 713f. mit Konstan 1997,42–44.

[13] S. Theogn. 979–982. S. hierzu sowie zum Folgenden W. Donlan, „Pistos, Philos, Hetairos“, in: T. J. Figueira / G. Nagy (Hg.), *Theognis of Megara. Poetry and the Polis* (Baltimore u.a. 1985) 223–244.

[14] S. v.a. Theogn. 31–128. 979–982.

[15] Der Begriff stammt von Aristoteles (*NE* VIII 1 p. 1155a30, vgl. ebd. VII 7 p. 1158a10f. IX 10 p. 1170b20–31a20. *EE* VII 12 p. 1245b19–25), die Sache wird, zumal in den Philosophenschulen des Hellenismus und bis in die Kaiserzeit hinein weiter diskutiert, s. Bohnenblust

die Linie in seinem *Wie man einen Schmeichler von einem Freund unterscheidet* aus.[16]

Hält man an dieser Stelle für einen Moment inne, so lassen sich schon hier zwei grundätzliche Tendenzen des Sprechens über Freundschaft erkennen: Zum einen das Bemühen, das Freundschaftsgeschehen im weitesten Sinne metaphysisch zu verankern, indem ein Gott oder eine göttliche Macht zu seinem Urheber und/oder Garanten der Freundschaft gemacht wird. Zum anderen fällt der Blick auf ‚Freundschaft' als einer zutiefst zwischen den beiden sie konstituierenden Menschen verankerten Sache, deren Bestehen durch maßvolle, im Einzelnen wohl abgewogene Handlungen, erst erarbeitet und dann erhalten werden muss.

Von den vorsokratischen Denkbewegungen erbrachte vor allem der Pythagoreismus wesentliche Impulse für beide Linien (vielleicht auch nur: das, was Spätere über die pythagoreischen Freundschafstbünde dachten und schrieben).[17] Es ist im Einzelnen schwierig zu bestimmen, welche der als ‚pythagoreisch' umlaufenden Denkmodelle tatsächlich der vorsokratischen Denkbewegung des 6. Jh.s zugeschrieben werden können. Für die Späteren war es unstrittig, dass die Pythagoreer nicht nur ihr Zusammenleben als verwirklichte φιλία gestalteten, sondern auch in verschiedensten Kontexten das Konzept der ‚Freundschaft' als Realisation eines Bestzustandes ansahen,[18] sei es in den Beziehungen zwischen Göttern und Menschen, zwischen Menschen und Menschen, aber auch zwischen Leib und Seele oder den verschiedenen Kräften innerhalb des menschlichen Körpers. Als Grundlage eines derart umfassenden Freundschaftsbegriffs verwies man auf die Vorstellung von einer universellen Harmonie als kosmischem Prinzip, das auch in menschlichen Beziehungen wirksam werde.[19] Unter Rückbezug auf dieses Prinzip verstanden sich pythagoreische Freunde verbunden durch κοινωνία (‚Gemeinschaft') und ἰσότης (‚Gleich-

---

1905, 37f. für die Texte. Noch Plutarch verfasst darüber einen Essay (Περὶ πολυφιλίας, *Mor.* 7) und Libanios erörtert den praktischen Nutzen der Sache (vgl. *or.* 8 Förster), s. Pizzolato 1993,208f., Fürst 1996, 185.

[16] Plut. Πῶς ἄν τις διακρίνειε τὸν κόλακα τοῦ φίλου (*Mor.* 4), ähnlich Maximos von Tyros' *or.* 14 Τίσιν χωριστέον τὸν κόλακα τοῦ φίλου, s. Bohnenblust 1905, 14f., White 1992, 40f., Fürst 1996, 186f.

[17] S. Fürst 1996, 31–53, ebd. 32f. zur pythagoreischen Frage, Konstan 1997, 144f., Riedweg 2002, 58–60.

[18] Fürst 1996 weist wohl zurecht darauf hin, dass wir unsere (in vielen Einzelfragen fast völlige) Abhängigkeit von den neuplatonischen Quellen kaum hintergehen können und resümiert deshalb eher skeptisch (53): „...Vielmehr bietet die pythagoreische Freundschaftslehre in der Gestalt, wie sie im Neupythagoreismus geschaffen worden ist, ein anschauliches Paradigma für die Überführung älterer vulgärer ethischer Maximen in später entstandene, umfassendere philosophische Konzepte."

[19] S. hierzu White 1992, 17f., Fürst 1996, 49 Anm. 122 für die Belege. Zentral ist Iambl. *Vit. Pyth.* 240, wo die Einung mit Gott die höchste Form der φιλία darstellt. Damit ist Neuplatonisches (s. u. Anm. 34) von Späteren in als ‚Pythagoreisch' Begriffenes hineingeschrieben.

heit'), ein Freund sei ein ‚anderes selbst' (ἄλλον ἑαυτόν).[20] Im Bewusstsein dieses Rückbezuges galten, so die Späteren, dem Pythagoreer auch diejenigen Pythagoreer als Freunde, deren persönliche Bekanntschaft er nie gemacht hatte.[21] Geprägt von κοινωνία, ἰσότης und dem gemeinsamen philosophischen *Credo* galt die Freundschaft unter Pythgoreern als von nahezu unzerstörbarer Loyalität und es begegnen hier in Gestalt eines Lysis und Euryphamos oder eines Damon und Phintias *mutatis mutandis* wieder ähnlich legendäre Freundespaare wie sie schon das Epos vorgestellt hatte.[22] Auf der Bühne der Tragödie werden diese Impulse weitergeführt. So hat man längst gesehen, dass für das Ergehen des sophokleischen Helden gerade auch sein Eingebundensein bzw. Herausfallen aus freundschaftlichen Beziehungen von zentraler Bedeutung ist.[23] Und just Euripides, der den Menschen und damit auch seine φιλία in besonders radikaler Weise aus metaphysischen Beziehungen gelöst hat, zitiert mehrfach das pythagoreische κοινά τὰ τῶν φίλων.[24] Schon zu diesem, aus der Perspektive eines Synesios, frühen Zeitpunkt bezeugt die Tragödie damit die Existenz einer Art ‚Grundsubstrat des Sprechens über Freundschaft', das unter weitgehender Loslösung von seinen Herkunftskontexten nahezu universell einsetzbar wird.

Im Bereich der Philosophie ist, wie bereits angedeutet, umgekehrt das Aufnehmen populärer oder als populär verstandener Dichtungsworte die Regel. So findet sich der Sokrates des platonischen *Lysis* nach all den in seiner eigenen, schillernden Verwendung des Wortes φίλος (‚Freund') begründeten begrifflichen Problemen und dem Versuch einer Gleichsetzung von φιλία (‚Freundschaft') und ἐπιθυμία (‚Verlangen, Begierde') schließlich bei dem Konzept der οἰκειότης (‚Vertrautheit') mit ihrem Bezogen-

---

20 Diogenes Laertios (VIII 10) zitiert den Historiker Timaios (*FGrHist* 566) als Gewährsmann dafür, dass Pythagoras ‚Freundschaft' als erster so bestimmt habe (Εἶπέ τε πρῶτος,..., κοινὰ τὰ φίλων εἶναι καὶ φιλίαν ἰσότητα), ebenso für den κοινά-Topos Porphyr. *Vit. Pyth.* 33, ebd. das ἄλλον-ἑαυτόν-Motiv, s. zu letzterem auch Arist. *NE* IX 4 p. 1166a31, Plut. *De amic.mult.* 93E sowie Otto 1890, 25f. (*s.v. animus*). Zum Fortleben des ἰσότης-Modells s. Fürst 1996, *Appendix 3* (‚Gleichheit als Basis von Freundschaft').

21 S. Iambl. *Vit. Pyth.* 237: „Wie es heißt, versuchten die Pythagoreer auch unbekannterweise Menschen, die ihnen noch nie zu Gesicht gekommen waren, Freundesdienste zu leisten, wenn sie aus einem sicheren Zeichen schließen konnten, dass sie Gesinnungsgenossen waren. Solche Werke bestätigen das Wort, dass rechte Männer, auch wenn sie sehr weit voneinander auf der Erde wohnen, Freunde sind, noch ehe sie sich kennengelernt und miteinander gesprochen haben." (Übers. von Albrecht in von Albrecht u.a. 2002).

22 Zu Lysis und Euryphamos s. Iambl. *Vit. Pyth.* 185, zu Damon und Phinthias, den Freunden der berühmten ‚Bürgschaft' gegenüber Dionysios II., s. Aristoxen. Fr. 31 Wehrli, beide Geschichten bespricht Riedweg 2002, 56f. 58–60.

23 S. M. Wh. Blundell, *Helping Friends and Harming Enemies. A Study in Sophocles and Greek Ethics*, Diss. Berkeley 1984 (Cambridge 1989), hier v.a. 260–273 zu Soph. *Philoct.*

24 Vgl. mit White 1992, 20, Konstan 1997, 58–63 Eur. *Orest.* 735, *Phoen.* 243. Bei Konstan ebd. auch eine Einordnung in die politischen Umstände, die wir hier nicht vornehmen können.

sein auf das πρῶτον φίλον (‚erste liebe') wieder.[25] Aristoteles schließlich konzentriert seine Ausführungen über die φιλία als Tugend weit stärker auf deren Interaktionscharakter.[26] Er betont vor allem die Notwendigkeit, Freunden mit Taten beizustehen, ihre Freuden und ihren Kummer zu teilen. Letzteres beschränkt die Zahl der möglichen Freunde, Aristoteles lehnt, wie bemerkt, die πολυφιλία ab (und zitiert bei dieser Ablehnung Hesiod),[27] sagt Grundlegendes über die gegenseitige Bedingtheit von Selbst- und Freundesliebe und fügt schließlich in seine Ausführungen eine Passage ein, die an die gnomenhafte Reihung bei Theognis erinnert. Ausdrücklich werden hier (die uns großteils schon bekannten) Sprichwörter als Bestätigung der eigenen Ansichten zitiert: Freunde haben „eine Seele (μία ψυχή)", „Freunden ist alles gemeinsam (κοινὰ τὰ τῶν φίλων)", „Gleichheit ist Freundschaft (ἰσότης φιλία)".[28]

Spätestens an dieser Stelle wird klar, dass selbst auf philosophisch hohem Niveau ein Sprechen über Freundschaft schon zu Zeiten eines Aristoteles kaum mehr möglich ist, ohne stets einen bestimmten Vorrat an prägnant gefasstem gnomischem Wissen mit zu berücksichtigen. In den Schulen des Hellenismus wird das Schreiben *Über Freundschaft* selbst zu einem Standardthema. Entsprechende Schriftentitel finden sich nicht nur für Mitglieder von Akademie und Peripatos, sondern in reichem Maße auch für die Stoa.[29] Die hier neu eingebrachten Schlagworte lauten ὁμόνοια (‚Gleichgesinntheit') und συμφωνία (‚Zusammenklingen', etwa: ‚Übereinstimmung'). Die Konzepte beziehen sich dem entsprechend schwerpunktmäßig auf größere soziale Kontexte, weniger auf die Freundschaft zwischen zwei Individuen.[30] Im epikureischen Schrifttum findet sich wiederholt ein hohes Lob der Freundschaft; φιλία gehört zu den zentralen Werten auch dieser philosophischen Schule.[31]

---

[25] S. o. Anm. 10 sowie Plat. *Lys.* 219d1 (πρῶτον φίλον). Weitere wichtige Einlassungen zum Freundschaftsthema finden sich in *Phaedr.*, *Symp.*, aber auch in *Gorg.* (507e2–508a8. 510b2–d3), *Rep.* und *Leg.* Für die Stellen sowie die überaus reiche Forschung, die im Falle Platons besonders heftig um eine Abgrenzung zwischen φιλία und ἔρως ringt, s. Dirlmeier 1931, 58–75, Fürst 1996, 64–77 mit Anm. 179. 181.

[26] Kernstück der aristotelischen Freundschaftslehre bleiben *NE* VIII. IX und *EE* VII. S. zur auch hier äußerst zahlreichen Literatur wiederum Konstan 1997, 67–77 (ebd. 67–72 zu den von Aristoteles unterschiedenen Arten von Freundschaft), Fürst 1996, 77–115.

[27] Hes. *Op.* 715 in Arist. *NE* IX 9 p. 1170b21, s.a. o. Anm. 15.

[28] S. Arist. *NE* IX 8 p. 1168b7–9. Eine ähnlich kataloghafte Beschreibung von ‚Freundschaft' findet sich auch in *Rhet.* II 4 p. 1380b34–1381b37.

[29] Für den Textbestand s. Bohnenblust 1905; zum stoischen Freundschaftsbegriff White 1992, 29–31, Pizzolato 1993, 80–88, Konstan 1997, 113f., Fürst 1996, 126–130.

[30] S. für die Belege Fürst 1996, 127.

[31] Schon *sent.* 27 und 28 der Κύριαι δόξαι betreffen die Freundschaftsproblematik (Epikur betont v.a. den Nutzen als Konstituens von Freundschaften), für weitere Belege s. wiederum Fürst 1996,130–135, ebd. Anm. 387 für die grundlegende Literatur, Konstan 1997, 108–113. Hier stellt die Arbeit Philodems noch einmal einen großen Fortschritt dar, vgl. hierzu C. E. Glad, „Frank Speech, Flattery, and Friendship in Philodemus", in: Fitzgerald 1996, 21–59.

Für den lateinischen Sprachbereich wird Cicero noch einmal die Traditionslinien bündeln.[32] Für die griechischsprachige Welt schaffen zumal die platonisch denkenden Autoren der frühen und hohen Kaiserzeit (Plutarch, Maximus von Tyros) eine gewisse Kontinuität bis in die Zeiten des Synesios.[33] Im Neuplatonismus schließlich bekommt die Diskussion um die φιλία noch einmal neuen Schwung. Gerade neuplatonische Autoren sind es nämlich, die sich von den pythagoreischen Freundespaaren fasziniert zeigen: So sind es eben Jamblich und Porphyrios, die an Damon und Phinthias erinnern.[34] Porphyrios zeichnet seinen verehrten Lehrer Plotin auf der Höhe seines Wirkens als Mittelpunkt eines Kreises von Freunden und in der Todesstunde als von eben diesen Freunden fast völlig verlassen.[35] Schon bei Plotin selbst freilich war das Nachdenken über Freundschaft auch in ein gewisses Spannungsverhältnis zum Weg des Einzelnen hin auf das Ziel allen Philosophierens geraten; die soziale Komponente des Freundschaftsgeschehens scheint teilweise die Konzentration auf das Eine eher zu stören.[36] So nimmt es nicht Wunder, dass schließlich bei Hierokles und Simplikios, die beide auch über Freundschaft geschrieben haben, innerhalb des Platonismus die Begeisterung für den Gegenstand merklich nachgelassen hat; beide schreiben aber nochmals Stränge vorgängiger, auch nicht-platonischer Traditionen in den platonischen Freundschaftsdiskurs ein.[37]

1.2. Zur Theorie des Freundschaftsbriefs

Tritt man von dem damit nur recht umrisshaft skizzierten Material ‚Über Freundschaft' einen Schritt zurück, so stellt man fest, dass ein Teil der immer wieder verwendeten zentralen *Topoi* (‚eine Seele', ‚alles gemeinsam', ‚befreundet, auch wenn man sich nicht kennt' etc.) bereits *per se* eine gewisse Affinität zu zentralen Aussagen der Antike über den Brief sowie dessen

---

[32] Vgl. Fürst 1996, 138–180. ebd. 145–165 ein Überblick über Aufbau, Inhalt und Forschung zum *Laelius*.

[33] S. o. Anm. 16.

[34] S. o. Anm. 22. Zum neuplatonischen Freundschaftsbegriff, der vor allem auf Elementen aus Empedokles (νεῖκος/φιλία) und Platon (v.a. *Symp*. 209c2–7, *Tim*. 32C) gründet, s. grundlegend zu Plotin W. Beierwaltes, „Plotins Begriff des Geistes", in: ders., *Das wahre Selbst. Studien zu Plotins Begriff des Geistes und des Einen* (Frankfurt a. Main 2001) [16–83] 71–80.

[35] S. Porphyr. *De Vita Plot*. 7 (für den Schülerkreis) et passim. 2 und 23 (zu den Todesumständen).

[36] S. z.B. mit White 1992, 42f. Plot. *Enn*. I 4,15,21, wo der wahre Weise keine Freunde zu benötigen scheint.

[37] S. White 1992, 43, Pizzolato 1993, 202–204, zu Hierokles' Kommentar zum *Carmen aureum* bzw. Simplikios' Kommentar zu Epiktets *Encheiridion*, die beide Einlassungen zur Freundschaft enthalten (v.a. *In carm.aur*. 6, 1–7,14 Köhler., *In Epict. ench*. 82,47–91,23 Dübner) s. Fürst 1996, 43–51.

Verwendungszwecken besitzt. Linien lassen sich hier ziehen zum Brief, der als ‚eine Seite des Dialogs' eine gewisse seelisch-intellektuelle Nähe zwischen Sender und Adressaten errichtet, hin zum Brief, der ‚Anwesenheit trotz Abwesenheit' ermöglicht (παρουσία-ἀπουσία-Topos)[38] und schließlich auch zu derjenigen Variation der *formula valetudinis*, in der auch dem Absender unbekannte Personen in die guten Wünsche mit eingeschlossen werden, da sie dem Empfänger φίλοι (‚befreundet') seien. An diesem Punkt wird das horizontale Netzwerk, das φιλία-Beziehungen mittels Kommunikation durch (hier:) Briefe aufrechterhält bzw. errichtet besonders unmittelbar greifbar, da im Einzeltext selbst ausschnitthaft abgebildet.[39] Dem entsprechend finden sich in vielen der uns erhaltenen Briefsammlungen Schreiben, die von der modernen Forschung als ‚philophronetisch' bezeichnet werden, also Briefe, deren meist einziger Zweck und Inhalt darin besteht, die freundschaftlichen Beziehungen zwischen Empfänger und Adressaten zu konstituieren bzw. fortzusetzen und einander so der gegenseitigen φιλία zu versichern. Ein unmittelbar pragmatisch-lebenspraktisches Anliegen *können* solche Schreiben gleichsam als Zugabe mit enthalten, erforderlich ist dies aber nicht. Die soziale Bedeutung, die derartigen Schreiben in einer Welt ohne die modernen Kommunikationsmittel zukam, kann kaum überschätzt werden. Dem entsprechend ist es nicht erstaunlich, dass sich in den Werken zur Theorie des Briefs auch ein eigener Typus philophronetischen Schreibens, eben der des ‚Freundschaftsbriefs' findet.[40]

Noch in dem (vermutlich) spätesten uns erhaltenen brieftheoretischen Werk, den Ἐπιστολιμαῖοι χαρακτῆρες (etwa ‚Arten von Briefen') des sog. Pseudo-Libanios (4./6. Jh. n. Chr.?)[41] findet sich eine kurze Zeile zu den ‚freundschaftlichen' Briefen (φιλική *sc.* ἐπιστολή). Freilich heißt es dort lediglich lapidar (*Epist. char.* 11):

> „‚Freundschaftlich' (φιλική) nennt man (*sc.* diejenige Art Brief), durch die wir ohne weitere Zutat ausschließlich unsere Freundschaft zum Ausdruck bringen (δι' ἧς φιλίαν ψιλὴν ἐμφαίνομεν μόνον)".

Dies für die Beschreibung oder gar Anempfehlung einer schlichten Herzensergießung zu halten, hieße den Befund der uns erhaltenen Briefsammlungen verkennen, in denen sich zwar auch überschwengliche Sympathiebekundungen, ebenso oft aber relativ nüchterne Formen der pragmati-

[38] Vgl. zu den genannten Punkten o. S. 17f.

[39] Die Netzwerkmetapher begegnet häufig, wenn es darum geht, die im Sinne von φιλία zumal durch Briefe entworfenen Sozialgefüge zu beschreiben, s. z.B. Rebenich 2008, 11 mit Anm. 2 (grundlegende Literatur).

[40] Die zentralen antiken Schriften zur Theorie des Briefs sind bequem zugänglich in Malherbe 1988, wonach ich die im Folgenden benutzten Texte zitiere; die deutschen Übersetzungen sind von mir.

[41] S. Malherbe 1988, 5f. 66–81.

schen Kontaktpflege finden. Der Verfasser denkt hier vielmehr ganz offensichtlich an eine Art ‚Reinform' des philophronetischen Briefs. Dies zeigt auch der von ihm beigefügte Musterbrief (58. φιλική): Auf eine kurze Einleitungsphrase (‚viele können meinen Brief transportieren'), in die ein Kompliment an den Adressaten eingeflochten ist (Erwähnung von dessen ‚Klugkeit', ἀγχίνοια), folgt unmittelbar eine religiös überhöhte, gnomische Abwandlung des *Parousia*-Topos.[42] Weiteres erfährt man zum Freundschaftsbrief nicht.

Es sind aber immer wieder Freundschaftstopoi oder Anreden an Freunde, die in die Musterbriefe des Ps.-Libanios vor allem dort einfließen, wo die je behandelte Briefart eine freundschaftliche Beziehung bedingt: So beruft sich unser Briefsteller etwa bei einem Schreiben, das eine Forderung enthält (54. παρακλητική) darauf, dass „wahre Freunde den gegenseitigen Bitten nachkommen" [43] und in einer ähnlichen Wendung schließt auch der ‚sympathetische' Musterbrief (65. συμπαθητική):

> „Gar sehr war ich in meiner Seele betrübt, als ich hören musste, welch schreckliche Begebenheiten Dich betroffen haben, und ich flehte das Göttliche an, dass es Dich von diesen freisetzen möge. Denn Freunde müssen für ihre Freunde beten, dass sie immer frei von Übeln seien (φίλων γάρ ἐστιν εὔχεσθαι τοὺς φίλους ἀεὶ κακῶν ἐλευθέρους εἶναι)."

Diese Wiederaufnahmen der Freundschaftsthematik bei der Behandlung anderer Arten von Briefen weisen darauf hin, dass Ps.-Libanios den Freundschaftsbrief *suo iure* wohl auch deshalb so kurz abhandelt, da er für ihn die allgemeinste Beschreibung einer weiter ausdifferenzierten Form darstellt. Je nach Anlass konkretisiert sich diese in Aufforderungen, Mitleidsbekundungen etc.[44] ‚Freundschaft' ist in dieser Hinsicht für den Briefsteller eine Art ‚allgemeinster Nenner', auf den die positive Zuwendung des einen Briefpartners zum anderen gebracht wird.[45]

---

[42] So Ps.-Lib. *Epist. char.* 58: „Da mir erfreulich viele, tüchtige Beförderer für mein Schreiben zur Verfügung stehen, richtet sich mein Eifer darauf, das Wort an Dich klugen Kopf zu richten. Denn fromm ist es, wahre Freunde, wenn sie anwesend sind, in Ehren zu halten, wenn sie aber abwesend sind, das Wort an sie zu richten (παρόντας μὲν τιμᾶν, ἀπόντας δὲ προσερεῖν)." Der παρουσία/ἀπουσία-Topos wird witzig umspielt, indem die angemessenen Verhaltensweisen vertauscht sind, da man *realiter* bzw. ohne die Kommunikationsmöglichkeit des Briefs natürlich nur Anwesende ‚ansprechen' und ihnen in Abwesenheit ‚Respekt bezeugen' kann.

[43] Ps.-Lib. *Epist. char.* 54: „Schon lange halte ich Deine heilige Person aller Wertschätzung für würdig (ἠξίωσα); jetzt halte ich es für angemessen (auch: ‚bitte ich darum', ἀξιῶ), folgendes zu erlangen und bin sicher, dass ich es auch erlangen werde. Denn es ist recht, wahren Freunden (γνησίους φίλους) ihre Bitten zu erfüllen, zumal, wenn diese Bitten nichts Schlechtes an sich haben."

[44] S. für weitere Beispiele *Epist. char.* 63. μεταμελητική, 66. θεραπευτική, 67. συγχαριστική, 70. ἀντεπισταλτική.

[45] Dabei ist der Rekurs auf φιλία nicht auf Schreiben ‚freundlicher' Zuwendung beschränkt. Auch bei ‚un-freundlichen' Briefarten ist Freundschaft, dann meist als verfehlter, eigentlich wünschenswerter Zustand, häufig gegenwärtig, s. *Epist. char.* 56. εἰρωνική, 73. ὑβριστική, 80. διαβλητική, 90. λυπητική, 92. μικτή.

Differenzierter und deshalb für unsere Zwecke hilfreicher sind die Ausführungen, die sich in der sicherlich früheren, ebenfalls nicht unter dem Namen ihres tatsächlichen Verfassers überlieferten Schrift, wiederum eines (mit dem in der Einführung genannten, nicht identischen) Demetrios finden. Für sein kleines Werk über Briefe, die Τύποι ἐπιστολικοί (,Brieftypen'), schwanken die Datierungen beträchtlich (2. Jh. v. Chr. bis 3. Jh. n. Chr.),[46] doch kann es, selbst bei Annahme des spätesten Datierungsansatzes Synesios bekannt gewesen sein. Auch der Verfasser dieser Schrift bietet eine ,Typologie' der Briefformen, doch ist für ihn, im Unterschied zu dem späteren Ps.-Libanios, der Freundschaftsbrief *per se* von zentraler Bedeutung. Er behandelt ihn nicht nur an erster Stelle (nach der kurzen Einleitung), sondern auch besonders ausführlich. Bei ihm liest man (Ps.-Dem. *De forma epist*. 1,1–9):

> „Der freundschaftliche (sc. Brieftypus) (φιλικός *sc.* τύπος) ist derjenige, der der äußeren Form nach von einem Freund an einen Freund geschrieben ist (ὁ δοκῶν ὑπὸ φίλου γράφεσθαι πρὸς φίλον). Das heißt nun nicht, dass nur tatsächliche Freunde von diesem Typus Gebrauch machen. Oftmals (πολλάκις) nämlich erwartet man von Leuten in verantwortungsvollen Positionen (ἐν ὑπάρχοις κείμενοι), dass sie, sei es gegenüber niedriger gestellten Personen, sei es gegenüber Gleichrangigen, mittels freundschaftlicher Briefe ihren Einfluss geltend machen, z.B. bei Kommandanten (στρατηγούς) [*es folgen weitere mögliche Adressaten*] ... . Bisweilen geschieht dies dann ohne persönliche Kenntnis des Adressaten, gerade nicht deswegen, weil den Schreibenden die Adressaten vertraut wären und so ohnehin nur eine einzige Art schriftlichen Verkehrs zur Auswahl stünde, sondern weil sie denken, dass niemand sie zurückweisen werde, wenn sie nach Art eines Freundes (φιλικά) schreiben ... . Kurzum: Diesen Typus des Briefs nennt man ,freundschaftlich', so als ob ein Freund an einen Freund schreibe (τύπος ... ὡς πρὸς φίλον γραφόμενος)."

Es folgt noch das auch bei Ps.-Demetrios übliche Musterschreiben in Kurzform, das über den *Parousia*-Topos (,nur körperlich sind wir getrennt, seelisch jedoch vereint'), den Verweis auf ein gemeinsames Aufwachsen (,nie vergesse ich unsere gemeinsamen Kindertage', συναναστροφή) sowie die Verdienste des Schreibenden um das Wohlergehen und Fortkommen des Empfängers, hin zu dessen daraus resultierenden Verpflichtungen gegenüber dem Schreibenden führt. Dem Adressaten wird die Familie des Schreibenden anempfohlen; die Bitte um ein Schreiben vonseiten des Empfängers beschließt den Brief.[47]

---

[46] S. Malherbe 1988, 4. 30–41. Eine Datierung ist hier nahezu unmöglich, da der Text Spuren trägt, die, wie bei einer derart ,handbuchhaft' reihenden Abhandlung nicht erstaunlich, eine oder mehrere Phasen späterer Ergänzung bzw. Überarbeitungen nahelegen; so bereits L. Brinkmann, „Der älteste Briefsteller" *RhM* 64 (1909) 310–317, Keyes 1935, 28–32, Koskenniemi 1956, 54f.; Thraede 1970, 26 nimmt einen ursprünglichen Kern vor der Zeitenwende an, ihm folgt Malherbe a.a.O. 4.

[47] Ps.-Dem. *De forma epist*. 1,10–17: „Auch wenn ich gerade sehr weit von Dir entfernt bin, erleidet dies doch nur mein Körper. Denn niemals könnte ich Dich vergessen, nicht, wie wir beide von frühester Jugend an ohne Fehl und Tadel miteinander aufgezogen wurden (τῆς γεγονυίας ἡμῖν ἐκ παίδων συναναστροφῆς). Von mir weiß ich, dass alles, was

Bemerkenswert an den Ausführungen des Ps.-Demetrios ist, einen wie hohen Grad an formalisiertem Gebrauch von Freundschaftsbriefen er bezeugt: Wie ‚ein (tatsächlicher) Freund an einen Freund' schreibt, wird hier als bekannt vorausgesetzt. Gemeint ist damit offenbar ‚auf Grundlage der Tatsache, dass *realiter* eine Freundschaft besteht' und dies ist auch in dem kurzen Musterbrief umgesetzt. Dieser ist zwar durch die Rhetorisierung mittels einer Aneinanderreihung von *Topoi* auch stark standardisiert, setzt aber durch den Verweis auf das gemeinsame Aufwachsen und vor allem die Bitte, sich der Familie des Schreibenden anzunehmen, mindestens eine persönliche Bekanntschaft voraus.

Trotzdem handelt der größere Teil der theoretischen Ausführungen des Ps.-Demetrios von dem übertragenen Gebrauch von Freundschaftsbriefen: Oftmals, so versteht man, wird lediglich deshalb die Form des freundschaftlich-vertrauten Briefverkehrs gewählt, weil sich der Schreibende dadurch eine größere Zugänglichkeit des Adressaten und somit eine verstärkte Effizienz seines Schreibens erwartet (vgl. obiges Zitat). Der Tonfall des Ps.-Libanios erweckt den Eindruck einer mindestens allgemein üblichen, vielleicht sogar inflationär gebrauchten Praxis (vgl. ‚oftmals... erwartet man') der ‚höheren Kreise' (vgl. ἐν ὑπάρχοις κείμενοι).[48] Dies ist deswegen bemerkenswert, weil die damit für den Freundschaftsbrief eröffnete Zweiteilung (‚genuiner Typus' / ‚weitere, übertragene Verwendungsformen') in dieser Ausführlichkeit bei den restlichen Brieftypen nicht vorkommt.

Nur bei dem unmittelbar im Anschluss abgehandelten *typos* ‚Empfehlungsschreiben' (συστατικὸς *sc.* τύπος) findet sich ein vergleichbares ‚als ob' der durch den Brief vorgegebenen persönlichen Beziehungen. Ein ‚übertragener' Gebrauch, der einen ‚eigentlichen' nahezu verdrängt, wird hier aber nicht angenommen.[49]

Dies gilt unterschiedslos für die weiteren Brieftypen, sowohl diejenigen, die dem Freundschaftsbrief im Blick auf die genuin anzusetzende Relation der Briefpartner besonders nahe stehen als auch für diejenigen Typen, bei denen ein übertragener oder uneigentlicher Gebrauch ähnlich naheliegend wäre: So enthält etwa der Musterbrief des beratenden Typus (11.

Dich betrifft, mir ehrlich angelegen ist und ich mich, noch bevor Du darum bitten konntest (ἀπροφασίστως), ganz in den Dienst Deines Nutzens gestellt habe; und so bin ich nun der Annahme, dass Du im Hinblick auf mich dieselbe Haltung hast und mir nichts versagen wirst. Also wirst Du gut daran tun, Dir ohne Unterlass die Mitglieder meines Haushalts angelegen sein zu lassen, damit Sie in nichts Mangel leiden, und ihnen in allem, dessen sie je bedürfen, zur Seite zu stehen und uns zu schreiben, wofür Du Dich je entscheidest."

[48] Dieser Eindruck wird dadurch unterstützt, dass im Anschluss Empfehlungsschreiben behandelt werden (*De forma epist.* 2,18–26), deren Charakterisierung eine gewisse strukturelle Nähe zum Freundschaftsbrief aufweisen (s. die folgende Anm. 49) und, wie uns die erhaltenen Sammlungen zeigen, eben diese tatsächlich überaus zahlreich verfasst wurden.

[49] S. Ps.-Dem. *De forma epist.* 2,18–20, zitiert u. Anm. 98.

συμβουλευτικὸς *sc.* τύπος) zwar einen Ratschlag über das Schließen von Freundschaften,[50] eine Übertragung der ursprünglichen Form, beispielsweise im Sinne eines ‚Rats als Selbstauskunft' kommt aber nicht in den Blick. Ähnlich wird bei den ‚lobenden' Briefen (10. ἐπαινετικὸς *sc.* τύπος) nirgends angedeutet, dass diese auch im Sinne einer Art ‚Fürstenspiegel' fungieren können.[51] Für beides besitzen wir prominente Beispiele aus früherer Zeit, die Ps.-Demetrios sicherlich gekannt hat.[52] Trotzdem scheint ihm die Verselbständigung der Form nur im Falle des Freundschaftsbriefs erwähnenswert.

Zusammenfassend lässt sich somit festhalten, dass der Freundschaftsbrief in den beiden uns (nahezu) vollständig erhaltenen Werken zur Brieftheorie eine zentrale Stellung einnimmt, sich Ansätze zeigen, ihn nach Maßgabe des konkreten Anlasses weiter auszudifferenzieren und eine Übertragung seines Formats auf weitere Gelegenheiten als geläufige Praxis eigens erwähnt wird. Die auf den Freundschaftstypus bezogenen Musterbriefe[53] machen deutlich, dass gerade der Freundschaftsbrief reinster Ausprägung (vielleicht: entgegen modernen Erwartungen) einem besonders hohen Maß an Rhetorisierung unterlag: Auch dort, wo der Brief ausschließlich dem Kontakterhalt zwischen zwei Personen diente, i.e. kein anderer Anlass Gegenstand des Briefs sein sollte als eben die Kontaktaufnahme oder -fortführung durch diesen selbst, lag es nahe, die brieftypischen *Topoi* mit den der Freundschaft gewidmeten *Gnomen* der Tradition in kunstvoller Formulierung zu einem Ganzen zu verweben, das sowohl die rhetorische Gewandtheit des Schreibenden auswies als eben damit auch dem Empfäger direkt oder indirekt ein Kompliment aussprach.

Synesios kennt die damit umrissenen inhaltlichen und formalen Traditionslinien, macht jedoch auf spezifische Weise von ihnen Gebrauch. Bei ihm findet sich nämlich weder eine eigene Abhandlung zur Freundschaft oder auch nur eine längere Passage in einem der philosophischen Werke,

---

[50] S. Ps.-Dem. *De forma epist.* 11,23–25: „...auch wenn Du nicht sehr viele zu Deinen Freunden machen kannst, kannst Du Dich doch gegenüber allen maßvoll und menschenfreundlich (μετρίως...καὶ φιλανθρώπως) verhalten."

[51] S. Ps.-Dem. *De formae epist.* 10,14f.: „Um einen (Brief) des lobenden (*typos*) handelt es sich, wenn wir jemandem angesichts dessen, was er getan hat oder zu tun vorhat unsere ermunternde Zustimmung zusprechen". Auch hier setzt der Musterbrief eine bereits etablierte, positive gegenseitige Beziehung voraus, s. Ps.-Dem. *De forma epist.* 10,16–18, zitiert u. Anm. 94.

[52] So nutzt etwa der Sprecher der *Demosthenes-Briefe* seine Schreiben ‚An Rat und Volk von Athen' zur ausführlichen Selbstaussage eines Exilierten, vgl. v.a. *Dem.ep.* 2 mit dem Kommentar von Goldstein 1968. In den unter Isokrates' Namen überlieferten Briefen finden sich manche Elemente des *Euagoras* wieder, in *Isocr.ep.* 3,6 wird neben den politischen Ratschlägen explizit auf den *Panegyrikos* verwiesen, s. hierzu L. van Hooks (Hg.), *Isocrates in three volumnes. III. With an English translation* (Cambridge, Mass. / London 1986) Anm. zur Stelle.

[53] S. o. Anm. 42. 47.

die ausschließlich der theoretischen Auseinandersetzung mit der φιλία gewidmet wäre.[54] Lediglich in den Briefen spielt die φιλία durchgängig eine prominente Rolle. Dies hat man stets gesehen, jedenfalls in dem Sinne, dass es just die Briefe waren, mittels derer zumal die ältere Forschung Synesios' Freundeskreise, ihre Überschneidungen und Exklusivitäten rekonstruierte:[55] Den besonders engen Kreis der Freunde um Hypatia sowie der Studienkollegen Herkulianos und Olympios,[56] dem auch der Bruder des Synesios angehörte; die von gemeinsamen literarischen Interessen dominierten Beziehungen wie etwa die zu dem schriftstellerisch tätigen Pylaimenes;[57] oder den etwas weiteren der freundschaftlichen Beziehungen in die Hauptstadt.[58] Ausführlichere Behandlungen des Freundschaftsthemas *per se* finden sich mit Blick auf Synesios in der Forschung freilich kaum.[59] Dies wird wohl auch durch die Quellenlage bedingt: Theoretisch-konzeptionelle Einlassungen des Synesios zum Freundschaftsthema besitzen wir auch in den Briefen kaum, galt es doch, wie nun schon des öfteren erwähnt,[60] für den antiken Verfasser eines Briefs (jenseits der formalen philosophischen Lehrepistel) als unpassend, philosophische Fragestellungen auf höherem theoretischen Niveau in größerem Umfang zu verhandeln. Es bleibt also nur, die über das Brief-Corpus verstreuten Einzelbemerkungen zu sammeln und auszuwerten.

---

[54] Nur in *De reg.* treten die φίλοι des βασιλεύς gleichsam als Kulisse des Geschehens am Hofe kurz in Erscheinung, s. *De reg.* 11,1. 12,1–13,1. An der zweiten Stelle begegnet die ‚Freundschaft' im alten rhetorischen Topos des Gegensatzes zwischen ‚Schmeichelei und Freundschaft' (κολακεία *vs.* φιλία); zu diesem Motiv ausführlich D. Konstan, „Friendship, Frankness and Flattery", in: Fitzgerald 1996, 7–18.

[55] S. Crawford 1901, Kapitel 11 (‚The friends of Synesius'), Grützmacher 1913, Kapitel 4 (‚Die Freunde des Synesios aus seiner alexandrinischen Studienzeit'). 8 (‚Der Freundeskreis des Synesios in Konstantinopel').

[56] Herkulianos und Olympios hatten zusammen mit Synesios bei Hypatia studiert. Herkulianos, Empfänger der *Epp.* 137–46 (hierzu Schmitt 2001, 497–563) war in Alexandria und bei der Philosophie geblieben, s. *PLRE II* 545 *s.v.* ‚Herculianus, philosopher (at Alexandria)'. Zu Olympios, Empfänger der *Epp.* 44. 96–99. 133. 148. 149 (s. Schmitt 2001, 610–617), s. *PLRE II* 800f. *s.v.* ‚Olympius 1'. Beispiele für Briefe an sie u. S. 104f.

[57] Pylaimenes, Empfänger der *Epp.* 50. 61. 71. 74. 88. 100–103. 129. 131. 134. 150–153 (hierzu Schmitt 2001, 388–496) ist uns außerhalb der Briefe des Synesios nicht fassbar (s. o. *Einf.* Anm. 92 sowie *PLRE II* 931 *s.v.* ‚Pylaemenes'): Synesios hat den Anwalt offenbar in Konstantinopel kenngelernt und hielt zu ihm auch nach seiner Rückkehr Kontakt, da dieser seine rhetorischen und philosophischen Interessen (s. v.a. *Ep.* 71) teilte. Zu einem Brief an ihn s. u. S. 105.

[58] Gut fassbar aus dem konstantinopolitanischen Bekanntenkreis des Synesios ist uns als Adressat der *Epp.* 26. 73. 91. 112. 118 und 123 (s. Schmitt 2001,412–422) Troilos, der dort als Sophist tätig war und vielleicht auch höhere Ämter bekleidete, s. *PLRE II* 1128 *s.v.* ‚Troilus 1'. Beispiele für Briefe an ihn s. u. Anm. 62 und S. 103f.

[59] Eine Ausnahme stellt White 1992, 98–110 dar, die nahezu alle Stellen, in denen sich Synesios in den *Epp.* zur Freundschaft äußert, behandelt; ihre Ausführungen habe ich in *2.1* durchgängig mit herangezogen.

[60] S. o. S. 17 sowie o. Anm. 7 zu *Ep.* 104 und Anm. 23 zu *Ep.* 43.

2. Freundschaft bei Synesios

2.1. Freundschaft und Freundschaftsbrief in der Briefsammlung des Synesios

Dass Freundschaft für den Synesios der Briefe einen hohen Wert darstellt, macht schon die eingangs aus *Ep.* 43 zitierte Bemerkung klar. Ihr lassen sich zahlreiche, ähnlich programmatische Bemerkungen an die Seite stellen, wie etwa das Sprechen von der φιλία als ‚ausgezeichneter Sache (ἀγαθὸν πρᾶγμα)' in einem Schreiben an den Kindheitsfreund Auxentios,[61] die Ansicht, dass Freunde ‚das größte Geschenk Gottes an einen Menschen' seien[62] oder die Versicherung, dass der Studienfreund Olympios „viele Männer, die besser seien als Synesios" finden werde, „aber keinen Dir mehr zugetanen Freund".[63] Dem entsprechend finden sich gerade unter den kürzeren Briefen zahlreiche, die sich unter der Überschrift ‚philophronetische Freundschaftspflege' subsumieren lassen.

Versucht man die dergestalt immer wieder beschworene ‚Freundschaft' inhaltlich genauer zu fassen, so bemerkt man zunächst die nahezu stets gegenwärtige religiös-metaphysische Überhöhung der Freundschaftsbeziehungen. Oft geschieht dies lediglich durch die Anrede ἱερὴ κεφαλή (‚heiliges Haupt', durch ihren überaus häufigen Gebrauch in spätantiken Briefen ist sie im Hinblick auf die realen Gegebenheiten wenig signifikant).[64] Nicht selten benutzt Synesios auch einen Anrufungsgestus nach Art eines „Beim Gott der Freundschaft, der mir und Dir gemeinsam ist".[65] Rückführen lässt sich die Vorliebe für diese Ausdrucksweise wohl unter anderem

---

[61] Auxentios, den Empfänger von *Epp.* 60 und 117, kennen wir ansonsten nicht. In *Ep.* 60 benutzt Synesios die φιλία-Thematik als Rahmen, indem er dem Adressaten zu Beginn einen Verstoß gegen selbige vorwirft und auch mit einer entsprechenden Paränese schließt (Z. 14f.): Ἔχου δὴ φιλίας ἀγαθοῦ πράγματος ... .

[62] So in *Ep.* 73 an Troilos (s. o. Anm. 58) (Z. 8f.): τὸ μέγιστον ἀγαθὸν οἱ φίλοι.

[63] Zu Olympios s. o. Anm. 56. An ihn schreibt Synesios in *Ep.* 97,13f.: Βελτίοσι μὲν γὰρ Συνεσίου ἐντεύξῃ πολλοῖς, φιλοῦσι δὲ μᾶλλον οὐκ ἂν ἄλλοις ἐντύχοις. Bei φιλοῦσιν hört man hier die freundschaftliche Verbundenheit mit, da Synesios seinen Adressaten zuvor (Z. 1) als ἑταῖρε τριπόθητε angesprochen hat.

[64] Zu den zahlreichen Belegen bei Synesios s. Anm. 4 zu *Ep.* 34; christliche und pagane Autoren machen nahezu unterschiedslos von ihr Gebrauch, so beispielsweise die drei ‚großen ‚Kappadokier', aber auch Libanios oder Julian, s. z.B. Bas. *Ep.* 118 (II 23, 4 Courtonne), *Ep.* 307 (III 184, 18 Courtonne) (ὦ φίλη κεφαλή), *Ep.* 156 (II 82, 8f. Courtonne) (τιμία κ.), *Ep.* 99, 4 (I 217, 37 Courtonne) (τιμιωτάτη κ.), *Ep.* 112, 1 (II 13, 16 Courtonne) (τὴν θείαν κ.). – Greg. Naz. *Ep.* 32,13 (I 42, 10f. Gallay), *Ep.* 46,1 (I 59,3 Gallay) (ὦ θεία καὶ ἱερὰ κ.). – Greg. Nyss. *Ep.* 4,10 (VIII.2 30,22 Pasquali), *Ep.* 12,5 (VIII.2 44,9 Pasquali) (ὦ φίλη κ.). – Lib. *Ep.* 855,1 Förster, *Ep.* 1036,8 etc. (*pars pro toto* für die gesamte Person: ἡ σὴ κ.), *Ep.* 231,3 (φίλη κ.), *Ep.* 802, 1 (ἡ θεία κ.), *Ep.* 358,1 (τὴν ἱερὰν κ.). – Jul. Apost. *Ep.* 4,428 b p. 14,5 Bidez (ὦ φίλη κ.), *Ep.* 36 p. 63,14 (ὦ πάντα θεία καὶ ἱερὰ κ.).

[65] So beispielsweise *Ep.* 51,2f. (μὰ τὸν Φίλιον τὸν ἐμὸν καὶ σόν), *Ep.* 59,9 (*idem*), *Ep.* 103,1 (*idem*), *Ep.* 129,11 (νὴ τὸν Φίλιον τὸν ἐμόν τε καὶ σόν).

auf den Wunsch, den jeweiligen Briefen platonischen Color zu verleihen.[66] In Variation begegnet die Vorstellung als „Gott, der über unserer Freundschaft wacht"[67] und man hat zurecht darauf hingewiesen, dass eben jene Formulierung an anderer Stelle in unmittelbarer Nähe zu christlichen Inhalten (konkret: einer Anspielung auf eine Passage aus der *Genesis*) benutzt wird.[68] Daraus freilich zu folgern, dass dort der *Zeus philios* im Denken eines (nunmehr zum Bischof gewordenen) Synesios zum christlichen Gott als Wachhaber über die Freundschaft transformiert worden sei, scheint mir nicht zutreffend.[69] Es handelt sich m.E. bei der erwähnten Stelle eher um einen der zahlreichen Fälle, in denen Synesios Paganes und Christliches in unmittelbare Engführung bringt, ohne deshalb beide Bereiche zu vermischen oder gar die pagane Wendung einer impliziten Umdeutung zu unterwerfen.[70]

Eine explizit christliche Fundierung freundschaftlicher Beziehungen findet sich nämlich in der gesamten Briefsammlung nirgends. Die Rückbindung an die unter 1.1 erwähnten paganen Traditionen ist hingegen durchgängig präsent und reicht von den frühesten Ausprägungen des Freundschaftsthemas bei Homer bis hin zu den Ausführungen der Philosophen. So setzt Synesios beispielsweise sich selbst und seinen Freund Troilos[71] durch ein *Ilias*-Zitat mit Achill und Patroklos gleich,[72] er spricht

---

[66] Vgl. beispielsweise *Alc. I* 109d7, wo eben die von Synesios benutzte Formel wörtlich begegnet.

[67] So *Ep.* 143,39: τὸν ἔφορόν σοι φιλίας θεόν, s. zu diesem Brief auch u. Anm. 77.

[68] White 1992, 105 verweist auf *Ep.* 41 (*Gegen Andronikos*, vgl. o. S. 8f.): Z. 44f.: τράπεζα μὲν ἱερὸν χρῆμα δι' ἧς ὁ θεὸς τιμᾶται φίλιός τε καὶ ξένιος: „Ein Tisch ist heilig, da man durch ihn Gott, der Freunde und Gastfreunde beschützt, Ehre erweist" mit dem folgenden Exempel des Abraham aus Gen 18,8: *Ep.* 41,45: καὶ τὸν Ἀβραὰμ ἡ φιλοξενία θεοῦ πεποίηκεν ἑστιάτορα.

[69] White bemerkt a.a.O. (Anm. 68): „...it is interesting to note that it [*sc.* die in Anm. 65 zitierten Formeln] appears later to undergo a slight change so that it can be applied to the God of the Christians ... [*es folgt der Verweis auf Ep.* 41] ... Here God assumes the attributes of Zeus, and Christian an pagan are mingled." White führt a.a.O. die zitierten Anrufungen prägnant auf Ζεὺς φίλιος zurück; mit „slight change" meint sie dementsprechend, dass in *Ep.* 41 (s. Anm. 68) θεός gesetzt wird.

[70] Man wird White 1992, 105 nicht widersprechen wollen, dass man innerhalb eines dezidiert paganen Horizonts bei den Anrufungen von Anm. 65 unwillkürlich ‚Zeus' ergänzt, doch steht dem für *Ep.* 41 der Befund gegenüber, dass auch das dortige Vokabular sowohl innerhalb der Formel als auch in der Anspielung auf Gen ebenso in einem rein paganen Horizont denkbar wäre; zumal das für Abraham gebrauchte φιλοξενία ist in paganer Literatur völlig unauffällig (s. *LSJ s.v.*), begegnet aber in der *Septuaginta* nirgends und im *Neuen Testament* nur an zwei Stellen (Röm 12,13,2, Heb 13,2,1; dazu kommen drei weitere Belege für φιλόξενος). Man hat demnach eher den Eindruck, dass Synesios hier mit traditionell paganem Wortmaterial, Nicht-Paganes ausdrückt, als dass man von einer „Mischung" sprechen könnte. Vergleichbares Vorgehen findet sich in *Epp.* 89. 95 und 105.

[71] S. o. Anm. 58. 62.

[72] So *Ep.* 123, wo erst (Z. 1f.) Hom. *Il.* XXXIII 388f. zitiert wird und dann das mythische Exempel explizit auf Schreiber und Adressaten angewendet (Z. 3–6). Den ersten Vers

davon, dass man wahre Freunde erst in der Not erkenne[73] und nennt einen „ehrlichen und loyalen Freund den wertvollsten Besitz auch für den Mächtigen".[74] Noch wenn er Hypatia in einem Begleitschreiben die Publikation übersandter Schriften anheimstellt, formuliert er das, indem er auf Aristoteles' Aussagen zum Verhältnis von Wahrheit und Freundschaft rekurriert.[75]

Als bloßen rhetorischen Zierrat abtun wird man die metaphysische Überhöhung der Freundschaft dennoch nicht. Ebenfalls durchgängig grundiert Synesios das Freundschaftsthema nämlich mit einem platonisch-pythagoreisierenden Grundton. So stammt für Synesios die Definition des Freundes als eines ‚zweiten Selbst' von Pythagoras persönlich.[76] Er sieht sich mit seinen Freunden aus Studientagen verbunden in der „Vierheit der heiligen Freundschaft" und setzt die Zahlensymbolik im Sprechen von einer „Dreiheit von Männern" fort, die ihm als Einziges von den menschlichen Gütern etwas bedeuteten. [77] Ebenfalls in einem Brief an den Studienfreund Herkulianos[78] (*Ep.* 140) kann Synesios die Verbundenheit durch φιλία sogar noch zu einer Verbundenheit im ἔρως (‚Liebe') nicht irdischer Prägung im Gefolge des platonischen *Symposions* steigern.[79] Und in beiden letztgenannten Briefen ist es stets die Philosophie oder genauer: das sich im gemeinsamen Philosophieren immer noch Verbunden-Wissen, das Synesios nicht nur als Basis der Freundschaft evoziert, sondern sogar zu deren eigentlicher Voraussetzung macht. Besonders deutlich artikuliert Synesios dies in *Ep.* 143 (Z. 34–27):

---

verwendet Synesios auch in *Ep.* 124,1 zum Ausdruck innigster Verbundenheit, muss dort aber die zweite Zeile im Blick auf die Adressatin Hypatia, eine Frau, abwandeln. – Zu dem Freundespaar s. o. S. 90 mit Anm. 7.

[73] S. *Ep.* 8,14f.: ...ἐνταῦθα (*sc.* in schwieriger Lage) τέ τε ἄλλα πάντα καὶ ἀδελφῶν γνῶμαι καὶ φίλων ἐλέγχονται.

[74] *Ep.* 51,2–8, v.a. 5f.: „...denn für einen mächtigen Mann, was könnte da ein schönerer Besitz sein als ein Freund (κτῆμα κάλλιον ἢ φίλος)". Die Wendung wird oft zitiert, so bereits bei Xen. *Cyr.* VIII 7,13 oder wieder bei Dion Chrys. *or.* 1,30. 3,86, Plut. *Quom.adul.* 51B, vgl. Roques 2002, 157 Anm. 6.

[75] S. *Ep.* 154, mit dem *Dion* und *De ins.* übersandt werden (vgl. *Einführung*, Anm. 66): Z. 96f.: „Wenn es [*sc.* das Werk] Dir aber des Gehörs der Griechen unwürdig scheint und Du mit Aristoteles die Wahrheit höher stellst als den Freund (πρὸ τοῦ φίλου τὴν ἀλήθειαν θήσῃ)...". Synesios bezieht sich auf Arist. *NE* I 4 p. 1096a16.

[76] S. *Ep.* 100,16–18. Synesios nennt Pythagoras und stellt sich so explizit in die entsprechende Tradition (s. o. Anm. 20).

[77] S. *Ep.* 143 (*An Herkulianos*),48–50: „Und so gibt es für mich außerhalb Eurer Dreiheit (ἐκτὸς τῆς τριττύος) nichts Menschliches, an dem ich mit mehr Ehrfurcht hinge; und indem ich mich auch selbst dazustelle, mache ich vielleicht die Vierheit (τετρακτύς) der heiligen Freundschaft vollständig."

[78] Zu ihm s. o. Anm. 56.

[79] Vgl. *Ep.* 140 (ebenfalls *An Herkulianos*) mit Plat. *Symp.* 172e sowie o. Anm. 25.

„Wenn Du Dich der Philosophie mit ehrlichem Herzen genähert hast, musst Du die Gesellschaft derer meiden (ἀφίστασθαι κοινωνίας), die ihr nicht die Treue halten".

Eindeutig wird hier durch den Rückverweis auf den κοινωνία-Begriff[80] eine Art pythagoreischer Freundschaftsbund entworfen, der nur in dem Bewusstsein der gemeinsamen Orientierung hin auf die Philosophie Bestand hat. In den Schreiben an Hypatia kann dieser Bund dann tatsächlich auch Synesios offenbar nicht persönlich – in der Denkwelt der Briefe: nur mittelbar durch die Lehrerin – bekannte Personen mit umfassen.[81]

Das pythagoreisch-platonisierende Thema dekliniert Synesios in immer neuen Wendungen durch, so dass es ihm gelingt, typische Elemente des Freundschaftsbriefs sowohl untereinander als auch mit anderen epistolaren Subgenres rhetorisch virtuos zu verschränken. So überträgt er etwa in einem Brief an Pylaimenes,[82] in dem er ihm seinen Verwandten Diogenes[83] empfiehlt, das alte ‚Gleich und Gleich'[84] in die Welt der Mathematik. ‚Freundschaft' wird hier betrachtet nach dem Gesetzmäßigkeiten der Transitivität (*Ep.* 131,1–17):

„Halte die Regeln der (*a*) Geometrie für unbedingt wahr. Denn auch alle anderen Wissenschaften können es sich ja zur Ehre gereichen lassen, wenn sie für ihre Beweise ein wenig Geometrie mit einbringen können. Unter diesen Regeln gibt es nun bekanntlich eine, die fordert: (*b*) ‚Was sich zu demselben gleich verhält, muss sich auch zueinander gleich verhalten.' (*c*) Dich hat mir Deine Wesensart zum Freund gemacht (ὁ τρόπος ἐποίησε φίλον), den wunderbaren Diogenes auch die Natur (ἡ φύσις), beide aber seid ihr Freunde ein und desselben Mannes. (*d*) Also ergibt sich zwingend, dass ihr auch aufeinander bezogen seid, mit mir gleichsam als Mittlerem, worauf ihr beide bezogen seid. (*e*) Folglich verbinde ich Euch miteinander durch diesen Brief, mit dem sich der wunderbare Diogenes der Freundschaft Deiner Erhabenheit anheim stellt, und er wird, da bin ich mir sicher, seinerseits meinen Pylaimenes annehmen. [...] (*f*) Und da er durch Dich auch alle anderen zu Freunden haben wird, die mir in Liebe verbunden sind, (*g*) und dazu Nutzen von allen, die über eine gewisse Macht verfügen, kann ich in dieser Angelegenheit wohl kaum berechtigte Zweifel hegen. Denn er braucht Freunde, die ihm von Nutzen sein können, ..."

Synesios spannt hier einen Bogen über den impliziten Verweis auf die gemeinsame Lehrerin Hypatia mit ihrer mathematisch ausgerichteten Phi-

---

[80] S. o. Anm. 20.

[81] S. z.B. die Schlussformel von *Ep.* 16, wo Synesios erst Hypatia, dann ihm offenbar bekannte Personen grüßt und dann weiterschreibt (Z. 13–16): „Und wenn noch jemand zu ihnen gestoßen ist, so dass Du ihm gewogen bist, ich ihm eben deswegen aber meine Gunst schulde, weil er Deine Gunst besitzt, dann grüße auch jenen von mir als einen allerliebsten Freund (κἀκεῖνον ὡς φίλων φίλτατον ἄσπασαι παρ' ἐμοῦ)." Vgl. zur ‚Freundschaft' jenseits persönlichen Bekanntseins im Bewusstsein des gleichen philosophischen Credos o. S. 93.

[82] Zu ihm o. S. 101 mit Anm. 57.

[83] Diogenes stammte aus Kyrene und war wohl als noch junger Mann *dux Libyae superioris*, s. *PLRE II* 360 *s.v.* ‚Diogenes 2'.

[84] S. o. S. 91.

losophie (*a* ‚Geometrie', ‚Wissenschaften'),[85] reformuliert dann, wie bemerkt, das alte ‚Gleich und Gleich' mathematisch (*b*), benennt die in ihm selbst, Pylaimenes und Diogenes bestehende Dreiheit (*c*), um dann in einem letzten Schritt die Mittlerfunktion, die im mathematischen Bild ihm selbst obliegt, auf seinen Brief zu übertragen (*d*). Das Eingangsbild ist damit voll entwickelt und wird im Anschluss mit dem Anliegen des Briefs, der Empfehlung des Diogenes, verknüpft (*e*). Die Konventionen von Freundschaftsbrief und Empfehlungsschreiben[86] greifen hier also ineinander. Der folgende Satz präsentiert noch einmal beide Themen zusammen (*f1* Freundschaft: Erweiterung der Übertragbarkeit von Freundschaft über die Dreiheit hinaus, *f2* Bestimmung der Funktion von Freundschaft: Freunde nützen einander, *g* Empfehlung: Unterstützungsbedürftigkeit des Empfohlenen), bevor Synesios dann im Anschluss dessen Fall eingehender darstellen wird.

Vergleichbare Stellen lassen sich der eben zitierten an die Seite stellen:[87] Die Philosophie, bisweilen auch eine ganz an der traditionellen Bildung des paganen Schulbetriebs orientierte παιδεία (‚Bildung')[88] (die in ihrer höchsten Ausprägung dann freilich für Synesios meist wiederum nicht ohne die Philosophie denkbar ist), wird stets explizit oder, wie in unserem Beispiel, implizit anzitiert, um das zu begründen, was dem Synesios der Briefe ‚Freundschaft' ist.

Von hier aus lassen sich auch Rückschlüsse auf die metaphysische Grundierung des Freundschaftsbegriffs ziehen, von der wir ausgegangen sind. Gut fügt sich nämlich eine derartige Überhöhung von ‚Freundschaft' zur stets erneut evozierten Gemeinschaft in platonisch-pythagoreisch philosophierender Verbundenheit. Synesios bewegt sich hier in einem Assoziationshorizont, wie wir ihn auch von anderen Vertretern des Platonismus, vor allem seiner neuplatonischen Ausprägung (s. o. Abschnitt 1.1), kennen. Von den zahlreichen Rückgriffen des Synesios auf vorgängige Traditionen ist es eben diese, die durch den Neupythagoreismus vorbereitete Wiederaufnahme pythagoreischer Themen im Neuplatonismus, die auf den in den Briefen geprägten Freundschaftsbegriff sowohl quantitativ als auch was den Grad der Ausarbeitung betrifft, den bei weitem größten Einfluss ausübte. Die formalen Gegebenheiten philophronetischen Briefverkehrs nutzt Synesios dabei geschickt, um je verschiedene Versatzstücke eines derart vorgeprägten Freundschaftsbegriffs neu zu kombinieren. Im Einzelnen gelingt ihm so manch originelle Wendung. Insgesamt aber gilt mit Blick auf Synesios' Umgang mit dem Thema Freundschaft in forma-

---

[85] S. hierzu o. *Einführung*, S. 5f. mit Anm. 16.

[86] Zu letzterem s. o. S. 99.

[87] Ähnlich z.B. *Ep.* 8,8f., *Ep.* 86 und 87 (allmähliche Ausweitung des Kreises), *Ep.* 100,3–6.

[88] S. unser Eingangszitat, *Einführung*, (S. 3); zum *Paideia*-Begriff des Synesios o. *Einführung*, S. 10f. sowie im Beitrag von Tanaseanu-Döbler S. 121–123.

ler Hinsicht Vergleichbares wie in inhaltlicher: Er zeichnet sich eher durch die überzeugende Beherrschung der Tradition denn durch Neuschöpfungen aus.

Starr wird dieser Umgang mit der Tradition dabei, das sei zuletzt bemerkt, in aller Regel nicht. Schaut man etwa noch einmal zurück auf die eben zitierte *Ep.* 131, so bemerkt man, dass die Hinweise auf ,den Charakter' bzw. ,die Natur' der Besprochenen in gewisser Weise das geometrische Bild eher stören. Gewissermaßen schwächen sie nämlich dessen unmittelbaren Verweischarakter auf die transitive Kraft der Freundschaft, da so auch der Einzelne und seine Bedingtheiten für einen Moment in den Blick kommen.[89] Dies entspricht dem auch an anderer Stelle bisweilen locker assoziierenden Ton der Briefe und ist, wenigstens teilweise, durch den vom philophronetischen Brief erwarteten hohen Grad an formal rhetorischer Stilisierung abgedeckt. Die formale Gestaltung tritt in den Briefen wiederholt nahezu gleichwertig den inhaltlichen Erfordernissen an die Seite.

2.2. *Ep.* 34 und *Ep.* 43 vor dem Hintergrund des antiken Freundschaftsbriefs

Blickt man nun vor diesem Hintergrund auf die Briefe unserer Auswahl, so fügen sie sich in den bisherigen Befund. Lediglich *Epp.* 2 und 64 sind so kurz, dass sie keine Aussage über ihr epistolares Subgenre erlauben und deshalb hier außer Acht bleiben. Der ebenfalls kurze *Ep.* 63 entspricht mit seinem gnomischen Charakter dem, was wir unter 1.1 kennengelernt haben.[90] Die Briefe an den Bruder teilen einerseits spottendes Amusement (*Ep.* 104), andererseits Ekel und Trauer (*Ep.* 52) und zeugen so sicherlich einmal mehr von der persönlichen Verbundenheit; im engeren Sinn als ,Freundschaftsbriefe' wird man sie aber nicht bezeichnen.[91] In *Ep.* 94 klingen mit der Frage nach dem Wohlergehen und der Klage über zu wenig Nachricht (beides § 2) typische Formen des Nachsuchens um Kontakterhalt an, die Grüße am Schluss sind unter anderem an gemeinsame Freunde gerichtet (§ 4). Der Brief ist damit, wie bemerkt,[92] als ganzer vor allem philophronetisch, ohne dass jedoch irgendwelche Besonderheiten bemerkens-

[89] Synesios bereitet damit die folgende Schilderung des ,Falls' des Empfohlenen vor, wo es eben durchaus auf dessen individuelle Situation ankommt.

[90] Zur Affinität des Freundschaftsthemas zur Gnomenform s. o. S. 90 und S. 93f. Freilich ließe sich hier auch auf die sprichwörtliche Redensweise als Ersatz für ,Philosophisches' (s. *Einführung* Anm. 85) im Brief verweisen.

[91] Zwar parallelisiert Synesios bisweilen seine Beziehung zum Bruder mit den Gegebenheiten einer Freundschaft, vgl. z.B. *Ep.* 8, vor allem die o. Anm. 73 zitierte Stelle; in *Ep.*104 tritt aber die Erzählung über den Feldherrn Johannes völlig in den Vordergrund, *Ep.* 52 gleicht v. a. einer ,Aussprache' des Schreibenden selbst (s. o. S. 27f.), so dass in beiden Fällen das Freundschaftsthema kaum eine Rolle spielt.

[92] S. o. S. 29.

wert wären. *Ep*. 147 schließlich folgt nahezu ‚lehrbuchhaft' der formalen Konvention eines ‚Lobesbriefs' (ἐπαινετικὸς *sc*. τύπος):[93] Wie da Johannes Lebens-Wahl erst abstrakt gepriesen (§ 1), dann, nach der Erzählung des Ganos, erneut ‚gelobt' (§ 2 ἐπαινῶ) wird, und schließlich der Schreibende durch das Gebet des Adressaten auch noch seinen Nutzen zu finden hofft, entspricht nahezu völlig dem, was Ps.-Demetrios im entsprechenden, ‚lobenden' Musterbrief vorschlägt. [94] Die Freundschaftsthematik kommt nur am Rande, in den Beziehungen des Adressaten zu Ganos (§ 1 *finis*) in den Blick. Näher mit dem Thema φιλία befasst sind lediglich die *Epp*. 34 und 43.

2.2.1. *Ep*. 34 – Schreibt ein Freund für einen Freund an einen Freund?

Bei *Ep*. 34[95] handelt es sich formal um ein Empfehlungsschreiben (συστατικὸς *sc*. τύπος), [96] das in seiner Kürze und rhetorischen Stilisierung [97] zunächst ganz den üblichen Artikulationsformen des Genres entspricht. Gleich im ersten Satz nennt Synesios die beteiligten Parteien, oder, um es mit den Worten des ‚Handbuchs' des Ps.-Demetrios zu sagen:[98] Den Sprecher des Briefs (‚ich' bzw. ‚wir'), der „für die eine Person" (hier: Johannes) „an eine andere" (hier: Anysios) geschrieben wird. Ebenfalls in diesem ersten Satz klingt die Freundschaftsthematik an. Schon die bloße Formulierung evoziert den Begriff der φιλία (vgl. σε φιλεῖ, δι' αὐτὸ τοῦτο φιλῶ).[99] Vollends die Vorstellung der Übertragbarkeit der sozialen Bindung gehört zu den Standard-*Topoi* aus dem Repertoire des Sprechens über ‚Freundschaft'.[100] Auch die Verschränkung von Empfehlungsschreiben und Freundschaftsthematik ist, wie wir gesehen haben, sowohl vom ‚Hand-

[93] Die Indizien, die dafür sprechen, dass unter dieser formal glatten Oberfläche eigentlich Negatives lauert, haben wir o. S. 29f. sowie in den Anm. zu *Ep*. 147 dargelegt.

[94] S. Ps.-Dem. *De forma epist*. 10,16–18: „Schon früher hatte ich durch Deine Briefe Gelegenheit, an Deinem ganz auf das Schöne gerichteten Wesen Anteil zu haben, und so heiße ich auch jetzt gut, was Du getan hast, und kann Dich nur darin bestärken. Denn es wird uns beiden nützen."

[95] Zu Datierung sowie Prosopographie der Beteiligten s. o. *Einführung*, S. 28f. sowie Anm. 1 zu *Ep*. 34.

[96] Hierzu auch *Einführung*, S. 28f.

[97] S. Anm. 3 zu *Ep*. 34.

[98] Ps.-Dem. *De forma epist*. 2,18–20: „Der (*sc*. *typos* des) Empfehlungs(briefs), den wir für die eine Person an eine andere schreiben, wobei wir uns lobend äußern und gleichzeitig die beiden Personen, die sich zuvor nicht kannten, ansprechen, als ob sie sich (bereits) kennen gelernt hätten (τοὺς πρότερον ἠγνοημένους λέγοντες ὡς ἐγνωσμένους)... [Es folgt der Musterbrief.]".

[99] S. *Ep*. 34 § 1: Ἰωάννης, ὃν ὅτι σε φιλεῖ δι' αὐτὸ τοῦτο φιλῶ („Johannes, der dich liebt und den ich deshalb auch liebe").

[100] Synesios vollzieht hier im Kleinen, was wir in wesentlich elaborierterer Form o. S. 105 für *Ep*. 131 beobachten konnten; vergleichbar ist auch *Ep*. 143,54, zitiert in Anm. 3 zu *Ep*. 34.

buch' nahegelegt als auch in der epistolaren Realität des öfteren anzutreffen.[101]

Schon der zweite Satz von *Ep.* 34 freilich liest sich vor dem Hintergrund epistolarer Konvention eher befremdlich, muss hier doch ein offensichtlicher Mangel des zu Empfehlenden, seine Krankheit, zum „Sich-Lobend-Äußern" des ‚Handbuchs'[102] umgebogen werden. Synesios tut dies, indem er erst auf den Adressaten fokussiert bzw. das Bedauern des zu Empfehlenden, diesem Fernbleiben zu müssen (§ 1).[103] Die indirekte Ansprache des Empfängers als ἱερὰ κεφαλή (‚heiliges Haupt') markiert diesen, wiederum ganz entlang den Linien der Konvention, eindeutig als ‚Freund'.[104] Im Anschluss (§ 2) wird nochmals das Bedauern des zu Empfehlenden über seine Krankheit betont, diesmal, weil sie ihn an militärischer Aktivität hindere. Motivisch nimmt dies die Formulierung des Anfangs auf, wo bereits durch die Wortwahl das Krankheitsgeschehen selbst zum Kampf stilisiert wurde (vgl. § 1 προσεπάλαισεν).[105] Synesios hat also geschickt die Schwäche des zu Empfehlenden entsprechend dem Erfordernis der Briefsituation ‚Empfehlungsschreiben' umgedeutet, indem er sie zu einer vom zu Empfehlenden bekämpften und bedauerten Negativfolie für dessen an-sich positive, nur temporär außer Kraft gesetzte Eigenschaften macht.

Eigentümlich bleibt das kleine Schreiben trotzdem, und zwar eben im Hinblick auf die im ersten Satz anzitierte φιλία. Ihre Übertragbarkeit (‚der Dir φιλία entgegen bringt, und dem ich *deshalb* auch φιλία entgegen bringe') stellt ja die einzige Begründung der positiven Haltung des Schreibenden, damit des Briefs und der Empfehlung selbst dar. Dass der zu Empfehlende demjenigen, dem er erst empfohlen werden soll, bereits φιλία entgegenbringt, ist ebenfalls auffällig. Damit ist die übliche Konstellation eigentümlich gebrochen. Im Regelfall funktionieren Empfehlungsschreiben nach dem Muster ‚Schreibender (A) kennt und schätzt zu Empfehlenden (B) und empfiehlt ihn seinem Bekannten (C)'. Für *Ep.* 34 lautete Entsprechendes gemäß der Reihenfolge im Text: ‚Schreibender (A) hat Bekannten (C), zu Empfehlender (B) schätzt diesen Bekannten (C), (nur?) deswegen gilt: Schreibender (A) schätzt zu Empfehlenden (B) und empfiehlt ihn seinem Bekannten (C).' Das übliche Schema ist somit durch die vorgeschaltete φιλία-Versicherung vonseiten des zu Empfehlenden erweitert. Hinweise auf *eigene* positive Erfahrungen, die der Schreibende mit dem zu Empfehlenden gemacht hat, fehlen ganz. Man kann sich deshalb des Eindrucks

[101] S. o. S. 106.

[102] Ps.-Dem. *De forma epist.* 2,19: ἔπαινον συγκαταπλέκοντες, zum Kontext o. Anm. 98.

[103] Die ersten beiden Sätze klingen so, als ob Johannes den Anysios bereits kennte, was eine weitere Abweichung von der ‚normalen' Situation eines Empfehlungsschreibens darstellte. Ob dies *realiter* der Fall ist, oder Synesios hier das von der Konvention empfohlene ‚Als ob' der Empfehlungsschreiben (s. o. S. 98f.) umgesetzt hat, lässt sich nicht recht entscheiden.

[104] S. o. S. 102 mit Anm. 64 sowie Anm. 4 zu *Ep.* 34.

[105] S. *Ep.* 34 § 1: „hatte mit einer schweren Krankheit zu kämpfen", vgl. Anm. 5 zu *Ep.* 34.

nicht erwehren, dass hier entweder eine Sondersituation der Empfehlung vorliegt (etwa: B und C kennen einander längst und B soll diesmal speziell für ein militärisches Amt empfohlen werden)[106] oder aber dass Synesios – aus welchen Gründen auch immer – nicht in vollem Maße persönlich für seine Empfehlung einstehen will und für Transitivität der φιλία gerade *nicht* (wie üblich:) sich selbst zum direkten Ausgangspunkt wählt. Einmal mehr läge dann hier ein Gebrauch von φιλία in stark formalisierter, übertragener Form vor.

2.2.2. *Ep.*43 – Diesseits oder jenseits der Grenzen des Freundschaftsbriefs?[107]

Explizit von den formalen Gegebenheiten speziell des Freundschaftsbriefs macht Synesios in *Ep.* 43[108] Gebrauch. Hier betont er immer wieder, dass er sich an Johannes als einen Freund wende,[109] dass er ihm als Freund rate,[110] „um der Freundschaft willen" verrät er ihm „Geheimes",[111] seine Forderung nach Ahndung des Verbrechens ist keineswegs Rachsucht, sondern geschieht aus „Schonung und Fürsorge" für Johannes.[112] Nahezu ‚lehrbuchhaft' verweist Synesios gleich zu Beginn (§ 1), auf seine früheren Verdienste um Johannes,[113] dann auf die „alte Verbundenheit" (συνήθεια § 3),[114] und wiederholt betont er den „Nutzen", den sein Tun (hier: der Rat des Briefs) für Johannes habe.[115] Auch die Verwendung des Anrufungsges-

[106] Wäre es aber in diesem Fall nicht weit wirkungsvoller gewesen, Anysios darauf hinzuweisen, dass auch er selbst im Sinne der Reziprozität von φιλία dem Johannes längst verbunden sei und jetzt, bei dem speziellen Anliegen ‚Militärdienst' nicht davon abrücken dürfe?

[107] Zahlreiche Aspekte, unter denen *Ep.* 43 interpretiert werden kann, bleiben hier unberücksichtigt, der Leser sei für sie auf die anderen *Essays* des Bandes verwiesen; ich beschränke mich im Folgenden weitgehend darauf, *Ep.* 43 vor dem Hintergrund der Konventionen des Freundschaftsbriefs zu lesen.

[108] Zu Datierung sowie Prosopographie der Beteiligten s. o. S. 25f. sowie Anm. 1 zu *Ep.* 43; ebd. auch zur Erklärung von sachlichen Einzelfragen.

[109] S. *Ep.* 43 § 1 (Eingangszitat). 2 (der Schaden, der einen Freund trifft), direkt als Freund spricht Synesios Johannes an § 4 *finis* (ἑταῖρε Ἰωάννη), § 11 (ὦ γενναῖε).

[110] *Ep.* 43 § 5: οὐκ ἂν μὴ φιλτάτῳ σοι τυγχάνοντι συνεβούλευσα: „wenn ich dir nicht in besonderer Freundschaft verbunden wäre, würde ich dir nicht raten", cf. auch § 3 (die alte συνήθεια).

[111] *Ep.* 43 § 6: Πρὸς σὲ δὲ διὰ φιλίαν κινδυνεύω τι καὶ τῶν ἀπορρήτων εἰπεῖν (vgl. Eingangszitat).

[112] *Ep.* 43: ὅτι φειδοῖ καὶ κηδεμονίᾳ τῇ σῇ τὴν κατηγορίαν εἱλόμην.

[113] Vgl. wiederum Ps.-Dem. *De forma epist.* 1,13f. („alles, was Dich betrifft, ist mir angelegen, ganz habe ich mich in Deinen Nutzen gestellt"), im Kontext o. Anm. 47.

[114] Dies erinnert an die συναναтροφή in Ps.-Dem. *De forma epist.* 1,12, zitiert o. Anm. 47 (umso mehr, wenn man dies mit dem σύντροφος von *Ep.* 94 § 4 in Verbindung setzen dürfte).

[115] Vgl. *Ep.* 43 § 3 (ὀνῆσαι). § 4 (συμφέρον), ähnlich § 1 (ἀγαθόν τι) mit Ps.-Dem. *De forma epist.* 1, 12 (πάνυ τὸ σοὶ συμφέρον), wiederum im Kontext o. Anm. 47.

tus, hier in Gestalt einer Beschwörung der Philosophie und der eigenen Kinder, zur Beteuerung der freundschaftlichen Absichten passt zu dem, was wir aus den Freundschaftsbriefen der restlichen Sammlung kennen,[116] ebenso die durchwegs starke Rhetorisierung. Andere Brieftypen, vor allem der des ‚sympathetischen', des ‚beratendenden' und des ‚ermahnenden' Briefs, lassen sich dem in einzelnen Passagen an die Seite stellen,[117] doch wird kein anderes Motiv so explizit entfaltet wie das der φιλία. Zumal im ersten Drittel unseres Textes setzt dessen Verfasser starke Signale, die den Rezipienten einen ‚Freundschaftsbrief' erwarten lassen.

Liest man *Ep.* 43 jedoch durchgängig als Freundschaftsepistel treffen einen die letzten Sätze hart. Nachdem sich Synesios mit der allsehend-allwissenden *Dike* noch einmal zur vollen Höhe rhetorischer Metaphorik (§ 17) aufgeschwungen hat, lässt er seinen Brief nicht etwa in einem ‚der *Dike* anheim gestellt sein lassen' enden, sondern bemerkt relativ unvermittelt (ebd.):

> „Wir werden dir nicht die Hand reichen und nicht von demselben Tisch speisen, denn wir fürchten die Rachegeister des Aimilios, solltest du die Befleckung durch eine Berührung auf uns übertragen."

Und noch harscher unmittelbar danach als letzte Worte des Schreibens: [118]

> „Wir haben unsere eigenen Flecken, da sollen wir nicht noch mehr von anderen einsammeln."

Lässt sich ersteres noch als gleichsam negativ resümierender Rückgriff auf das Freundschaftsthema einerseits sowie die Ausführungen zu Gericht und Rache andererseits verstehen, bricht der letzte Satz völlig aus jeder Art von ‚freundschaftlichem' Kontext aus: Hier wird nicht etwa das Bewusstsein artikuliert, dass auch der Schreibende in den Weltläuften, gleichsam gemeinsam mit dem Adressaten, in Fehler und Schuld verstrickt ist (eine Art der Selbstpräsentation, die Synesios an anderer Stelle durchaus und in

[116] Vgl. *Ep.* 43 § 19 οὕτω τῆς ἱερᾶς φιλοσοφίας ὀναίμην καὶ προσέτι τῶν παιδίων τῶν ἐμαυτοῦ mit den o. in Anm. 65 zitierten Formeln; speziell zum Schwur bei den eigenen Kindern (der natürlich nicht an den Freundschaftsbrief gebunden ist) s. Anm. 20 zu *Ep.* 43.

[117] Zum ‚sympathetischen' Brief s. o. S. 97 und vgl. *Ep.* 43 § 2 (Wunsch, dass Johannes unschuldig sein möge). 3 (Mitleid). – Den ‚beratenden' Brieftyp (συμβουλευτικός *sc.* τύπος) definiert Ps.-Lib. 11: „...wenn wir unsere eigene Meinung vorbringen (γνώμην προφερόμενοι) und so zu- oder abraten." mit *Ep.* 43 § 1 (συνεισενέγκαι τινὰ γνώμην). 3 *finis* (συμβουλεῦσαι). – Für den ‚ermahnenden' Brieftyp (νουθετητικός *sc.* τύπος) gibt Ps.-Dem. 7,34–39 einen Musterbrief, der eine Zurechtweisung nach einer schlechten Tat (ἁμάρτημα) zum Inhalt hat, die eine Entschuldigung (παραίτησις) erfordere; am Ende wird auf die sozialen Bindungen in Familie und Freundschaft verwiesen; vgl. *Ep.* 43 § 2 (der Mord). 4 (Aufforderung, sich den Gesetzen zu stellen). 18 (Verweis auf den sozialen Kontext).

[118] Auch hier können wir wieder nicht völlig sicher sein, dass der uns vorliegende Text den gesamten ursprünglichen Brief gibt, s. zu diesem Problem o. S. 20, doch kann man sich nach diesem Paukenschlag an Ablehnung kaum mehr weitere Worte vorstellen, schon gar nicht die übliche *formula valetudinis*.

drastischer Weise an den Tag legen kann).[119] Der Synesios von *Ep.* 43 zieht sich vielmehr völlig auf sich selbst zurück, sein zuvor so genau ins Auge gefasster Adressat ist im anonymen Plural der „anderen" aufgegangen, so als ob der Sprecher nur mehr darauf bedacht sei, sich vor dem Adressaten zu schützen. Handelt es sich also bei unserem Brief entgegen dem, was sein Verfasser zu Beginn signalisiert, doch nicht um einen Freundschaftsbrief?

Die Spannung, die sich hier zwischen Briefanfang und Briefende abzeichnet, findet sich, bei genauerem Hinsehen, auch in den Teilen dazwischen. Der Sprecher selbst annonciert sie indirekt, so dass es wahrscheinlich ist, dass Synesios hier durchaus bewusst die Grenzen traditioneller Formen auslotet. So scheint offenbar bereits in § 4 der Gestus des wohlmeinenden Freundes derart unvereinbar mit der Forderung zur Selbstauslieferung, dass der Synesios von *Ep.* 43 für einen Moment innehält und bemerkt (§ 5):

> „Glaube nicht, diese Mahnung sei bloßes Gerede, *und ich machte mich lustig über Dich* (μηδὲ προσπαίζειν με νομίσῃς σαυτῷ)." (Hervorh. von mir.)

Dieselbe Spannung begegnet später, gleichsam in Konkretisierung, wieder. Die stärker diskursiven Teile des Briefs haben über die Gleichnisse vom Färben, Waschen und Walken (§ 6f.) in der „Überlieferung, der ich Glauben schenke" (§ 8f.) einen gewissen Abschluss gefunden. Es folgt nun derjenige Teil des Briefs (ab § 10), in dem Johannes wieder verstärkt direkt auf seine aktuelle Situation hin angesprochen wird. Hier imaginiert sich der Synesios von *Ep.* 43 selbst als Johannes' „Rechtsbeistand (συνηγορήσαντα)" und muss trotzdem erst noch den „Toren (ἀνόητος)" widerlegen, der ruft: „Synesios klagt Johannes an! (Συνέσιος Ἰωάννου κατηγορεῖ)" (§ 12). Wieder sieht man hier also Synesios in der von Anfang an grundgelegten (nach der Logik des Briefs: scheinbaren) Doppelrolle. Denn eben dadurch, dass Synesios Johannes beisteht, scheint er ihm, entgegen der anfänglichen Beteuerung (§ 1 ἀγαθόν τι), gerade *nichts* ‚Gutes' zu tun, oder anders ausgedrückt: Der Sprecher des Briefs tut zu wiederholten Malen kund, dass sein Anliegen, Johannes solle sich ausliefern, nach gängiger Logik, i.e. ohne die im Brief gegebene metaphysische Begründung, dem erwartbaren Verhalten eines ‚Freundes' und damit der *üblichen* Funktion eines Freundschaftsbriefs widerspricht.

Es ist deshalb nur folgerichtig, dass Synesios die Form des Freundschaftsbriefs mit einer zweiten verschränkt. Gleichsam angekündigt wird die-

---

[119] So beispielsweise besonders deutlich in *Ep.* 105 (s. *Einführung* Anm. 35), wo Synesios seine eigene ‚Befleckung' (wie in *Ep.* 43: κηλίς) als ein zentrales Argument gegen das Bischofsamt anführt (Z. 49–54): „Mich aber kenne ich als einen, der in die Stadt hinabgeht, aus der Stadt heraufsteigt und dabei in Dinge verwickelt wird, die ihn zum Irdischen hinüberziehen, als einen, der in unsagbar viel Dreck gerät (ἐμπιμπλάμενον κηλῖδος οὐκ ἂν εἴποι τις ὅσης). Zu den eigenen Befleckungen (μολυσμούς), die schon seit langem bestehen, kommt noch einiges hinzu ...".

se bereits durch ‚Synesios, den Rechtsbeistand'. Die im Anschluss vorgestellte Gerichtsszene vor dem Statthalter (§ 14f.), die im Bild des sich in den Staub demütigenden Johannes,[120] der „Bester der Statthalter!" ruft, ihren ersten dramatischen Höhepunkt findet, führt das Gerichtsthema in der Prozessszene konkret vor Augen. Die ‚Rede' des Johannes (§ 15), mit der er Spatalos ausliefert, tritt als ‚Text im Text' plastisch hervor. Aus dem (nur nach Meinung des „Toren") „Ankläger" (§ 12 κατηγορεῖ) Synesios ist hier, über die Zwischenstufe der anonymen „Ankläger (κατήγοροι)" aus § 14,[121] der „Ankläger" (κατήγορος)[122] Spatalos geworden, der zugleich sich selbst und Johannes anklagt. Die durch das erklärte Ziel des Briefs (Johannes solle sich ausliefern) von Anfang an gegenwärtige, in § 4 abstrakt ausgesprochene Forderung[123] hat sich hier, in der suggestiven Argumentation des Sprechers, zur konkreten Gerichtsszene verdichtet, in der Redner und Beklagte auftreten.

Es ist von daher naheliegend, auch für unseren Brief als Ganzes das Experiment zu wagen, ihn für einen Augenblick entlang der Linien einer Rede, insbesondere einer Gerichtsrede, zu lesen. Auf das knappe *prooemium* (§ 1) folgte dann mit der Errichtung der stets zum gleichen Ergebnis führenden (und deshalb: Schein-) Alternative ‚Schuldig-Unschuldig' eine Art *dispositio* (§ 3),[124] deren zweiter Teil jedoch zugunsten des ersten Teils gleich wieder nahezu völlig fallengelassen wird. Im Folgenden (§ 4–12) hält Synesios dann gleichsam ein Plädoyer für die Bestrafung im Diesseits, das über die Punkte ‚Unterweltsstrafen' (§ 6f.), Länge der Strafe (§ 8), Verzeihung durch Aimilios (§ 9),[125] einem erneuten Rekurs auf die Länge der Strafe (§ 10/1) sowie Überlegungen zur ‚Zuchtlosigkeit' (§ 12) einen argumentativen Ruhepunkt findet.[126] Synesios hat damit die Kette der positi-

---

[120] Vgl. *Ep*. 43 § 15: „Dann lege die Vorwürfe dar, die gegen dich im Umlauf sind ... und bitte flehend und kniefällig (δεήθητι ... λιπαρῶν καὶ προσπίπτων), dass du nicht ohne Verfahren weggeschickt wirst ...".

[121] S. *Ep*. 43 § 14: Ἐμοῦ κατήγοροι τινές εἰσιν ἀφανεῖς. Auch die hier nur aufblitzende Reminiszenz an Plat. *Apol*. (s. Anm. 55 zu *Ep*. 43) fügt sich in die imaginierte Prozesssituation.

[122] S. *Ep*. 43 § 15: Τοῦτον (*sc*. Σπάταλον) ... τήμερον ἀναφανῆναί γε δεῖ κατήγορον αὐτοῦ τε κἀμοῦ.

[123] *Ep*. 43 § 4: Ἴθι παρὰ τοὺς νόμους καὶ σαυτὸν ἐπιδὸς τῷ δικαστῇ: „Stelle dich den Gesetzen und übergibt dich dem Richter!"

[124] Vgl. die gliedernde Schlussbemerkung des Absatzes; ähnlich wie zuvor im Fall des Briefs lassen sich die Elemente des ‚Ratens' bei dieser Betrachtungsweise als Elemente der symbouleutischen Rede verstehen.

[125] Die Bedeutung der Verzeihung durch Aimilios würde bei dieser Auffassung der Gliederung durch eine nahezu achsensymmetrische Stellung (8 + 1 + 8 Abschnitte) noch besonders hervorgehoben.

[126] Während § 12 noch an das Vorhergehende angeschlossen wird (Σκόπει γὰρ καὶ ταύτῃ... „Sieh die Sache *auch* so an..."), fasst § 13 durch ein resümierendes ταῦτα zunächst das bisher Gesagte noch einmal zusammen, um dann unter Wiederaufnahme der Prämisse ‚Unschuld' einen neuen Gliederungspunkt zu beginnen: Ἀλλὰ ταῦτα μὲν, εἰ τἀδίκημα γέγονεν ... Εἰ δὲ σὺ καθαρὸς ... .

ven Beweise, die man in etwa als Entsprechung einer *confirmatio* verstehen könnte, abgeschlossen. Die folgenden Paragraphen (ab § 13) kommen nochmals auf die zu Beginn (§ 3) errichtete Alternative zurück, dass Johannes unschuldig sei. Das Stichwort „Verleumdungen" (§ 16) sowie die Art und Weise, wie Johannes zu Beginn der Gerichtsszene empfohlen wird, die über ihn umlaufenden Gerüchte zu widerlegen, erlauben es, diesen Teil als eine Art indirekter *refutatio* zu verstehen, in welche die ‚Beweiserhebung mittels Folter'[127] durch die Spatalos-Szene gleichsam eingebettet wäre (§ 16).[128] Der Schluss (§ 17) des Briefs hat durch das eindrucksvolle Bild von der *Dike* viel vom rhetorischen Schwung einer *peroratio*. Die letzten Sätze (§ 18) mit ihrer völligen Distanzierung des Schreibenden von seinem Adressaten setzen bei dieser Lesart der Rede einen folgerichtigen, wirkungsvollen Schlusspunkt.

Einzelheiten der eben vorgeschlagenen Gliederung können sicherlich auch anders festgelegt werden. Unabweisbar aber scheint mir der Befund, dass Synesios in *Ep.* 43 die Form des Freundschaftsbriefs mit wesentlichen Elementen der Rede verschränkt: Was zu Beginn so eindeutig als Freundschaftsbrief annonciert wird, nähert sich, je länger Synesios schreibt, in Tonfall und Sprechhaltung immer mehr einer Rede, hier: im Kontext einer Gerichtssituation, an. Gerade auch die in direkter Rede eingeführten Passagen, die lebhaften Ausrufe und Fragen der Sprecherstimme (§ 11. 12. 14) etc. erinnern an suggestive Passagen entsprechender Gerichtsreden der großen klassischen Zeit.[129] Unterstützt wird diese Kombination der Genres ‚Brief' und ‚Rede' durch die Tatsache, dass diese, ebenfalls bereits seit klassischen Zeiten, eine hohe Affinität zueinander aufweisen.[130] Was Synesios für sein konkretes Anliegen im Falle des Johannes damit gewinnt, ist unmittelbar einleuchtend: Die Briefsituation entwirft durch ihre forma-

[127] Das Folterbild wurde bereits in den Gleichnissen (§ 6) vorbereitet (s. hierzu Anm. 29 zu *Ep.* 43). Die Übergabe des Spatalos durch Johannes sowie deren Durchführung im „Rippen durchstechen" von § 16 rekurrieren wohl primär auf klassisch-attische Rechtsvorstellungen, beziehen aber auch den zeitgenössischen Hintergrund mit ein, s. Anm. 62 zu *Ep.* 43.

[128] Die Umkehr der üblichen Reihenfolge der Redeteile, bei der die *confirmatio* an zweiter Stelle steht, würde hier korrespondieren mit der Tatsache, dass der Synesios von *Ep.* 43, wie schon die rein quantitative Gewichtung, vor allem aber der Schluss des Briefs zeigen, die Unschuldsvermutung weit weniger ernst nimmt als ihr Gegenteil; nur aus Gründen der inneren Logik des Briefs (der Schreibende kann sich nur auf Gerüchte stützen, er baut so einem seine Unschuld beteuernden Adressaten vor) wird sie dennoch behandelt.

[129] Durchgängig bezieht sich Synesios, sei es in einzelnen Inhalten, sei es vor allem auch in der Art der rhetorischen Stilisierung auf die attischen Redner, s. Anm. 4. 15. 51 zu *Ep.* 43. Vielleicht lässt sich auch die Negativdarstellung des Spatalos mittels sexueller Anspielungen aus diesem literarhistorischen Kontext herleiten: Selten lässt der klassische attische Redner diesen Sektor aus, wenn es darum geht, einen Gegner zu diskreditieren.

[130] So lässt sich etwa bereits für die *Dem. Epp.* teilweise eine besondere Nähe zur ‚Volksrede' (δημηγορία) feststellen, s. hierzu Goldstein 1968, 133–145. Es ist somit sicherlich kein Zufall, dass es gerade eine Rede ist, die in *Ep.* 41 in unsere Samlung eingegangen ist, hierzu o. S. 20.

len Gegebenheiten, zumal die Angabe des, i.d.R. *einen* Adressaten im Präskript, zunächst stets eine gewisse Exklusivität der Kommunikationssituation. Dadurch, dass der Synesios von *Ep.* 43 als ‚Freund' auftritt, erhöht er dieses Moment sogar noch, da er damit dem Adressaten auch als Person näher rückt. In dieser Rolle gewinnen nicht nur die Appelle des Sprechers an Eindringlichkeit.[131] Noch bevor Synesios die *Fama* (§ 2) als Quelle seines Wissens von dem Mordfall angibt, und damit implizit auch diejenigen in den Blick kommen, die Johannes ‚in den Schmutz ziehen' (§ 2), ihn ‚verleumden' (§ 14), hat sich Synesios von all solchem böswilligen Tun bereits im Vorgriff (vgl. das Freundschaftsbekenntnis in § 1) distanziert. Ist der Sprecher des Briefs in dieser Weise etabliert, i.e. läuft er nicht mehr Gefahr, sich durch seine Anklagen selbst als ‚Verleumder' zu diskreditieren, tritt die Freundesrolle zunehmend zurück und die von Anfang an auch mit angelegte Rolle des Redners übernimmt gleichsam die Führung. Zu einem Redner passt es auch gut, wenn Synesios am Ende des Briefs seine ‚Absage bei Zuwiderhandlung' im Plural formuliert und Johannes so nicht mehr nur mit dem Verlust eines einzelnen Freundes, sondern, genau genommen, mit dem Verlust seines gesamten sozialen Umfelds droht.[132] Aus der Zuwendung eines Einzelnen (Synesios) zu einem Einzelnen (Johannes), wie sie der Freundschaftsbrief voraussetzt, ist somit die Konfrontation eines Einzelnen (Johannes) mit einer Gruppe (‚die Menschen', ‚wir') geworden, als deren Sprecher Synesios dann gleichsam fungiert.

Unsere Betrachtung der formalen Voraussetzungen von *Ep.* 43 ist damit zu einem gewissen Abschluss gekommen. Nur erwähnt werden soll hier,[133] dass mit den beiden genannten Ebenen, Freundschaftsbrief und Rede, durchgängig eine dritte, nicht minder wichtige, verwoben ist, nämlich die der philosophischen Intertexte. Sie sind sowohl stilistischer wie auch inhaltlicher Bezugspunkt, am wichtigsten der platonische *Gorgias*.[134] Seine Formulierungen werden aufgenommen, seine Metaphern und Bilder, zumal die Unterweltsszenen, umgeformt und weitergeführt. Der Mythos des *Phaidon* tritt dem, vor allem in der „Überlieferung" von § 8, an die Seite.[135] Hinzu kommt, mit Blick auf *Ep.* 43 gleichsam schon selbst in einer Mittelstellung zwischen philosophischem Intertext und Brief, der *Lysis-Brief*, der – *pace* aller Zweifel hinsichtlich der Datierung der *Pythagore-*

---

[131] Ganz im Sinne des von Ps.-Demetrios (*De forma epist.* 1,1–9, zitiert oben S. 98) bemerkten Vorteils des Freundschaftsbriefs: Seine Anliegen könnten schlechter zurückgewiesen werden.

[132] Vgl. *Ep.* 43 § 18, wo ausdrücklich ἡμῖν τοῖς ἀνθρώποις als Bezugspunkt genannt werden, so dass die konsequent pluralische Formulierung (ἐμβαλοῦμεν ...σιτησόμεθα ... δέδιμεν ... θιγγάνων ἡμῶν ... εἰσὶ καὶ ἡμῖν) nicht als reiner *Pluralis modestiae* verstanden werden kann.

[133] Dies ist Thema des Essays von Ritter / Feldmeier / Görgemanns in diesem Band.

[134] Vgl. die Anm. 17. 21. 35–38. 42–45. 47. 50. 53. 61 zu *Ep.* 43.

[135] Vgl. die Anm. 32 und 39 zu *Ep.* 43.

erbriefe[136] – wohl ebenfalls, das legen die wörtlichen Übernahmen einzelner Ausdrücke sowie die eigentümliche Kombination der Elemente des Gleichnisses in § 6f. nahe,[137] ein direktes Vorbild für *Ep.* 43 darstellt.[138] Wie bereits erwähnt,[139] beschuldigt in ihm der Pythagoreer Lysis seinen Adressaten „öffentlich philosophiert (*sc.* pythagoreische Lehren)" zu haben, was einem rituellen Frevel vom Ausmaße der Profanierung der eleusinischen Mysterien gleichkomme.[140] Empört fordert Lysis Reue und Verhaltensänderung. Der Brief schließt mit den Worten: „Wenn du also Reue zeigst, werde ich mich freuen, wenn aber nicht, bis Du für mich tot".[141] Gut möglich, dass das harsche Ende von *Ep.* 43 unter anderem durch die herben Worte des Pythagoreers angeregt wurde. Umso deutlicher tritt aber vor diesem möglichen Vorbild unseres Textes die Eigenheit des Schlusses von *Ep.* 43 hervor: Wo im *Lysis-Brief* zwar die Absage der persönlichen Beziehungen noch radikaler ausfällt als in *Ep.* 43, bleibt dessen Sprecher aber bei der zu Beginn des Briefs eingenommenen Konstellation (*ein* Sprecher wendet sich an *einen* Adressaten).[142] Diese Haltung teilt der Synesios von *Ep.* 43 nur, solange er ‚Freund' bleibt. [143] Der ‚(Gerichts-)Redner' Synesios geht am Ende seines Schreibens ein in die soziale Gruppe, die er in seinem Text in Frontstellung gegen Johannes bringt.

---

[136] Städele 1980 datiert die *Pyth. Ep.* in der uns heute vorliegenden Form teilweise spätantik: Für *Pyth. Ep.* 2, den *Lysis-Brief*, spricht er sich explizit für eine Datierung nicht vor dem 2. Jh. n. Chr. (212) aus und verweist auf den Kommentar (224–251), der keine weitere Präzisierung bringt, aber die zeitliche Grenze tendentiell eher nach hinten zu verschieben scheint, so etwa auch, wenn er zu *Pyth. Ep.* 2,14 Städele (ἐγκεκολαμμένους) auf unsere Briefstelle (*Ep.* 43 § 10, s. Anm. 28 zu *Ep.* 43) verweist (a.a.O. 232), die freilich dort lediglich als Parallele beigebracht wird; weitere Parallelen zwischen *Pyth. Ep.* 2 und *Ep.* 43 verzeichnet Städele nicht. Deutlicher wird Städele für *Ep.* 147 *finis* (vgl. *Pyth. Ep.* 8,16 Städele). Hier geht er (a.a.O. 337) von einer Beeinflussung von *Pyth. Ep.* 8 durch Synesios aus, s. Anm. 14 zu *Ep.* 147. Gerade die erwähnte Schlussformel ist m.E. aber zu wenig spezifisch, um aus ihr eine relative Chronologie der Schreiben abzuleiten, so dass es insgesamt geraten scheint, auch für *Ep.* 147 eher eine ähnlich neutrale Haltung wie im Fall von *Pyth. Ep.* 2 einzunehmen. Was letzteren betrifft, legt der eindeutige Befund eines hellenistischen Kerns (so auch Städele a.a.O. 212) zusammen mit der Tatsache, dass Jamblich eine dem gegenüber sekundäre Version überliefert (s. Städele 1980,223 für einen Überblick), eher nahe, dass auch Synesios *einen*, von unserem nicht sehr verschiedenen *Lysis-Brief* vorliegen hatte und diesen benutzt, als umgekehrt.

[137] S. für den Einzelnachweis Anm. 28 zu *Ep.* 43.

[138] Die Synesios-Forschung hat dies, soweit ich sehe, bisher nicht bemerkt; Städele geht lediglich von einem umgekehrten Weg der Beeinflussung aus.

[139] Anm. 29 zu *Ep.* 43.

[140] So *Pyth. Ep.* 2,6–11.57 Städele.

[141] *Pyth. Ep.* 2,66f. Städele: εἰ μὲν μεταβάλλοιο, χαρήσομαι, εἰ δὲ μή, τέθνακάς μοι.

[142] Angesichts des Anliegens von *Pyth. Ep.* 2, das ja gerade in der Wahrung der Exklusivität pythagoreischen Wissens liegt, stünde jedwede ‚Ausweitung' des Bezugsrahmens dem auch eher entgegen.

[143] Gut passte hierzu auch, dass die „geheime" Mitteilung von § 6 nochmals explizit an die Freundes-Rolle angebunden wird.

Bleibt zuletzt noch zu fragen, für welches Publikum ein derart raffinierter Text gedacht war. Natürlich spricht, wie stets in solchen Fällen, grundsätzlich nichts dagegen, *Ep.* 43 an den im Präskript Genannten und nur an diesen, gerichtet sein zu lassen. Handelt es sich bei der uns vorliegenden Version nicht um eine späterhin stark überarbeitete Fassung,[144] könnte Johannes sich dann, bei allen Vorwürfen, die ihm Synesios macht, von dem hohen intellektuellen Niveau, auf dem dieser ihm begegnet, geschmeichelt fühlen. (Kaum mag man ja annehmen, dass Synesios zumal die dritte Ebene der philosophischen Bezugstexte etwa lediglich zu seiner eigenen Rückvergewisserung in den Text eingebaut habe.) Hält man an der Identität der Personen von *Ep.* 43 und *Ep.* 52 fest,[145] ist dies freilich eher unwahrscheinlich, erscheint doch der dortige Johannes ausdrücklich als negatives Gegenbild zur großen philosophischen Vergangenheit Kyrenes.[146] Auch die so auffällige Verschränkung von Brief und Rede mit ihrem gleitenden Übergang zwischen den Genres scheint mir, wenn auch nur als Hypothese, eine andere Vermutung nahezulegen.

Hält man sich nämlich nochmals den Schluss unseres Schreibens vor Augen, und vollzieht nach, wie der Sprecher dort gleichsam stufenweise über die „Öffentlichkeit (ἀναφανῆναι)“ (§ 15) der imaginierten Gerichtsszene, einen Johannes, der „schuldlos ist *und auch so dasteht* (εὐαγὴς ὢν τε καὶ δοκῶν)“ (§ 17), das „Auge der Göttin (*Dike*), das die Welt durchdringt“ (ebd.) schließlich zu „den Menschen“ und „uns“ (§ 18) gelangt, so ist mir wahrscheinlich, dass eben hier das Identifikationsangebot für die intendierten Leser in *Ep.* 43 eingeschrieben ist. Unser Brief wäre damit in der uns vorliegenden Form für eine breitere Öffentlichkeit bestimmt gewesen. Reizvoll ist die Vorstellung, dass wir es bei *Ep.* 43 mit einem ‚offenen Brief‘, in unserem Fall könnte man dann beinahe sagen: einer Art ‚Pamphlet‘ gegen Johannes in Briefform, zu tun haben. Synesios hätte dann die Form des Freundschaftsbriefs gewählt, um zwar einerseits seinen Argwohn bzw. seinen Ärger über das Verhalten des Johannes vor einer breiteren Öffentlichkeit zu kommunizieren, andererseits aber selbst nicht in den Ruf eines verleumderischen Sykophanten (dann:) vor dieser Öffentlichkeit, zu geraten. Bei einer Identität der Personen in *Ep.* 43 und *Ep.* 52 hätte ein solches Verhalten Synesios darüber hinaus auch ganz pragmatisch davor geschützt, in Johannes die eigentlich Mächtigen offen anzugreifen.[147] Die imaginierte Gerichtssituation hätte die feine Pointe, dass

[144] S. zu dieser Problematik o. S. 20f. Wenn wir es mit einer späteren Überarbeitung zu tun haben, träfe das im Folgenden Gesagte nicht für die unmittelbaren Zeitgenossen der Affäre, sondern für ein dann intendiertes Lesepublikum zu; das im Folgenden hypothetisch angenommene, politische Moment des Schreibens würde dadurch etwas zurücktreten.

[145] S. hierzu *Einführung*, Abschnitt 2.1.

[146] S. *Ep.* 52 § 3 mit *Einführung* S. 28.

[147] S. *Ep.* 52 § 3, wo Johannes eindeutig zum Kreis des Statthalters gehört, hierzu o. S. 28.

dem Statthalter sich einer seiner Vertrauten auslieferte; in der Folterszene käme dann mit Spatalos jemand zu Schaden, der mindestens mittelbar, über Johannes, ebenfalls zu diesen Kreisen zählte. Der Johannes von *Ep.* 43 wäre dann, hierin dem ‚Johannes als Symptom' von *Ep.* 52[148] vergleichbar, vermutlich gar nicht alleiniges Ziel der grimmigen Anwürfe von *Ep.* 43, sondern Synesios hätte in ihm auch den *praeses* und sein Umfeld treffen wollen. Der Freundschaftsbrief mit seinem ohnehin keineswegs auf den Fall tatsächlicher Freundschaft beschränkten, relativ offenen Anwendungsgebiet bot dafür eine überaus geeignete Form. Die Rede wäre dem an die Seite getreten gemäß der breiteren intendierten Öffentlichkeit. Durch die ‚mythischen' Bilder und den diatribenhaften Stil bliebe der Brief allgemein verständlich und suggestiv; der hohe philosophische Anteil wiese für die Kundigen Synesios als nicht nur wortgewandt, sondern auch philosophisch gebildet aus und höbe ihn gerade auch hierin von dem im Präskript genannten Adressaten ab.

Festhalten lässt sich, dass Synesios in *Ep.* 43 die traditionellen Muster des Freundschaftsbriefs auf raffinierte Weise mit denen der Rede, hier einer Rede vor Gericht, verschränkt. Die bereits zu Synesios' Zeiten recht abgegriffene Form des Freundschaftsbriefs erhält dadurch eine originelle Wendung. Dass der Brief ursprünglich für eine breitere Öffentlichkeit geschrieben wurde, können wir m.E. nur vermuten.

3. Zusammenfassung

In Synesios' Briefen ist das Freundschaftsthema allgegenwärtig. Dabei bedient er sich eines breiten Spektrums vorgängiger literarischer und philosophischer Traditionen unterschiedlichster Provenienz, zeigt jedoch eine besondere Vorliebe für jene Motive eines pythagoreisierenden Platonismus, die sich auch bei anderen Neuplatonikern finden. ‚Freundschaftsbriefe' im engeren Sinne finden sich vor allem unter den kürzeren der Sammlung (beispielsweise an Pylaimenes oder Hypatia). Ansonsten benutzt Synesios die *Topoi* des Freundschaftbriefs oftmals in Kombination mit denen anderer Textsorten wie beispielsweise dem der Empfehlungsschreiben (so in *Ep.* 34).

Von den Briefen unserer Auswahl ist vor allem *Ep.* 43 entlang der Konventionen der Freundschaftsepistel verfasst. Synesios verschränkt diese, gemäß seinem inhaltlichen Anliegen, mit Elementen der (Gerichts-)Rede, so dass sich ein Ganzes ergibt, bei dem sich vermuten lässt, dass wir es mit einem ‚offenen Brief' zu tun haben.

[148] S. wiederum *Ep.* 52 § 3 mit o. S. 28.

Synesios von Kyrene zwischen Platonismus und Christentum

Ilinca Tanaseanu-Döbler

1. Einleitung

Im Brief 147 gratuliert Synesios einem gewissen Johannes zu dessen Entschluss zum Mönchsleben:

> (...) und er erzählt, Du trügest den dunklen Mantel. Es wäre nun keinesfalls schlechter gewesen, wenn es der weiße gewesen wäre, denn der lichthaftesten Natur dürfte das unter den sichtbaren Dingen Reine und Lichtartigere eher geweiht sein. Wenn Du aber nun auch den schwarzen guthießest – da Du dies aus Eifer gegenüber gewissen Vorgängern getan hast, so lobe ich alles, was um des Göttlichen willen geschieht. [1]

„Weiße" und „dunkle" Gewänder symbolisieren hier die Lebensweisen des Philosophen bzw. des Mönches; Synesios selbst macht keinen Hehl aus seiner Vorliebe für erstere, hält aber ausdrücklich fest, dass das Streben beider Lebensformen auf dasselbe Ziel, auf das Göttliche, gerichtet sei. Ähnlich werden die Lebensformen in Synesios' Traktat *Dion* zueinander ins Verhältnis gesetzt. Dort vergleicht Synesios die als „Barbaren" gezeichneten Mönche mit der hellenischen Philosophie und kommt ebenfalls zu dem Schluss, dass beide zur über-diskursiven Erfahrung des Göttlichen streben, aber auf unterschiedliche Weise, wobei die Philosophie als der effektivere Weg empfohlen wird.[2] Die Mönche dienen dabei Synesios als Kontrastfolie, auf deren Hintergrund sein Ideal der Vereinigung von Philosophie und literarischer Bildung scharfes Profil gewinnt. Damit setzt er sich gegen aktuelle Vorwürfe zur Wehr, welche seine literarischen Interessen als unphilosophisch abstempeln, da ein Philosoph sich nur mit göttlichen Dingen beschäftigen solle. Seine Gegner, von Synesios als „die Weißbemantelten" bzw. „Schwarzbemantelten" bezeichnet, rekrutieren sich aus verschiedenen Lagern. Die „Weißbemantelten" sind eindeutig esoterisch gestimmte neuplatonische Philosophen, die eifersüchtig über die Mysterien der Philosophie wachen.[3] Ein Gegenbild sind die als freche, ungebildete Gestalten

---

[1] *Ep.* 147. Die Werke des Synesios werden mit Ausnahme der Hymnen, die nach Gruber / Strohm 1991 zitiert werden, nach der neuen *Belles Lettres*-Ausgabe zitiert.

[2] *Dion* 7–10.

[3] S. *Ep.* 154. Man könnte eventuell an solche Figuren wie den im Kanopusdelta niedergelassenen Philosophen Antoninos (Eun. *Vit. soph.* VI 9, 15–11, 1) denken.

gezeichneten „Schwarzmäntel", die sich tagaus, tagein mit Theologie beschäftigten, ohne etwas davon zu verstehen, als δημοδιδάσκαλοι in den Städten agierten und Leute mit ihrer Weisheit belästigten; diese können entweder als kynische Popularphilosophen oder aber als Mönche verstanden werden.[4] Diese Beispiele zeigen, wie Synesios seine Identität als Philosoph und sein eigenes Verständnis von Philosophie in der Debatte mit anderen Gruppen seiner Umgebung entwickelt und behauptet, welche ebenfalls beanspruchen, den rechten bzw. besten Weg zu Gott zu weisen; er sitzt gewissermaßen zwischen verschiedenen Stühlen, zwischen verschiedenen Philosophengruppen und christlichen Mönchen.

Synesios' Positionierung im Spannungsfeld dieser verschiedenen spätantiken Gruppen religiöser *Virtuosi*[5] entspricht der Kombination von Ideen unterschiedlichster Provenienz in seinen Werken. Seine intellektuelle Verschmelzung von Platonismus und Christentum hat Anlass zu verschiedenen motivischen[6] und biographischen[7] Analysen und Diskussionen gegeben, welche der beiden Komponenten den Ausschlag gebe.[8] Hinsichtlich seiner Biographie hat sich eine Abstammung aus christlichem Hause als die zumindest plausiblere Variante etabliert; das Studium bei Hypatia

[4] Aufgrund von *Ep.* 147 läge es nahe, die „Schwarzmäntel" als Mönche zu identifizieren. Ihre Beschreibung ist jedoch nicht eindeutig, zumal Synesios im *Dion* die Mönche als Barbaren, die einsam, losgelöst aus politischen Gemeinschaftformen leben, beschreibt (7,1). Es könnten hier ebenso gut Mönche wie Kyniker gemeint sein (s. ROQUES in GARZYA / ROQUES 2000, 423, Anm. 7 und 425, Anm. 19 für einen Überblick über die verschiedenen Positionen; er tendiert wie VOLLENWEIDER 1985, 19f. zu den Kynikern; ähnlich LUCHNER 2005, 51, Anm. 80). Die Beschäftigung mit Theologie passt jedoch wenig zu den Kynikern und besser zu Mönchen; zusammen mit der schlagwortartigen Verwendung der „weißen" und „schwarzen" Mäntel in *Ep.* 147 wiese dies auf die Mönche. Die Betonung der Einsamkeit und Zivilisationsferne der Mönche im *Dion* dürfte kein Problem darstellen, wenn man an die Präsenz der Mönche in Alexandria denkt; auch *Ep.* 147 belegt Reisen gebildeter Mönche wie Johannes in Städte etwa zwecks Sichtung theologischer Literatur. Synesios' Anspielung auf die „unlogischen Syllogismen" als Lieblingsthema der Schwarzmäntel trägt nichts zur Klärung der Sache bei; die Wendung, die mit der Terminologie der aristotelischen Logik spielt und wohl auf Paradoxien hinweist, ist bis zur Zeit des Synesios nicht belegt und wäre sowohl im Munde eines effekthascherischen Philosophen wie eines die klassische Bildung programmatisch zurückweisenden Mönchs denkbar.

[5] Zum Begriff s. M. WEBER, *Wirtschaft und Gesellschaft* II: *Religiöse Gemeinschaften* (*MWG* I/22–2), hg. von H. KIPPENBERG u. a. (Tübingen 2001) 317–320; dazu auch K. WALDNER, „Märtyrer und Sophisten als religiöse Virtuosen? Zur performance religiösen Wissens in der römischen Kaiserzeit", in *ZfR* 17 (2009) [5-21] 5–7.

[6] So z. B. A. GARZYA, „Ai margini del neoplatonismo: Sinesio di Cirene", in GARZYA 1985, 223–241 oder ders. „Una testimonianza fra due mondi: Sinesio di Cirene", in: F. E. CONSOLINO (Hg.), *Pagani e cristiani da Giuliano l'Apostata al sacco di Roma,* (Soveria Manelli 1995) 141–148, VOLLENWEIDER 1985; M. DI PASQUALE BARBANTI, *Filosofia e cultura in Sinesio di Cirene* (Florenz 1994); in neuerer Zeit DIMITROV 2008.

[7] Als Beispiele aus der neueren Forschung s. z. B. Ch. LACOMBRADE1951a, J. BREGMAN, *Synesius of Cyrene: Philosopher-Bishop* (Berkeley / Los Angeles / London 1982).

[8] Zu diesem Problem s. auch LUCHNER 2005, 33f.

eröffnet ihm die Welt der Philosophie.[9] Gegenstand dieses Aufsatzes soll nicht eine Aufzählung und Diskussion der christlichen und paganen Elemente in seinem Werk sein. Vielmehr greift die Fragestellung den einen roten Faden auf, den Synesios uns selbst in seinen Werken von seinen frühen Briefen bis zu seiner Zeit als Bischof liefert: sein Selbstverständnis als Philosoph. Was bedeutet es für den wohl als Christ geborenen Synesios genau, Philosoph zu sein? Ausgehend von der apologetischen Präzisierung seines philosophischen Ideals im *Dion* wird anhand ausgewählter Beispiele beleuchtet, wie Synesios dieses Ideal in verschiedenen Schriften und Situationen präsentiert und umsetzt. Damit wird der intellektuelle Hintergrund der in diesem Band ausgewählten Briefe umrissen und ein weitergehenderes Verständnis eröffnet, indem über die schon in den anderen Beiträgen behandelten Detailfragen hinaus ihre Einordnung in Synesios' Werk und Philosophiekonzeption ermöglicht wird.

2. Hellenische Philosophie im *Dion*

Um seine Verbindung von Philosophie und literarischer Bildung zu verteidigen, bringt Synesios seine Konzeption der echten Philosophie auf eine prägnante Formel:

> Der Philosoph in unserem Sinne wird zum einen mit sich selbst und mit Gott durch die Philosophie verkehren; verkehren wird er zum anderen mit den Menschen durch die tieferstehenden Fähigkeiten der Redegabe.[10]

Die vollkommene Integration des Individuums in das Gefüge des höheren Seins vollzieht sich somit durch Philosophie und literarische Bildung. Die Funktion der Bildung sei dabei vielschichtig. Sie ermögliche dem Philosophen eine angemessene Teilhabe am politischen Leben, ohne dass er Geheimlehren preisgeben müsste, und rette ihn so vor der *ἀγροικία*. Sie diene aber auch dazu, die göttlichen Geheimnisse der Philosophie zu verschleiern, und fungiere gleichsam als natürlicher Filter, der nur edlen Naturen eine Ahnung des Verborgenen ermöglicht.[11] Literarische Bildung konstituiere jedoch nicht nur die Grundlage für die Interaktion mit den Nichtphilosophen, sondern sei auch integraler Bestandteil des philosophischen Lebens, als Vorbereitung auf die philosophische Betrachtung sowie als menschenwürdigste Entspannungsmöglichkeit.[12] Denn, so Synesios gegen sei-

---

[9] Vgl. Tanaseanu-Döbler 2008, 165–224 sowie die Einführung von Luchner in diesem Band.

[10] *Dion* 5,2: ὁ καθ' ἡμᾶς φιλόσοφος σύνεσται μὲν ἑαυτῷ τε καὶ τῷ θεῷ διὰ φιλοσοφίας, σύνεσται δὲ τοῖς ἀνθρώποις διὰ τῶν ὑφειμένων τοῦ λόγου δυνάμεων.

[11] *Dion* 4,3 und 5,4–6,3. Die Wurzeln dieser sozialen Komponente der Philosophie können bis auf Platons Höhlengleichnis und seine Deutung zurückverfolgt werden (*Rep.* 519d–520a).

[12] *Dion* 4,2. 6,4–6. 8,1–4. 11,2–3.

ne Gegner, die dem Philosophen ausschließlich das Göttliche als Gegenstandsbereich zuweisen,[13] der Mensch sei nicht reiner Intellekt, sondern „Intellekt in der Seele eines Lebewesens", und könne daher nicht sein gesamtes Leben in der Kontemplation verbringen, sondern brauche Ruhepausen. Dabei erweise sich die Literatur als höchste Form solcher Entspannung, die den erfrischten Geist alsbald wieder zum kontemplativen Aufstieg befähige.[14] Als Beleg dafür führt Synesios die Mönche ins Feld, die er als „Barbaren" zeichnet.[15] Auch diese hätten die Notwendigkeit erkannt, den Abstieg aus der Kontemplation mit geeigneten Tätigkeiten abzufangen, um nicht ins Tierische abzugleiten, und hätten deswegen Handarbeit in ihr Leben integriert.[16] Im Folgenden stellt Synesios dem „barbarischen" Weg der Mönche den „hellenischen" der Philosophen entgegen. Beide verfolgten eine alles Denkbare übersteigende Schau und Erfahrung des Göttlichen. Allerdings seien die Wege dazu unterschiedlich. Während die Mönche versuchten, sich in bakchantischer Raserei, ohne Ordnung und Methode, in den Bereich jenseits der Vernunft zu katapultieren und von diesen Höhen dann zur Tiefe der Flechtarbeiten fielen, biete die hellenische Philosophie einen geordneten Weg, auf dem man stufenweise mittels der Vernunft jenseits dieser aufsteigen könne; dies habe eine wesentlich höhere Effektivität sowie einen nicht so tiefen Abstieg zur Folge.[17] Auch würden die Mönche die Tugendlehre missverstehen, sich ausschließlich auf die sexuelle Enthaltsamkeit als höchstes Ziel konzentrieren, während die philosophische Tugendlehre Einsicht in alle kathartischen Tugenden gebe und sie als Vorbereitung auf die Gottwerdung des Menschen ansehe.[18] Schließlich geht Synesios grundlegend auf die Frage nach dem Verhältnis zwischen Bildung und Theologie ein. Während die echte Philosophie auf einem langen, geordneten Weg mit Hilfe der Vernunft allmählich Einsicht in Höheres vermittele, dünkten sich manche über sie und über jedwede Bildung erhaben und posierten mit halbverstandenen Lehrfetzen als weise Theologen; ihre „unsinnigen Vorstellungen" vom Göttlichen seien frevelhaftes Stückwerk. Wie Synesios vermerkt, richten sich seine Vorwürfe an dieser Stelle nicht nur gegen die Mönche, sondern gerade auch gegen die bildungsverachtenden Philosophen im eigenen Lager.[19] Aus der Gegenüber-

---

[13] *Ep.* 154.

[14] *Dion* 6,5.

[15] *Dion* 7,1.

[16] *Dion* 7,4f.

[17] *Dion* 8,2–9, 5.

[18] *Dion* 9, 6–10, 1. Zu den neuplatonischen Tugendskalen s. z. B. Porphyrios, *Sent.* 32 oder Marinos' *Vita Procli,* der sie als Strukturprinzip dienen. Einen Abriss ihrer Entwicklung seit Plotin geben H.-D. Saffrey / A. Segonds, *Marinus. Proclus ou sur le bonheur* (Paris 2001) LXIX–XCVIII. Synesios spielt auf dieses Philosophoumenon in einem Brief an seinen Kommilitonen Herkulianos an (*Ep.* 140).

[19] *Dion* 10, 2–11,1. Zum Dion als Apologie der Bildung s. z. B. A. Garzya, „Synesios' *Dion*

stellung der „hellenischen" Philosophie und des „barbarischen" monastischen Lebens ergibt sich ein höchst individualistisches Modell: der umfassende Lebensentwurf der Philosophie zielt auf die Gottwerdung des Einzelnen durch literarische, wissenschaftliche und philosophische Bildung, ethische Praxis und über-diskursive Kontemplation und versetzt ihn durch die Integration der literarischen Bildung in die Lage, mit seinen Mitmenschen zu kommunizieren und sie zu fördern. Wie verhält sich dieses Ideal nun zu Synesios' anderen Schriften?

3. Gemeinschaft mit sich selbst und mit Gott durch die Philosophie

Der erste Teil der synesianischen Philosophieformel findet vor allem in den neun Hymnen eine raffinierte Inszenierung. Diese werden als geistiges Opfer und als Vollzug des philosophischen Aufstiegs zu Gott präsentiert. Die Seele erhebt sich zum Höchsten, fällt geblendet wieder auf tiefere Stufen herunter, preist den Urgrund allen Seins, die sich zur Dreiheit entfaltende Monas, reflektiert ihr eigenes Schicksal und strebt nach Erlösung aus dem Einflussbereich der Materie. Dichtung erscheint in den Hymnen somit als Medium für die Gottesbetrachtung und -begegnung.[20] Im Folgenden soll beispielhaft der philosophische Aufstieg im I. Hymnus beleuchtet werden; danach wird gefragt, wie Synesios die Christusgestalt in dieses System integriert.[21]

Die Bewegung des Sängers zu Gott wird im ersten Hymnus eindrucksvoll als Zelebration eines kosmischen Opferfestes gemalt. In der Einsamkeit der libyschen Wüste, fernab jeglicher Befleckung und des städtischen Alltagstrubels, will der Dichter nach den langen mühseligen Jahren der Gesandtschaft – nach der Verstrickung in materielle Alltagsgeschäfte aus Pflichtgefühl seinem Vaterland gegenüber – Gott den geschuldeten Hymnus für seine Hilfe darbringen. Die gesamte Natur wird ihm zum Heiligtum, die einzelnen Bereiche nehmen am unblutigen Opfer[22] der Hymnen

---

als Zeugnis des Kampfes um die Bildung im 4. Jahrhundert nach Christus", in: ders., *Storia ed interpretazione di testi bizantini* (London 1974; erstmals erschienen 1973) II, 1–14.

[20] Zur Bedeutung der poetischen Form für die Artikulation der philosophischen Annäherung an das Göttliche s. z. B. H. Strohm, „Zur Hymnendichtung des Synesios von Kyrene", *Hermes* 93 (1965) [47–54] 51, Vollenweider 1985, 29–41 oder Seng 1996, 335.

[21] Eine detaillierte motivische Analyse des Hymnus ist hier nicht angestrebt; für solche s. Gruber / Strohm 1991 sowie Seng 1996.

[22] Das unblutige geistige Opfer wird zu einem bevorzugten Instrument christlicher Autoren, um sich von der Opferpraxis der paganen Umwelt abzugrenzen, s. z. B. Röm. 12,1 (λογικὴ λατρεία), Athenagoras, *Legatio* XIII 13,1–4, oder die Ausführungen des Origenes zum geistigen Kult (analysiert z. B. von Th. Hermans, *Origène. Théologie sacrificielle du sacerdoce chrétien* (Paris 1996), 101–192. Auf paganer Seite s. z. B. *Corpus Hermeticum* I 31, XIII 18–22. Einen Überblick über die Verbreitung der Vorstellung zur Zeit des frühen Chris-

teil. Der konkrete Hymnus wird als eine Momentaufnahme aus der sich eigentlich immer und überall vollziehenden Gottesverehrung des philosophischen Dichters dargestellt.[23] Er ist sowohl Opfer (I 10) als auch göttliche Inspiration, die den Geist des Dichters von außen umschwebt (I 111f);[24] er ist Aufstieg zu Gott (s. I 116–141) und stärkt wiederum die aufstrebende Seele (I 370–375),[25] er ist Präfiguration der geistigen Hymnen, welche die endgültig mit dem göttlichen Licht wiedervereinte Seele dereinst singen wird (I 721–725).

3.1. Theologie und Kosmologie

Wohin führt der göttlich inspirierte Hymnus? Synesios beschreibt, wie der Versuch des Aufstiegs zum höchsten Prinzip, dem „unermüdlichen Abgrund", der in Feuer- und Blitzglanz allen, selbst den Göttern, unzugänglich ist, scheitern muss (116–141).[26] Die Seele besinnt sich lieber auf die „ersterschienene Form", mittels der sie auch das Höchste betrachten und besingen kann.[27] Es folgt eine lange Passage (I 145–369), welche die Mo-

---

tentums gibt F. Everett, „Spiritual Sacrifice in Early Christianity and Its Environment", *ANRW* II/32, 2, [1151–1189] bes. 1152–1156 und 1162–1188. Zum Kosmos als Heiligtum s. z. B. Philon, *De somniis* 215f., Mesomedes, *Hymnus an Helios*, Clemens von Alexandria, *Strom.* VII 5,28, Plutarch, *De tranquillitate animi* 20,477C–F; Dio Chrys., *Or.* 12, 34; dazu A.-J. Festugière, *La révélation d'Hermès Trismégiste* II: *Le dieu cosmique* (Paris 1949) 233–238. Beide Motive verbunden bei Porphyrios, *De abst.* II 45 (νοερὰ θυσία des Philosophen im Heiligtum des Alls).

[23] *Hymn.* I, 1–107. Für die Anklänge an andere Hymnendichtung, etwa an Mesomedes, s. den Kommentar von Gruber / Strohm 1991; zum Hymnus als geistigem Opfer und der dahinter stehenden Tradition Vollenweider 1985, 40 und Seng 1996, 86–88.

[24] Dieses Ineinander von menschlicher Initiative und göttlicher Hilfe ist ein Motiv, das spätantike Neuplatoniker wie Jamblich oder Proklos mit Christen wie Augustinus teilen; siehe dazu Erler 2008.

[25] Zum Gebet als ἐπιστροφή zum Göttlichen s. Proklos' Gebetstheorie (*In Tim.* I 209–212); das Gebet wird dort zum existentiellen Prozess, der das menschliche Streben zum Höheren umfasst. Proklos baut dabei auf Jamblich auf, dessen Gebetsvorstellung in *De myst.* V 26 kurz dargestellt ist; s. dazu J. M. Dillon, *Iamblichi Chalcidensis in Platonis dialogos commentariorum fragmenta* (Leiden 1973) 296 und 407–411 und Beierwaltes 1979, 391–394.

[26] Vgl. *Or. Ch.* frg. 18 (alle Orakelfragmente nach des Places 1971) sowie den Hymnus Valentins mit dem kurzen Kommentar von Hippolyt, *Ref.* VI 37, 7-9. Zu den komplexen Relationen zwischen neuplatonischen und gnostischen Texten und Milieus s. z. B. Majercik 1992; R. T. Wallis / J. Bregman (Hg.), *Neoplatonism and Gnosticism* (Albany 1992), darin speziell zu Synesios J. Bregman, „Synesius, the Hermetica and Gnosis" [85–98], der den gnostischen Einfluss allerdings herunterspielt. S. aber G. Fowden, Rez. Bregman 1982, *CPh* 80 (1985) 281–285, der für eine stärkere Berücksichtigung der gnostischen Elemente plädiert. Zentral sind weiters die Arbeiten von J. D. Turner, insbesondere „The Gnostic Triple Path to Enlightenment: The Ascent of Mind and the Descent of Wisdom", *Novum Testamentum* 22 (1980) 324–352, bes. 340 zur synesianischen Prinzipienlehre und ihrer Nähe zur Gnosis, oder ders., *Sethian Gnosticism and the Platonic Tradition* (Leuven 2003).

[27] Die Unfähigkeit der Seele, das Höchste dauernd zu schauen, ist ein alter Topos. Schon bei Platon erscheint diese Schau als ein punktueller Moment (*Rep.* 517b–c, *Phaidr.*

nas sowie ihre Entfaltung zur Dreiheit und zur Welt zum Gegenstand hat. Die höchste Gottheit wird mittels einer an die orphischen Hymnen erinnernden Häufung von Epitheta neuplatonischer Provenienz charakterisiert. Sie geht der ganzen sonstigen Realität vor: „Vater aller Väter, Selbstvater, Vorvater ohne Vater, selbst Dein eigener Sohn, Eins vor dem Einen, Same des Seienden, Zentrum aller Dinge, ‚vor-nichtseiender' Nous" (I 145–152), „jenseits (ἐπέκεινα) der Götter, jenseits der Intellekte" (I 164f). Neben Begriffen wie „Eines" oder „Mittelpunkt", die etwa bei Plotin gefunden werden können,[28] steht Vokabular aus den *Chaldäischen Orakeln*, jener nur fragmentarisch erhaltenen Sammlung, die seit Jamblich allmählich zu einer zentralen Offenbarungsschrift späterer Neuplatoniker avanciert.[29] So ist das Eine „ringsum leuchtendes Licht", „Quelle", „unaussprechlicher Abgrund" oder „Lenker der Kanäle der Götter" – Anspielung auf die „Kanäle", durch welche sich die göttliche lebenspendende Feuersubstanz sich in den *Chaldäischen Orakeln* durch den Kosmos verteilt (I 155, 157.171, 189, 168).[30] Die Monas sei „Intellekt und intellektual, und das Intelligible, und noch vor dem Intelligiblen,[31] Eins und alles, Eins durch alles hindurch, Eins vor allem" – in dieser Betonung der Transzendenz auch gegenüber dem Intelligiblen zeigt sich Synesios mit den Spekulationen vertraut, die angefangen mit Jamblich spätere Neuplatoniker wie Proklos zu einer nachdrücklichen Behauptung der Jenseitigkeit des ersten Einen an sich – bei allem Zusammenhang mit der übrigen Realität – führen werden.[32] Anders als Jamblich oder Proklos beschreibt jedoch Synesios, wie

247d–248b, *Symp.* 210e–211c). Von Plotin berichtet sein Schüler Porphyrios, er habe diese Schau viermal erlebt, er selbst hingegen nur einmal bis zu seinem 68. Lebensjahr (*VP* 22). Der Nous als ‚Form', ‚Bild' bzw. ‚Logos' des Einen ist plotinischer Provenienz (s. dazu die Analyse von Beierwaltes 1985, 45 oder 79f. S. auch Proklos, *Theol. plat.* II 11, wo die Seele nach dem kurzen Moment der blinden Berührung des Höchsten zu den nächsttieferen Ebenen des Nous und der Seele zurückkehrt, von wo aus der „geistige Hymnengesang" an das höchste Prinzip möglich ist. Der dort skizzierte Lobpreis berührt sich stark mit den Gottesprädikaten der synesianischen Hymnen. Vgl. auch Vollenweider 1985, 53–66.

[28] Zur plotinischen Metaphorik für das erste Prinzip s. Beierwaltes 1985, 50–52, der zwei zentrale Metaphern, Licht und Kreis(mittelpunkt) für das Eine diskutiert.

[29] Zu den *Chaldäischen Orakeln* s. aus der neueren Literatur R. Majercik, *The Chaldean Oracles. Text, Translation, Commentary* (Leiden 1989), Athanassiadi 1999; H. Seng / M. Tardieu (Hg.), *Die Chaldaeischen Orakel: Kontext, Interpretation, Rezeption* (Heidelberg 2010, im Druck).

[30] Die chaldäische Vorstellung vom göttlichen Feuer, der sich durch Kanäle im Kosmos verteilt, läßt sich aus den Fragmenten 2–6; 32–39; 42; 60f., 65f., 75 oder 110 rekonstruieren. Zum Einfluss der *Chaldäischen Orakel* auf Synesios siehe grundlegend Theiler 1942 sowie Seng 1996, 119–170 und 324f.

[31] „Intellektual" und „intelligibel" geben die seit Jamblich gängige neuplatonische Unterscheidung zwischen νοερόν und νοητόν als zwei Bereichen der Seinshierarchie wieder. Das Intelligible ist die höhere Stufe, die von den intellektualen Wesenheiten gedacht wird. S. z. B. Hadot 1968, 99–101.

[32] S. etwa Proklos, *Theol. plat.* II 11; Damaskios, *De principiis* II 1f. und 6 in der Ausgabe von L.-G. Westerink / J. Combès, *Traité des premiers principes*, Band I–III (Paris 1986 / 1989 /

schon dieses erste Eine sich auf unsagbare Weise zu einer Trias entfalte, um den Demiurgen zu erzeugen. Der Wille des Vaters trete als mittlere, weibliche Kraft in Erscheinung, um der dritten Hypostase, der „ruhmreichen, welterschaffenden Weisheit" willen. Diese drei Hypostasen sind paradox unterschieden und eins zugleich, Zählen und Rangabstufungen haben auf dieser Ebene keinen Raum (I 222–226, 254–258).

Synesios' Triasvorstellung ist schon in der älteren Forschung mit den *Chaldäischen Orakeln* in Verbindung gebracht worden, die ebenfalls eine Trias kennen, bestehend aus Vater/väterlichem Abgrund, einer weiblich gezeichneten mittleren Entität, der Dynamis, sowie dem väterlichen Nous, dem die Weltschöpfung obliegt.[33] Da Synesios selbst in den *Hymnen* wie in seinem *Traumbuch* große Vertrautheit mit den Orakeln an den Tag legt, ist die Parallele nicht verwunderlich. Er könnte auch durch Porphyrios in dieser Vorstellung bestätigt worden sein, der eine Trias nach chaldäischem Muster annimmt und nach Damaskios ebenfalls das Eine mit dem Vater der ersten – intelligiblen – Trias gleichsetzt.[34] Zur Charakterisierung dieser chaldäisch-porphyrischen Trias benutzt Synesios Motive, die sowohl im paganen wie auch im christlichen Kontext verwendet werden, wenn er z. B. den Weltschöpfer als demiurgische „Weisheit" (σοφία) oder als Logos bezeichnet,[35] oder wenn er, wie oben erwähnt, das Zählen und die Aufstellung einer Rangfolge aufs entschiedenste ablehnt.[36] Explizite Anknüpfung an die christliche Trinität liegt vor, wenn er im II. Hymnus die Zwischenhypostase nicht nur als „Geburtswehen", „Wille" oder „mittleres Prinzip", sondern auch als ἁγία πνοιά (II 98) bezeichnet, wobei der weib-

---

1991). Synesios' Charakterisierung des ersten Prinzips verarbeitet dichterisch die dem neuplatonischen Denken inhärente Spannung zwischen Transzendenz und Immanenz; dazu s. Beierwaltes 1985, 38–62.

[33] Zu den ersten Prinzipien des chaldäischen Systems s. *Or. Ch.* frg. 3–5. 10 oder 18. Zur Verortung der Triasvorstellung der Orakel in ihrem religiösen und philosophischen Kontext s. etwa Majercik 1992 oder Turner 1992.

[34] *De principiis* II 1 Westerink / Combès; s. auch Proklos *Theol. plat.* III 21 oder 24 zur Begrifflichkeit der chaldäischen Trias (Vater – Kraft – Nous); Porphyrios' Triasvorstellung und Einfluss auf Synesios wurde von Hadot 1968, 95–98. 255–312. 461–468 oder Vollenweider 1985, 106–113 analysiert. R. Majercik, „Chaldean Triads in Neoplatonic Exegesis: Some Reconsiderations", in *CQ*, n. s. 51 (2001) [265–296] 296 weist zu Recht darauf hin, dass aufgrund der fragmentarischen Überlieferungslage die Triasvorstellung der Orakel lediglich durch die spätere, mit Porphyrios einsetzende neuplatonische Systematisierung und Interpretation greifbar ist (zu diesem Problem allgemeiner auch Athanassiadi 1999).

[35] Zum demiurgischen Nous als Weisheit s. z. B. Plotin V 8,5. Der Nous als Logos bzw. Bild des Einen, wie auch die Seele Logos des Nous ist: vgl. Plotin V 1,6f; *Ch. Or.* frg. 175 mit der Exegese von Proklos, *Eclog. chald. phil.* IV (bei des Places 1971, 209f., hier 210).

[36] Deswegen muss die Stelle nicht mit E. Cavalcanti, *Studi Eunomiani* (Rom 1976) 116–120 spezifisch gegen die Eunomianer gelesen werden. Auch Vollenweiders Behauptung, Synesios tendiere zu einer eindeutig christlichen, neuplatonisch nicht nachweisbaren Triasvorstellung (1985, 74) ist problematisch. Zu der neuplatonischen Ablehnung des Zählens innerhalb der höchsten Trias siehe die Belege bei Theiler 1942, 11 oder Hadot 1968, 470f., der auf die Triasvorstellung des von ihm Porphyrios zugeschriebenen anonymen Parmenideskommentars verweist.

liche Charakter des neuplatonischen Zwischenprinzips gewahrt bleibt.[37] Auch die Tatsache, dass die Hymnen direkt an die höchste Gottheit gerichtet werden, könnte auf christlichen Einfluss zurückgehen, denn damit sprengt Synesios die neuplatonische Konvention, dass verbale Hymnen nur an tieferstehende Gottheiten, nie an die höchsten Prinzipien gerichtet werden dürfen.[38]

Nach der Entwicklung der Trias beschreibt Synesios im I. Hymnus, wie die erste Gottheit von allen Vernunftwesen im All gerühmt wird: von den „intellektualen Seligen" (νοεροὶ μάκαρες) – einer festen Klasse von überkosmischen Göttern seit Jamblich – über die „Allführer" (κοσμαγοί), die Gestirne, die anderen Gottheiten in und um den Kosmos, die „Gürtelgötter" (Planeten) und die „ungegürteten",[39] die Seinskette der Engel[40] und die Heroen bis zu den Seelen, sowohl den vom Irdischen losgelösten als auch den im Irdischen befangenen. Nach den Seelen wird der Lobpreis der Natur erwähnt, die ebenfalls aus den „Kanälen" des höchsten Gottes belebt wird, so dass alle Teile des Kosmos, bis zur untersten Ebene, auf ihre Weise am göttlichen Leben Anteil bekommen.[41] Auf diese Weise skizziert Synesios die Struktur des Seins, unterstreicht den ewigen Lobpreis all seiner Bestandteile und ordnet sich selbst in dieses kosmische Gebet ein. Dieses Gebet kann als ein Motiv der religiösen Koine des antiken Mittelmeerraumes angesehen werden.[42] Die Struktur greift die Abfolge der

---

[37] S. auch Vollenweider 1985, 77–79 zu möglichen christlichen Anknüpfungspunkten.

[38] Porph., *De abst.* II 34, Proklos, *Eclog. chald. phil.* II (de Places 1971, 207f.), s. auch R. M. van den Berg, *Proclus' Hymns. Essays, Translation, Commentary* (Leiden / Boston / Köln 2001) 32.

[39] Zur chaldäischen Vergöttlichung des Chronos in verschiedenen Hypostasen entsprechend den verschiedenen Seinsstufen des chaldäischen Systems als ζωναῖος, ἄζωνος, ἀρχαγγελικός, ἀρχικός, πηγαῖος s. etwa Proklos, *In Tim.* III 43; zu Ζῶναι καὶ Ἄζωνοι als chald. Wesenheiten auch *In Parm.* I, 647. Die Geschichte dreier dieser Gottheiten verfolgt H. Seng, *Kosmagoi, Zonaioi, Azonoi. Drei Begriffe chaldaeischer Kosmologie und ihr Fortleben* (Heidelberg 2010).

[40] Zu Engeln in der platonischen Tradition s. Porphyrios, *In Tim.* I 17.21, *Ad Marc.* 21, *Ep. ad Aneb.* I 4a, II 3b; Jamblich, *De myst.* II 3 passim, Synesios' etwas jüngeren Zeitgenossen Hierokles, der „Heroen", „Engel" und „Dämonen" als mögliche Synonyme sieht (*In carm. aur.* III 5–7, XXIII), oder Proklos, der die Platonizität der Engel betont (*In remp.* II 255).

[41] Vgl. z. B. Proklos *Theol. plat.* VI 4 oder *In Tim.* III 162–167

[42] Prägnant wird die Vorstellung vom kosmischen Lobpreis z. B. von Theodoros von Asine auf den Punkt gebracht: *πάντα εὔχεται πλὴν τοῦ πρώτου*. Dieses Motiv wird von Proklos unter Einbeziehung jamblicheischer Gebetstheorie (dazu s. *De myst.* V 26) ausführlich entfaltet: alles, von Göttern wie dem Demiurgen bis selbst zu Pflanzen und Steinen, betet auf seine Weise (*De sacrificio*, *Theol. plat.* II 8, *In Tim.* I 212f.) Eine Variation dieses Themas ist die bei Proklos prominente Annahme kosmischer Rituale wie Reinigungen oder Einweihungen, z. B. Proklos, *In Tim.* I 118f. Als Teilnehmer am Opfer der Hymnodie erscheint die Natur etwa bei Mesomedes oder in *CH* XIII. Neben dem paganen Hintergrund ist jedoch auch an die Psalmen zu denken, die ähnliche Motive aufweisen. Auch Philon erwähnt den kosmischen Gottesdienst, der dem menschlichen parallel ist (vgl. die oben erwähnte Stelle *De somniis* 215f). Zum Begriff der religiösen *koine* s. z. B. M. Salzman, „Religious Koine and

Seinshierarchie auf, die sich im Mittel- und Neuplatonismus kristallisiert: die Götter (hier durch die intellektualen überkosmischen und die innerkosmischen Gestirnsgötter vertreten), verschiedene Zwischenwesen (Engel, Heroen), Teilseelen (mit Materie verbunden oder nicht), die Natur, die die unteren, vernunftlosen Bereiche des Belebten verwaltet, schließlich die unbelebten Dinge.[43]

Diese Aufzählung wiederholt sich in unterschiedlicher Variation in den verschiedenen Hymnen, indem z. B. die Dämonen noch erwähnt werden. Diese werden bei Synesios grundsätzlich eher negativ gezeichnet, als Sprösslinge der Physis, die den Menschen wie Hunde nachstellen und sie vom Aufstieg zu Gott abhalten wollen. Der Vergleich mit den Hunden, die Verbindung mit der Physis und ihre Versuche, die Seele am Aufstieg zu hindern, finden sich in den *Chaldäischen Orakeln*, wieder;[44] mit Porphyrios ist die Zusammenschau aller Dämonen zu einer übermächtig-bösen Wesenheit gemeinsam;[45] christliche Vorstellungen werden die Schlange beigesteuert haben, als welche diese Wesenheit gezeichnet wird.[46]

Als Schaltstelle zwischen dem höchsten Einen und der sich aus ihm entfaltenden Welt fungiert die dritte Triashypostase, der Sohn.[47] Dessen ewiges, zeitloses Wirken umfasst sowohl die Schöpfung – Formung und Erhaltung – des gesamten Kosmos als auch die Erlösung der Seelen aus der Materie. Damit verschmelzen in dieser Hypostase die in anderen metaphysischen Systemen distinkten Ebenen des Nous und der Weltseele.[48] Während etwa Proklos' Platonische Theologie das eine Extrem komplizierter Entwicklung der neuplatonischen Seinshierarchie nach dem triadischen Prinzip darstellt, bewegt sich Synesios' vereinfachende Darstellung am entgegengesetzten Ende der Bandbreite neuplatonischer Systeme, in der Nachbarschaft Plotins, Porphyrios' oder Hierokles'. Doch arbeiten bei-

---

Religious Dissent in the Fourth Century", in: J. Rüpke (Hg.), *A Companion to Roman Religion* (Malden, MA u.a. 2007) 109–125.

[43] Für verschiedene Aufzählungen der Wesenheiten zwischen dem höchsten Prinzip und der menschlichen Seele s. Jamblich, *De myst.* I 5 und II, 3–9; Hierokles, *In carm. aur.* III und XXIIf; Proklos' *Platonische Theologie* ist ein Monumentalversuch, diese Klassen detailliert aufzuzeigen und ihre Zusammenhänge zu erklären.

[44] S. *Or. Ch.* frg. 88. 90. 135.

[45] Zu der Dämonenvorstellung des Synesios und ihren Quellen s. Tanaseanu-Döbler 2008, 237–239.

[46] Vgl. *Hymn.* VIII 4–9, wo explizit die Schlange der Genesis als Inbegriff und Quelle menschlichen Elends gezeichnet wird.

[47] Diese Funktion des Sohnes wird besonders in den Hymnen II und IV ausführlich entfaltet.

[48] Zur Darstellung diese Hypostase in den Hymnen s. Tanaseanu-Döbler 2008, 241–245. Neben dem neuplatonischen Einfluss berührt sich Synesios' Darstellung des kosmischen Waltens dieser Gottheit auch mit dem Zeushymnus des Kleanthes oder mit Mesomedes' Hymnen an Helios bzw. an Physis (letztere bei E. Heitsch, *Die griechischen Dichterfragmente der römischen Kaiserzeit*, Bd. I (Göttingen ^{2}1963), II 2 und 4).

de mit den gleichen Prinzipien, mit der Entfaltung der Vielheit aus dem Einen nach dem Dreischritt Verharren (μονή) – Hervorgang (πρόοδος) und Rückwendung (ἐπιστροφή).[49]

3.2. Seelenlehre und Soteriologie

Nach der Beschreibung der Monas, Trias und des lobpreisenden Kosmos besinnt sich der Dichter, nunmehr gestärkt durch den bisherigen Hymnus, auf sein Schicksal als Seele im Kosmos und betet um Erlösung aus den Fängen der Materie. Nachdem der erste Teil des Hymnus damit abgeschlossen ist, betont Synesios, dass dieser als Dank für die erfolgreiche Gesandtschaft geleistet wurde; eine lange, hyperbolische Darstellung seiner damaligen Mühen schließt sich an (I 428–504). Entschlossen beteuert er seinen Wunsch, sich nun endgültig vom Irdischen mit all seinen Verstrickungen ab- und zu Gott hinzuwenden, und bittet Gott um Hilfe bei diesem Aufstieg (I 510–549).

Die Seelenlehre, die er im weiteren Verlauf des Hymnus skizziert, ist von dem Bild der Seele als Tagelöhnerin geprägt: als Freie zum Dienst am Kosmos entsandt, sei sie der Materie verfallen und habe sich selbst versklavt. Ein göttlicher Same, ein Funke des Nous wohne ihr immer noch inne, ein schwacher Rest Kraft (μένος oder ἀλκή), der aber von den Wogen der gierigen Materie überwältigt zu werden drohe, die den Aufstieg zu vereiteln suche.[50] Während die Details auf eine Verarbeitung der *Chaldäischen Orakel* schließen lassen, die auch im Traumbuch das Gerüst der Seelenlehre bilden,[51] ist die Metapher des verschütteten göttlichen Samens oder Funkens auch in gnostischen Texten aufzufinden, und die Vorstellung vom Menschen als letztlich göttlichem Wesen, das nach der Rückkehr in die himmlische Heimat strebt, kann bis auf Empedokles zurückverfolgt werden.[52] In der Verwendung dieses alten Motives der wesenhaft göttlichen Seele unterscheidet sich Synesios von christlichen nichtgnostischen

[49] Zur Bedeutung dieses Schemas für die neuplatonische Metaphysik und seiner endgültigen strengen triadischen Systematisierung durch Proklos s. Beierwaltes 1979, 158–164; zu Proklos' detaillierter Entfaltung dieses Schemas 118–158. Neuplatonische Systeme können diese Grundstruktur des Seins unterschiedlich variieren; vgl. Beierwaltes 1985, 155–157 zu den unterschiedlichen Akzenten Plotins und Proklos'.

[50] Im *Traumbuch* wird diese Rolle von der Physis als dynamischem Prinzip der materiellen Welt eingenommen.

[51] Charakteristisch dafür ist die Metapher der Tagelöhnerin (s. frg. 99 und 110 mit des Places' Anmerkungen). Diese wird von Proklos *In remp.* II 97f. explizit mit der platonischen Vorstellungswelt verknüpft, indem er Platons *Politeia* auf die Verfassung des ganzen Kosmos ausweitet und die Klasse der θῆτες mit den Seelen identifiziert.

[52] Empedokles frg. 115 DK, aufgenommen etwa von Plutarch, *De exilio* 17; Plotin, IV 8,1; Hierokles, *In carm. aur.* XXIV 2–3. In einer anderen Variation findet sich das Bild des Exils für die Situation der Seele in der materiellen Welt bei Plotin V 1,1.

Autoren, welche spätestens seit dem 4. Jahrhundert auf der ontologischen Trennung zwischen Schöpfer und Geschöpf beharren.[53]

Der Aufstieg, bei dem die Hilfe Gottes die Seele dem Zugriff der Physis entzieht, wird mit Licht- und Feuermetaphern geschildert. Gott selbst möge eine Fackel und einen Brand aus dem glimmenden Seelenfunken entfachen, soll die Seele in der „Kraft des Lichtes" inthronisieren; Feuer möge die gerettete Seele von der irdischen Welt trennen (I 593ff). Gebetet wird platonisch um die Ausbreitung der „intellektualen Flügel" (I 615–618), aber auch um ein „Siegel" oder „Zeichen" des Vaters, welche die Seele vor den irdischen Dämonen schütze und als Erkennungszeichen für die höheren Wesen diene, welche die Schlüssel der „feurigen Aufstiegswege" tragen. Dieses Zeichen möge sie dazu bringen, der Seele die „Tore des Lichtes" zu öffnen"; noch auf Erden weilend wünscht sich der Dichter, schon der Erde entrückt sein (I 619–645). Das letzte Ziel des Aufstiegs, erreichbar erst nach der Lösung vom irdischen Körper, ist die Rückkehr in die „Hallen" bzw. „Schöße" des Vaters, „aus der die Quelle der Seele entspringt". Empedokles oder Plotin sind im Hintergrund zu hören, wenn die Seele als „irrender Wanderer" und „himmlischer Tropfen" die Vereinigung mit ihrer Quelle bzw. dem Licht ersehnt; ein weiteres altes Bild ist das des Reigentanzes der höheren Wesen, mit denen die Seele „geistige Hymnen" singen will.[54] Gebetet wird um eine dauerhafte Einverleibung in das Lichtreich, um die Erlösung von der Wiedergeburt auf Erden (I 710-729).[55]

---

[53] S. A. Louth, *The Origins of Christian Mystical Tradition. From Plato to Denys* (Oxford ^{2}2007, erste Auflage 1981) 74f. und die Rezension von G. Stroumsa, *Numen* 29 (1982) [278–282] 281, aber auch die von É. des Places, *Syngeneia. La parenté de l'homme avec Dieu d'Homère à la patristique* (Paris 1964) 183–207. gesammelten Stellen, welche zeigen, dass trotz der Vorstellung der λόγος σπερματικός bei christlichen nichtgnostischen Autoren die Idee einer ontologischen Verwandtschaft zwischen Seele und Gott letztlich abgelehnt wird. Allerdings ist zu beachten, dass die Göttlichkeit der Seele auch im paganen Kontext nun nicht einfach bedeutet, dass sie ontologisch identisch mit jeglicher anderen, auch der höchsten Form des Göttlichen wäre. Aufschlussreich ist etwa Hierokles, der ganz statisch-lokativ die Unterschiede zwischen den einzelnen Stufen der Seinshierarchie, insbesondere zwischen dem Demiurgen und seinen Geschöpfen betont (*In carm. aur.* 1,8. 10.14–16; 22,2; 23,8. 10). Auch Proklos unterstreicht immer wieder, dass die Göttlichkeit im strengen Sinn nur ein Prädikat der höchsten Prinzipien sei, während alle anderen, inklusive der Seelen, diese abgeleitet und verhältnishaft in unterschiedlichen Graden besitzen (*Theol. plat.* I 26f., *In Parm.* 948, *In Tim.* III 231 oder 245f. (gegen radikalere platonische Positionen). Vgl. dazu ältere, dynamischere Vorstellungen wie etwa bei Plutarch, *Romulus* 28 oder *De defectu* 415B–C).

[54] S. Anm. 52 und die Parallelstellen bei Gruber / Strohm 1991, 155f. und 161.

[55] Die Sequenz Reinigung von der Welt des Werdens und der Materie – Erleuchtung – Vereinigung mit dem Lichtreich findet sich auch in Proklos (z. B. *In Tim.* I 301f.); sie präfiguriert den Dreischritt späterer christlicher Mystik *purgatio – illuminatio – unio*.

3.3. Die Christusgestalt

Das hymnische Szenario des geistigen Aufstiegs wiederholt sich in mehreren Variationen in den trinitarischen Hymnen. Allen ist somit das neuplatonische Gerüst gemeinsam, in welches Synesios christliche Motive in unterschiedlicher Konzentration hineinwebt. Während der IX. Hymnus dieses Gerüst in Reinform bietet, schließt der V. Hymnus ähnlich wie der zweite eine auf die christliche Trinität von Vater, Sohn und Geist gemünzte Anrede ein (II 98, V 27–32).[56] Die Doppelbödigkeit der Sprache des ersten Hymnus, der Termini aus dem gemeinsamen Fundus christlicher und paganer trinitarischer Spekulationen einsetzt, wurde schon erwähnt; der ähnlich gelagerte zweite Hymnus ist eine Epitome des ersten. Der vierte Hymnus konzentriert sich auf den Sohn, der nur in seiner zeitlosen demiurgischen Dimension gepriesen wird; er erinnert an Kleanthes' Zeushymnus oder Mesomedes' Helioshymnus. Eine zweite Gruppe von Hymnen entfernt sich von der rein philosophischen Darstellung des Göttlichen, wo die trinitarische Auffassung der höchsten Hypostase einen gemeinsamen Grund für christliche und nichtchristliche Theologien liefert, und bezieht ausdrücklich die Christusgestalt ein. In Hymnus III wird die Jungfrauengeburt thematisiert; Christus erscheint als der „Fährmann" des göttlichen Lichtes. Hymnus VII ist ein Gebet an den „ruhmreichen Sohn der Jungfrau" für Synesios und seine Familie. Hymnus VI und VIII beschreiben die Anbetung der Magier bzw. die Himmelfahrt Christi. Jesus wird mit Hilfe von Anspielungen auf Herakles oder Orpheus als Konkretisierung und Greifbarwerdung der zeitlos wirkenden Triashypostase beschrieben, die ewig den Kosmos reinigt und die Seelen aus der Verstrickung in der Materie zu einem reinen, körperlosen Leben errettet.[57]

Mit der Integration Jesu stellt sich die Frage nach der Inkarnation, dem klassischen Stolperstein in den Beziehungen zwischen Christen und Heiden.[58] Doch Synesios bewegt sich im frühen fünften Jahrhundert auf einem anderen Terrain als dem der scharfen Kontroverse zwischen Kelsos und Origenes; seit dem späteren dritten Jahrhundert werden durchaus paganerseits auch konstruktivere Konzepte zum Umgang mit der Jesusgestalt bzw. den christlichen Schriften entwickelt. Während Porphyrios die Jesus-

---

[56] Das Miteinander von neuplatonischen und christlichen *termini technici* zeigt sich gut am Beispiel des V. Hymnus: die christliche trinitarische Terminologie steht kurz nach einer Anspielung auf Jamblichs Trennung zwischen intellektualen und intelligiblen Wesenheiten (V 22ff).

[57] S. dazu Tanaseanu-Döbler 2008, 245–252.

[58] Zu dieser Debatte, in der christliche Autoren ihrerseits anthropomorphe Züge paganer Götter überbetonten, s. z. B. S. Benko, „Pagan Criticism of Christianity during the First Two Centuries A.D.", *ANRW* II 23/2, 1055–1118, 1103 (zu Kelsos), M. Kahlos, *Debate and Dialogue. Christian and Pagan Cultures c. 360–430* (Aldershot 2007) 158–161 oder Halfwassen 2008, 7.

gestalt konsequent als rein menschlich – und insofern göttlich, als jede tugendhafte Seele letztlich göttlich ist – ansieht,[59] geht sein älterer Kommilitone Amelius soweit, den Prolog des Johannesevangeliums mit (oder trotz?) seiner drastischen Darstellung der Fleischwerdung des Logos als treffende Beschreibung der Weltseele anzuerkennen.[60] Solche Tendenzen könnten für pagane Philosophielehrer eine Grundlage geboten haben, etwaigen christlichen Studenten eine Brücke zu ihrer Tradition zu bauen und die eigene Attraktivität dadurch zu steigern; für Hypatia, die im komplexen alexandrinischen Miteinander von Christen und Heiden erfolgreich wirkt und sich auch nach der Zerstörung des Serapeions als prominente Philosophin in Alexandria behauptet, wäre dies eine nahe liegende Option gewesen.[61] Zumindest wird es auf diesem Hintergrund verständlich, wie ein Philosoph aus christlichem Hause wie Synesios in das neuplatonische Weltbild, welches seine Hymnen bestimmt, die Jesusgestalt nach Bedarf als zeitliche Manifestation des Ewigen einfügen kann.

3.4. Philosophie und Mythos: *Ep.* 105 als Interpretationsschlüssel

Wie diese beiden Komponenten, philosophische Metaphysik und christliche Überlieferung, in den Hymnen und in Synesios' Denken zu gewichten sind, kann aus seiner Reaktion auf die Bischofswahl erschlossen werden. In einem Brief an seinen Bruder, der als eigentlichen Adressaten den Bischof Theophilos von Alexandria anvisiert (*Ep.* 105), gibt er zu bedenken, daß er die Philosophie als höchste Wahrheitsinstanz ansehe und ihr in den Punkten, in denen sie von der in christlichen Kreisen vertretenen Lehren abweiche, folgen müsse, da sie ihre Erkenntnis auf unerschütterlichen Beweisgängen gründe. Er sei jedoch bereit, wie vordem als Philosoph, so auch als Bischof der Philosophie im Privaten nachzugehen, und könne gerne öffentlich als Lehrer Mythen vortragen. Damit führt er letztlich die im *Dion* skizzierte Position fort und überträgt sie auf das Bischofsamt. Als potentielle Konfliktpunkte zwischen christlichen Lehren und Philosophie führt er die Präexistenz der Seele vor dem Körper, die Ewigkeit und Unzerstörbarkeit des Alls und schließlich die Frage nach der Auferstehung an – Themen, die jeweils auch in christlichen Kreisen noch debattiert wurden, wie etwa die origenistische Kontroverse in Synesios' Zeit zeigt. Synesios' Position in diesen Fragen geht jedoch über andere vergleichbare christliche Meinungen

---

[59] Porphyrios, *Phil. ex or.*, frg. 345F und 345aF in der Ausgabe von A. Smith, *Porphyrii philosophi fragmenta* (Stuttgart / Leipzig 1993).

[60] Amelios bei Eusebios, *Praep. ev.* 11,19 und Theodoret v. Kyrrhos, *Curatio aff. graec.* II 87–90.

[61] Zu Hypatias Zurückhaltung in den christlich-paganen Grabenkämpfen und ihrem auch für Christen offen stehenden Unterricht immer noch maßgebend Dzielska 1998, 27–46 (Schülerkreis) und 79–83 (Zerstörung des Serapeions), s. auch dies., „Learned Women in the Alexandrian Scholarship and Society of Late Hellenism", in: El-Abbadi / Fathallah 2008, [129–147] 130. 133f. 137.

hinaus; zusammengenommen lassen sie das neuplatonische Gedankengerüst der Hymnen, die Idee einer ewig aus dem Ewigen entstehenden Welt, erkennen, in der die materielosen Seelen dem Körperlichen ontologisch vorangehen und nicht wesenhaft mit ihm verbunden sind.[62] Dieser Weltsicht geht Synesios in seinem *Traumbuch* nach, welches er als in platonischer Manier verschlüsselte Diskussion der mittleren Substanz konzipiert, die als Sitz der Einbildungskraft (φαντασία) die zwei Extreme, die in die Welt hinabsteigende Seele und den Körper, verbindet. Diese Diskussion ist in ein Lob der Traummantik eingebettet, mit dem sich Synesios *en passant* auch als Kenner verschiedenster mantischer Techniken und ihrer jeweiligen Vorzüge zu erkennen gibt. Wie in den Hymnen angedeutet, beschreibt er den Abstieg der Seele, die entsandt worden sei, um der Welt einen Dienst zu leisten;[63] bei diesem Abstieg durch die Sphären umkleide sie sich mit einem von den Gestirnen ausgeborgten pneumatischen Gefährt, dem Sitz der φαντασία, welches die Verbindung mit dem materiellen, zweiten Körper ermögliche. Das Pneuma folge naturgemäß den Bewegungen der Seele: es ermögliche den Aufstieg guter Seelen wie die jenseitige Bestrafung von Übeltaten. Auch diene es ihr als ein hervorragendes Kommunikationsmittel mit den höheren Wesen. Wenn die Seele ihre Freiheit nicht vergesse und sich nicht selbst der Materie verkaufe, könne sie mit der Hilfe Gottes durch ein philosophisches Leben aufsteigen,[64] das Pneuma den Gestirnssphären wiedergeben und ihre körperlose Existenz wieder aufnehmen.[65] Während eine philosophische Lebensweise ausschlaggebend für den Aufstieg ist, gesteht Synesios jedoch auch theurgischen kathartischen Riten als sekundären Hilfsmitteln Wirksamkeit zu.[66] Seine Beschreibung

[62] So zu Recht Bregman 1982, 155-163 gegen H.-I. Marrou, „La conversion de Synésios", *REG* 65 (1952) 474–484 und „Synesius of Cyrene and Alexandrian Neoplatonism", in: A. Momigliano (Hg.), *The Conflict between Paganism and Christianity in the Fourth Century* (Oxford 1964) 126–150; Marrous Position findet sich zuletzt bei Dimitrov 2008, 150–159.

[63] S. auch *De prov.* I 9–10.

[64] Zur „helfenden Hand Gottes" als gemeinsamem Motiv bei paganen Neuplatonikern und christlichen Theologen s. Erler 2008.

[65] Vgl. die Überlegungen zur Trennung von Nous und Seele auf dem Mond bei Plutarch, *De facie* 30, 944E–945A. Lacombrade 1951a, 168 spricht von einer Verarbeitung der christlichen Auferstehungsidee durch Synesios. Ihm folgen Marrou 1952, 482 und 1964, 147 sowie N. Aujoulat, „Les avatars de la phantasia", Teil 2, *Koinonia* 8 (1984) [33–55] 38–42 und Roques 1987, 307. Siehe dagegen Tanaseanu-Döbler 2008, 233, Anm. 472. Zu Natur und Herkunft des Seelengefährtes gibt es im Neuplatonismus konkurrierende Positionen. Während Porphyrios scheinbar gestützt auf die *Chaldäischen Orakel* dieses als eine Kombination von Elementen ansieht, die die Seele beim Abstieg sammelt und dann beim Aufstieg wieder abgibt, vertritt Jamblich eine ewige Dauer des Gefährtes. Synesios steht auf porphyrischer Seite, mit der eigenen Nuance, dass auch Elemente der höheren materiellen Sphären eventuell mit dem Gefährt über diese hinaus erhoben werden können (s. Porph. *Sent.* 29; Jambl. *In Tim.* frg. 81 und 84 Dillon; Proklos, *In Tim.* I 147 and III 234).

[66] Womit er eine Zwischenposition zwischen der insgesamt ablehnenden Distanzierung des Porphyrios von theurgischen kathartischen Riten und der Betonung des Primates der Theurgie etwa bei Jamblich, *De myst.* II 11 oder X oder bei Proklos, *In Tim.* III 300 einnimmt.

dieser Riten, die Rolle des Pneuma als Medium der Gottesbegegnung sowie die Konzeptualisierung der Traummantik lassen neben porphyrischen Motiven auch jamblicheischen Einfluss erkennen. Synesios' idiosynkratische Kombinatorik zeigt große Ähnlichkeit mit dem Vorgehen seines jüngeren Zeitgenossen Hierokles, der ebenfalls porphyrische und jamblicheische Ideen zu einer eigenen Synthese verknüpft.[67] Das *Traumbuch*, das Synesios in einem Brief an Hypatia als Frucht einer nächtlichen Vision beschreibt, präsentiert sich als philosophischer Beitrag.[68] Christliche Motive fehlen hier völlig, obwohl Synesios einschlägige Themen sehr wohl kennt und an anderer Stelle, nämlich im VIII. Hymnus, verarbeitet hat: dort wird die Hades- und Himmelfahrt des auferstandenen Gottessohnes mitsamt den erlösten Seelen geschildert. Eingedenk seiner Selbstpositionierung in *Ep.* 105 und der Unterscheidung zwischen der nur wenigen zugänglichen absoluten Wahrheit der Philosophie einerseits und der der Menge entsprechenden Mythen andererseits, legt sich der Schluss nahe, dass Synesios der biblischen Tradition, etwa der in H. VIII verarbeiteten Geschichte des Sündenfalls oder den sich um Jesus rankenden Geschichten eher letzteren Status zuweist. Somit könnte eine unterschiedliche Gewichtung christlicher Lehren vermutet werden, denn wie oben gesehen, erkennt Synesios die Trinitätslehre, welche christliche und heidnische Theologen der Zeit formal gesehen in Grundzügen teilen, durchaus als gemeinsames Terrain an, greift christliche Terminologie auf und bezieht als Neuplatoniker zusammen mit der athanasianisch-nicaenischen Fraktion gegen andere Tendenzen Stellung.[69]

---

[67] S. dazu TANASEANU-DÖBLER 2008, 235–260 und dies., „Synesios und die Theurgie", in: L. HOFFMANN / H. SENG (Hg.), *Synesios von Kyrene. Politik – Literatur – Philosophie*, Turnhout 2011 (im Druck).

[68] Siehe Proömium.

[69] Interessant ist zu notieren, dass in Alexandria im 4. Jahrhundert Athanasius zu einer gleichermaßen bei Heiden wie bei Christen geachteten und beliebten Figur avanciert war, wohingegen die kaiserlicherseits von Constantius unterstützten arianischen Bischöfe, insbesondere Georgios von Kappadokien, sich allgemeine Missbilligung und Hass zuzogen (s. dazu J. HAHN, *Gewalt und religiöser Konflikt. Studien zu den Auseinandersetzungen zwischen Christen, Heiden und Juden im Osten des Römischen Reiches [von Konstantin bis Theodosius II.]* [Berlin 2004] 46–77). Lokale und imperiale machtpolitische Interessen und kollektive Identitätsproduktionsmechanismen interferieren mit den theologischen Differenzen und lassen das Thema Nicaenum *vs.* Arianismus in Alexandria zu einer weniger religiösen als vielmehr hochpolitischen Angelegenheit werden. Diese um die Mitte des 4. Jhs. tobenden Konflikte könnten in Synesios' (und somit vielleicht auch schon Hypatias) Einschätzung des Arianismus nachwirken, was besser verständlich machen würde, warum Synesios ohne auf die theologische Kontroverse in seinen Briefen einzugehen die Zeit der Vorherrschaft der Arianer in Nordafrika als Schreckenszeit darstellt oder die aus Konstantinopel eingewanderten Eunomianer als Bischof mit allen Mitteln ohne Raum für theologische Auseinandersetzung auch nur anzudenken, zu vertreiben versucht (*Ep.* 66 bzw. 4). Es ist bemerkenswert, dass auch andere spätantike Figuren, die eine ähnliche Synthese neuplatonischer Philosophie und christlicher Diskurse wie Synesios vertreten, wie Marius Victorinus oder

Das philosophische Nachsinnen, das die Seele laut *Dion* Gott näher bringen soll, erweist sich somit als ein höchst individualistisches Unterfangen, strukturell durch die neuplatonische Metaphysik bestimmt, aber inhaltlich souverän mit Motiven aus verschiedenen Traditionen spielend. Philosophie und Christentum erscheinen nicht als Gegensätze, sondern sind miteinander vereinbar, wenngleich in einer klaren Hierarchisierung, die der Philosophie die Deutungshoheit als Führerin zu Gott einräumt.[70]

4. Gemeinschaft mit den anderen Menschen durch die Rhetorik

Der Verkehr des Philosophen mit anderen Menschen kann eine reiche Bandbreite von Beziehungen umfassen, die sich auch in Synesios' umfangreicher Korrespondenz und seinen Adressaten spiegelt: dazu gehören neben Verwandten wie seinem Bruder Euoptios der philosophische Kreis um Hypatia, einflußreiche Persönlichkeiten wie etwa der Prätorianerpräfekt Aurelianos oder der spätere Prinzenerzieher Anastasios, Bischöfe oder Priester. Als besonders exponierter Fall der Interaktion διὰ λόγου kann Synesios' politische Betätigung angesehen werden, die sich in seinem Leben und Werk zur philosophischen σχολή gesellt. Das Verhältnis der beiden wird je nach Situation unterschiedlich bestimmt und bewegt sich frei auf einer Skala zwischen zerreißender Spannung und fruchtbarem Miteinander; während Synesios etwa in *De regno* und *De providentia* sein eigenes Auftreten als Gesandter als zutiefst philosophisch präsentiert, kann er andernorts die politische Betätigung als mitunter unerträgliche Last beschreiben – so in Briefen an seinen Freund Pylaimenes oder im Kontext seiner bischöflichen Aktivität. Auch diese Seite seines Wirkens, im *Dion* programmatisch vom Philosophen auf Basis der klassischen Bildung gefordert, spiegelt folglich Synesios' Position zwischen älteren und neueren Betätigungsfeldern und Denkmustern. Sein Engagement im Rat von Kyrene, die Auseinandersetzungen mit seinen Gegenspielern wie Ioulios oder Johannes[71] sowie seine rege Patronatstätigkeit entsprechen der klassischen Rolle eines Provinzialaristokraten, ebenso wie die Gesandtschaft. Diese gehört wiederum auch zu den typischen Betätigungsfeldern für Philosophen in der späteren Antike.[72] Im Vergleich dazu eröffnet das Bischofsamt neue

---

Boethius, ebenfalls im Bereich des Christentums ihr Interesse auf die Trinitätslehre, den nächst liegenden gemeinsamen Nenner, richten und ebenfalls das nicaenische Modell gegen arianische Alternativen verteidigen. S. dazu auch Halfwassen 2008, 8f.

[70] S. *Ep.* 142.

[71] S. etwa *Epp.* 52. 95. 104 sowie Bleckmann im vorliegenden Band für die Analyse der Position des Synesios im sozialen Gefüge der Ptolemais anhand der Johannesbriefe.

[72] G. Fowden, „The Pagan Holy Man in Late Antique Society", *JHS* 102 (1982) [33–59] 50. Hahn 1989, 159 und 165 betont, dass dieses Wirkungsfeld der Philosophen sich primär aus ihrer Zugehörigkeit zur Oberschicht mit ihren sozialen Pflichten ergab.

politische Spielräume und Möglichkeiten, die Synesios geschickt aufgreift und einsetzt, wenn altbewährte Mittel versagen. Im Folgenden sollen diese Wirkungsfelder des Philosophen Synesios am Beispiel der Gesandtschaft sowie des Konfliktes mit dem *praeses* Andronikos beleuchtet werden.

4.1. Die Gesandtschaft

Die Zeit in Konstantinopel ist in verschiedenen Schriften des Synesios festgehalten. Als Gesandter von Kyrene überbringt Synesios dem Kaiser Arkadios das *aurum coronarium*;[73] er nutzt die Gelegenheit zum einen auch, um für seine Stadt zu werben und Steuerentlastungen zu erreichen. Zum anderen ist die Annahme plausibel, dass er auch für sich selbst die Erschließung neuer Wirkungsfelder am Hofe auslotet und – erfolglos – eine Beraterrolle anstrebt, indem er Kontakte zum Netzwerk um den späteren Prätorianerpräfekten Aurelianos knüpft.[74]

Die literarische Ausgestaltung seiner angeblich vor Arkadios gehaltenen Rede über die Königsherrschaft kann als Teil seiner Strategie gesehen werden.[75] Sie verbindet Elemente der Kranzrede mit denen des Fürstenspiegels[76] und benutzt den Topos der philosophischen παρρησία dazu,

[73] In der neueren Forschung setzte sich für diesen Aufenthalt die ältere Datierung auf die Zeit zwischen 397 und 400 wieder durch, s. T. D. Barnes, „Synesius in Constantinople", *GRBS* 27 (1986) [93–111] 104; Cameron / Long 1993, 102; Schmitt 2001, 243–250; die lange Zeit einflussreiche Datierung auf 399–402, vorgeschlagen von O. Seeck, „Studien zu Synesios", *Philologus* 52 (1894) [442–483] 462 findet sich bei Lacombrade 1951a, 100, Bregman 1982, 49, Gruber in Gruber / Strohm 1991, 11f; Hagl 1997; Garzya 1999, 35f.; D. Roques (zuletzt in Garzya / Roques 2000, XXII–XXIV) sowie in der neuesten Ausgabe von *De regno* von Lamoureux / Aujoulat 2008a, 11–26.

[74] So Schmitt 2001, 261–304 und 346–387, der das von Cameron 1965 entwickelte Konzept der wandernden Dichter, die ihre Dienste als Propagandaträger anbieten, auf Synesios anwendet. Synesios scheint sich um die Steuerentlastung aus eigenem Antrieb bemüht zu haben (Schmitt 2001, 256).

[75] Synesios selbst rühmt sich, dass er von der Traummantik beflügelt vor dem Kaiser mutiger als alle anderen Hellenen seiner Zeit aufgetreten sei (*De ins.* 14,4). Dies wurde von etlichen Forschern auf einen tatsächlichen Vortrag der Rede bezogen (s. Lacombrade 1951a, 85, 107 und 1951b, 79–87, v.a. 87, C. Coster, 1968. „Synesius of Cyrene, a Curialis of the Time of Arcadius" in ders., *Late Roman Studies* (Cambridge, MA 1968) [145–182] 155; Vollenweider 1985, 207, Anm. 234; Hagl 1997, 96–102 oder Garzya 1999, 11). Allerdings erscheint es trotz des akzeptierten Topos des Philosophen als mitunter strengen Erziehers nicht plausibel, dass die scharfen Ausfälle gegen das Hofzeremoniell, die unwürdigen Berater des Kaisers, vor allem die Eunuchen, die Kritik an dem Kaiser sowie die anti-gotischen Tiraden tatsächlich vor der Öffentlichkeit am Hofe des Arkadios vorgetragen worden wären. Daher ist der Ansicht, dass die vorliegende Fassung der Rede eine Überarbeitung darstelle, die nicht für die Öffentlichkeit, sondern gezielt für den literarischen und politischen Kreis um Aurelianos bestimmt gewesen sei, der Vorzug zu geben (so Barnes 1986, 104–109, Cameron / Long 1993, 127–142 oder Schmitt 2001, 282–289). Lamoureux / Aujoulat 2008a, 42–48 lassen die Frage offen, halten einen tatsächlichen Vortrag der Rede vor dem Kaiser jedoch für zumindest möglich.

[76] Zur Gattung s. Lamoureux / Aujoulat 2008a, 26–35, die einen guten Überblick über die bisherigen Forschungspositionen geben.

um gegenwärtige Zustände am Hofe und in der Gotenpolitik anzuprangern und ein Gegen-Ideal zu entwerfen. Durch Synesios spreche die Philosophie, die nach langer Zeit wieder am Kaiserhofe Einzug halte. Von den Schmeicheleien der Rhetorik distanziert trage sie freimütig „männliche und erhabene" Reden vor, die am Kaiserhofe fremd und bäurisch-ungeschliffen klingen mögen, aber auf die strenge Erziehung und die σωτηρία des Kaisers zielten.[77] Kyrenes Gesandter solle das Haupt des Kaisers mit Gold, seine Seele aber mit der Philosophie krönen,[78] indem er ein Idealbild der wahren Kaiserherrschaft entwickelt und den jungen Kaiser zu dessen Befolgung anhält. Die schroffe Direktheit dieses philosophischen Erziehungsprozesses sowie ihre schmerzliche Wirkung auf den Kaiser werden unterstrichen und als unumgänglich für die seelische Aufrüttelung und Heilung des jungen, inmitten des theatralischen Hofzeremoniells und der Schmeichler und Intriganten verlorenen Herrschers dargestellt.[79] Für sein Ideal eines Philosophenkönigs, dessen Vernunft die übrigen Impulse der Seele vollständig und unerschütterlich beherrscht, der sich im harten Soldatenleben schult, der als Nachahmer der Güte und Vorsehung Gottes das Wohl des Reiches im Auge hat und tatkräftig verwirklicht, greift Synesios auf verschiedene Quellen zurück: Stoa und Platonismus liefern die Grundlagen der Ethik, Platons Idealstaat und Philosophenkönig stehen Paten, aus der jüngeren Zeit klingen Dion von Prusa, Julian oder Themistios an.[80] Einen eigenen Akzent setzt er mit der Forderung nach der Entfernung der Barbaren aus dem Heer. Rückgriffe auf spezifisch christliche Formen der Auseinandersetzung mit politischen Fragen und der Kaiserherrschaft, wie sie im Westen etwa von Ambrosius in seinem Ringen mit Arkadios' Vater Theodosius aus der Pastoraltheologie heraus entwickelt worden waren,[81] lassen sich bei Synesios nicht finden. Obwohl er pflichtschuldigst die Frömmigkeit als erste Tugend des Kaisers aufzählt, bleiben Synesios' Äußerungen zur Religion ähnlich wie bei Themistios im Bereich des kleinsten gemeinsamen Nenners aller religiösen Gruppierungen des Reiches, sozusagen der religiösen κοινή.[82] Die Güte Gottes sei ein Punkt,

---

[77] S. *De reg.* 1–2. Zu Synesios' geschicktem Umgang mit diesem Topos s. Hagl 1997, 82–88

[78] *De reg.* 3,1.

[79] Fordernde Strenge der Philosophie: e. g. *De reg.* 3,6 (οὗτω που τραχειά τε ἐκ φροιμίου καὶ χαλεπὴ φιλοσοφία προσφέρεσθαι), *De reg.* 15,1f.; 19,1f. Heilung des Kaisers und Missstände am Hofe: *De reg.* 1–3. 14–15.

[80] Siehe etwa Lacombrade 1951b, 88–106 oder Lamoureux / Aujoulat 2008a, 56–81.

[81] Siehe dazu etwa H. Leppin, „Zum politischen Denken des Ambrosius – Das Kaisertum als pastorales Problem", in: Fuhrer 2008, 33–49.

[82] S. Lacombrade 1951b, 111, der Synesios mit Themistios vergleicht. Als Traditionshintergrund für Themistios wie Synesios vgl. auch das feierliche, aber sehr allgemein gehaltene Schlussgebet des Panegyricus des Jahres 313 auf Konstantin (*Paneg.* XII/IX 26) mit *De reg.* 9,1–4. Cameron / Long 1993, 37, sehen bei Synesios ein christliches Verständnis in einer Passage angelegt – aber das tut der gewollten Doppelbödigkeit keinen Abbruch. Wiederum geht Hagl 1997, 85f, der die „heidnische Gedankenwelt" der Rede betont, zu

in dem alle trotz ihrer Dissensionen übereinstimmen; diese solle der Kaiser zum Ausgangspunkt seiner Nachbildung der kosmischen Herrschaft nehmen.[83] Seine philosophische Expertise lässt Synesios auch durch eingestreute Autoritäten und *termini technici* durchscheinen, so etwa, wenn er sich auf seine Lehrmeister Platon und Aristoteles beruft oder Gott als Quelle von Wesen, Leben und Intellekt bezeichnet.[84] Wie Julian und Themistios akzentuiert Synesios also die Rede vor dem Kaiser dadurch, dass er seine Rolle als Philosoph betont und in souveränem Spiel mit den Gattungen den λόγος στεφανωτικός zugleich zu einem λόγος περὶ βασιλείας ausbaut und somit durch die παραίνεσις zum philosophischen προτρεπτικός[85] für den Kaiser werden lässt. Das Fremdsein des Philosophen, seine Freiheit von allen allzumenschlichen Verwicklungen, die als Ungeschliffenheit und Unvertrautheit mit höfischen Gepflogenheiten gedeutet werden könnte, ermöglicht ihm – zumindest in der literarischen Fiktion – das mutige wertende Auftreten vor dem Herrscher.[86] Denn die Philosophie bedürfe nach Synesios keiner äußeren Anerkennung. Sie habe ihr Heim bei Gott, auf den ihr Streben hauptsächlich gerichtet sei; allerdings profitierten die menschlichen Angelegenheiten immens von ihr, wenn sie auch in der irdischen Welt zum Zuge kommen könne. Ein philosophisch gesinnter Kaiser könnte in diesem Sinne seinen Untertanen durch Verbreitung der Philosophie die größte Wohltat erweisen.[87] Dass sich Synesios hier auch selbst als Ratgeber im Sinn gehabt haben mag, ist denkbar, aber letztlich nicht nachweisbar.

Dasselbe Selbstbild zeichnet Synesios auch im Pendant zur Rede, dem Schlüsselroman der „Ägyptischen Erzählungen", der die politischen Wirren am Hofe zur Zeit der Gotenrevolte des Gainas zum Gegenstand hat.

---

weit; mythologische Anspielungen, die philosophischen Autoritäten sowie die philosophische Paränese sind nicht per se heidnisch, sondern gehören selbstverständlich zu dem in der Spätantike Heiden wie Christen als Kommunikationsgrundlage dienenden Universum der παιδεία.

[83] *De reg.* 9,2; s. auch 26,1 (wie die Sonne darf der Kaiser nicht ermüden, seine Wohltaten allen zu erweisen) oder 27, 2f. (wie Gott als Ursache des Guten dieses an die irdische Welt durch die Vermittlung der Natur weitergibt, müsse der Kaiser fähige Helfer und Beamte auswählen).

[84] *De reg.* 8,2 und 9,4. Zur Dreiheit οὐσία, ζωή, νοῦς s. z. B. Proklos *Theol. plat.* III 9 oder *Elem. theol.* 103; ihre religionshistorische Verortung behandelt etwa Majercik 1992, welche die Ausstrahlung porphyrischer Ideen in gnostische Milieus diskutiert.

[85] Vgl. *De reg.* 29,4 (παραίνεσις) und 15,1 (προτρέπειν).

[86] Ἀγροικία ist hier positiv besetzt, anders als im *Dion*, wo sie die Grobheit der Bildungsverächter bezeichnet. In dieser positiven Verwendung berührt sich Synesios stark z. B. mit Julian, der sich ebenfalls als Caesar wie als Kaiser als ungeschliffener, mit den üblichen höfischen Verhaltensweisen nicht vertrauter Philosoph darstellt (*Or.* II 13, 121b–c, *mis.* 315c). Für den Topos des Fremdseins des Philosophen als Grundlage der παρρησία s. allgemein Hahn 1989, 58 und 205–207, von Hagl 1997, 83–87 auf Synesios' Selbststilisierung in *De regno* übertragen.

[87] *De reg.* 29,2f.

Er konzentriert sich auf den Konflikt zwischen Aurelianos und seinem Bruder, die als das ägyptische Bruderpaar Osiris-Typhon portraitiert werden.[88] Auch hier ist Synesios der unerschrockene Philosoph, der ernste dorische Hymnen zur Leier singt und durch seine unverblümte Offenheit in den Geruch der ἀγροικία kommt, der für seine Vaterstadt beharrlich eintritt und der gestürzten Lichtgestalt des Osiris-Aurelianos im tiefsten Unglück unbeirrt die Treue hält.[89] Auch hier wird Macht durch den Rückgriff auf die neuplatonische Kosmologie legitimiert: das gute Wirken des Urgrunds pflanze sich durch alle Stufen der Seinsordnung fort bis zur untersten Ebene der materiellen Welt; um diese angesichts ihrer Unbeständigkeit zu bewahren, würden periodisch gute Seelen auf Erden geschickt, die sie umdisponieren und verwalten.[90] Die beiden Schriften zeigen, wie Synesios seine politischen Ziele mittels der παιδεία und dem Einsatz der darin verankerten Idealvorstellung des Philosophen zu erreichen versucht. Seine eigenen politischen Ambitionen und Pläne nach der Rückkehr aus Konstantinopel lassen sich nicht zuverlässig rekonstruieren. Die Briefe und der *Dion* zeigen verschiedene Vignetten seines Lebens: Auseinandersetzungen mit anderen Kurialen im Stadtrat von Kyrene,[91] das zeitlos-idyllische Leben auf dem ländlichen Gut mit seinen Bauern und Büchern,[92] zurückgezogenes Philosophieren „far from the madding crowd" in der libyschen Wüste,[93] aber auch Versuche, eine Verteidigung gegen Einfälle von Wüstenstämmen zu organisieren, bei denen der eine Johannes als Großmaul und Hasenfuß zur Tragikomik in gespannter Lage beiträgt.[94] Konstant bleibt seine Einschätzung des Verhältnisses von Philoso-

---

[88] Zu den unterschiedlichen Entschlüsselungs- und Datierungsvorschlägen siehe Cameron / Long 1993, 149–336, Hagl 1997, Schmitt 2001 oder die Zusammenfassung des Forschungsstandes bei Lamoureux / Aujoulat 2008b, 26–57. Die Identifikation des Osiris mit Aurelianos ist Konsens; der zweite Bruder wird entweder mit Caesarius (etwa Cameron / Long 1993, 149–182) oder mit Eutychianos identifiziert (so Schmitt 2001, 315–341); eine Sonderposition bei Hagl 1997, 196f., der Arcadius und Honorius gemeint sieht.

[89] *De prov.* I 18, 1–4. Die Mühen der politischen Kleinarbeit, des Beziehungsknüpfens und des geduldigen Taktierens angesichts der sich überstürzenden Ereignisse der betreffenden Jahre beklagt Synesios im I. Hymnus, 428–504.

[90] *De prov.* I 9–10. Zu dem philosophischen Hintergrund dieser Vorstellung s. Lamoureux / Aujoulat 2008b, 66–81 und S. I. Johnston, „Working Overtime in the Afterlife; or ‚No Rest for the Virtuous'", in: R. S. Boustan / A. Y. Reed (Hg.), *Heavenly Realms and Earthly Realities in Late Antique Religions* (Cambridge 2004) 85–100.

[91] *Ep.* 95; zu Synesios und der kyrenäischen Lokalpolitik s. Liebeschuetz 1985, 146–164.

[92] *Ep.* 148, s. auch den Schluss des *Dion*.

[93] *Ep.* 101.

[94] *Ep.* 104. Der paränetische Brief 43 an wohl ebendiesen Johannes gibt einen weiteren Einblick, wie Synesios διὰ λόγου mit seinen Mitbürgern in Kyrene verkehrt. Wie öffentlich vor dem Kaiser, setzt er die Erzieherrolle und παρρησία des Philosophen verbunden mit der Freundschaftsrhetorik ein, um Johannes zu bewegen, sich wegen des ihm angelasteten Mordes vor Gericht zu verantworten. Mit drastischen Bildern, die platonischen Jenseitsmythen wie dem Gorgiasmythos oder Plutarchs *De sera* entlehnt sind, betont er die

phie und politischem Engagement. Auch in den Briefen, in denen er seinen Freund Pylaimenes von seiner Tätigkeit als Anwalt und den aufreibenden Geschäften der Agora zum Philosophieren bekehren will, scheint dieselbe Auffassung wie in *De regno* durch: primäres Ziel und Betätigungsfeld der Philosophie sei die Kontemplation des Göttlichen; sie könne in politischen Angelegenheiten äußerst nutzbringend tätig werden, wenn die Umstände dies zulassen, sei aber darauf nicht angewiesen.[95] Diese Betonung philosophisch-autarker Lebensführung bei gleichzeitigem Offenhalten der Option, aktiv zu werden, kennzeichnet Synesios' Selbstverständnis: er verweigert sich den Zwängen öffentlicher Rhetorikdarbietungen oder des Schulbetriebs[96] und distanziert sich von einer Karriere in öffentlichen Ämtern, wie sie seine Verwandten anstreben.[97] So, wie er sein Leben darstellt, besteht es aus „Büchern und der Jagd" – abgesehen von der Gesandtschaft.[98]

4.2. Der Philosoph als Bischof: der Konflikt mit Andronikos

Gerade dieser Lebensentwurf wird durch seine Wahl zum Bischof von Ptolemais vor neue Herausforderungen gestellt. Synesios akzeptiert das Bischofsamt erst nach langem Nachsinnen über seine Vereinbarkeit mit der Philosophie, angesichts der vielfältigen administrativen und politischen Aufgaben eines Bischofs.[99] Nicht besondere Frömmigkeit, sondern handfeste Politik wird von libyschen Bischöfen erwartet,[100] und Synesios wird

---

Heilsamkeit und Notwendigkeit rascher irdischer Bestrafung, die die jenseitigen Strafen mildern würde – falls Johannes wirklich schuldig sei. Zu den platonischen Bildern dieses Briefes s. die Anmerkungen von Luchner / Görgemanns, S. 64–74, v. a. Anm. 29, sowie den Beitrag von Ritter / Görgemanns / Feldmeier in vorliegenden Band (Abschnitt 4, S. 159–161). Dass Synesios sich über Johannes keine Illusionen machte, zeigt *Ep.* 52 an seinen Bruder über die kursierenden Gerüchte.

[95] *Ep.* 101 und 103. S. dazu Tanaseanu-Döbler 2008, 269–272. Damit bewegt sich Synesios im neuplatonischen politiktheoretischen Diskurs, der Aufwärtsbewegung und Vergöttlichung der Seele und politische Tugenden und Betätigung im Sinne des platonischen Höhlengleichnisses verknüpft, aber auch die kontingenten Grenzen politischen Wirkens anspricht; dazu D. J. O'Meara, *Platonopolis. Platonic Political Philosophy in Late Antiquity* (Oxford 2003), bes. 3–10 und 132–139.

[96] *Dion* 12,9–10.

[97] *Ep.* 101.

[98] *De ins.* 14,4.

[99] S. dazu W. N. Bayless, „Synesius of Cyrene. A Study of the Role of the Bishop in Temporal Affairs", *Byzantine Studies* 4 (1977) 147–156; Liebeschuetz 1986; zur Illustration der episkopalen Rechtsprechung E.-M. Kuhn, „Justice applied by the episcopal arbitrator: Augustine and the implementation of divine justice", in Fuhrer 2008, 143–173.

[100] S. *Epp.* 66. 89. 91 oder 105, wo Synesios das Amt als λειτουργία beschreibt; das Amt wird als öffentliche Verpflichtung gezeichnet, der er sich (*Ep.* 96) nicht entziehen könne, ohne den Hass seiner Mitbürger auf sich zu ziehen. Zu den politischen und sozialen Aufgaben des Bischofs in der Spätantike s. etwa Rapp 2005, 219–234 und passim; zu Synesios' Wahl und Episkopat 156–160 und 164f.

wohl als Vertreter des alten Provinzialadels mit guten Verbindungen nach Alexandria und Konstantinopel als passender Kandidat erschienen sein; seine kurze Zeit als Bischof ist dementsprechend auch mit kirchlicher Verwaltung und Politik, Mitwirken an der Verteidigung der Pentapolis oder der Auseinandersetzung mit dem *praeses* Andronikos ausgefüllt. Diese ist in Synesios' Briefen gut, wenn auch einseitig, dokumentiert und soll hier als Beispiel seiner bischöflichen Tätigkeit kurz beleuchtet werden.

Anlass des Konflikts ist ein typischer Vorfall: der neu ernannte *praeses* betreibt mit Nachdruck die Steuererhebung und setzt die Kurialen unter Druck, denen traditionell die Eintreibung der Steuern oblag.[101] Nach Synesios habe er ihnen gegenüber widerrechtlich Folter angewandt, neue Foltermethoden ersonnen und ihre Situation zu seinen Gunsten ausgenutzt.[102] Der Konflikt eskaliert, als ein gewisser Magnus einen Teil der gesammelten Gelder verliert (oder veruntreut). Andronikos hält ihn in Isolationshaft gefangen, bei Nahrungsentzug und Folter, welche verschärft wird, als Magnus einen Teil seines Besitzes an den στρατηγός und nicht an den von Andronikos anvisierten Interessenten verkauft, um die Summe aufzubringen.[103] Als Andronikos an die Kirchentür Verlautbarungen anbringen lässt, die Schuldnern das Recht auf Kirchenasyl verweigern, lässt Synesios ihn exkommunizieren.[104] Andronikos gelobt Besserung, die Exkommunikation wird vorerst zurückgehalten, bis der Tod des Magnus unter der Folter Synesios endgültig zum Handeln bewegt.[105] Ein letzter Brief an Theophilos von Alexandria zeigt den Ausgang des Konflikts: Andronikos erscheint als gebrochener Mann, für den Synesios nun angesichts eines drohenden Prozesses großmütig eintritt.[106]

---

[101] Vgl. auch Libanius, *Or.* 33,13–20 gegen Tisamenos, den *praeses* von Syrien. Einen Überblick über die Strukturen der Steuereintreibung und die Rolle von *praeses* und Kurialen bietet Slootjes 2006, 34–39.

[102] S. *Epp.* 42. 73 oder 79. Für die komplexen Beziehungen zwischen Provinzialeliten und Statthaltern s. Brown 1992, 29–58 oder Slootjes 2006, bes. 178–183. Synesios' Behauptung übersieht geflissentlich die Tatsache, dass die Folterexemption für Kuriale schon aufgeweicht bzw. aufgehoben worden war: vgl. J.-M. Carrié, „Le gouverneur romain à l'époque tardive: orientations de l'enquête", *Antiquité Tardive* 6 (1998) [17–30] 27, bezogen auf *Cod. Theod.* XII 1,126, wo nur die *principales* geschützt sind. Die Entwicklung kann von *Cod. Theod.* XII 1,80 und 85 von 380 bzw. 381, wo Folter und insbesondere Auspeitschung von Kurialen verboten werden, über XII 1,117 von 387, wo Auspeitschung bei Veruntreuung oder des Missbrauchs der Aufgabe der Steuereintreibung vorgesehen ist, bis zu XII 1,126 (von 392), welches sich nur auf loyale schuldenfreie *principales* bezieht. S. auch Libanius, *Or.* XXXIII 20 zur ähnlichen Behandlung antiochenischer Kurialer seitens des Statthalters. Synesios lehnt dabei die Folter nicht allgemein ab, sondern erkennt sie als legitimes Instrument der Wahrheitsfindung an, allerdings nur auf Angehörige unterer Schichten beschränkt (s. dazu Bleckmann im vorliegenden Band, Abschnitt 3, S. 215–218.

[103] *Epp.* 41. 42 und 72.

[104] *Ep.* 42.

[105] *Ep.* 72.

[106] *Ep.* 90.

Die einzelnen Versuche des Synesios, gegen Andronikos einzutreten, lassen sich gut nachzeichnen. Unmittelbar nachdem Andronikos zum *praeses* ernannt wird, versucht er, seine Kontakte in Konstantinopel gegen ihn zu nutzen. In einem Brief an den Sophisten Troilos, den Vertrauten des Prätorianerpräfekten Anthemios, beschwört er als πολίτης φιλόσοφος das Leid der Pentapolis und bittet den Freund um Hilfe.[107] Die gemeinsame Liebe zur Philosophie und Literatur bilden die Grundlage ihrer Freundschaft[108] und stehen im Vordergrund dieses höchst konventionellen Briefes, der ebenso gut von einem anderen Mitglied der Provinzialelite, etwa Libanios, geschrieben sein könnte. Das Bischofsamt wird nicht thematisiert; Synesios erwähnt nur seinen erfolglosen Versuch, einen zu Unrecht Inhaftierten zu besuchen.[109] Der Brief gibt einen Einblick in die Erwartungen an Synesios als Bischof von Ptolemais und unterstreicht die primär politische Bedeutung des Bischofsamtes.

Eine etwas andere Argumentation begegnet uns in einem späteren Brief an Anastasios, einem weiteren Bekannten aus der Zeit in Konstantinopel. Nun rücken die Person des Synesios und seine Situation als Philosoph und Bischof in den Vordergrund. Anastasios hatte ihn gebeten, für den Priester Euagrios zu intervenieren, der von Andronikos gezwungen worden war, seine Pflichten als Kuriale wieder aufzunehmen.[110] Die zahlreichen Gesetzestexte, welche seit Konstantin darauf abzielen, die Abwanderung von Kurialen durch den Eintritt in den Klerus zu regulieren,[111] zeigt, dass Andronikos' Maßnahme keine Besonderheit darstellte. Synesios jedoch nutzt die Gelegenheit aus, um Andronikos' Grausamkeit und dubiose politische Beziehungen in den schwärzesten Farben zu malen.[112] Das Gerücht, dass Andronikos' Wüten nur darauf abziele, einen Traum des Anthemios zu erfüllen, der seine Genesung von dem Tod der betroffenen Kurialen abhängig machte, rückt die Affäre in ein surreales Licht von Aberglauben und Wahnsinn.[113] An diesem Punkt wendet Synesios das Augenmerk auf sich selbst. Sein Einfluss sei geschwunden; ihm sei der Tod für einen bestimmten Tag prophezeit worden, der im Nachhinein mit der Bischofsweihe, seiner μεταβολὴ βίου, identifiziert werden müsse. Seine innere Ruhe, seine

---

[107] *Ep.* 73.

[108] S. auch *Epp.* 91. 118 oder 123 an Troilos. Zur Bedeutung der *paideia* als Kommunikationsmittel der Eliten s. Brown 1992, 35–47, oder P. Gemeinhardt, *Das lateinische Christentum und die antike pagane Bildung* (Tübingen 2007) 57–61.

[109] Eine typisch bischöfliche Aufgabe; vgl. Augustinus, *Epp.* 151–153 und J. Gaudemet, *L'église dans l'empire romain* (IVe–Ve siècle) (Paris 1989, erste Auflage 1958), 350–355 sowie Rapp 2005, 226–228.

[110] *Ep.* 79. In *Ep.* 26 erfahren wir, dass Anastasios zum Kreis um Troilos gehört.

[111] *Cod. Theod.* IX 45,3; XVI 2,3. 6. 15. 19. 21. 39, s. dazu Gaudemet 1989, 144–148.

[112] *Ep.* 79,8–55.

[113] *Ep.* 79,56–85.

philosophischen und politischen Erfolge seien nun dahin,[114] und zum ersten Mal erfahre er die Gottverlassenheit. Indem er ihn zwinge, in der Sache der Kurialen tätig zu werden, zerstöre Andronikos seine Muße, die Grundvoraussetzung für die philosophische Gemeinschaft mit Gott.[115] Wieder einmal bedient sich Synesios der traditionellen Freundschaftsrhetorik und der antiken Brieftheorie, die den Brief als Medium der Vergegenwärtigung abwesender Freunde deutet und in seinen eigenen Briefen eine prominente Rolle spielt.[116] Anastasios' Missachtung des Briefes kommt einer klaren Absage an den Freund gleich; in einem späteren Brief wirft Synesios ihm vor, durch sein Verhalten Amasis' Verrat an Polykrates zu übertreffen.[117]

Als Bischof versucht Synesios also zunächst, die zwischen Kurialen und Statthalter entstehende Krise mit Hilfe traditioneller Interventionsmittel im Rahmen des Paideia-Diskurses zu lösen. Als diese nichts fruchten, schöpft er das Potential des Bischofsamtes aus. Sobald Andronikos seine Verlautbarungen gegen das Kirchenasyl für Steuerschuldner an die Kirchentür nagelt, schlägt er mit geistlichen Waffen zu und bereitet seine Exkommunikation vor,[118] die er der Synode der pentapolitanischen Bischöfe vorlegt.[119] Sein Vorgehen rechtfertigt er in einer Rede vor der Synode. Es handelt sich hier um eine radikale und unübliche Lösung, obwohl Konflikte mit Vertretern der kaiserlichen Verwaltung für spätantike Bischöfe an der Tagesordnung waren.[120] Das Vorgehen ist riskant, verbieten doch zwei Edikte des *Codex Theodosianus* aus dieser Zeit ausdrücklich das Kirchenasyl für Schuldner jedweder Art.[121] Umso kunstvoller muss seine Rede

[114] *Ep.* 79,108–115.

[115] *Ep.* 79,117–125.

[116] Brown 1992, 45–47.

[117] *Ep.* 48.

[118] *Ep.* 42,15–38 und 57–60.

[119] Nach dem Konzil von Nicaea mussten Exkommunikationen von den Provinzialsynoden beschlossen werden (can. V); der Beschluss war ausdrücklich dazu gedacht, Alleingänge zu vermeiden.

[120] Zur Rolle des Bischofs in der Stadt und vor allem zu seiner engen Beziehung zu den Kurialen s. Rapp 2005, 274–289, zur Interaktion zwischen Bischöfen und Statthaltern z. B. Brown 1992, 27 über Basilios von Caesarea und die Lage in Kappadokien. Ein ähnlicher Fall wie bei Synesios ist die Entscheidung des Auxilius von Nurco gegen den *comes* Classicianus (Bericht bei Augustinus, *Ep.* 250, Migne, PL 33, 1066–1068). Classicianus wurde exkommuniziert, weil er Asylsuchende überredet hatte, aus freien Stücken aus der betreffenden Kirche herauszukommen. Classicianus appellierte an Augustinus, der bezeichnenderweise für ihn gegen den Bischof Partei nahm. Wie Augustinus es schildert, sei Auxilius jung und unerfahren gewesen, weniger als ein Jahr vor dem Vorfall geweiht. Zum Fall s. H. Langenfeld, *Christianisierungspolitik und Sklavengesetzgebung der römischen Kaiser von Konstantin bis Theodosius II* (Bonn 1977) 184–189 oder Ducloux 1994, 195–205 und Traulsen 2004, 273, Anm. 45, der den Vorfall als singulären und untypischen Fall für die Zeit zwischen 350 und 431 ansieht, ohne auf Synesios' Fall einzugehen.

[121] *Cod. Theod.* IX 45,1 (392) und IX 45, 3 (398). S. dazu Ducloux 1994, 56–60 und Traulsen 2004, 277–283. Anders Schmitt 1998, der Synesios' Vorgehen in eine angeblich nachdrückli-

vor der Bischofssynode komponiert sein, um die älteren und erfahreneren Bischöfe zu überzeugen. Sie beginnt mit Ausführungen über die Rolle des Bösen im Kosmos, das von Gott toleriert und zur Reinigung und Bestrafung eingesetzt werde; Andronikos wird in eine Reihe mit Heuschreckenplagen, Barbaren oder Judas gestellt.[122] Nach dieser Einordnung konzentriert sich Synesios plötzlich auf sich selbst. Andronikos sei das Werkzeug, durch welches der Teufel ihn bewegen wolle, von seinem heiligen Dienst abzulassen.[123] Um dies zu beweisen, rollt er detailliert seine Autobiographie und seine Vorstellungen vom Bischofsamt wieder auf. Die Wahl habe für ihn eine Lebenswende bedeutet. Die Zeit davor sei durch friedvolle Ruhe gekennzeichnet gewesen, welche allein göttlichen Naturen gezieme und den Verkehr mit Gott ermögliche. Bücher, Gebet und Jagd hätten seinen Lebensinhalt ausgemacht; seine wundersame Überzeugungsgabe habe ihm geholfen, sich als erfolgreicher Patron für Privatpersonen wie Städte zu betätigen, ohne Beeinträchtigung des philosophischen Lebens.[124] Seine notorischen Bedenken anlässlich der Bischofswahl werden wieder vergegenwärtigt; er habe sich für das Amt einzig und allein aufgrund der Versicherungen älterer Bischöfe entschieden, dass es höchst philosophieförderlich sei.[125] Der Lauf der Ereignisse bestätige jedoch seine Bedenken, da er zur machtlosen Anlaufstelle für alle Andronikosopfer geworden sei. Die aufreibende Geschäftigkeit habe seine Gemeinschaft mit Gott beeinträchtigt, er sei nicht mehr in der Lage, erfolgreich zu beten. Die Depression angesichts des Todes seines Sohnes sowie die verzweifelten Versuche der Selbstbeherrschung, um helfen zu können, vollenden das expressionistisch anmutende Bild.[126] Synesios stellt sich selbst als altadelige Zielscheibe des Wüterichs dubioser Herkunft dar; dessen Angriffe könnten nicht ihn persönlich, sondern nur als Bischof und Repräsentanten Gottes betreffen.[127] Ein Exkurs über die Bischofswürde betont deren unerträgliche Spannung zwischen äußeren Geschäften und Vertretung der Gemeinde vor Gott in affektloser Kontemplation. Das eine beeinträchtige jedoch das andere, denn θεωρία sei angesichts der alltäglichen πρᾶξις nicht vollkommen zu verwirklichen. Ein Priester müsse vor allem erstere anstreben (und

---

ches konzertiertes Betreiben der Kirche einordnet, das Asylrecht durchzusetzen. Zur einer differenzierteren Sichtweise der Entwicklung der christlichen Asylpraxis s. Ducloux 1994. Ihre Materialauswahl (leider ist unser Fall nicht dabei) zeigt die Unterschiedlichkeit der Gründe, deretwegen Asyl gesucht wurde, und gibt einen Eindruck von den unterschiedlichen jeweiligen Reaktionen sowohl der Bischöfe als auch der Gesetzgebung. Darauf basierend auch Rapp 2005, 253–260.

122 *Ep.* 41,1–86.

123 *Ep.* 41,87–89.

124 *Ep.* 41,94–125.

125 *Ep.* 41,125–151.

126 *Ep.* 41,152–235.

127 *Ep.* 41,239–257.

folglich Philosoph sein); vor der Synode zitiert Synesios Platon, um sein Bischofsideal zu untermauern.[128] Deswegen bietet er strikte Bedingungen für seine weitere Amtsführung an: wie er nie ein öffentlich eingespannter Philosoph gewesen sei, wolle er sich in Zukunft nun von Politik fernhalten; falls dies nicht annehmbar sei, solle man doch einen Hilfsbischof oder gar einen neuen Bischof wählen.[129] Der unüberbrückbare Gegensatz, den Synesios hier zwischen priesterlicher bzw. philosophischer Kontemplation und politischem Engagement aufbaut, ist eine geschickte Strategie. Indem er seine philosophische Identität betont und auf seine früheren Bedenken hinsichtlich des Amtes hinweist,[130] betont er die Konsequenz seines Lebens und Handelns. Da er wahrscheinlich sehr wohl weiß, dass ihm das Amt eben nicht zwecks Kontemplation, sondern als λειτουργία angesichts seiner sozialen Position und der Kontakte nach Konstantinopel und Alexandria[131] angetragen worden war, kann er nun gestützt auf seine in weiser Voraussicht dokumentierten Bedenken[132] seinen Rücktritt androhen, um seinen Willen durchzusetzen. An diesem Punkt bricht die Erörterung über den Bischof ab, der Exkommunikationsbeschluss wird vorgetragen und somit die Lösung angedeutet: die Bekämpfung des Störfalles Andronikos.[133] Im Beschluss ist die *persona* ausgetauscht: der Philosoph Synesios ist verschwunden, und nur der Bischof erregt sich über die „zweite Kreuzigung Christi", die das Annageln der Edikte darstellte.[134] Andronikos, seiner Familie und seinen Parteigängern wird der Zutritt zu jedweder heiligen Stätte verboten, der Umgang mit ihnen jedem Privatmann oder Amtsinhaber verwehrt. Kleriker dürfen unter Androhung der Exkommunikation weder mit ihnen sprechen und noch an ihrer Bestattung teilnehmen.[135]

Synesios' Strategie ging auf: die Synode entschied für die Exkommunikation, wenngleich zögerlich. Andronikos' Schachzug, Besserung zu geloben, brachte sie zumindest dazu, von ihrem Metropoliten Bewährungszeit zu fordern. Die später doch erfolgte Exkommunikation[136] muss bewirkt

[128] *Ep.* 41,294f. (*Phaidon* 67B).

[129] *Ep.* 41,267–367.

[130] Dass Philosophie und Bischofsamt auch anders relationiert werden konnten, zeigt der Anfang der I. *Katastasis*, wo er sich als φιλόσοφος ἱερεύς bezeichnet.

[131] Man denke an die während der Gesandtschaft geknüpften Verbindungen etwa zu Troilos, Anastasios oder Aurelianos, sowie an Theophilos, der Synesios getraut und später seine Ordination betrieben hatte (*Ep.* 105) und auch an die in der alexandrinischen Oberschicht einflussreiche Hypatia (Dzielska 1998, 27–44, s. auch Ch. Lacombrade, „Hypatie, Synésios de Cyrène et le patriarcat alexandrin", *Byzantion* 71 [2001], 404–421).

[132] *Ep.* 105 und 11.

[133] *Ep.* 41,368–371.

[134] *Ep.* 42,24–25.

[135] *Ep.* 42,69–77.

[136] S. *Ep.* 72. Nach A. Garzya, „Sinesio e Andronico", *Hestiasis* 1 (1986) 93–103, der die zwei überlieferten Versionen von *Ep.* 42 vergleicht, soll Synesios die Exkommunikation von

haben, dass Andronikos' Kontakte in Konstantinopel ihren Schützling fallen ließen.[137] Der Konflikt zeigt, wie geschickt und innovativ Synesios verschiedene Mittel und *personae* im Dickicht des spätantiken Patronatssystems einsetzen kann: wo der πεπαιδευμένος und der πολίτης φιλόσοφος nicht funktionieren, kann der Bischof mit seinen rollenspezifischen Waffen erfolgreich sein, wobei wiederum Synesios' hartnäckige Selbstdarstellung als Philosoph sowie seine Beherrschung des traditionellen Kommunikationsmediums der Rhetorik in der Durchsetzung seiner Position auf der libyschen Synode eine entscheidende Rolle spielen.[138] So löst Synesios als Gesandter wie als Bischof seine pointierte Forderung nach politischem Engagement des Philosophen auf der Grundlage der παιδεία ein, welche er gegen die vornehme Zurückgezogenheit zeitgenössischer Neuplatoniker aufgestellt hatte.[139]

5. Hypatia und Theophilos

Die Position des Synesios in seinem intellektuellen und sozialen Umfeld kann auch aufgrund des Verhältnisses zu seinen beiden Mentoren Hypatia und Theophilos verdeutlicht werden.[140] Die Beziehung zu Hypatia ist dabei weitaus länger und prägender: nach seinem Studium definiert sich Synesios als Philosoph, und zwar über seine Zugehörigkeit zum phi-

maior auf *minor* reduziert haben. Dagegen s. die ausführliche Widerlegung von Schmitt 1998.

[137] *Ep.* 90. Zum möglichen Umgang mit der Situation seitens der kaiserlichen Verwaltung s. die Überlegungen von Schmitt 2001, 239.

[138] Sein Unterfangen kann somit als geschickte Anpassung an die Struktur der neuen symbolischen Ordnung des Reiches angesehen werden, in welche die Rolle der Kirche immer stärker zunimmt. Wiewohl viel geringeren Umfangs als die berühmte Konfrontation zwischen Ambrosius und Theodosius, ist der Konflikt zwischen Synesios und Andronikos strukturell ähnlich und kann als bescheidenes Beispiel für die Transformation politischer Macht im vierten Jahrhundert gelesen werden, welche z. B. G. W. Bowersock, „From Emperor to Bishop: The Transformation of Political Power in the Fourth Century", *CPh* 81 (1986) 298–307 beschrieben hat. Wie Synesios *paideia* und christlichen Diskurs als zwei unterschiedliche, je nach Adressat benutzbare Kommunikationssysteme verwendet, hat Luchner 2005 für das Briefcorpus gezeigt; s. bes. 44f. und 59. Im Vergleich zu Libanios, dessen Auseinandersetzungen mit Gouverneuren große Ähnlichkeiten zu Synesios' Vorgehen aufweisen (s. z. B. die knappe Skizze bei Slootjes 2006, 162–173), verkörpert Synesios mit dieser virtuosen Beherrschung verschiedener Diskurse das zukunftsträchtigere Modell.

[139] Diese Tendenz zur Zurückgezogenheit ist etwa für das vierte Jahrhundert durch Eunapios' Darstellung des in Ägypten wirkenden Antoninos greifbar (*Vit. soph.* VI 10) und lässt sich auch in späterer Zeit finden. Bezeichnenderweise wird das epikureische λάθε βιώσας von Marinos, *Vita Procli* 15 oder Damaskios, *Vita Isidori* frg. 111 Athanassiadi durchaus positiv konnotiert (Marinos schreibt den Ausspruch sogar den Pythagoreern zu, s. dafür auch schon Philostratos, *VA* VIII 28).

[140] S. auch Luchner 2005, 46–53, die Synesios' Selbstrepräsentation in den Briefen an Theophilos und Hypatia analysiert.

losophischen Netzwerk Hypatias, die als charismatische Lichtgestalt, als „Mutter", „glückselige Herrin" oder „Lehrmeisterin der unaussprechlichen Mysterien der Philosophie" gerühmt wird.[141] Die schwärmerische Überhöhung des Hypatia-Kreises geht mit einer Distanzierung von anderen philosophischen Milieus einher, insbesondere von Athen, dem zweiten Brennpunkt spätantiker platonischer Philosophie, zu der Zeit Wirkungsstätte des Neuplatonikers Plutarch und seiner Schüler. Athen kennt Synesios aus eigener Anschauung. Seine Reise ist von einer ungeklärten angespannten Situation veranlasst, in welcher er sich von den lautstark verkündeten Träumen von Laien wie Priestern bedrängt sieht, welche als ἀποκαλύψεις ausgegeben werden; als Ausweg sieht er die rasche Flucht ins „heilige Athen". Die Reise solle auch Synesios' mit feiner Ironie geschilderten intellektuellen Provinzialismuskomplex heilen: endlich werde er auch mitreden können, endlich nicht mehr das Gefühl haben, sich vor Philosophen, die im Bewusstsein der Geschichte ihres Studien- und Arbeitsortes aus Athen auf Vortragsreise kommen, geistig verbeugen zu müssen – obwohl sie nun hinsichtlich des nüchternen Handwerks, der Interpretation von Platon und Aristoteles, den Normalsterblichen nichts voraus hätten.[142] Das „heilige Athen" ist somit von Anfang an ambivalent-ironisch gemeint. Synesios' Erwartungen bestätigen sich voll und ganz: Athen sei nicht mehr Athen. Pflichtschuldigst habe er das ganze Touristenprogramm absolviert und könne sich nun rühmen, alle geschichtsträchtigen Orte selbst gesehen zu haben. Die Philosophie sei allerdings aus der Stadt vertrieben und habe nur ihre Räume wie die Haut eines Opfertieres zurückgelassen. „Jetzt, zu unserer Zeit, nährt Ägypten die Sprösslinge der Hypatia, die es empfangen hat; Athen aber – vor langer Zeit war die Stadt Heim von Weisen, so aber, wie es sich nun verhält, mehren die Imker ihr Prestige. Denn das zeigt auch das Zwiegespann der plutarcheischen Weisen, die die Jugend nicht mit dem Ruhm ihrer Reden in den Auditorien versammeln, sondern mit den Honigtöpfen des Hymettos."[143] Mit einer für die Zeit typischen Figur stellt Synesios die Philosophie als esoterische Tradition dar, die nur Eingeweihten zugänglich sein dürfe – und über deren Mysterien walte rechtmäßig Hypatia.[144]

[141] S. *Epp.* 5. 10. 16. 124 oder 154. Die Verehrung philosophischer Lehrer ist im Neuplatonismus oft zu beobachten, s. etwa Porphyrios' *Vita Plotini*, die ps.-julianischen Briefe an Jamblich, Julians Verehrung für Maximus von Ephesus (s. z. B. *Ep.* 8, 145c–d sowie die von Libanios, *Or.* XVIII 155f. und Ammianus XXII 7, 3–4 berichtete Episode über den überschwänglichen Empfang, den Julian Maximus in Konstantinopel bereitet), Proklos' Beschreibung des Syrianus als religiösen Retters der Menschheit, der von den Göttern als Ersatz für die zerfallenden paganen Kulte geschenkt worden sei (*In Parm.* I 617).

[142] *Ep.* 56.

[143] *Ep.* 136. Vgl. dazu etwa ein Jahrhundert später die Herabwertung Hypatias aus der athenischen Perspektive des Damaskios im Vergleich mit seinem Lehrer Isidor (*Vita Isidori* frg.106 A Athanassiadi).

[144] *Ep.* 137.

Im Gegensatz dazu erscheint das Verhältnis zu Theophilos förmlicher und distanzierter. Schon vor der Bischofswahl bestehen zwischen dem „Vater Theophilos"[145] und Synesios und seiner Familie gute Kontakte: er hat Synesios getraut, und sein Bruder Euoptios scheint ebenfalls eng mit ihm zu verkehren (*Ep.* 105). Vor Theophilos, der seine Bischofswahl unterstützt, möchte sich Synesios hinsichtlich seiner Bischofsrolle absichern und erläutert detailliert seine Bedenken und Bedingungen, damit jener sich ein klares Urteil bilden könne. Theophilos wird somit hauptsächlich als Priester und Experte für das kirchliche Amt, nicht als Freund oder Lehrer gezeichnet. Die übrigen Briefe bestätigen dieses Bild. Die erhaltenen Briefe an Theophilos, die über Patronageinterventionen[146] hinausgehen, betreffen hauptsächlich Fragen der Kirchendisziplin bzw. des technischen Vorgehens. So berichtet Synesios über die Ergebnisse einer Dienstreise, welche Entscheidungen des Theophilos in verschiedenen Gemeinden durchsetzen bzw. Streitigkeiten zwischen verschiedenen Bischöfen und Gemeinden beilegen sollte (*Ep.* 66). Am Schluss bittet Synesios Theophilos um seine Fürsprache im Gebet, angesichts seiner desolaten persönlichen Lage, in die ihn seine Anmaßung des Priesteramtes gebracht hätte. Andernmals erkundigt er sich nach dem richtigen Verhalten gegenüber einem ehemaligen Parteigänger des Johannes Chrysostomos (*Ep.* 67). Der Hinweis auf Synesios' persönliches Unglück und unerhörte Gebete findet sich wieder in *Ep.* 69 angesichts der unmittelbaren Bedrohung der Pentapolis. Er bittet jedoch nicht nur um Gebete, sondern stellt eindringlich die Notwendigkeit handfester Hilfe für die untergehende Provinz vor Augen. Fast stereotyp findet sich die Bitte um Gebete auch am Schluss des Berichtes über die Bischofswahl in Olbia (*Ep.* 76). Ein Dankesbillett für den Osterbrief rühmt dessen Tiefgründigkeit und sprachliche Anmut (*Ep.* 9). Auch nach dessen Tod bleibt Theophilos für Synesios der ehrwürdige Patriarch: in einem Brief an einen gewissen Kyrill, der von Theophilos exkommuniziert worden war, bezeichnet er Theophilos als τὸν ἱερὸν ἐκεῖνον καὶ θεοφιλῆ πρεσβύτην und den „gemeinsamen Vater" hinter ihrer beider Bischofswahl.[147]

Hypatia und Theophilos bilden die Bedeutung der beiden Bereiche Kirche und Philosophie in Synesios' Leben ab. Über Hypatia und ihren Kreis entwickelt Synesios die ihn prägende Identität als Philosoph, welche die persönliche Religiosität seiner Texte formt. Er betont die Harmonie zur Meisterin und die religiös überhöhte geistige Nähe zwischen philosophischen Mitmysten, sowie die Notwendigkeit, die tieferen Einsichten der Philosophie geheimzuhalten; er spricht als Eingeweihter zu Eingeweihten,

145 *Ep.* 105; „(ehrwürdigster) Vater" ist auch sonst die Hauptanrede (*Ep.* 66 und 67).
146 So *Epp.* 68. 80. 90.
147 *Ep.* 12.

die die Philosophie als Führerin zu Gott ansehen.[148] Theophilos hingegen verkörpert einen vergleichsweise fremden, bzw. für Synesios vor der Bischofswahl irrelevanten Bereich, die Kirche mit ihren heiligen Texten, ihrer Organisation und ihren internen Streitigkeiten, den Bereich des christlichen öffentlichen Kultes, der νενομισμένα,[149] in dem Synesios trotz seiner formalen Zugehörigkeit zu einem christlichen Milieu stets seine mangelnde Kenntnis und Erfahrung hervorhebt. Zwischen beiden Bereichen besteht jedoch keine Spannung, sie haben gleichermaßen ihre Berechtigung, so wie die Beziehung zum Patriarchen diejenige zu Hypatia nach der Wahl auch nicht verdrängt. Auch wenn die persönliche Religiosität des Synesios von der philosophischen Kontemplation geprägt ist, bedeutet dies nicht den Bruch mit den νενομισμένα, deren Wert für die breitere Öffentlichkeit er vorbehaltlos anerkennt; ebenso geht er von der Wirksamkeit der Gebete des Theophilos aus. Hier ist wieder an Synesios' Vergleich von Philosophie und Mönchtum zu denken; er erkennt unterschiedliche Arten religiöser Virtuosität an, wenngleich er von der Überlegenheit der Philosophie überzeugt ist.

6. Synesios zwischen Platonismus und Christentum

Steht nun Synesios zwischen zwei Welten? Tatsächlich greift er verschiedene im vierten und fünften Jahrhundert bestehende Optionen der Lebensgestaltung und sozialen Positionierung für Mitglieder der Provinzialeliten im römischen Reich auf: Philosophiestudium, politische Betätigung des Kurialen, zuletzt das Bischofsamt. Wahrscheinlich als Christ geboren, führt ihn sein Studium dazu, sich zeitlebens primär als Philosoph zu verstehen und andere soziale Rollen aus dieser Perspektive zu gestalten. Seine Religiosität ist von der neuplatonischen Metaphysik geprägt; deren Tendenz zur Abstraktion könnte ihm hier auch als Christen den Weg geebnet haben. Er schöpft aus verschiedensten Quellen, von Platon bis zu den *Chaldäischen Orakeln*, interessiert sich für Mantik, kennt kathartische Riten, die den philosophischen Seelenaufstieg unterstützen sollen, kurzum, er geriert sich als philosophischer Fachmann, der sein Verständnis von Philosophie gegenüber Anfeindungen seitens anderer philosophischer Fraktionen vehement verteidigt, indem er gegen übertriebenen Esoterismus und Bildungsverachtung die Zweiteilung zwischen philosophischer Theologie und Gotteserfahrung einerseits und notwendig gebotenem Umgang mit den Mitbürgern andererseits vorschlägt. Nicht das verachtungsvolle Schweigen eines Priscus oder Antoninos, sondern die Umgänglichkeit

[148] Die darauf beruhende philosophische Freundschaft zwischen ‚Eingeweihten' ist z. B. in den Briefen an Herkulianos gut dokumentiert, s. bes. *Ep.* 137–140 und 143.

[149] So von Synesios in *Ep.* 105 bezeichnet.

und Höflichkeit eines Aidesios[150] erscheinen als der Königsweg, und dieses Philosophieverständnis führt Synesios angesichts der im fünften Jahrhundert für einen Provinzialaristokraten verfügbaren Rollen letztlich bis ins Bischofsamt als öffentliche λειτουργία. Auch gegenüber christlichen Asketen betont Synesios die Notwendigkeit der Bildung und des stufenweise philosophischen Aufstiegs zum letztlich identischen Ziel, der Erfahrung des Göttlichen. Sein philosophisches Aufwärtsstreben, poetisch in den Hymnen nachvollzogen, hat die neuplatonische Theologie als Gerüst und greift zugleich den gemeinsamen Bereich zwischen Christentum und paganer Philosophie auf, der sich durch die platonische Durchdringung und Formulierung der entstehenden christlichen Dogmatik, insbesondere der Trinitätslehre, herausbildet. Die Jesusgeschichte wird durch Angleichung an antike Figuren wie Herakles oder Orpheus als Illustration ewiger kosmischer Prozesse dargestellt, des rettenden Wirkens der dritten Triashypostase. Mit dieser Einordnung christlicher Ideen in den für ihn weiterreichenden Horizont der neuplatonischen Philosophie steht Synesios nicht allein: vergleichbare Figuren wären Boethius oder der junge Augustinus, dessen Konversion zur Philosophie erst in späterer Zeit als zutiefst christliche Erfahrung umgedeutet wird. Synesios' Biographie und Werk illustrieren nur die Tatsache, dass in der Spätantike auch für Jugendliche aus christlichem Hause die Philosophie einen selbstverständlichen Teil ihrer Lebenswelt ausmachte, der durchaus für ihre Selbstdarstellung und Religiosität zentral werden konnte, ohne zum Bruch mit ihrer überlieferten Religion zu führen.

[150] Zu diesen Neuplatonikern des 4. Jahrhunderts s. Eun. *Vit. soph.* VI 1.4.10; VIII 1,1–9.

Jenseits, Jenseitsgericht und Jenseitsstrafen im Denken des antiken Griechentums

Adolf Martin Ritter

*unter Mitarbeit von Herwig Görgemanns und Reinhard Feldmeier**

Da der Mehrzahl der gebildeten Griechen in der Antike, bis zu Synesios und weit über ihn hinaus, eine bestimmte literarische Überlieferung jederzeit verfügbar war, ähnlich präsent wie dem deutschen Bildungsbürgertum des 19. und frühen 20. Jahrhunderts die Lutherbibel und/oder Goethes Faust, soll bei ihr auch unser Rekonstruktionsversuch des paganen Hintergrundes seiner Johannesbriefe einsetzen. Gemeint sind die Epen Homers und Hesiods.[1] – Zuvor aber ein kurzer Blick auf

1. Das Vorspiel in Ägypten

Vorstellungen von Totengericht und Höllenstrafen, der Heiligen Schrift der ersten Christen etwa, dem Alten Testament, gänzlich fremd, finden sich dagegen schon früh in der religiösen Umwelt Israels, vor allem in Ägypten. Dort begegnen bereits im zweiten Jahrtausend v. Chr. Schilderungen eines Gerichtes über die Toten nach ihren Taten. So sagt in der Lehre für Merikare ein König zu seinem Sohn und Nachfolger:

Das Gericht, das die Bedrückten richtet,
Du weißt, daß sie nicht milde sind.
An jenem Tag des Rechtens der Bedrängten, [...]
Schlimm ist ein Ankläger als Wissender. [...]
Ein Mensch bleibt nach dem Sterben übrig,
Nachdem seine Taten als Endbetrag neben ihn gelegt wurden.
Die Ewigkeit ist doch die Existenz dort.
Ein Tor ist, wer macht, was man tadeln wird.
Wer es [sc. das Jenseits] aber erreicht, ohne Böses zu tun,
Der wird dort sein wie ein Gott,
Frei schreitend wie die Herren der Ewigkeit.[2]

---

* Von H. Görgemanns stammt Abschnitt 4, von R. Feldmeier Abschnitt 1. Darüber hinaus bin ich beiden, besonders H. Görgemanns, gegenüber zu Dank verpflichtet für intensiven Austausch, eine Reihe von Verbesserungsvorschlagen und Ergänzungen, die nun Eingang gefunden haben in unser Gemeinschaftswerk (A.M.R.).

[1] Zur Hochschätzung vor allem Homers vgl. lediglich Platon, *Rep.* X 606E.

[2] J. F. Quack, *Studien zur Lehre für Merkare*, Göttinger Orientforschung 23 (Wiesbaden 1992) 35.

Ikonographisch eindrucksvoll umgesetzt wird dies in den bekannten Darstellungen, die zeigen, wie das Herz des Menschen gegen die durch die Feder symbolisierte Weltordnung (ägypt.: ma'at) gewogen wird. Die Gestalt der am Fuße der Waage lauernden „Fresserin", ein Hybrid aus den gefährlichsten Tieren Ägyptens, aus Krokodil, Löwe und Flusspferd, deutet die Konsequenzen bei Nichtbestehen der Prüfung an. „Das ist ein Kürzel für die Verdammnis, die in anderen Wandbildern in manchen Einzelheiten ausgebreitet wird: Die Verdammten werden in Kesseln gekocht, in Feuergruben oder Feuerseen verbrannt, müssen auf dem Kopf gehen usw., Urbilder mittelalterlicher Höllenausmalungen."[3]

So befremdlich uns heute solche Vorstellungen sein mögen, so ist doch zunächst einmal ihre humane (und humanisierende) Dimension zu würdigen. Wenn die Götter als Anwälte des Guten und als Garanten der Wahrheit und Gerechtigkeit (ägypt.: ma'at) dem Verhalten der Menschen gegenüber nicht gleichgültig sind, sondern dieses nach ethischen Maßstäben belohnen oder bestrafen, dann entscheiden über das zukünftige Geschick nicht nur Grabbeigaben und teure Einbalsamierung, also nicht nur die erreichten Machtfaktoren Reichtum und gesellschaftliche Stellung, sondern auch die Güte des Verhaltens gegenüber anderen. Nicht der zu allen Zeiten dem Menschen naheliegende Egoismus, sondern die Rücksicht auf andere, vor allem auf Schwächere, erscheint nun im Angesicht des Jenseits als das, was im eigentlichen Interesse des Menschen liegt. Das wird besonders schön deutlich im *Ägyptischen Totenbuch* mit seinen sogenannten negativen Bekenntnissen, die am „Tag der Rechenschaft" (125,9), also bei einer Gerichtssitzung vor den Göttern gesprochen werden sollen:[4]

> Herr der Vollständigen, Wahrheit ist dein Name.
> Ich bin zu dir gekommen, ich habe dir das Recht gebracht
> und habe dir das Unrecht vertrieben. [...]
> Ich habe kein Unrecht gegen Menschen begangen,
> und ich habe keine Tiere mißhandelt. [...]
> Ich habe keinen Gott beleidigt.
> Ich habe kein Waisenkind an seinem Eigentum geschädigt. [...]
> Ich habe nicht Schmerz zugefügt und (niemand) hungern lassen,
> ich habe keine Tränen verursacht.
> Ich habe nicht getötet,
> und ich habe (auch) nicht zu töten befohlen;
> niemandem habe ich ein Leid angetan.[5]

Soweit wir das noch feststellen können, war Ägypten die Wiege des Mythos vom Totengericht und der in ihm zum Ausdruck kommenden Überzeugung einer von den Göttern garantierten gerechten Weltordnung. Von hier aus dürfte er zumindest im Mittelmeerraum die anderen Kulturen be-

---

[3] Brunner 1983, 113.
[4] Vgl. Hornung 1990, 28f.
[5] Hornung 1990, 233f.

einflusst haben,[6] so wenig Sicherheit im einzelnen auch zu erreichen sein mag.[7]

2. Homer und Hesiod

In den Epen Homers wird für uns eine Anschauung greifbar, nach der im Tod ein unkörperliches Etwas, ψυχή (‚Hauch', ‚Lebensodem') genannt, dem Menschen „wie ein Traum" entschwebt, ehe es in den Hades als seinen künftigen Aufenthaltsort eingeht (*Od.* XI 222). Die ψυχή „ist nicht Seele als Träger von Empfindungen und Gedanken, nicht Person, auch nicht Doppelgänger des Menschen",[8] gleicht jedoch dem Verstorbenen wie ein ‚Abbild'; daher auch ihre alternative Bezeichnung als εἴδωλον. Sie lässt sich wahrnehmen und identifizieren; doch geht ihr nicht nur jede Körperlichkeit (*Od.* XI 204/8), sondern außerdem noch jede normale geistige Präsenz (die φρένες) ab, wie sie einer Persönlichkeit zuzusprechen ist (*Od.* XXIII 104 u. ö.). Infolgedessen kann es im Proömium der *Ilias* heißen: „viele Heldenseelen entsandte er (sc. Achill) zum Hades, sie selbst aber machte er zum Fraß der Hunde" (*Il.* I 3–5); es besteht demnach ein Unterschied zwischen dem Menschen selbst und seiner Seele. Weil, an sich, ohne Kraft oder Lebensenergie, bedarf diese des Tranks von Opferblut, um vorübergehend (wieder) zu Bewusstsein, Ansprech- und Wiedererkennbarkeit zu gelangen, kurz: um überhaupt kommunizieren zu können (*Od.* XI 153).[9]

Bemerkenswerterweise ist bei Homer auf der einen Seite niemals davon die Rede, dass „der Blick auf das eigene Dasein nach dem Tode" irgend jemanden „in seinem Handeln oder auch nur in seiner Stimmung beeinflusste: es gibt weder zu Angst noch zu Hoffnung Anlass."[10] Andererseits fällt auf, dass, während die Archäologie gerade für die vermutliche Blütezeit des Epos, das 8. Jh., bei den Griechen nicht weniger als bei anderen Völkern einen ausgeprägten Totenkult belegt, bei Homer dagegen die Fürsorge für die Toten nicht in die Hadesvorstellung hineinspielt, so dass sich die Frage stellt, ob nicht doch diese homerische Vorstellung „ein Fremdkörper in der griechischen Geistesgeschichte" sei.[11]

Was die ‚Verortung' des Jenseits anlangt, so taucht hinter den entspre-

[6] Brunner 1983, 130.

[7] Vgl. Görgemanns 1987, 35f., der sogar der Meinung ist, wir stünden hier „auf verhältnismäßig festem Boden: manche Ähnlichkeiten mit ägyptischem Unterweltsglauben drängen sich auf, und die Kontakte der Griechen mit Ägypten sind seit dem 6. Jh. eng. Es ist vor allem an orphische Lehren zu denken" (s. dazu auch u. Anm. 31).

[8] Burkert 1977, 301; vgl. zu den griechischen Vorstellungen von ‚Seele' auch Bremmer 2002, 1–4 mit weiterer Literatur.

[9] Im zweiten Teil seiner „Totenbeschwörung" (Nekyia [= *Od.* XI]) hält der Dichter der Odyssee allerdings nicht mehr konsequent an dieser Vorstellung fest.

[10] Görgemanns 1987, 28a.

[11] Ebd. 29f.

chenden Angaben bei Homer und Hesiod umrisshaft ein Weltbild auf, das auf einen unbestimmten Bereich des Nie-Geschauten und Un-Sagbaren verweist, welcher sich jedoch jeder Lokalisierung entzieht. Auch die Einteilung der Welt in verschiedene Herrschaftsbezirke der Kronossöhne, darunter Zeus und Hades (*Il.* XV 18–93), führt nicht wesentlich weiter. Denn den Hades sehen die homerischen Epen bald jenseits des Okeanos, am Weltenrand (*Od.* X 508–15; vgl. auch XXIV 1–14, wo der Weg dorthin beschrieben wird), bald unterhalb der Erde (*Il.* XX 61–65) liegen. Ähnlich verortet Hesiods Theogonie den Tartaros tief drunten „unter der Erde" (720), zugleich aber auch am „Grenzsaum der ungeheuren Erde" (731), so, wie auch in der *Ilias* Homers nicht scharf zwischen Himmel und dem Göttersitz Olymp geschieden wird (*Il.* VIII 18–26; XXIV 97–104; anders XV 192f.). Solche Unbestimmtheit der ‚geographischen' Verhältnisse hält die Griechen jedoch nicht davon ab, in ihrer Phantasie das Jenseits im einzelnen reich auszugestalten.[12] Darüber hinaus finden sie vielerorts in Griechenland, wohl in Fortsetzung alter lokaler Traditionen, düstere Örtlichkeiten, die ihnen als Tor zum Totenreich gelten.[13] In der so entstehenden ‚Topographie' der Unterwelt nehmen insbesondere die Gewässer des Hades breiten Raum ein. Deren nie wieder in Vergessenheit geratene, sprechende Namen lauten: Acheron, Fluss des „Stöhnens"; in ihn münden der „Feuerstrom" (Pyriphlegethon) und der „Klagestrom" (Kokytos), ein Seitenarm der Styx, der Quelle des „Hasses" (*Od.* X 513–515; zur Styx Hesiod. *Theog.* 775–806). Erst in frühhellenistischer Zeit tritt Lethe, das Wasser des „Vergessens", zu den Unterweltsströmen hinzu.[14]

Auf alte mediterrane und orientalische Anschauungen gehen wohl die „Inseln der Seligen" (μακάρων νῆσοι) zurück, von denen zuerst Hesiod spricht (*op.* 167–173); auf ihnen herrschen für ihn ewiger Frühling und unerschöpfliche Fülle, freilich ausschliesslich für die Auserwählten (Pind. *Ol.* 2, 68–80; frg. 129–131a S/M; Plat. *Gorg.* 523b; Hor. *Epist.* 16,41–66; Lucian., *ver. hist.* 2,4–28). Dagegen rechnet in der uns im Augenblick beschäftigenden archaischen Zeit die Phantasie der Griechen, in Übersteigerung der Hadesvorstellung, mit einem unergründlichen Abgrund, dem Tartaros als Ort vollkommener Finsternis. In homerischer Zeit ist dieser jedoch nicht für menschliche Tote bestimmt;[15] nach Hesiod liegen dort nur die Titanen

[12] Vgl. *Od.* XI 13–19 (der Wohnort der in ewigem Dunkel hausenden Kimmerier); VI 204f. und VII 112–132 (die paradiesischen Gefilde der Phäaken); Hdt. IV 32–35; Hecat. Abd. (4. Jh.v. Chr.), *FGrHist* 264 F 7–14 (die seligen Hyperboreer). Freilich leben diese Völker, den genannten Stellen zufolge, nicht eigentlich im Jenseits, sondern höchstens an der Schwelle zu diesem.

[13] So etwa das Kap Tainaron auf der Peloponnes oder den Fluss Styx in Arkadien.

[14] Ausführliche Beschreibungen der Unterwelt finden sich im 11. Buch der *Odyssee* (XI) und in Hesiods *Theogonie* (720–819).

[15] Erst später werden Tartaros und Hades mit einander verbunden; frühester Beleg: Ps.-Hesiod, *scut. Herc.* 255. Dann erscheint oft der Tartaros als unterster Teil des Hades; so bei Platon.

gefangen (*Theog.* 720– 819), und bei Homer droht Zeus den Göttern mit dem Sturz in dessen Tiefen (*Il.* VIII 13). Nach dem Epos liegt er ebenso tief unter dem Hades, wie der Himmel die Erde überragt (*Il.* VIII 13–16; etwas anders Hesiod. *Theog.* 720). Hesiod spricht von dem sich zwischen Erde und dem zuunterst liegenden Tartaros auftuenden riesigen „Chaos"-Schlund (ebd. 740. 814), in dem die Welt wurzele und aus dem sie entspringe (727f. 736–738). Der Hades hingegen ist der Machtbereich des „unterirdischen Zeus" (*Il.* IX 457), des Kronossohnes Hades (oder Plutons) und seiner Gemahlin Persephone. Schlaf und Tod hausen dort (Hesiod. *Theog.* 744–766), aber auch andere Gestalten wie Hekate oder die Erinyen (*Il.* XIX 259), einst wohl auch die Sirenen; anzutreffen sind dort ferner Hermes, der göttliche Grenzgänger, der die Seelen der Verstorbenen hinabführt (*Od.* XXIV 1–14), ebenso die Schreckensgestalten der Keren (ebd. XIV 207f.; Ps.-Hesiod., *scut.* 248–257), Charon, der Totenfährmann, der die Seelen in seinem Nachen über den Acheron setzt (Minyas frg. 1 Davies), und Kerberos (Cerberus), ein dämonisches Ungeheuer, das den Zugang zum Hades bewacht (Hesiod. *Theog.* 769–773); auch das Haupt der Gorgo lauert dort, dessen Heraufkommen Odysseus fürchtet (*Od.* XI 633–635); endlich ist mit allerlei namenlosen Mächten zu rechnen, die Unheil bringen und deshalb mit Schaden abwehrenden Riten ferngehalten werden müssen (vgl. Isocr. *or.* 5, 117).

In ihren Jenseitsvorstellungen gehen die frühen Griechen mithin von einem radikalen Gegensatz zwischen den selig auf dem Olymp bzw. im Himmel lebenden unsterblichen Göttern (*Od.* VI 42–46) und den am Rande oder im Innern der Erde, in der Unterwelt versammelten bewusstlosen „Schatten" (σκιαί; ebd. X 495) der Verstorbenen aus. Das Wesen des Menschen gilt ihnen als vergänglich und der Tod als unausweichliches, niemanden verschonendes Verderben, welches, personifiziert als Κήρ, das Schemen des Menschen sich in ewiger Nacht verflüchtigen lässt.[16] Womöglich unter orientalischem Einfluss begegnen allerdings in den homerischen Epen auch bereits Anzeichen einer alternativen Jenseitsvorstellung, wonach, wen die Götter lieben, dem Tod und dem gleichmacherischen Hades-Schicksal entgeht (vgl. *Od.* XI 1f.; XV 250f.; *Il.* XXIII 231–235; *Hom. Hymn.* 5, 202–217.18–38; Hesiod *Theog.* 988–991). Dazu passt, dass nach seiner Erhebung zur Gottheit (Apotheose) Herakles „selbst" (αὐτός) im Olymp weilt, während sein „Schattenbild" (εἴδωλον) im Hades auf die Jagd geht (*Od.* XI 601–604; vgl. *Il.* XVIII 117–119). Umgekehrt haben Vergehen gegen die Götter[17] mit Vergeltung in der anderen Welt zu rechnen:

[16] Vgl. *Od.* XI 488–491 (Achills Klage vor Odysseus) oder *Il.* XXIII 61–65 (die moderige Totenwelt ist selbst den Göttern ekelerregend und verhasst).

[17] N. b. nur sie; für zwischenmenschliche Untaten sind (noch) keine Jenseitsstrafen vorgesehen!

Schon in der *Ilias* werden meineidig Gewordene[18] nach ihrem Tod, „unter der Erde", durch die Erinyen gezüchtigt (Γ 278f.; Τ 259f), die Titanen sogar, nachdem sie gestürzt, in die Tiefen des Tartaros verbannt (ebd. Θ 478–481; vgl. Hesiod. *Theog.* 717–735), während in der *Odyssee* der Hades der ‚Ort' ist, da Odysseus die *drei Büßer* Tityos, Tantalos und Sisyphos erblickt, die sich gegen die Götter vergingen (*Od.* XI 576–600). „Dass es für schlimme Vergehen unerhörte und ewige Strafe im Jenseits geben kann, ist damit ausgesagt und wurde verstanden."[19] In jene frühe Zeit gehen endlich auch Vorstellungen zurück, die den vor der Zeit Verstorbenen, den in jungen Jahren (ἄωροι) und den gewaltsam Umgekommenen (βιαιοθάνατοι), ein besonderes Ergehen im Jenseits zusprechen. Das scheint bereits in der odysseischen Nekyia angedeutet zu sein (*Od.* XI 38–41); und es hängt wohl mit der Furcht zusammen, dass von solch ruhelosen Toten eine unheilvolle Bedrohung ausgehe.

3. Von Homer zu Platon oder Von der Geburt der Hölle in der Vorstellungswelt der Griechen

Der Gedanke jenseitiger Auszeichnung sowohl wie Bestrafung, in den Gedichten Homers und Hesiods nur Wenigen zuteilwerdend (vgl. Hes. *Op.* 158; *Od.* XI 576–600), kehrt in der Verkündigung der hoch- und spätarchaischen Mysterienkulte wieder, nun aber in allgemeingültiger Form. Seit sich diese Verkündigung (vom 7. Jh. v. Chr. an) greifen lässt, verheißen z. B. die eleusinischen Mysterien den „Eingeweihten" ein besseres Schicksal im Jenseits: An der „Stätte der Frommen" (τόπος εὐσεβῶν), wiewohl in der Unterwelt gelegen, feiern diese, ohne Unterlass, auf lichten, blühenden Auen ihr freudenreiches Gastmahl.[20] Ihrer ununterbrochenen Seligkeit steht freilich das Elend aller derer gegenüber, die sich wider das Göttliche vergingen oder ihm gar verschlossen, der Frevler und der Nichtgeweihten also (*Hymn. Hom.* 2, 367–369. 480–482): sie müssen „im Dreck liegen" (ἐν βορβόρῳ κεῖσθαι), heißt es. Niemals hören wir allerdings, wo immer solchermaßen vom Ergehen im Jenseits die Rede ist, auch nur das Geringste von einem *Totengericht*. Einzig das „Siegel" des Rituals ist, wie es scheint, ausschlaggebend für Heil oder Unheil.[21]

---

[18] Meineide sind Vergehen gegen die als Bürgen angerufenen Götter!

[19] Burkert 1977, 304.

[20] Hier kehren die Bilder vom Elysion und von den Inseln der Seligen in neuem Gewand wieder.

[21] Dass solche Jenseitshoffnungen ein Bestandteil persönlicher Frömmigkeit waren, zeigen die sog. „orphischen Goldblättchen", die als Grabbeigaben seit dem 4. Jh. v. Chr. vorkommen; sie scheinen aus orphisch-dionysischen Mysteriengemeinschaften hervorgegangen zu sein und schildern den Weg der Toten in der Unterwelt, der sie zur Königin Persephone führt, bei der sie Geborgenheit und Seligkeit finden; neueste Ausgabe von A. Bernabé in: *Poetae epici Graeci* II 2 (Leipzig / München 2005) 9–79 („*Lamellae aureae*").

Dagegen nun schärfen die Entdeckung des Individuums[22] im 7. und 6. Jh., einer Wendezeit – es ist zugleich das Jahrhundert Buddhas und des Konfuzius, Zarathustras und der großen Propheten Israels, darum von K. Jaspers als „Achsenzeit" beschrieben –, und nicht zuletzt die Rechtsdiskussion des 6. u. 5. Jh.s den Sinn für die Verantwortung, die der Einzelne für sein Handeln trägt. Er allein, so ist man jetzt mehr und mehr überzeugt, sei für seine Verfehlungen zur Rechenschaft zu ziehen und entsprechend für seine Verdienste zu belohnen. Und das wiederum hat eine ethisch (oder moralisch) begründete Kritik an der Verkündigung der Mysterien zur Folge, welche, wie gesehen, das Ritual zur alleinigen Vorbedingung für das jenseitige Glück erhob (Diog. Laert. VI 39;[23] Plut. *Aud. poet.* 21f.). Als Antwort auf dieses Unbehagen wird die rituelle Anforderung um die moralische ergänzt. Wer beidem genüge, den erwarte in der anderen Welt die Seligkeit, heißt es im Chor der Mysten in den *Fröschen* des Komödiendichters Aristophanes (*Ran.* 454–459). Auch außerhalb der Mysterienkulte schlägt sich der Einfluss der neuen Ethik nieder. Die Vorstellung kommt auf,[24] dass sich alle Verstorbenen ausnahmslos einem jenseitigen Gericht stellen müssen; vermutlich orphisch-pythagoreischen Kreisen entsprungen, könnte diese in letzter Instanz auf ägyptische Quellen zurückgehen.[25] Dem Totengericht folgt das ‚paradiesische'[26] Glück der Gerechten, die Tischgemeinschaft mit den Göttern, oder aber das bittere Los der Verdammten, welche sich in Schlamm und Kot wälzen oder unablässig Wasser in löcherige Gefäße schöpfen müssen. Zum ersten Mal in der griechischen Literatur gewinnt so die Unterwelt als Ort der Strafe und Qual für die Sünder Züge einer *Hölle* (vgl. Plat. *Rep.* II 363d; Arist. *Anal. post.* 11, 94b 33f).[27] Gleichzeitig vollzieht sich im 6. und 5. Jh.v. Ch. im Blick auf Begriff und Vorstellung von der Seele ein dramatischer Wandel. Ursprünglich als wesenloses Schemen des Toten im Hades gedacht, wie wir sahen, wird die ‚Seele' nun zu

[22] Vgl. B. SNELL, *Die Entdeckung des Geistes* (Hamburg [1946] ³1955).

[23] Danach habe Diogenes von Sinope auf den Vorschlag, sich doch in die eleusinischen Mysterien einweihen zu lassen, erwidert: „Das ist ja zum Lachen (γελοῖον), Agesilaos und Epameinondas sollen da in dem berühmten ‚Dreck' liegen und irgendwelche wertlosen Menschen, wenn sie nur in die Mysterien eingeweiht sind, auf den ‚Inseln der Seligen' sein"!

[24] Erst im 5. Jh. sicher zu belegen (Pind. *Ol.* 2,58–60; Aesch. *Supplic.* 228–231; *Eum.* 269 –275); die Vorstellung kann freilich anknüpfen an eine bekannte homerische Szene (*Od.* XI 568–571).

[25] S. o. Abschnitt 1, S. 151–153. Vgl. BREMMER 2002, 91f.

[26] Zum Auftauchen des Begriffs „Paradies" s. BREMMER 2002, Appendix 2 (= 109–127).

[27] Vgl. P. HABERMEHL in: COLPE u. a.1996, 272. Er weist ebd. auch auf Belege in der zeitgenössischen Kunst hin; am eindringlichsten, findet er, lasse sich an dem berühmten Jenseitsgemälde des Polygnot (5. Jh. v. Chr.) in der Lesche der Knidier zu Delphi (Paus. X 28–31, bes. 31,9. 11) ablesen, wie die orphisch-pythagoreische Eschatologie nicht allein auf die Botschaft der eleusinischen und dionysischen Mysterien abfärbe, sondern auch Einfluss auf die volkstümlichen Jenseitsvorstellungen gewinne (vgl. Demokr.: *VS* 68 B 297).

einer im Menschen verborgenen Kraft, einem „Wesenskern, der als Träger seiner Lebenskraft, seines Empfindens und seines Bewusstseins vom Körper unabhängig zu denken ist und sein religiös-moralisches Selbst darstellt“[28] (vgl. Pind. fr. 131b S./M.). Dabei spielt allem Anschein nach eine wesentliche Rolle die Erkenntnis frühgriechischer „Wundermänner“, z. B. des Pythagoras und des Empedokles, dass die Seele mittels methodisch-regulierter, strikt befolgter Lebensführung (ἄσκησις) imstande ist, schon zu Lebzeiten den Körper zu verlassen.[29] Es ist nicht zuletzt ein theologisches Anliegen, das der Rechtfertigung des Göttlichen angesichts der Übel in der Welt (Theodizee), welches den Prozess der Ein- und Entkörperung der Seele sich schließlich zum Kreislauf der Seelenwanderung (Metempsychose) erweitern lässt. Diese Lehre, gegen Ende des 6. Jh.s in orphisch-pythagoreischen Kreisen Unteritaliens auftauchend und zuerst in einem Spottgedicht des Xenophanes auf Pythagoras (*VS* 21 B 7) belegt, von Empedokles hingegen besonders eindrucksvoll vertreten (*VS* 31 B 115–127), stellt die Verantwortung des einzelnen erstmals auf ein belastbares und effizientes theologisch-eschatologisches Fundament. Denn: „Wenn menschliches Recht einmal erkannt hat, dass ein Mensch für seine eigenen Taten allein verantwortlich ist, muss göttliches Recht früher oder später ein Gleiches tun.“[30] Eher als andere Theorien vermag die der „Wiedereinkörperung“ der Seele (Metempsychose), selbst angesichts unverdienten Leidens Unschuldiger, das *Walten göttlicher Gerechtigkeit* plausibel zu machen, indem sie solches Leid mit einer früheren Schuld erklärt, die in einem Prozess der Sühne und Erziehung abgezahlt werden müsse. Wir haben es hier „im Kern“ mit einer Anthropologie zu tun, „die ... allgemeine Geltung beansprucht, auf vergangene Erfahrungen verweist und künftige Erfahrungen vorwegnimmt. Sie verlangt, als theoretische und existentielle Wahrheit

---

[28] A. Dihle, „Totenglaube und Seelenvorstellung im 7. Jahrhundert vor Christus“, in: *Jenseitsvorstellungen in Antike und Christentum. Gedenkschrift f. A. Stuiber*, hg. v. Th. Klauser, *Jahrbuch für Antike und Christentum. Ergänzungsband 9* (Münster 1982) [9–20] 9; vgl. Bremmer 2002, 1–8. – Die Trennung Leib-Geist scheint aber bereits in den homerischen Epen angelegt (vgl. *Il.* XXIII 103f; *Od.* XI 216–222). Ab dem 6. Jh., so wird vermutet, könnte sich diese Tendenz durch den Einfluss des Schamanismus des Nordens (Skythien!) noch wesentlich verstärkt haben, eine Deutung, für die sich in dieser Generation vor allem Burkert 1962, 123–142, stark gemacht hat; allerdings ist er damit jüngst (erneut) bei Bremmer 2002, 24–40, auf entschiedenen Widerspruch gestoßen.

[29] So lehren es ausdrücklich sowohl die Orphik wie der Pythagoreismus, die beide den Körper als Gefängnis der göttlichen Seele betrachten (Platon verschärft und spricht von ‚Grabmal‘ [σῆμα: Plat. *Crat.* 400bc; die bekannte Formel, wohl gar das Wortspiel σῶμα - σῆμα [der Leib als Grabmal der Seele], scheint aber schon bei Heraklit [frg. 41 Marcovich] angelegt zu sein), in das sie aufgrund alter Schuld verbannt wurde; Jamblich nahm dies in seinem *Leben des Pythagoras* so auf: „Da wir hierher kamen, um bestraft zu werden, müssen wir bestraft werden“ (Iambl. *Vit. Pyth.* 85). Askese (Vegetarismus) und vor allem Reinigung (κάθαρσις) von aller Befleckung des Leiblichen (sexuelle Enthaltsamkeit) heißen darum die Losung, die sich aus dieser Erkenntnis ableitet.

[30] Dodds 1951, 150.

ernst genommen zu werden."[31] Hoch zu veranschlagen ist in dieser Entwicklung besonders die Rolle des schon erwähnten Pythagoras.[32] Allein, da für unsere Fragestellung Platons Mythen an wirkungsgeschichtlicher Bedeutung – gerade auch im Blick auf Synesios – alles andere in den Schatten stellen dürften, soll anschließend nur von diesen etwas eingehender die Rede sein.

4. Platons Jenseitsmythen

Platon hat orphisch-pythagoreische Lehren aufgegriffen und in vier großen Mythen neugestaltet: im *Gorgias*, im *Phaidon*, in der *Politeia* und im *Phaidros*. Er betont immer wieder, dass in ihnen kein beweisbares Wissen geboten wird, sondern eine Glaubensüberzeugung, die sich in Bildern ausdrückt. Das ist auch daran zu erkennen, dass die geschilderten Jenseits-Szenerien ganz verschieden sind. Diese Mythendichtung hat zwei Wurzeln: eine moralische und eine erkenntnistheoretische. Platon hat zum einen ein religiöses Urvertrauen auf einen endgültigen Ausgleich von Gut und Böse, Gerecht und Ungerecht;[33] zum anderen führt ihn die Ideenlehre dazu, eine Erfahrung vor und außerhalb des irdischen Lebens anzunehmen.[34] Das impliziert auch die Existenz einer vom Körper unabhängigen Seele; Platon hat mehrmals Beweise für ihre Unsterblichkeit entwickelt und mit wieder-

[31] W. Burkert *Antike Mysterien* (München 1990) 73f. – Die orphische Theologie geht noch einen Schritt weiter. Sie begründet das Leid der menschlichen Existenz mit einer auf der Menschheit von Anbeginn an lastenden *Urschuld*. Darüber berichtet ein (womöglich dem ägyptischen Osiriskult entlehnter; vgl. Burkert 1977, 443; Görgemanns 1987, 35f.) Mythos von der Geburt der Menschheit (*Orph.* frg. 60/235 Kern). Danach zerrissen die Götterfeinde der Urzeit, die Titanen, das göttliche Kind, Dionysos, und verschlangen es, bis auf das Herz, das Zeus rettete und aus dem er den Gott neu erstehen ließ; als Antwort auf die Untat erschlug der Göttervater die Frevler mit seinem Blitz. Aus ihrem Ruß entstanden die Menschen, die fortan teilhaben sowohl an der ruchlosen titanischen Natur als auch an den Relikten des von den Titanen verzehrten göttlichen Fleisches. Um dieser Urverfehlung willen ist die göttliche Seele zur Strafe in den titanischen Leib und den Kreislauf der Wiedergeburt eingebunden, ist ihr irdisches Dasein Last und Strafe für den Gottesmord, aber auch Teil einer langen Erziehung und Läuterung, die potentiell mit ihrer Bewährung endet (vgl. Verg. *Aen.* VI 703 –751). – Auf fruchtbaren Boden fielen derartige Lehren in den Mysterienkulten, vor allem jedoch in der Philosophie, nicht zuletzt in Platons Metaphysik, in der sie zur tragenden Säule wurden, später auch in Mittel- und Neuplatonismus.

[32] Vgl. dazu jetzt das faszinierende Buch von C. Riedweg, *Pythagoras. Leben – Lehre – Nachwirkung* (München 2002) (in engl. Übersetzung Ithaca / London 2005). In der Botschaft des Pythagoras von der „Präexistenz und Unsterblichkeit der Seele liegt ein Versuch zu konsequentem Denken, ist etwas wie ein ewiges, unvergängliches Sein erfasst – eine Präfiguration der Ontologie des Parmenides" (Burkert 1962, 112); vgl. Riedweg, Register s.v. Wiedergeburtslehre.

[33] *Rep.* X 612C–613B: „Denn gewiss werden die Götter nie einen Menschen vergessen, der danach strebt, gerecht zu werden und durch Hingabe an die Tugend Gott ähnlich, soweit das einem Menschen möglich ist". Ähnlich schon *Apol.* 41CD.

[34] Besonders explizit im *Phaidros*-Mythos, aber schon im *Menon* 81A–D.

holten Einkörperungen gerechnet. Synesios hat in *Ep.* 43 vor allem Themen aus dem *Gorgias*-Mythos aufgegriffen; darum soll dieser zuerst kurz referiert werden. Platon lässt darin erzählende und deutende Abschnitte abwechseln:

a. (523A–524D) Ein Totengericht hat es schon immer gegeben; dereinst wurde es vor dem Tode abgehalten, und es kam oft zu Fehlurteilen, weil Menschen, deren Seelen verdorben waren, mit schönen Körpern „bekleidet" waren, dazu auch mit Gütern wie Adel und Reichtum, und weil sie Zeugen zu ihren Gunsten aufbieten konnten; damit beeindruckten sie die Richter. Zeus änderte das: Jetzt treten die Menschen nach ihrem Tod, wenn die Seelen „nackt" sind, vor Richter, die ebenfalls bloße Seelen sind, also nicht von sinnlichen Eindrücken irregeführt werden. Im deutenden Abschnitt erklärt Platon den Sinn der „Nacktheit": analog zum Körper trägt die Seele die Spuren des vergangenen Lebens, Narben und Entstellungen, die durch Ungerechtigkeit, Lügen und andere Missetaten entstanden sind. Damit greift er auf frühere Ausführungen zurück, in denen die Analogie von Körper und Seele durchgeführt wurde; Gesundheit des Leibes entspricht der ethischen Wohlbeschaffenheit der Seele (463E–465D).

b. (524D–526B) Der Totenrichter verhängt über die Missetäter angemessene Strafen; er macht einen Unterschied zwischen „Heilbaren" und „Unheilbaren" (analog zu körperlichen Krankheiten). Für die ersteren dient die Strafe zur Besserung (wie eine schmerzhafte ärztliche Operation); bei den letzteren ist sie ewig und hat nur den Zweck, andere abzuschrecken. Auch dies ist ein Rückgriff: eine entsprechende Theorie der Strafe war 476A–481B entwickelt worden. Dort wurde aus der Leib-Seele-Analogie gefolgert, dass die Strafe wie eine ärztliche Behandlung von Nutzen für den Bestraften ist, dass man sich dieser also nicht entziehen, sondern sie im Gegenteil anstreben sollte. Wenn man das Unglück hat, ein Unrecht begangen zu haben, wird dieses durch das Strafleiden wenigstens verkleinert. Die Rhetorik (welche das zentrale Thema des *Gorgias* ist) sollte also nicht gebraucht werden, um Unrecht vor Gericht zu verteidigen, sondern im Gegenteil, um es anzuklagen, wenn man selbst oder ein Freund es begangen hat. Umgekehrt: wenn man jemandem ein Übel zufügen will, sollte man dafür sorgen, dass er für seine Vergehen *nicht* belangt wird (480A–481B)! Dies ist die paradoxe These, auf der Synesios den Brief 43 aufbaut: die dramatische Aufforderung „Geh zu den Gesetzen!" knüpft an Platons Satz an (480A): „Man muss selbst freiwillig dorthin gehen, wo man so bald wie möglich bestraft wird: zum Richter, gleichsam wie zum Arzt, damit sich die Krankheit nicht in der Seele einfrisst ..."

c. (526B–527A) Die zu Bestrafenden werden in den Tartaros geschickt, die Guten zu den Inseln der Seligen. Daran knüpft sich eine Paränese: Sokrates richtet sein Leben darauf ein, bei diesem Gericht bestehen zu können; seinem Gegner Kallikles hält er vor, er werde diesem Strafvollzug hilflos ausgeliefert sein. Da scheint ein drohender Ton angeschlagen zu werden – aber es ist nur eine Replik auf die frühere drohende Äußerung des Kallikles, Sokrates werde einmal vor einem Gericht, unschuldig angeklagt, hilflos dastehen.

Aus dem Mythos des *Phaidon* sei nur eine Stelle angeführt (114AB), auf welche Synesios anspielt. Das „Jenseits" ist hier im Erdinnern lokalisiert, das von verschiedenen Strömen durchzogen ist. Seelen, deren Schuld schwer, aber heilbar ist, werden von Tartaros durch den Kokytos-Fluss zum Acherusischen See getrieben; dort wohnen die nur wenig oder gar nicht Schuldigen. Da erblicken die Schuldigen am Ufer ihre einstigen Opfer und flehen sie an, sie ans Ufer steigen zu lassen. Dann sind sie von ihren Qualen erlöst; wenn jene sich nicht erbitten lassen, werden sie wieder zum Tartaros getrieben, bis ihnen ein neuer Versuch gestattet wird. Diese danteske Szene hat einen Hintergrund im attischen Recht: ein Mörder bleibt straffrei, wenn ihm sein Opfer vor dem Tod noch vergibt. Der juristische Terminus für diese Verzeihung ist αἴδεσις;[35] Synesios lässt ihn in dem Wort αἰδέσιμος (*Ep.* 43,9) anklingen. Eine Passage aus dem Mythos der *Politeia* ist zu erwähnen, in der zum ersten Male das Strafleiden im Jenseits, das gewöhnlich mit unbestimmten Wendungen beschrieben wird, als wirkliche Folter erscheint (X 615E–616A): der Tyrann Ardiaios wird von „wilden Männern, feurig glühend anzusehen", gefesselt, geschunden und auf Dornbüschen am Wegrand „gewalkt".[36] Synesios hat von dieser Stelle aus seine Darstellung von der Bestrafung der Seelen als einem „Walken" entwickelt (*Ep.* 43,6). Die „feurigen Männer", dämonische Folterknechte, sind ein neues Element in den griechischen Jenseitsvorstellungen; Vermutungen über ihre Herkunft bleiben ganz unsicher.[37]

---

[35] E. Heitsch, *Aidesis im attischen Strafrecht*, Abh. d. Akademie Mainz (Mainz 1984). Der Hauptbeleg: Demosthenes 37,59; vgl. Euripides *Hipp.* 1449. Hier zeigt sich, dass im realen Leben vor allem an den Fall zu denken ist, dass bei einem Familienstreit jemand einen nahen Verwandten tödlich verletzt. Platon hat diese Rechtsvorschrift in seine *Gesetze* aufgenommen (869A).

[36] ἐπ᾿ ἀσπαλάθων κνάμπτοντες. Das stachelige Werkzeug des Walkers zum Aufrauhen eines Stoffes (deutsch „Krempel", früher auch „Kardätsche") heißt κνάφος, und dieses Wort wird bei Herodot I 92, 4 auch für ein Folterinstrument gebraucht.

[37] In der griechischen Mythologie ist an Figuren wie die Erinyen oder *Poinai* zu denken. Vermutungen über einen orientalischen Hintergrund haben keine sichere Grundlage.

5. Die Aufnahme des platonischen Konzepts in der hellenistischen und kaiserzeitlichen Philosophie, vor allem bei Plutarch

Bereits seine eigene Schule (Alte Akademie) und erst recht sein einstiger Schüler Aristoteles folgen keineswegs Platons Spuren; noch viel weniger gilt dies von den anderen philosophischen Optionen und Schulen in hellenistischer Zeit (Stoikern, Kynikern, Epikureern). Allerdings fasst das neue philosophische Weltbild, das die jenseitigen Räume nahezu ausschließlich in den himmlischen Bereich verlagert, über die Zirkel der Gebildeten hinaus kaum Fuß. Der Unterweltsglaube, der in der zeitgenössischen Literatur und in den Inschriften kaum Spuren hinterließ, wird vielmehr im Untergrund weitergetragen,[38] auch wenn es, weit über die Gebildetenschicht hinaus, nicht an Stimmen fehlt, die ein jenseitiges Leben leugnen. Der Totenkult aber lebt ungebrochen bis in die Spätantike fort. In die Philosophie kehrt unser Thema erst zurück, sobald ein erneuerter Platonismus (der sog. ‚Mittelplatonismus') die Führungsrolle in der philosophischen Welt zu übernehmen beginnt, eine Platonrezeption, die sich an den ‚dogmatischen' Schriften des Meisters orientiert. Soweit sich dieser Platonismus auf Platons mythische Bilder bezieht, nimmt auch er[39] eine ‚Ortsverlagerung' vor: sowohl Seligkeit als auch Strafe finden jetzt in einem Bereich oberhalb der Erde statt, einem sublunaren Hades. Diese Vorstellung herrscht dann auch in den Mythen Plutarchs, von denen gleich mehr zu sagen ist. Der Grund ist wahrscheinlich, dass sich inzwischen das kosmische Modell einer in der Mitte des Weltalls schwebenden Erdkugel weitgehend durchgesetzt hat. Da war das Erdinnere (trotz Platons Rettungsversuch im *Phaidon*) kein angemessener Platz mehr für das „Jenseits".[40]

Als besonders reich sprudelnde Quelle für das alles erweist sich das umfangreiche literarische Werk Plutarchs von Chaironeia, in der Nähe Delphis gelegen, wo er lange Zeit als leitender Apollonpriester amtiert (ca. 45–125 n. Chr.). Diese Tätigkeit führt ihn nahezu zwangsläufig dazu, sich

---

[38] Das bezeugt etwa Lukians Urteil (*luct.* 2–10), das sich gewiss auch auf die vorausgehenden Jhh. übertragen lässt. Erst recht dokumentiert die Verbreitung solcher Vorstellungen im römischen Reich, weit über philosophische Zirkel hinaus, Vergils *Äneis*. Bei der Hadesfahrt seines Protagonisten Äneas schildert das römische Nationalepos ausgiebig die „Strafen der Götter" gegenüber den Übeltätern (*Aen.* VI 548–627) – mit eindeutiger paränetischer Absicht, wie der Schrei des Phlegyas zeigt: „Solchermaßen gewarnt lernt Gerechtigkeit und verachtet nicht die Götter" (Vergil *Aen.* VI 620: *Discite iustitiam moniti et non temnere divos*). Im Sinne eines *mirror reading* kann man wohl auch aus dem entschiedenen Eintreten Epikurs gegen den Gedanken einer postmortalen Vergeltung, den sein Anhänger Lukrez im ersten vorchristlichen Jahrhundert in seinem Werk *De rerum natura* noch einmal zugespitzt hat, auf die Verbreitung solcher Vorstellungen schließen.

[39] Zuerst fassbar ist diese Tendenz bei Herakleides Pontikos (fr. 96–97 Wehrli) und im pseudo-platonischen Dialog *Axiochos*.

[40] Nilsson II 1961, 240. 490. 543.

mit Problemen der religiösen Überlieferung und speziell auch des Götterkultes eingehend zu beschäftigen.[41] Dank ihrer dialogischen Form präsentieren sich seine Traktate, in erster Linie die sog. „ethischen Schriften" (*Moralia*), als „Sammelbecken zeitgenössischer Jenseitsvorstellungen, wie sie in den gebildeten Kreisen der Kaiserzeit laut geworden" waren.[42] Wiederholt äußern sich diese Schriften zum Geschick der Seele nach dem Tod.[43]

Wichtig für unsere Zwecke ist vor allem der Mythos des Thespesios, welcher den Traktat *Warum kommt die Strafe der Gottheit so spät?* (*De sera numinis vindicta*), eine Abhandlung zur Verteidigung eines gerechten göttlichen Weltregiments gegen dessen Bestreitung – „unter den religionsphilosophischen Werken Plutarchs vielleicht das bedeutendste" (22–32, 563B–568A)[44] –, beschließt. Dieser Mythos schildert in Form einer Jenseitsvision, wie sie einem Tunichtgut namens Thespesios während seines Scheintodes[45] gewährt worden sei und seinem Leben eine wunderbare Wendung gegeben habe (22), die jenseitige Sühnung irdischer Vergehen. Der Schwere ihrer Verfehlungen entsprechend, werden die Schuldigen danach in drei Klassen geteilt: „Manche werden sogleich im Körper und mit körperlichen Mitteln bestraft", und zwar durch die „rasche Poinē (‚Buße')". Wo aber die Heilung des Schadens „größerer Mühe bedarf, übergibt der Schutzgeist (δαίμων) eines jeden nach dem Tode die Seele an Díkē (‚Recht')"; unheilbare Sünder schließlich sind der Erinys (dem ‚Rachegeist', der Furie) unrettbar verfallen, die ihnen überall hin nachjagt und sie am Ende jämmerlich und erbarmungslos ins „Unsagbare, Unschaubare" versenkt

[41] Vgl. dazu R. Feldmeier, „Philosoph und Priester: Plutarch als Theologe" in: M. Baumbach u. a. (Hg.), *Mousopoulos stephanos. FS. H. Görgemanns* (Heidelberg 1998) 412–425; zum Folgenden besonders den von H. Görgemanns angeregten und hauptsächlich bestrittenen Tusculum-Band *Plutarch. Drei Religionsphilosophische Schriften*: Görgemanns 2009.

[42] P. Habermehl in: Colpe u.a. 1996, 309.

[43] Vgl. dazu die Übersicht ebd. 309–311. Z. B. erzählt der Traktat *Über das Daimonion des Sokrates* (*De genio Socratis*) von der Jenseitsvision eines gewissen Timarchos von Chaironeia (21f., 589F–92E), dieser sei beim Besuch eines Orakels, welches ihm Auskunft geben sollte über den Schutzgeist des Sokrates, in Ekstase geraten; seine Seele habe den Leib verlassen, sei durch die Himmelsräume emporgestiegen zu den Sternen und habe durch eine Stimme (wohl die eines Dämons) Aufschluss erhalten über den Bau des Kosmos. Einen Einblick in die *Unterwelt* habe ihm, tief unten, ein aufgerissener „riesiger, runder Schlund" (χάσμα μέγα στρογγύλιον) gewährt, der Hades, überaus furchtbar und abgrundtief (φοβερὸν δὲ δεινῶς καὶ βαθύ), woraus Seufzer und Stöhnen von Männern und Frauen, das Wimmern von Säuglingen und anderes Schreckenerregende mehr zu hören gewesen seien, und er habe, in ständiger Bewegung begriffen, Seelen angezogen, andere dagegen aus sich herausgeschleudert (22, 590F–591A). Zu Plutarchs *De genio Socratis* s. jetzt H.-G. Nesselrath (Hg.), *Plutarch,* On the *daimonion* of Socrates, SAPERE XVI (Tübingen 2010).

[44] So R. Feldmeier in: Görgemanns 2009, 318; Anm. 1 nennt weitere kundige Urteile gleichen Tenors; vgl. zum Folgenden insgesamt F.s hilfreiche „Einführung" in *De sera num.vind.* ebd. 318–339; ferner Bernstein 1993, 73–83.

[45] Vgl. den berühmten Er-Mythos in Platons *Politeia,* der gleichfalls die Erfahrungen eines Scheintoten in der jenseitigen Welt wiederzugeben behauptet.

(25, 564EF). Auffällig ist die Grausamkeit, mit der die Bestrafung aller drei Gruppen, besonders aber der letzteren, scheinbar schwelgerisch ausgemalt wird (30–32, 566E–568A). Es ist indes nicht nur zu spüren, vielmehr wird der Leser auch mehr oder minder deutlich darauf hingewiesen, das Ziel göttlichen Handelns und „die größte aller Künste", die nur Gott beherrsche, sei und bleibe die „Seelenheilung" (ἡ περὶ ψυχὴν ἰατρεία [4, 550A]). Infolgedessen werde es sich unmöglich im Bestrafen *erschöpfen* können, sondern auf Besserung aus sein müssen und werden. So liegt denn auch der grausamen Bestrafung eine erkennbar abschreckende Absicht zugrunde. Immerhin sticht sie um so mehr ins Auge, als Plutarch in seiner Frühschrift *Über den Aberglauben* (*De superstitione*) die Vorstellung vom Hades mit all seinen Schrecken und „unzählbaren Qualen" eben als „unglückseligen Aberglauben" (κακοδαίμων δεισιδαιμονία) verworfen hat (4b, 166F–167A; ähnlich skeptisch äußert er sich *Aud. poet.* 3, 17B–E; und in *Non posse suav. vivi sec. Epic.* 25, 1104AB tut einer der Sprecher seine Meinung kund, der Glaube an Jenseitsstrafen sei politisch von Nutzen, da er die Schlechten zum Guten anhalte).[46] Klar ist hingegen, dass der Mythos als Abschluss von *De sera numinis vindicta* fest in das Ganze des Traktates integriert ist: er ist, durchaus im platonischen Sinne, auf den Logos, die rationale Argumentation desselben, bezogen, wie er auch bereits durch ihn angekündigt und vorbereitet wurde; und er zielt, wie dieser, darauf ab, das gerechte Walten der göttlichen Vorsehung im Weltverlauf zu verteidigen und das Vertrauen darauf zu plausibilisieren. Einen sicheren Beweis will auch er nicht liefern.[47]

Bis zum Ende der Antike bleibt die Eschatologie nach Platons Vorbild ein Thema kaiserzeitlicher Philosophie, wobei allerdings der Fragenkreis um Jenseitsgericht und Jenseitsstrafen nur gelegentlich[48] gestreift wird, und zwar in dem Sinne, dass der Sinnenwelt *verfallene* Seelen, zur Strafe für ihr unheiliges Leben, auf immer im Kreislauf der Wiedergeburt verstrickt bleiben (Porphyrios)[49] Dafür nimmt sich nur wenige Jahrzehnte nach Plu-

---

[46] Ähnlich bereits Polybios VI 56.

[47] Zur Würdigung vgl. Feldmeier in: Görgemanns 2009, 336–339. Es sei, heißt es dort wohl zurecht, der Kühnheit des plutarchischen Unterfangens kaum angmessen, wenn man, wie K. Ziegler in seinem grundlegenden Plutarch-Artikel in: *RE* XXI, 1, 1951, 696–962 (Zitat: 849; der Art. ist auch als Sonderdruck u. d. T. *Plutarchos von Chaironeia* 1964 erschienen), den fraglichen Traktat „zunächst als Beweisführung für die göttliche Vorsehung einstuft, dann die diesbezüglichen Unzulänglichkeiten feststellt und daraufhin Plutarch vorwirft, er versuche sich ‚angesichts der Unlösbarkeit des Problems mit rationalen Methoden' in den Mythos zu retten, wobei die Härte der erfundenen Strafen direkt proportional zu seiner Verlegenheit sei" (337f.).

[48] So etwa in den beiden hermetischen Traktaten *Poimandres* (23) und *Asclepius* (11– 12; 27–28) sowie bei Porphyrios in seiner aus Augustin zu rekonstruierenden Abhandlung *De regressu animae* (*Von der Rückkehr der Seele zu Gott*).

[49] S. dazu H. Dörrie, *Porphyrios' Lehre von der Seele*, (1965; wieder abgedr.) in: Ders., *Platonica Minora* (= *Studia et Testimonia Antiqua* VIII) (München 1976) [441–453] 448ff.

tarch der Syrer Lukian von Samosata (ca. 120–180 n. Chr.),[50] Sophist und Verfasser zahlreicher satirischer Dialoge, des Themas eingehender an; er scheint nun freilich die klassischen Unterweltszenarien, die er für eine Erfindung der Dichter hält, als satirisch-kynischen Zerrspiegel zu benutzen, in dessen Brechung die Nichtigkeit allen menschlichen Strebens und die Unerbittlichkeit des alle unterschiedslos gleich behandelnden Todes krass zum Vorschein kommt. Dabei schildert er in dem als Reisebericht stilisierten Werk *Verae Historiae* (*Wahre Geschichten*), seiner längsten Schrift, den finsteren und übelriechenden Strafort der anderen Welt (den „Ort der Unfrommen" [ἀσεβῶν χῶρος]) mit derselben grausamen Freude am Detail (*VH* II 29b–32a),[51] die schon in Plutarchs *De sera num. vind.* auffiel. In offenkundiger Anspielung auf die Episode *Od.* XI 12–19 (Ankunft des Helden Odysseus mitsamt seinen Gefährten in der ewigen Dunkelheit des Landes der Kimmerier) heißt es dort: Nachdem die Reisenden die „Insel der Seligen" unfreiwillig haben verlassen müssen, gelangen sie unter Führung des Nauplios unversehens auf die Inseln der Verdammten. Dort herumgeführt, bekommen sie u. a. Kinyras zu Gesicht, wie er, zur Strafe für seinen Versuch, die schöne Helena von der Insel der Seligen zu entführen, gemäß dem Gesetz der Strafe der Wiedervergeltung, an seinen Genitalien aufgehängt[52] ist; auch erblicken sie die Historiker Ktesias und Herodot, welche für ihre in ihren Geschichtswerken ausgebreiteten Lügen schwersten Strafen ausgesetzt sind. Ansonsten ist – außer von (für die ‚Hölle' notorischem) mörderischem Gestank, von Pechtau, Peitschenknallen und jammervollem Stöhnen – von wüstenähnlicher Dürre, einem Boden aus Schwertspitzen und Pfählen, Flüssen aus Schlamm, Blut und Feuer, Fischen wie Fackeln sowie glühenden Kohlen und endlich, aparterweise, von Timon, dem kynischen Philosophen, als Türhüter die Rede, der den traditionellen Platz des Höllenhundes Kerberos einnimmt![53] Es ist allerdings gegenwärtig heftig umstritten, ob die *Wahren Geschichten* Lukians eine „*prinzipielle* satirisch-parodistische Stoßrichtung" aufweisen, wie die ältere Forschung annahm.[54] Ist das unzutreffend, so könnte es sein, dass Lukian, ungeachtet seiner kritischen Auseinandersetzung mit

[50] Vgl. zu ihm zuletzt H.-G. Nesselrath, „Lukian von Samosata", in: *RAC* 23 (2009) 676–702.

[51] Vgl. dazu von Möllendorf 2000, 426–436; 213–216.

[52] Vgl. dieselbe Vorstellung in der Petrusapokalypse und dazu unten S. 190f. Doch das ist nur eine der zahlreichen Parallelen zwischen beiden Quellen (s. dazu auch die folgende Anm.).

[53] Zu den zahllosen Assoziationen und Reminiszenzen s. jetzt vor allem den Kommentar von Möllendorffs 2000; er bestätigt die ältere Beobachtung, dass die meisten Parallelen die „Offenbarung (Apokalypse) des Petrus" (s.u.) liefert! Diese waren Gerorgiadou / Larmour 1998 völlig entgangen.

[54] Hiergegen hat sich zuletzt mit allem Nachdruck von Möllendorff 2000 in seiner Einleitung ausgesprochen (s. bes. 23–26); vgl. auch Georgiadou / Larmour 1998, 44–48.

dem überlieferten Unterweltsglauben, nicht vor gewissen Konzessionen an den Zeitgeist zurückschreckte. Konkret gesprochen, spiegelte sich bei ihm möglicherweise, wenn auch gegebenenfalls wider seine Intention, genau so wie bereits bei Plutarch eine Unterströmung hellenistischen und kaiserzeitlichen Denkens wider, welches die *Rache* zum *Leitmotiv des negativen Jenseits* (also der ‚Hölle') machte. Denkbar wäre es auf diese Weise, dass es auf einer Wechselwirkung zwischen den herrschenden ethischen und religiösen Normen und der realen Praxis des Strafvollzugs beruht, wenn die Qualen der Hölle immer farbiger ausgemalt werden. Besonders der urtümliche Gedanke der Vergeltung käme zum Tragen, der jeder Sünde die adäquate Strafe gegenüberstellt. Aber auch die neuere Auffassung von der *Strafe als Abschreckung*, welche die Sophistik entwickelte, könnte dank Platon (*Gorg.* 525AB) Einlass in die ‚Jurisdiktion der Hölle' gefunden haben.

Abschließend wird sich nach allem nur mit M. P. Nilsson sagen lassen, dass sich, wohl unter dem Einfluss orientalischer (besonders ägyptischer?) Quellen und einer dualistischen Weltsicht, die Unterwelt im Denken der Griechen zur Zeit des Hellenismus und der frühen Kaiserzeit zusehends verfinsterte. Sie ist nun nicht länger allein Ort der Strafe und Qual oder Sitz der Todesmacht. Vielmehr wird sie nach und nach auch zur Stätte des Bösen. Somit ist bei „den Griechen ... die Entwicklung der Vorstellungen von der Unterwelt als einem Strafort und den Strafen vom Anfang" bei Homer und Hesiod an, über Platon und die hellenistische Zeit bis hin zu den mit der Petrusapokalypse[55] ungefähr gleichzeitigen Plutarch und Lukian, „in ununterbrochener Reihe" zu verfolgen. Nilssons Fazit allerdings, es bleibe „leider" dabei, dass „die Hölle eine griechische Erfindung" sei,[56] ist nicht nur reichlich zugespitzt, sondern auch – die sehr viel älteren ägyptischen Befunde dürften es beweisen[57] – schlichtweg falsch.

---

[55] S. u. S. 190.

[56] NILSSON II 1961, 558.

[57] S. o. Abschnitt 1, S. 151–153.

Von der Wägung des Herzens zum Jüngsten Tag

Die Übernahme des Mythos vom Totengericht in die jüdisch-christliche Eschatologie

Reinhard Feldmeier

1. Das Alte Testament

Steht man vor dem Tympanon einer romanischen Kirche mit seiner Darstellung des im Endgericht die Menschheit scheidenden Christus oder betrachtet man die Verzweiflung von Michelangelos *anima dannata*, hört man das *Confutatis maledictis* in Mozarts Requiem oder liest gar Dantes Schilderung des *inferno*, so drängt sich der Eindruck auf, als ob das Totengericht und dessen Konsequenzen, vor allem die jenseitige Qual der Sünder, zu den Grundelementen christlicher Eschatologie gehörten. Dieser Eindruck ist insofern nicht falsch, als die Erwartung eines Jüngsten Gerichts trotz mancher Kritik seit der Aufklärung[1] noch immer zur christlichen Lehre gehört. Was freilich die oben erwähnten Ausgestaltungen dieser Erwartung anlangt, so sind im Blick auf die maßgebliche Gründungsurkunde des Christentums, die christliche Bibel, gewichtige Modifikationen vorzunehmen. Das beginnt schon mit den Jenseitsstrafen: Ob man nun mit Brunner die Hölle für eine ägyptische Erfindung hält[2] oder mit Nilsson für eine griechische[3] – sie ist in jedem Fall keine biblische. In der „Schrift" der frühen Christen, im Alten Testament findet man nichts Entsprechendes.

Dabei ist die Vorstellung, dass Gott Richter ist, auch dem Alten Testament nicht fremd. In Israel wurden schon früh mit Gott Recht schaf-

[1] Bereits im Jahr 1770 ließ das aufgeklärte Kathedralkapitel von Saint-Lazare im burgundischen Autun das romanische Tympanon mit einer der großartigsten Darstellungen des Jüngsten Gerichts zugipsen, da diese Darstellung als unzeitgemäß galt. Der so vom eigenen Klerus dem Zeitgeist angepasste Bau konnte dann ohne Schwierigkeiten am 10. Dezember 1793 für den Kult der Vernunft umgewidmet werden (vgl. F.-B. Serexhe, *Studien zur Architektur und Baugeschichte der Kirche Saint-Lazare in Autun*, Diss. masch. Freiburg 2005, 249f.).

[2] H. Brunner, *Grundzüge der altägyptischen Religion*, Grundzüge 50 (Darmstadt 1983) 130: „Es scheint, daß alle Vorstellungen eines solchen Gerichts in anderen Religionen, jedenfalls um das Mittelmeer und den davon abhängigen Bereichen, von Ägypten bestimmt sind"; vgl. 133: Die einschlägigen Wandbilder sind die „Urbilder mittelalterlicher Höllendarstellungen".

[3] Vgl. P. Nilsson, *Geschichte der Griechischen Religion*. Bd. 1, *Die Religion Griechenlands bis auf die griechische Weltherrschaft*, HAW V,2.1 (München 1992), 815–826.452–456.

fende und Recht setzende Funktionen verbunden; die hebräische Wurzel špt (שׁפט) bedeutet sowohl ‚richten' als auch ‚herrschen'. Das zeigen schon die mit Verben des Richtens gebildeten (teils theophoren) Eigennamen,[4] die zum Teil relativ alt, vor allem aber seit der Davidszeit häufiger belegt sind.[5] Wie in anderen altorientalischen Kulturkreisen findet sich auch in Israel die Institution des Ordals, des Gottesgerichts und Gottesurteils (vgl. Ex 22,6–12; 1. Kön 8,31f.) als einer letztinstanzlichen Regelung bei besonders schwierigen Rechtsfällen: In Appellationen des Beschuldigten (1. Sam 24,13; Ri 11,27) wie des Beschuldigers (Gen 16,5; Ex 5,21) wird dann auch erstmals das Verb špt mit Yhwh als Subjekt verwendet.[6] „Schaffe mir Recht, Herr, nach meiner Gerechtigkeit und Unschuld!" (Ps 7,9); so wie dieser berufen sich viele Beter auf den Recht schaffenden Gott.[7] Erzählerisch dargestellt wird im Pentateuch wie in den Geschichtsbüchern auch immer wieder das strafende Eingreifen Gottes bei Vergehen Einzelner: Zu nennen wären hier etwa Mirjam, die zur Strafe für ihr Aufbegehren gegen Mose aussätzig wird (Num 12), Mose und Aaron, die wegen ihres Zweifels nicht mehr ins Gelobte Land dürfen (Num 20,1–13), Achan, für den nach seinem Diebstahl zunächst das ganze Volk leiden muss (Jos 7), Saul, den Gott nach seinem Ungehorsam verwirft und seinen Feinden preisgibt (1. Sam 15ff.), oder David, der nach Ermordung des Uria und dem Ehebruch mit Batseba mit dem Tod des Kindes bestraft wird (2. Sam 11f.).

Neben diese göttlichen Einzelaktionen tritt aber zunehmend auch die Vorstellung vom Gericht Gottes als ein endgültiges, die gesamte Schöpfung umfassendes göttliches Eingreifen. Sowohl in den Psalmen wie bei den Propheten zeigt sich eine Entwicklung hin zu einem universalen Gericht als Neuordnung der Wirklichkeit. Besonders von denen, die selbst unter Ungerechtigkeit und Bedrängnis leiden, kann dieses richtende Eingreifen Gottes geradezu als Heilsereignis herbeigesehnt werden. So beginnt Ps 94 mit dem Ruf nach dem Richter:

> Gott der Vergeltung, Yhwh,
> Gott der Vergeltung, erscheine!
> Erhebe dich, Richter der Welt.
> Vergilt den Stolzen ihr Tun.
> (Ps 94,1f.)

Ps 96 zieht dann alle Register, um mit einem „neuen Lied" Yhwh als den Richter der Welt zu preisen:

---

[4] V.a. mit דין und שׁפט, so z.B. der Stamm Dan, Davids Kanzler Joschafat (2. Sam 8,16), Davids Sohn Schefatja (2. Sam 3,4).

[5] K. Seybold, „Gericht Gottes I", TRE XII (Berlin / New York 1984) [460–466] 460.

[6] Vgl. H. Niehr, *Herrschen und Richten. Die Wurzel špt im Alten Orient und im Alten Testament*, Forschung zur Bibel 54 (Würzburg 1986) 373.

[7] Vgl. Ps 7,7.9.12; 17,1f.; 35,24; auch Hi 16,18–21; 19,25; 29–31 u.ö.

Singt Yhwh ein neues Lied,
singt Yhwh, alle Welt.
Singt Yhwh und lobt seinen Namen,
verkündet von Tag zu Tag sein Heil! [...]
Yhwh ist König.
Er hat den Erdkreis gegründet, dass er nicht wankt.
Er *richtet* die Völker recht.
Der Himmel freue sich und die Erde sei fröhlich,
es brause das Meer und seine Fülle,
das Feld sei fröhlich und alles, was darauf ist,
es sollen jubeln alle Bäume im Wald vor Yhwh,
denn er kommt, zu *richten* das Erdreich.
Er wird den Erdkreis *richten* mit Gerechtigkeit
und die Völker mit seiner Wahrheit.

Dieses Gericht kann aber auch – vor allem in prophetischer Tradition – als Gottes negative Reaktion auf die ausbleibende Liebe seines Volkes (vgl. Hos 6,4–6; 11,1–7) zu einem Unheilsgeschehen werden. Der „Tag Yhwhs", der ursprünglich Ausdruck der Erwartung Heil bringender Epiphanie war, wird in Am 5,18–20 zu einem Strafgericht, das sich in der Gerichtsprophetie Zephanias zum Schreckensszenario eines *dies irae* steigert: [8]

Nahe ist der Tag Jahwes, der große,
nahe (ist er) und eilt gar sehr [...]
Ein Tag des Zornes ist jener Tag,
ein Tag der Not und Bedrängnis,
ein Tag der Verwüstung und Vernichtung,
ein Tag der Finsternis und Dunkelheit,
ein Tag des Gewölks und Wolkendunkels,
ein Tag der Trompete und des Kriegsgeschreis
über die festen Städte und die hohen Zinnen.
(Zeph 1,14–16 Übers. Spieckermann)

Das alles bezieht sich noch auf das Volk Israel und die Völkerwelt. Erst in sehr späten Texten oder Textzusätzen, die wohl alle aus hellenistischer Zeit stammen, deutet sich im Alten Testament die Vorstellung an, dass der Einzelne einst in einem göttlichen Gericht für seine je eigenen Taten einstehen muss und danach beurteilt wird. Zu den frühesten Belegen gehört in seiner vorliegenden Gestalt der sog. *Prediger Salomo (Kohelet)*. In Anbetracht der Nichtigkeit alles menschlichen Tuns und der Undurchschaubarkeit Gottes rät sein Verfasser, sich nicht um eine ungewisse Zukunft Gedanken zu machen, sondern sich hier und jetzt mit Gottes Gaben dankbar zu bescheiden.[9] So rät der Prediger auch dem Jüngling angesichts der Vergänglich-

[8] Vgl. dazu H. SPIECKERMANN, „Dies irae. Der alttestamentliche Befund und seine Vorgeschichte (1989)", in: ders., *Gottes Liebe zu Israel. Studien zur Theologie des Alten Testaments*, FAT33 (Tübingen 2001) 34–46.

[9] Vgl. Pred 3,19.22: „Denn es geht dem Menschen wie dem Vieh: wie dies stirbt, so stirbt auch er, und einen Atem haben sie alle. Und es gibt keinen Vorzug des Menschen vor

keit von Leben und Lebensfreude, die er in 12,1–7 mit eindringlicher Poesie vor Augen stellt, zu einem beherzten *carpe diem*:

> Freue dich, Jüngling, in deiner Jugend.
> Und lass dein Herz guter Dinge sein in deinen jungen Tagen.
> Tu, was dein Herz gelüstet und deinen Augen gefällt.
> (Pred 11,9a)

Diese programmatische Aufforderung zum Genießen, die vermutlich die Vorlage für das bekannte studentische Trinklied *Gaudeamus igitur, iuvenes dum sumus* bildete,[10] erschien einem Späteren offenbar so bedenklich, dass er sich genötigt sah, die moralisierende Warnung hinzuzufügen:

> aber wisse,
> dass Gott dich um all dieser Dinge willen vor Gericht ziehen wird.
> (Pred 11,9fin)

Der Einwurf stört den Zusammenhang, der im folgenden V.10 mit der Aufforderung, Unmut vom Herzen und Übel vom Leib abzuhalten, die weisheitliche Ermunterung zu besonnenem Daseinsgenuss fortsetzt und so bruchlos an V.9a anschließt. Vermutlich von derselben Hand,[11] in jedem Fall aber im selben Geist wurde dann auch der letzte Satz des Buches hinzugefügt:

> Denn Gott wird alle Werke vor Gericht bringen,
> alles, was verborgen ist, es sei gut oder böse.
> (Pred 12,14)

Die dem sonstigen Argumentationsduktus des Predigers widersprechenden Formulierungen verstehen eindeutig das Gericht Gottes als einen gesonderten forensischen Akt, bei dem der Mensch für seine Taten zur Rechenschaft gezogen wird. Die Ausbildung dieser Vorstellung verdankt sich sehr wahrscheinlich der Hellenisierung des Judentums. Allerdings ist damit nicht gesagt, dass man sich dieses Gericht als ein individuelles Totengericht im Sinne der einschlägigen Jenseitsmythen vorstellte. Wahrscheinlicher ist, dass der Verfasser dieser Zusätze beim Gericht an ein endgültiges Gericht Gottes über die gesamte Welt denkt, ein ‚Jüngstes Gericht', bei dem dann auch die Taten der Einzelnen beurteilt werden. Das ist zumindest die Gestalt, in der sich seit dem zweiten Jahrhundert v. Chr. in der jüdischen Apokalyptik die alttestamentliche Eschatologie vom Tag Yhwhs mit den entsprechenden zeitgenössischen Vorstellungen verbindet.

---

dem Vieh, denn alles ist Nichtigkeit. […] Und ich sah, dass es nichts Besseres gibt, als dass ein Mensch fröhlich sei in seiner Arbeit; denn das ist sein Teil. Denn wer wird ihn dahin bringen, dass er sehe, was nach ihm geschehen wird?"

[10] Das hat H. W. Hertzberg, *Der Prediger*, KAT XVII/4 (Gütersloh 1963) 208 wahrscheinlich gemacht; das Gegenstück dazu ist Pred 12,1–7, dem das *post molestam senectutem nos habebit humus* entspricht.

[11] Vgl. A. Lauha, *Kohelet*, BK.AT XIX (Neukirchen-Vluyn 1978) 209.

Diese Apokalyptik stellt eine krisenbedingte *relecture* und Radikalisierung der alttestamentlichen Prophetie dar. Die Wirklichkeit wird als Ort des Unheils wahrgenommen, Erlösung kann man sich nun nur noch so vorstellen, dass die bisherige Geschichte von Gott zu ihrem gewaltsamen Ende gebracht und eine neue Welt heraufgeführt wird. Das Ende der Geschichte wird als endgültige Abrechnung Gottes mit der sündigen Menschheit erwartet. Der „große und schreckliche Tag" (Joel 3,4; Mal 3,23) wird in Mal 3,13–21 auch als der Tag verstanden, an dem es zur endgültigen Scheidung unter den Menschen kommt. Während „alle Verächter und Gottlosen Stroh sein werden", das der Tag anzünden wird (Mal 3,19), werden die Gerechten, die in Gottes „Gedenkbuch" stehen (Mal 3,16), Heil erlangen, das noch in ganz alttestamentlichen Wendungen zugesprochen wird:

> Euch aber, die ihr meinen Namen fürchtet,
> wird die Sonne der Gerechtigkeit aufgehen
> und Heil ist unter ihren Flügeln.
> (Mal 3,20)

Mal 3 ist noch nicht eindeutig zu entnehmen, inwieweit dieses Heil für die Gerechten und eventuell das Unheil für die Gottlosen sich auch auf ein Leben nach dem Tod erstreckt. In dem um die Mitte des zweiten Jahrhunderts vollendeten Danielbuch, das angesichts der Martyrien unter Antiochus IV. Epiphanes an der Vorstellung einer göttlichen Gerechtigkeit nur noch unter Einbeziehung der eschatologischen Perspektive festhalten kann, ist diese Frage dann entschieden. Dan 7 schildert, wie von dem „Hochbetagten" über die Weltmächte „Gericht gehalten" wird, bei dem „die Bücher[12] aufgetan" werden (Dan 7,10) mit dem Ergebnis, dass zuletzt die Feinde des Gottesvolkes vernichtet werden und für das „Volk der Heiligen des Höchsten" ein ewiges Königtum aufgerichtet wird (Dan 7,26f.). Zwar steht Dan 7,26f. noch ganz in der prophetischen Tradition des Tags Yhwhs, aber das Öffnen der Bücher impliziert doch bereits den Gedanken einer individuellen Vergeltung für bestimmte Taten. Das wird am Ende des Danielbuches noch einmal aufgenommen in der Aussage, dass es bei der Auferstehung zur endgültigen Scheidung von Frevlern und Gerechten kommt:

> Und viele, die im Staube der Erde schlafen, werden aufwachen,
> die einen zum ewigen Leben,
> die andern zu ewiger Schmach und Schande.
> (Dan 12,2)

Ein Gerichtsakt im eigentlichen Sinn scheint hier allerdings nicht mehr stattzufinden, aber in Verbindung mit Dan 7 ist das doch wohl so zu verstehen, dass die Einzelnen diesen beiden Gruppen entsprechend ihrem Verhalten zugeteilt werden.

---

[12] Gemeint sind die Verzeichnisse der Taten und vor allem der Untaten (vgl. Jes 65,6).

Der Blick auf die Schriften des Alten Testaments zeigt so zum einen, dass die Vorstellung eines individuellen Totengerichts in die biblische Überlieferung erst relativ spät eingedrungen ist. Zum andern zeigt sich, dass die Rezeption in einen neuen Kontext auch den Mythos verwandelt. Daniel erwartet nicht mehr in einem die Wirklichkeit gleichsam doppelnden Jenseits den Ausgleich für die offenen Rechnungen des Diesseits, sondern er erwartet die Aufrichtung von Gottes Reich in dieser Welt und die Auferstehung der Toten, bei der die Gerechten Heil erfahren. Die individualisierte Gerichtsvorstellung wird nun zum integralen Bestandteil einer universalgeschichtlichen Eschatologie, in der die Treue Gottes zu seiner Erwählung und zu seinem Volk weiterhin eine entscheidende Rolle spielt (vgl. Dan 7,27; 12,1). Damit findet sich hier erstmals jenes Vorstellungskonglomerat zusammengestellt, das Gottes endgültiges Eingreifen gegenüber der ganzen Welt mit einem Gericht über den Einzelnen und der entsprechenden Vergeltung in der Vorstellung eines „Jüngsten Tages" kombiniert. Das wird vom Antiken Judentum und dem Frühen Christentum aufgenommen und weiter modifiziert.

2. Das Antike Judentum

Die vielfältigen Ausformungen der Eschatologie im Antiken Judentum und im Zusammenhang damit die unterschiedlichen Konzeptionen eines Endgerichts wurden in verschiedenen einschlägigen Untersuchungen dargestellt.[13] Hier sollen paradigmatisch drei Texte vorgestellt werden: Der erste ist ein Passus aus dem 4. Esrabuch, einer frühjüdischen Apokalypse, die gegen Ende des ersten Jahrhunderts n. Chr. entstanden sein dürfte und angesichts der Zerstörung Jerusalems mit der Theodizeefrage ringt. Der zweite ist eine Textparaphrase aus dem ältesten Targum, dem Targum *Neophyti*. Entstanden vermutlich ebenfalls gegen Ende des ersten nachchristlichen Jahrhunderts[14] stellt er eine (teilweise paraphrasierende und aktualisierende) Übertragung der hebräischen Bibel in die aramäische Umgangssprache dar. Der letzte Text stammt aus der Mischnah, jener zur Heiligen Schrift parallel überlieferten mündlichen Tradition, die im zweiten Jahrhundert n. Chr. endgültig redigiert und zum „Corpus des jüdischen Religionsgesetzes" wird.[15]

Zunächst zur dritten Vision des 4. Esrabuches. Sie ist ein besonders markantes Beispiel dafür, wie die unterschiedlichsten eschatologischen Vor-

---

[13] Klassisch: Volz 1934, speziell zur Gerichtsvorstellung 272–309; H. L. Strack / P. Billerbeck, *Exkurse zu einzelnen Stellen des Neuen Testaments. Abhandlungen zur neutestamentlichen Theologie und Archäologie*, KNT IV/2 (München 1956^2) 1199–1212; vgl. weiter Reiser 1990, 28–152.

[14] Vgl. Stemberger 1977, 82.

[15] Stemberger 1977, 69.

stellungen kombiniert werden können. Die traditionelle Erwartung einer Wiederherstellung der davidischen Monarchie (vgl. PsSal 17) findet sich hier in eschatologischer Zuspitzung wieder als das vom Messias aufgerichtete 400jährige Zwischenreich. Daneben tritt die durch den Hellenismus vermittelte und aus den platonischen Mythen bekannte Vorstellung eines individuellen Gerichts über die vom Körper losgelösten Seelen der Gestorbenen, das hier – in jüdischer Einfärbung – wiedergegeben wird:

> Wenn der Urteilsspruch vom Höchsten ausgegangen ist, daß ein Mensch sterben soll, wenn sich der Geist vom Körper trennt, damit er wieder zu dem gesandt werde, der ihn gegeben hat, dann betet er zuerst die Herrlichkeit des Höchsten an. Wenn er nun einer der Verächter war, die den Weg des Höchsten nicht beachtet, sein Gesetz verachtet und die Gottesfürchtigen gehaßt haben – diese Seelen gehen nicht in die Kammern ein, sondern müssen sogleich unter Qualen umherschweifen, immer klagend und traurig auf sieben Arten. [*Es folgt nun die Schilderung der sieben Leiden, deren letztes und höchstes darin besteht, in der Konfrontation mit Gottes Herrlichkeit in Beschämung, Schande und Furcht zu vergehen.*] Für die aber, die die Wege des Höchsten beachtet haben, gilt diese Ordnung, wenn sie sich von diesem vergänglichen Gefäß trennen sollen: [...] Zuerst schauen sie mit großem Jubel die Herrlichkeit dessen, der sie aufnimmt. Dann werden sie auf sieben Stufen zur Ruhe gelangen [... *Es folgt eine Auflistung von sechs Stufen* ...] die siebte, die größer ist als alle voraus genannten, daß sie mit Zuversicht jubeln, ohne Verwirrung vertrauen und ohne Furcht sich freuen. Denn sie eilen, das Angesicht dessen zu schauen, dem sie in ihrem Leben dienten und von dem sie in der Herrlichkeit Lohn empfangen sollen. (4. Esr 7,78b–98)[16]

Das ist allerdings ein Zwischenzustand, der unmittelbar nach dem Tod einsetzt (4. Esra 7,75). Dem folgt dann noch die prophetisch-apokalyptische Vorstellung einer endgültigen Erneuerung der ganzen Schöpfung, wobei der Tag Yhwhs nun mit der hellenistischen Vorstellung eines Gerichts nach den Werken samt der definitiven Scheidung der Seelen an die Orte endgültiger Pein bzw. Freuden angereichert wird. Dabei stehen sich nun *paradisus* und *gehenna*, Himmel und Hölle gegenüber:

> Der Höchste offenbart sich auf dem Richterthron (dann kommt das Ende); das Erbarmen vergeht (die Barmherzigkeit entfernt sich), die Langmut verschwindet, nur das Gericht bleibt. Die Wahrheit besteht, der Glaube erstarkt, das Werk folgt nach, der Lohn zeigt sich, die gerechten Taten erwachen, die ungerechten schlafen nicht mehr. Dann erscheint die Grube der Pein und gegenüber der Ort der Ruhe. Der Ofen der Hölle zeigt sich und gegenüber das Paradies der Wonne. (4. Esr 7,33–36)[17]

Die Rede vom Gericht hat hier eine mehrfache Stoßrichtung: Zum einen begründet sie die Paränese, wie auch die Schlussbemerkung des Buches nochmals unterstreicht, wo dem Seher nun positiv beschieden wird, dass sein Einsatz für Gottes Tora (‚Gesetz') belohnt werden wird:

> Denn du hast das Deinige verlassen, dich dem Meinigen gewidmet und mein Gesetz erforscht. Du hast dein Leben auf die Weisheit ausgerichtet und die Einsicht deine

---

[16] Übers. Schreiner 1981, 352–355.

[17] Übers. Schreiner 1981, 346f.

> Mutter genannt. Deshalb habe ich dir das gezeigt; es gibt einen Lohn beim Höchsten. (4. Esr 13,54–56)[18]

Vorherrschend aber ist der Trost darüber, dass Gott zu einer heillosen Geschichte nicht schweigt, sondern für Gerechtigkeit sorgt, gerade auch für diejenigen, die zu seinem Volk gehören und seinem Gesetz treu geblieben sind. Damit wird die vom Seher gestellte Theodizeefrage beantwortet. Insofern kann man auch im Blick auf das 4. Esrabuch das Urteil bestätigen, dass in der frühjüdischen Literatur „das Wort Gericht in der Hauptsache ein *fröhliches Wort*“ ist.[19]

Der Heilscharakter des Gerichts wird auch deutlich im Targum *Neophyti*. TgN Gen 4,1–7[20] fügt in Gen 4 der Erzählung vom Brudermord des Kain ein letztes Streitgespräch zwischen den Brüdern hinzu. Kain, zornig über die Bevorzugung Abels, bestreitet eine ethische Grundstruktur der Wirklichkeit:

> Mit Liebe / Barmherzigkeit wurde die Welt nicht geschaffen, und sie wird nicht regiert nach den Früchten der guten Werke [...] Es gibt kein Gericht, und es gibt keinen Richter!

Die Folge dieser (vermutlich epikureischen)[21] Einstellung ist der Mord. Dem setzten die Frommen im Munde Abels ihr Bekenntnis entgegen:

> Ich sehe, dass die Welt mit Liebe / Barmherzigkeit geschaffen wurde, und sie wird regiert nach den Früchten der guten Werke [...] Es gibt ein Gericht, und es gibt einen Richter.

Auch hier steht die Theodizeefrage im Hintergrund. Bemerkenswert ist aber, dass das Gericht hier nicht nur als Ausdruck einer ausgleichenden und die irdischen Defizite kompensierenden Gerechtigkeit dargestellt wird, sondern dass es positiv als unmittelbarer Ausdruck der göttlichen Liebe bzw. Barmherzigkeit (*rachamin* / רחמין) verstanden wird.

Das rabbinische Judentum knüpft an diese Traditionen an. Auch hier gibt es die Überzeugung vom großen Endgericht über die Sünder, dem „Tag Gogs (und Magogs)“[22] und die Hoffnung auf die damit verbundene Befreiung Israels. Auch hier kann die Aussicht auf das Gericht noch tröstlich sein. Aber entsprechend der zentralen Bedeutung, welche die Tora und ihre Befolgung im rabbinischen Judentum erhält, dient jetzt der Gerichtsgedanke vorwiegend der Begründung der Paränese, wie der Misch-

---

[18] Übers. Schreiner 1981, 399.

[19] Volz 1934, 92; vgl. Reiser 1990, 293.

[20] TgN Gen 4,1–7 in: A. Díez Macho, *Génesis, edición principe, introduccion general y versión castellana*, Neophyti 1, Targum Palestinense. MS de la Bilioteca Vaticana, Tomo I (Madrid / Barcelona 1968) 21.23.

[21] Vgl. G. Stemberger, *Das klassische Judentum. Kultur und Geschichte der rabbinischen Zeit. (70 n. Chr. bis 1040 n. Chr.)*, Beck'sche Elementarbücher (München 1979) 191f.

[22] Vgl. dazu H. L. Strack / P. Billerbeck, *Die Briefe des Neuen Testaments und die Offenbarung Johannis. Erläutert aus Talmud und Midrasch*, KNT III (München 1954^2) 831–840.

nahtraktat *Avoth* zeigt,[23] dessen besondere Bedeutung schon daran deutlich wird, dass er als einziger mischnischer Traktat liturgische Verwendung im Synagogengottesdienst gefunden hat.[24] In diesem Traktat wird das menschliche Leben als eine Leihgabe verstanden, für die jeder Einzelne seinem Schöpfer verantwortlich ist:

> Alles ist auf Bürgschaft gegeben
> und das Netz über alle Lebenden gespannt.
> (mAv III,16)

Im Bild von Gott als dem borgenden und alles in seinem Schuldbuch verzeichnenden Krämer wird dies gleichnishaft ausgeführt, um dann zu resümieren:

> Denn das Gericht ist ein Gericht der Wahrheit,
> und alles ist zum Mahl [der Gerechten] bereitet.
> (mAv III,16)

Die irdische Existenz ist deshalb letztlich nichts anderes als ein „Vorzimmer" zu diesem endzeitlichen Mahl:

> Rabbi Ja'akov sagte:
> Diese Welt gleicht einem Vorzimmer vor der zukünftigen Welt.
> Rüste dich zu im Vorzimmer,
> damit du hineinkommen darfst in den Speisesaal.
> (mAv IV,16)

Über die Berechtigung des Eintritts in den „Speisesaal", d.h. in die zukünftige Welt wird im Gericht entschieden; das menschliche Dasein ist so letztlich nichts anderes als ein *Dasein zum Gericht*. In einer markanten, R. El'azar ha-Kappar, einem Zeitgenossen von Rabbi Jehuda ha-Nasi (ca. 200 n. Chr.) zugeschriebenen Passage mAv IV,22 wird diese Ausrichtung auf das Gericht als den alles bestimmenden Horizont der menschlichen Existenz geradezu eingehämmert:

> Die Geborenen sind bestimmt zu sterben und die Gestorbenen wieder aufzuleben und die Wiederauflebenden gerichtet zu werden, um zu erfahren, kundzutun und bewusst zu werden, dass Er – Gott, Er – der Bildner, Er – der Schöpfer, Er – der Wissende, Er – der Richter, Er – der Zeuge, Er – der Gerichtsherr und Er – der einst richten wird. Gepriesen sei Er! Denn vor ihm gibt es kein Unrecht, kein Vergessen, kein Personansehen und keine Annahme von Bestechung: Denn alles gehört ihm. […] Denn ohne deinen Willen bist du geschaffen, ohne deinen Willen geboren, ohne deinen Willen lebst du, ohne deinen Willen stirbst du, und ohne deinen Willen wirst du dereinst Rechenschaft und Rechnung ablegen vor dem König der Könige der Könige,[25] dem Heiligen, gepriesen sei Er!

---

[23] MARTI / BEER 1927. Die Datierung des Traktates ist umstritten.
[24] Zum liturgischen Gebrauch von mAv vgl. MARTI / BEER 1927, XV.
[25] Diese Formel, die den Titel der orientalischen Großkönige „König der Könige" nochmals steigert, findet sich auch in mAv 3,1.

In allen drei Texten wurde auf den Schöpfungsgedanken rekurriert. Während aber im 4. Esrabuch und im Targum *Neophyti* zugleich die Verantwortung des Schöpfers für die Gerechtigkeit der von ihm geschaffenen Welt betont wird, der Gerichtsgedanke also zumindest indirekt auch auf die Theodizeefrage antwortet, wird in den Passagen von mAv nur noch die Verantwortung des Menschen vor dem richtenden Gott herausgestellt. „So ist die Ethik von dem mächtigen Gerichtsgedanken getragen".[26]

3. Das Neue Testament

3.1. Jesus und die apokalyptische Tradition

Käsemanns Diktum, dass die Apokalyptik die Mutter der christlichen Theologie sei,[27] bestätigt sich auch im Blick auf den Gerichtsgedanken. Das zeigt schon die prophetische Gestalt, die nach dem Zeugnis der Evangelien als Vorläufer Jesu an der Schwelle zum Neuen Testament steht, Johannes der Täufer. Im Zentrum seiner Verkündigung steht der Ruf zur Umkehr (Mk 1,4 par.), der in der von Lukas und Matthäus verwendeten Logienquelle mit dem kommenden Zorngericht begründet wird:

> Schlangenbrut! Wer hat euch gewiss gemacht, dass ihr dem kommenden Zorn entrinnt? Bringt angemessene Früchte der Umkehr hervor. Und fangt nicht an, bei euch zu sagen: Wir haben Abraham als Vater. Ich sage euch: Gott kann Abraham aus diesen Steinen Kinder erwecken. Es ist die Axt schon an die Wurzel der Bäume gelegt. Jeder Baum, der nicht gute Frucht bringt, wird abgehauen und ins Feuer geworfen.
> (Lk 3,7–9 par. Mt 3,7–10)

Hier ist die Gerichtsankündigung der Apokalyptik bis zum Äußersten gesteigert, indem zwar nicht Gottes Treue zu seinen Verheißungen, wohl aber jeder menschliche Anspruch auf das göttliche Heil radikal in Frage gestellt wird. Dem Bewusstsein, als Glied des Gottesvolkes Adressat der Verheißung zu sein, kann der Täufer entgegensetzen, dass Gott seine Verheißungen gegenüber Abraham auch durch einen schöpferischen Neubeginn mit „diesen Steinen" erfüllen kann!

Dass dieser radikale Außenseiter nach dem Zeugnis aller Evangelien der Vorläufer und Wegbereiter Jesu ist, ist auch im Blick auf die Rede vom Gericht kein Zufall: Wie Reiser in seiner gründlichen Studie zur Gerichtspredigt Jesu gezeigt hat, gibt es in den synoptischen Evangelien eine beträchtliche Anzahl von Worten, die vom Gericht sprechen, sowohl in der Logienquelle wie im Markusevangelium, aber auch im Sondergut, vor allem bei Matthäus.[28] Nicht wenige dürften authentische Jesusworte sein,

---

[26] Volz 1934, 305.

[27] E. Käsemann, „Die Anfänge der christlichen Theologie", in: ders., *Exegetische Versuche und Besinnungen II* (Göttingen 1970³) [82–104] 100.

[28] Vgl. die Auflistung bei Reiser 1990, 294f.

die angesichts des allen drohenden Verderbens von allen die Umkehr verlangen (vgl. Lk 13,1–5). Wie beim Täufer soll die Gerichtspredigt Israel aufrütteln, was Jesus vor allem durch die Gegenüberstellung zu den Heiden darstellt, die im Falle einer verweigerten Umkehr sonst anstelle der „Söhne des Reichs" am Heil teilhaben dürfen (vgl. Mt 8,11f. par. Lk 13,28f.).[29] Zu solcher Predigt gehört auch die immer wieder ausgesprochene Warnung vor dem Untergang (Lk 10,15 par. Mt 11,23; Lk 13,3.5; vgl. Mt 18,34) und der Verdammnis, dem „Heulen und Zähneklappern" in der „Finsternis draußen" (Mt 8,12 par. Lk 13,28). Das Besondere der Botschaft Jesu besteht allerdings darin, dass Gottes Reich mit dem Auftreten Jesu bereits anbricht und dass sich deshalb Heil und Unheil an der Stellung zu ihm, zu seiner Person und seiner Botschaft entscheiden. „So ist das Proprium der Botschaft Jesu in dem schlichten Satz ausgesprochen: ‚Selig ist, wer an mir nicht zu Fall kommt!'"[30] Man kann mit Reiser sicher hinzufügen: „Dieser Satz impliziert den anderen: Aber wehe dem, der an mir zu Fall kommt". Dass das im Evangelium aber nicht explizit ausgesprochen wird, ist wohl kein Zufall: Der vorherrschende Ton bei Jesu Botschaft vom Gericht ist nicht die Drohung, sondern die Einladung, die sich an alle richtet, Sünder wie Gerechte (vgl. Mt 11,28–30). Die Bestätigung dieser Frohbotschaft Jesu durch die Auferstehung war dann auch die Bedingung der Möglichkeit dafür, dass der Tod Jesu nicht einfach als weitere Besiegelung der Verlorenheit der Welt verstanden wurde, sondern als „Lösegeld für die vielen" (Mk 10,45 par.), und damit auch als die Rettung vom kommenden Zorngericht.

Das schließt aber, wie sich in allen neutestamentlichen Schriften zeigt, nicht aus, dass es noch ein Gericht gibt. Zum einen ist das der bleibende Trost für die Opfer (3.2). Zum andern unterstreicht der Verweis auf das Gericht die bleibende Verantwortung (3.3). Wird sowohl in den tröstenden wie in den mahnenden Texten das Gericht und sein Ausgang schematisch im Sinne eines Entweder-Oder dargestellt, das nur die Alternative von Errettung und Untergang / Verdammnis zu kennen scheint, so zeigt sich ein anderes Bild, wo der konkrete Fall eines gefallenen Gemeindegliedes oder eines versagenden Mitarbeiters verhandelt wird. Indem Paulus sowohl an der göttlichen Heilszusage wie an der Verantwortung des Menschen für seine Taten vor dem göttlichen Richter festhält, kommt es zu einer neuen, spezifisch christlichen Modifikation der Rede vom Gericht, indem zum ersten Mal Person und Werk unterschieden werden (3.4). In diesem Zusammenhang kann dann beim Apostel erstmals etwas anklingen, worauf später das Theologumenon der Allversöhnung aufbaut (3.5).

---

[29] Nach Reiser 1990, 216–226 ist es ursprünglich nur ein Drohwort gegen Israel, aus dem dann in einem neuen Kontext eine Verheißung für die Heiden wurde.

[30] Reiser 1990, 307.

3.2. Die Wendung des Gerichtsgedankens nach außen: Der Trost

Wie schon in der jüdischen Literatur wird das Gericht von denen erhofft und erfleht, die unter der Gewalt anderer Menschen leiden und von Gott die Aufrichtung einer gerechten Welt erwarten. So kann die Vergeltung im Gericht sowohl beim lukanischen Jesus wie bei Paulus zu einem Gegenstand der Verheißung für die bedrängten Gläubigen werden:

> Sollte Gott nicht für seine Auserwählten Rache schaffen
> die Tag und Nacht zu ihm schreien,
> und wird er es bei ihnen lange hinziehen?
> Ich sage euch:
> Er wird ihnen in Kürze Rache verschaffen!
> (Lk 18,7f.)
>
> Rächt euch nicht selbst, Geliebte,
> sondern gebt Raum dem Zorn,
> denn es ist geschrieben:
> *Die Rache gehört mir, ich werde vergelten,* spricht der Herr.
> (Röm 12,19 unter Zitierung von Dtn 32,35)

Vor allem die Johannesoffenbarung ist von diesem Gedanken geprägt. Ihr Seher sieht sich am Beginn eines satanischen Ausrottungskampfes durch Rom, die „Hure Babylon", die „trunken ist vom Blut der Heiligen und vom Blut der Zeugen Jesu" (Offb 17,5f.). Als das fünfte Siegel gebrochen wird, hört er die Seelen der Märtyrer unten am Altar mit lauter Stimme schreien:

> Wie lange noch, heiliger und wahrhaftiger Herrscher,
> richtest du nicht und rächst unser Blut an den Bewohnern der Erde?
> (Offb 6,10)

Die Visionszyklen mit ihren gewalttätigen Bildern von Untergang und Zerstörung sind gleichsam die göttliche Antwort auf diesen Ruf: Angesichts der Leiden und der Ungerechtigkeiten gehört es für den Seher zum Kommen von Gottes neuer Welt dazu, dass „kaputt gemacht werden, die die Erde kaputt machen" (Offb 11,18). Und so schildert er ein Gericht, das sich zum einen über die ganze Erde erstreckt, das sich dann aber im Besonderen auf Rom als die „Hure Babylon" konzentriert und das endlich auch eine Abrechnung über jeden Toten nach dem Verzeichnis seiner Taten beinhaltet (Offb 20,11–15). Auch hier zeigt sich also bei der Ausmalung des Gerichts wieder die Kombination unterschiedlicher Traditionen, eine Addition sachlogisch kaum miteinander vereinbarer Aspekte, die sich in den darauf folgenden Hoffnungsbildern fortsetzt: Die alte nationale Hoffnung auf ein erneuertes Davidsreich spiegelt sich in der Erwartung eines 1000jährigen Zwischenreiches (Offb 20,1–6), nach dem das Endgericht am „großen Tag Gottes" kommt (Offb 16,14), wobei sich auch hier eine Spannung zeigt zwischen dem Gericht allein nach den Taten, wie diese in den Büchern über die Werke aufgezeichnet sind (Offb 20,12) und der Erwählungstradition, der zufolge diejenigen gerettet werden, die im „Buch des

Lebens" verzeichnet sind. In dieses Buch des Lebens sind die Erwählten nach Offb 13,8 aber bereits „von der Grundlegung der Welt an" eingetragen worden, d.h. ihre Rettung wurde bereits vor jedem menschlichen Tun von Gott festgelegt.

Der Gerichtsgedanke wird hier vor allem gegen die Anderen gewandt, die Ungläubigen und Verfolger, und hat so für die bedrängten Christen tröstende und bestätigende Funktion. Daneben gibt es andere Texte, und diese sind wohl im Neuen Testament in der Mehrzahl, bei denen sich die Rede vom Gericht nach innen richtet, wie etwa in den einleitenden sieben Sendschreiben der Offenbarung (Offb 2f.).

3.3. Die Wendung des Gerichtsgedankens nach innen: Die Mahnung

Auch bei dieser Wendung dominiert ein Schwarz-Weiß-Schema, nun allerdings nicht in der Gegenüberstellung von den bedrängenden Feinden außen und der bedrängten Gemeinde innen, sondern indem zwei Daseins- und Handlungsorientierungen samt den entsprechenden Konsequenzen kontrastiert werden. So kann Paulus den Gegensatz zwischen einem Leben nach dem Geist und einem nach dem Fleisch in Form eines Tugend- und Lasterkatalogs verdeutlichen und damit die Frage verbinden, wer das Reich Gottes erbt (Gal 5,16–25). In den Worten Jesu werden zwei, die enge und die weite Pforte bzw. der breite und der schmale Weg (vgl. Mt 7,13f. par. Lk 13,23f.), das Haus auf dem Fels und das auf dem Sand (Mt 7,24–27 par. Lk 6,47–49), das Unkraut und der Weizen (Mt 13,24–30.36–43) oder die guten und die schlechten Fische (Mt 13,47–50) samt den daraus folgenden eschatologischen Konsequenzen einander gegenüber gestellt. Besonders einprägsam und deshalb auch wirkmächtig waren narrative Texte. Dafür zwei Beispiele. Das eine ist die Erzählung vom reichen Mann und vom armen Lazarus:

> Es war aber ein reicher Mann, und er kleidete sich in Purpur und feines Leinen, wobei er sich jeden Tag prächtig vergnügte. Ein Armer aber mit Namen Lazarus lag (wörtl.: war hingeworfen) vor seinem Portal mit Geschwüren bedeckt. Und hätte sich gerne mit dem gesättigt, was vom Tisch des Reichen fiel. Es kamen aber auch die Hunde und leckten seine Geschwüre. Es geschah aber, dass der Arme starb und von den Engeln in den Schoß Abrahams fort getragen wurde. Es starb aber auch der Reiche und wurde bestattet. Und in der Unterwelt hob er seine Augen auf – er war in Folterqualen – und sieht Abraham von Ferne und Lazarus in seinem Schoß. Und er erhob seine Stimme und sprach: Vater Abraham, erbarme dich meiner und schicke Lazarus, damit er die Spitze seines Fingers in Wasser tauche und meine Zunge abkühle, denn ich leide Schmerzen in dieser Flamme. Abraham aber sprach: Kind, denke daran, daß du dein Gutes in deinem Leben empfangen hast, und Lazarus in gleicher Weise das Böse. Jetzt aber wird er hier getröstet, du aber leidest Schmerzen. Außerdem ist zwischen uns und euch

eine große Kluft gesetzt, sodass diejenigen, die von hier zu euch durchgehen wollen, es nicht können, ebenso wenig wie jene, die von dort zu uns übersetzen. (Lk 16,19–26)[31]

In dieser für das Lukasevangelium typischen Kontrasterzählung[32] werden zwei Menschen gegenübergestellt, die in unmittelbarer Nachbarschaft beieinander, aber nicht miteinander leben, da sie durch ihre jeweiligen Lebensumstände aufs schärfste voneinander getrennt sind: Der Reiche, kostbar gekleidet, lebt prächtig und in Freuden, der Arme vor seinem Portal dagegen ist im tiefsten Elend. Dann kommt durch den Tod beider der entscheidende Einschnitt. Es wechselt die Bühne und ohne dass explizit von einem Gericht gesprochen wird, sind beide in einer Art Jenseits mit zwei Bereichen: Der Arme wird dort von Engeln in Abrahams Schoß getragen, sodass ihm nach einem Erdenleben voller Qual Geborgenheit und Frieden zuteil wird. Entgegengesetzt ist das Geschick des Reichen, auf den sich die Erzählung nun konzentriert. Er, der im Unterschied zum Armen noch nicht einmal mit Namen genannt wird, ist nun in der Unterwelt (wörtl. Hades). Von dem im Schoß Abrahams geborgenen Armen durch einen tiefen Graben getrennt, Spiegelbild jenes Grabens, der die beiden zu ihren Lebzeiten voneinander trennte, leidet er namenlose Pein. Die hier rezipierte Eschatologie mit einer unmittelbaren Vergeltung im Jenseits verrät ebenso wie die Bezeichnung der Unterwelt als Hades paganen Einfluss, und es gibt vergleichbare Erzählungen in ägyptischer, griechischer und jüdischer Überlieferung.[33] Der Vergleich mit diesen Vorlagen zeigt allerdings einen

[31] Die Fortsetzung der Erzählung, bei der der Reiche um die Benachrichtigung seiner Brüder bittet, kann für unseren Zusammenhang weggelassen werden.

[32] Vgl. Pharisäer und Frau (Lk 7,36–50), barmherziger Samariter und Priester / Levit (Lk 10,25–37), Maria und Martha (Lk 10,38–42), die zwei Söhne (Lk 15,11–32), Pharisäer und Zöllner (Lk 18,9–14), die zwei Mitgekreuzigten (Lk 23,32–43).

[33] Einige Züge der Erzählung erinnern an eine ägyptische Vorlage (vgl. J. A. Fitzmyer, *The gospel according to Luke, X–XXIV*, The Anchor Bible 28 [New York u.a. 1985] 1126 unter Verweis auf H. Gressmann, *Vom reichen Mann und armen Lazarus. Eine literaturgeschichtliche Studie*, Abhandlung der Königlich Preußischen Akademie der Wissenschaften, Philosophisch-Historische Klasse 7 [Berlin 1918]), die möglicherweise durch ägyptische Juden nach Palästina gebracht wurde, wo sie in der Erzählung vom armen Sohn eines frommen Juden und dem Sohn eines reichen Zolleinnehmers rezipiert wurde (H. L. Strack / P. Billerbeck, *Das Evangelium nach Markus, Lukas und Johannes und die Apostelgeschichte. Erläutert aus Talmud und Midrasch, KNT* II (München 1974[5]) 231f.; vgl. Bovon 2001, 114). Auch in der griechischen Welt gibt es ähnliche Erzählungen, etwa bei Lukian in seinem *Gallus* und dem *Cataplus*, letzterer verbunden mit einer entsprechenden Hadesreise, wo die Wendung des Geschicks erlebt wird (die Parallelen finden sich aufgelistet bei W. Eckey, *Das Lukasevangelium. Unter Berücksichtigung seiner Parallelen*, Teilband 2 (Neukirchen-Vluyn 2004) 719–721). Gleich wie dieser Text des Satirikers Lukian zu beurteilen ist, in jedem Fall kannte er diese Kontrastierung mit entsprechender Umkehrung des Geschickes nach dem Tode; es gehörte offenbar „zum rhetorischen Gepäck philosophischen Zuschnitts“ (Bovon 2001, 115). Auch wenn man zwischen der lukanischen Beispielerzählung und diesen Traditionen gewichtige Unterschiede feststellen kann (vgl. dazu M. Wolter, *Das Lukasevangelium, HNT* V [Tübingen 2008] 557f.), so leidet doch die Verwandtschaft der Motive keinen Zweifel.

bemerkenswerten Unterschied: Die Parallelen begründen das unterschiedliche Geschick durchweg moralisch. Das fehlt bei Lukas weitgehend.[34] Offenbar wird die Hinwendung zum Reichtum allein auch ohne dezidiertes Fehlverhalten als hinreichender Grund für die jenseitige Bestrafung angesehen, weil sie eine Blindheit gegenüber Gott (Lk 12,16–21) und dem Nächsten (Lk 16,19–26) zur Folge hat. Das passt zu den vorhergehenden Versen, in denen der Evangelist vor „Geldgier" warnt und „Mammonsdienst" als Götzendienst bezeichnet (Lk 16,13f.). Durch die Personifizierung als der „Mammon der Ungerechtigkeit" (Lk 16,9) bzw. der „ungerechte Mammon" (Lk 16,11) wird der Reichtum als eine Macht dargestellt, die den Menschen bestimmt und ihn so in Gegensatz zu dem Gott bringt, dessen Barmherzigkeit sich nach dem Magnifikat gerade darin zeigt, dass er die Mächtigen vom Thron stößt und die Niedrigen erhöht, die Hungrigen mit Gütern füllt und die Reichen leer wegschickt (Lk 1,51–54).[35]

Die Parteinahme Gottes für die „Geringen" als Folge seiner Barmherzigkeit ist auch im Matthäusevangelium der Grund für das Gericht, welches das erste Evangelium häufiger und härter als die anderen Evangelien betont.[36] Das hat seinen Grund darin, dass dieses Evangelium im Besonderen die Kirche durch christliche Lehrer bedroht sieht, die – vermutlich durch einen Missbrauch der Gnadenverkündigung – die ἀνομία, die Toravergessenheit fördern (Mt 24,11f.; vgl. 7,15–23). Gegen diese ‚billige Gnade' (Bonhoeffer) betont der Evangelist den verpflichtenden Charakter der Nachfolge Christi. Seine bisweilen etwas penetrante Vorliebe für „Heulen und Zähneklappern"[37] ist dem Bemühen geschuldet, mit allen Mitteln gegen das „Erkalten der Liebe" (vgl. Mt 24,12) vorzugehen, weil solches für den Evangelisten gleichbedeutend mit dem Abfall von Jesus ist. Deshalb lässt er seinen Christus auch am Ende seiner letzten Rede, die zugleich das Schlusswort der Lehre des Irdischen ist, noch einmal in der großen Erzählung vom Endgericht die Identität von Barmherzigkeit und Nachfolge Christi einschärfen:

> Wenn aber der Menschensohn kommt in seiner Herrlichkeit und alle Engel mit ihm, dann wird er sich auf den Thron seiner Herrlichkeit setzen. Und vor ihm werden alle Völker versammelt, und er wird sie voneinander absondern wie ein Hirt die Schafe von

[34] Beim Armen wird dazu gar nichts gesagt, beim Reichen tritt der Gesichtspunkt einer speziellen Schuld höchstens indirekt hervor, wenn er seinen Genüssen frönt, während der Arme draußen vergeblich sich nach seinen Abfällen sehnt. Auch die spätere Begründung, die Abraham ihm für seinen Zustand gibt, spricht nicht von Schuld, sondern davon, dass er in seinem Leben Gutes empfangen hat so wie Lazarus Schlechtes.

[35] Ähnlich werden (ebenfalls ohne moralische Begründung) in der Feldrede die Armen selig gepriesen und über die Reichen wird das Wehe ausgerufen (Lk 6,20.24). Schmithals verkennt diesen Zusammenhang, wenn er hier nur „eine naive Antwort auf die drängende Frage nach (Gottes) Gerechtigkeit" sehen will (W. Schmithals, *Das Evangelium nach Lukas*, ZBK 3,1 [Zürich 1980] 171).

[36] Vgl. Mt 7,21–27; 13,24–30.36–43.47–50; 16,27; 18,32–35; 21,43f. u.ö.

[37] Vgl. außer Mt 8,12 Q weiter Mt 13,42.50; 22,13; 24,51; 25,30.

den Ziegen sondert, und wird die Schafe zu seiner Rechten stellen und die Ziegen zur Linken. Dann wird der König denen zur Rechten sagen: Kommt her, ihr Gesegneten meines Vaters, erbt die Herrschaft, die euch seit Grundlegung des Kosmos bereitet ist. Denn ich habe gehungert, und ihr gabt mir zu essen, ich war durstig, und ihr habt mich getränkt, ich war ein Fremder, und ihr habt mich gastlich aufgenommen, ich war nackt, und ihr habt mich bekleidet, ich war krank, und ihr habt nach mir gesehen, ich war im Gefängnis, und ihr seid zu mir gekommen. Dann werden ihm die Gerechten antworten: Herr, wann haben wir dich hungrig gesehen und genährt, oder durstig und dich getränkt? Wann haben wir dich als Fremden gesehen und gastlich aufgenommen oder nackt und bekleidet? Wann haben wir dich krank gesehen oder im Gefängnis und sind zu dir gekommen? Dann wird der König ihnen sagen: Amen ich sage euch, was ihr einem von meinen geringsten Geschwistern getan habt, das habt ihr mir getan. Dann wird er auch denen zur Linken sagen: Geht weg von mir, ihr Verfluchten, in das ewige Feuer, das dem Teufel und seinen Engeln bereitet ist. Denn ich habe gehungert, und ihr gabt mir nicht zu essen, ich war durstig, und ihr habt mich nicht getränkt, ich war ein Fremder, und ihr habt mich nicht gastlich aufgenommen, nackt, und ihr habt mich nicht bekleidet, krank, und im Gefängnis, und ihr habt nicht nach mir gesehen. Dann werden auch sie antworten: Herr, wann haben wir dich hungernd oder dürstend oder fremd oder nackt oder krank oder im Gefängnis gesehen und haben dir nicht gedient? Dann wird er ihnen antworten: Amen ich sage euch, was ihr nicht einem von diesen Geringsten getan habt, das habt ihr auch mir nicht getan. Und diese werden zur ewigen Strafe weggehen, die Gerechten aber in das ewige Leben.
(Mt 25,31–46)

An dieser Gerichtsschilderung wird deutlich, dass es bei diesem Thema nicht um eine Spekulation über Zukunft und Jenseits geht, sondern um Ermahnung für die Gegenwart: Jetzt soll Barmherzigkeit gegenüber den „Geringsten" geübt werden. Wie in Ägypten, Griechenland und im Judentum hat der Verweis auf das Gericht primär eine paränetische Funktion. Die Besonderheit dieser Gerichtsschilderung und das spezifisch Christliche besteht darin, dass es Christus ist, der das Gericht vollzieht, und zwar so, dass die Urteilsbegründungen *restlos auf die Person des Richters* bezogen werden: „*Ich* habe gehungert, und ihr gabt *mir* zu essen (bzw. nicht zu essen), *ich* war durstig, und ihr habt *mich* getränkt (bzw. nicht getränkt), *ich* war ein Fremder ...".[38] Der „Menschensohn" (Mt 25,31) identifiziert sich in seiner Souveränität als „König" (Mt 25,34.40) so mit den Geringsten, dass er geradezu leibhaftig betroffen ist, wenn dem Geringsten Gutes erwiesen oder verweigert wird. Das Gericht nach dem Maßstab der Barmherzigkeit ist gewissermaßen *die letzte Konsequenz der Menschwerdung Gottes im „Menschensohn"*.[39] Wenn es beim Urteil dann heißt: „Kommt her" (25,34)

[38] Insgesamt sechsmal findet sich bei der ersten und ausführlichsten Auflistung das finite Verb in der ersten Person Singular (in V.36a elliptisch) und das entsprechende Reflexivpronomen „mich" bzw. „mir".

[39] Es wurde immer wieder zu Recht darauf hingewiesen, dass Vorstufen zu dieser Identifizierungsaussage im Grunde schon bei den Propheten angelegt sind (vgl. Jes 1,10–20, wo deutlich gemacht wird, dass wahrer Gottesdienst immer auch Dienst am Nächsten, v.a. am „Geringsten" ist) und in frühjüdischen Texten ausgeführt werden; verwiesen sei nur auf den antithetischen *parallelimus membrorum* Spr 14,31, wo das Verhalten zu den Geringen sowohl im Guten wie im Schlechten als Verhalten gegenüber Gott selbst interpretiert

bzw. „geht weg von mir" (25,41), so bestätigt das nur die im Verhältnis zu den Geringsten bereits bestehende oder verweigerte Gemeinschaft und gewährt oder verweigert daraufhin Zukunft. Wer sich der göttlichen Güte dagegen bemächtigen möchte, ohne ihr im Verhältnis zum Mitmenschen, vor allem zum bedürftigen Mitmenschen, zu entsprechen, der hat den in seinem Sohn sich als barmherzigen Vater offenbarenden Gott schon immer verfehlt, wie vor allem der matthäische Jesus wiederholt betont.[40]

Beide Texte dienen der Begründung der Paränese und stellen zu diesem Zweck zwei Verhaltensweisen und deren Konsequenzen schroff antithetisch gegenüber, um den Adressaten die Alternative einzuschärfen und sie zur Entscheidung zu rufen. Das interessante beim Vergleich beider Texte ist, dass man das Gericht höchst unterschiedlich ausmalen konnte: Bei Matthäus findet am Ende der Zeit ein „jüngstes Gericht" statt, bei Lukas tritt die Vergeltung sofort nach dem Tod ein, bei Matthäus wird vom Menschensohn über alle Völker das Gericht gehalten, bei Lukas geht es um Individuen. Sind die Vorlagen des Matthäus bei der jüdischen Apokalyptik zu suchen, so diejenigen des Lukas, wie Paralleltexte aus der ägyptischen und griechischen Literatur zeigen, im außerbiblischen Bereich. Offensichtlich gibt es keine fixierte Vorstellung vom Gericht. Die konkreten Ausgestaltungen sind eher Variablen, die Konstante ist die Aussage, dass der Mensch verantwortlich ist vor einem Gott, der nur so verehrt sein will, dass dabei zugleich der Nächste – und dabei vor allem der Bedürftige und Geringe – geliebt wird.

3.4. Heil und Gericht. Die Unterscheidung von Person und Werk bei Paulus

Nun besteht die Pointe des Evangeliums bei aller Ernsthaftigkeit der Umkehrforderung nicht in der Ermahnung, sondern im Zuspruch, denn es bezeugt das Wunder der Gnade, dass die Ermordung des letzten Gottesboten nicht das Ende der Beziehung Gottes zu den Menschen bedeutet, sondern einen Neuanfang markiert. In der Stiftung des Herrenmahls deutet der in den Tod gehende Jesus selbst sein Sterben als die Aufrichtung von Gottes „Bund" (Mk 14,24 par. Mt 26,28) bzw. als die Stiftung eines „neuen Bundes" (1. Kor 11,25; Lk 22,20). Man sollte nicht ausschließen, dass das in Ansätzen bereits auf den historischen Jesus zurückgeht. Das macht es zumindest besser verständlich, warum die frühchristliche Gemeinde im Licht der Auferstehung die Passion als göttliche Heilstat verstehen konnte.[41] Vor al-

wird: „Wer dem Hilflosen Gewalt antut, lästert dessen Schöpfer; aber wer sich des Armen erbarmt, der ehrt Gott".

[40] Besonders markant geschieht dies am Schluss der Bergpredigt (Mt 7,21–23) und der Gemeinderede (Mt 18,23–35).

[41] „Der Stein, den die Bauleute verworfen haben, ist zum Eckstein geworden. Vom Herrn ist das geschehen und wunderbar in unseren Augen" – so in Mk 12,10f. der „unpassende"

lem Paulus, der erste große Denker des frühen Christentums, hat die gottgewirkte Wende des Unheils ins Zentrum seiner Theologie gestellt, wenn er sagt, dass Gott „den, der von keiner Sünde wusste, für uns zur Sünde gemacht hat, damit wir in ihm Gerechtigkeit Gottes würden" (2. Kor 5,21). Gottes Gerechtigkeit besteht darin, dass er „den, der aus dem Glauben an Jesus [lebt], gerecht macht" (Röm 3,26). Darin gründet die Zuversicht, dass niemand mehr die Glaubenden verklagen kann, weil Gott selbst sie freigesprochen hat, und niemand mehr sie verurteilen kann, weil Christus für sie eintritt (Röm 8,33f.). Durch Christus sind die Glaubenden somit vom (künftigen) Zorngericht befreit (Röm 5,8f.; vgl. 1. Thess 1,10; 5,9f.), das der Welt als ganzer noch bevorsteht. Die „vollkommene Liebe [Gottes] treibt die Furcht aus"; sodass „wir Zuversicht haben am Tag des Gerichts", so sagt dasselbe der 1. Johannesbrief (1. Joh 4,17f.). Im Blick auf das Gericht kann das Johannesevangelium seinen Christus sogar sagen lassen, dass in der Gemeinschaft mit ihm das Gericht bereits ausgesetzt ist:

> Amen, Amen, ich sage euch,
> wer mein Wort hört und glaubt dem, der mich gesandt hat,
> hat ewiges Leben
> und kommt nicht ins Gericht,
> sondern ist bereits aus dem Tod ins Leben hinüber gegangen.
> (Joh 5,24)[42]

Die Pointe dieser Aussagen besteht nun allerdings darin, dass dieser Freispruch nur aufgrund der Gemeinschaft mit Christus, also in der Bindung an ihn erfolgt. Der befreiende Glaube aber ist nach Paulus ein Glaube, der notwendigerweise „in der Liebe tätig wird" (Gal 5,6). Deshalb warnt der Apostel immer wieder davor, den durch die Bindung an Christus erfolgten Freispruch als Freibrief zum Sündigen zu interpretieren (vgl. Röm 6,1f.) und so dem Fleisch eine ἀφορμή, einen Brückenkopf (bei der Eroberung des Menschen) zu ermöglichen (vgl. Gal 5,13). Das würde – *horribile dictu* – Christus zum „Diener der Sünde" machen (Gal 2,17). Der Prediger der Rechtfertigung allein aus Glauben macht deshalb unmissverständlich deutlich, dass diejenigen, die sich in falsch verstandener Freiheit aus der Bindung an Christus lösen und eigenmächtig „Werke des Fleisches" tun, sich selbst aus dem Machtbereich der befreienden Gnade entfernen und deshalb „das Reich Gottes nicht erben werden" (Gal 5,19–21). Wenn aber der Freispruch im Gericht nicht der Freibrief zu willkürlichem Handeln ist, sondern die Verantwortung für den Mitmenschen einschließt (vgl. Gal 6,2), dann muss auch das Tun bei der Begegnung mit Gott zum Thema werden – im Schlechten wie im Guten! Deshalb kann Paulus auch im Zusammenhang mit dem christlichen Handeln noch einmal explizit den Ge-

---

Abschlussvers der auf Jesu Tod hin allegorisierten Parabel von den bösen Winzern (Mk 12,1–9), der das mit der Vernichtung des Bösen endende Unheilsgeschehen des Mordes mit den Worten des 118. Psalms als Gottes Neubeginn mit den Menschen preist.

[42] Μεταβέβηκεν (‚er ist bereits hinüber gegangen') ist ein (resultatives) Perfekt.

richtsgedanken aufgreifen. Dabei ist es bezeichnend, dass der Apostel dieses Gericht nicht nur Gott zuschreibt (Röm 14,9; vgl. Röm 2,5f.), sondern auch Christus:

> Denn wir müssen alle vor dem Richtstuhl Christi erscheinen,
> damit jedem vergolten wird entsprechend dem,
> was er in seiner irdischen Existenz getan hat,
> es sei gut oder schlecht.
> (2. Kor 5,10)[43]

Der Apostel betont hier, dass in einem Endgericht von Gott bzw. von Christus die Taten (der Glaubenden) noch differenziert beurteilt werden, ohne dass damit unmittelbar die Frage von Heil und Verdammnis verbunden wird. In 1. Kor 3 macht der Apostel im Blick auf die Arbeit an der Gemeinde deutlich, dass der „Tag", d.h. der Gerichtstag offen legen wird, was eines jeden Werk wert ist. Falls die Prüfung positiv ausfällt, empfängt er Lohn, im entgegengesetzten Fall „wird er Schaden nehmen, er selbst aber wird gerettet werden, aber wie durch das Feuer hindurch" (1. Kor 3,13–15). Auch wenn diese Aussage sich auf christliche Gemeindeleiter bezieht und nicht einfach auf alle Christen übertragbar ist, so deutet sich hier doch an, dass eine Person sehr wohl nach ihren Werken beurteilt wird und entsprechend Schaden erleidet, dass aber der grundsätzliche göttliche Freispruch davon unberührt bleibt. Allerdings kann der Apostel schon zwei Verse weiter dann doch demjenigen, der den Tempel Gottes zerstört, die Vernichtung durch Gott androhen (1. Kor 3,17). Das zeigt, wie aspekthaft der Apostel selbst innerhalb eines einzigen Argumentationszusammenhanges verschiedene Vorstellungen nebeneinander verwenden kann, die sachlogisch kaum zusammenstimmen und deshalb auch nicht ohne weiteres geeignet sind, systematisiert zu werden.[44] Dennoch deutet sich in der Argumentation von 1. Kor 3 erstmals etwas Neues an, das später in der christlichen Theologie als die Unterscheidung von Person und Werk wichtig werden sollte.[45] Diese Unterscheidung ist bei Paulus nicht anthropologisch begründet, sondern theologisch, insofern der Mensch im Gegensatz zu dem, was er gemacht hat und damit auch aus sich gemacht hat, noch

[43] Analog kann dann auch der johanneische Christus seiner Zusage, dass der, der an ihn glaubt, schon durch das Gericht hindurch gegangen ist, die Aussage hinzufügen, dass dem Menschensohn die Vollmacht gegeben wurde, das Gericht zu halten: „Es kommt die Stunde, in welcher alle in den Gräbern seine Stimme hören werden und die Gutes getan haben werden zur Auferstehung des Lebens herauskommen, die Schlechtes getan haben zur Auferstehung des Gerichts" (Joh 5,28b–29).

[44] Das betont zu Recht immer wieder M. Konradt, *Gericht und Gemeinde. Eine Studie zur Bedeutung und Funktion von Gerichtsaussagen im Rahmen der paulinischen Ekklesiologie und Ethik im 1 Thess und 1 Kor*, BZNW 117 (Berlin / New York 2003); vgl. zu diesen Texten bes. S. 462–471 sowie noch einmal als Resümee S. 524. Konradt weist auch darauf hin, dass Paulus „Gerichtsrekurse nicht einsetzt, um allgemein zu Glaubenswerken zu motivieren" (470).

[45] Dieser Ansatz scheint mir von Konradt zu wenig beachtet.

einmal aus der Perspektive Gottes als sein von ihm bejahtes Gegenüber zur Geltung kommt. Dabei wird sein Tun nicht unwichtig – wer gut gebaut hat, empfängt Lohn (1. Kor 3,14), wer dagegen schlecht gebaut hat, der erleidet Schaden (1. Kor 3,15). Letzteres ist ein durchaus schmerzlicher Prozess, wie die Metapher des Feuers andeutet, ein Prozess, der freilich letztlich dazu dient, die Person selbst nicht im Feuer vergehen zu lassen.

In eine ähnliche Richtung weist auch die Argumentation des Apostels zwei Kapitel später im Fall des Blutschänders, der nach der Weisung des Paulus aus der Gemeinde ausgeschlossen und dem Satan übergeben werden soll. Trotz dieses ‚Banns' hält Paulus daran fest, dass dessen „Geist", also der von Gott angenommene Mensch, im Endgericht gerettet wird: „Denn das ist ja die seltsamste und erstaunlichste Aussage in diesem seltsamen Abschnitt, dass die Übergabe an den Satan nicht einfach mit dem ‚Verderben des Fleisches' endet und so den Übeltäter im Nichts versinken läßt, sondern erfolgt, ‚damit der Geist am Tag des Herrn gerettet wird'. [...] Es geht darum, dass am Ende, in welcher Weise auch immer, das πνεῦμα dem eschatologischen Verderben entzogen wird. [...] Gerettet wird [...] das mit der ‚neuen Schöpfung' (2. Kor 5,17) bzw. dem ‚inneren' = neuen Menschen (2. Kor 4,16) dem Sünder‚von Gott geschenkte Ich', das ‚Teil des Gottesgeistes' ist".[46] Ohne die Forderung Gottes nach der Heiligkeit der Gemeinde und die Verantwortung des Glaubenden für seine Taten aufzuheben nimmt Paulus den Menschen hier noch einmal aus der Perspektive des erwählenden Gottes in den Blick und unterscheidet ihn so von seinem Werk und der darauf ihre Identität gründenden Person.

3.5. Allversöhnung?

„Liegt es somit nicht an jemandes Wollen oder Laufen, sondern an dem erbarmenden Gott", ob jemand gerettet wird (Röm 9,16), so kann man dies zum Ausgangspunkt einer Prädestinationslehre machen – oder darauf die Überzeugung einer letztendlichen ‚Allversöhnung' gründen. So hat man sich denn auch dort, wo man letzteres, die Lehre von der ἀποκατάστασις πάντων vertrat, auf einschlägige Passagen des Apostels berufen. Das wichtigste *dictum probans* findet sich im großen Auferstehungskapitel in 1. Kor 15,20–28. Der apokalyptisch geprägte Abschnitt schildert die ‚Rückeroberung' der gefallenen Schöpfung durch Christus. Diese gipfelt negativ in der Ausmerzung aller gottfeindlichen Mächte mit dem Tod als dem „letzten Feind" (1. Kor 15,26), um dann positiv in die Vision der vollkommenen Gottesgegenwart zu münden, bei der zuletzt Gott wieder „alles in allem" ist (1. Kor 15,28). Wo aber Gott alles in allem ist, da scheint für Hölle, Tod und Teufel (und damit auch für die Verdammten) kein Platz mehr

[46] W. Schrage, *Der erste Brief an die Korinther. 1. Kor 1,1–6,11*, EKK VII/1 (Zürich / Braunschweig 1991) 377f.

zu sein. Paulus selbst verfolgt diesen Gedanken allerdings nicht weiter, sondern begründet im Folgenden nur die Auferweckung der Glaubenden zum Heil, wie auch die gesamte Gerichtsthematik hier überraschenderweise ausfällt.

Zwei weitere einschlägige Texte finden sich im Römerbrief, dem theologischen Testament des Paulus. Dort entfaltet er in den Kapiteln 1–8 seine Rechtfertigungsbotschaft, gipfelnd in der Zusage der Gotteskindschaft und dem damit verbundenen Erbe (Röm 8,12–17). Damit könnte der Apostel seine Ausführungen eigentlich schließen (bzw. mit dem hymnischen Preis der Liebe Röm 8,31–39 zu Ende bringen). Stattdessen aber geht er in einem Zwischenabschnitt ausgiebig auf das Stöhnen und Seufzen der Kreatur ein, und dies nicht, um sie als dunkle Kontrastfolie einer *massa perditionis* von den Geretteten abzuheben. Im Gegenteil: Die Glaubenden werden von Paulus als ‚Mitleidende' mit der unerlösten Schöpfung zusammengebunden. Als solche, die ebenfalls erst „auf Hoffnung gerettet" sind (Röm 8,24), werden sie deshalb für die gefallene Schöpfung zum Hoffnungszeichen:

> Denn auch die Schöpfung selbst wird von der Knechtschaft der Vergänglichkeit befreit werden zur Freiheit der Herrlichkeit der Kinder Gottes.
> (Röm 8,21)

Es folgt in Röm 9–11 die große theologische Auseinandersetzung mit Israel, das sich zum Großteil der Christusbotschaft verschlossen hat. Im Gegensatz zu relativ harten früheren Formulierungen[47] ringt der Apostel hier mit der Frage, was mit Gottes Treue zu seinem Volk ist und erkennt zuletzt das „Geheimnis", dass Israels Verstockung Gottes Umweg ist, um die „Fülle der Völker" zum Heil zu bringen (Röm 11,25f.). Doch bedeutet das für das Gottesvolk nicht das Ende – zuletzt wird durch den vom Zion kommenden Erlöser selbst „ganz Israel gerettet werden" (Röm 11,26f.). So kann Paulus das Kapitel mit dem Lobpreis Gottes abschließen, der „alle unter den Ungehorsam eingeschlossen hat, damit er sich über alle erbarme" (Röm 11,32).

Das sind, wie gesagt, Andeutungen, die der Apostel nicht weiter systematisiert und die er mit den anderen, bei ihm deutlich häufigeren Aussagen, dass die Welt dem Zorngericht entgegengeht und dass selbst die Übeltäter unter den Christen das Reich Gottes nicht erben werden, nicht zum Ausgleich bringt. Insofern steht es dem Theologen nicht zu, sie nach eigenem Belieben zu Schlüsseltexten der neutestamentlichen Eschatologie zu erklären. Wohl aber ist es legitim, sie als Ausdruck einer Zuversicht zu erwähnen, die sich dem Apostel bezeichnenderweise dort erschließt, wo er nicht die Konsequenzen des menschlichen, sondern die des göttlichen Tuns durchdenkt.

---

[47] Vgl. bes. 1. Thess 2,15, aber auch Gal 3,19f.

Altchristliche Eschatologie zwischen Bibel und Platon

Adolf Martin Ritter

Das patristische Schrifttum spiegelt, ähnlich wie das Neue Testament,[1] wenn auch mit unterschiedlicher Emphase, die Überzeugung seiner Verfasser wider, dass sich die Gerechten nach ihrem Tod einer Seligkeit ohnegleichen erfreuen dürfen, die Sünder hingegen schreckliche Strafen zu gewärtigen haben, es sei denn, sie besännen sich und kehrten beizeiten um. Nur gelegentlich wird versucht, die Zustände bis zum „Jüngsten Gericht" und, noch seltener, die, die darauf folgen, näher zu beschreiben. Generell gilt, dass, zumal in vorkonstantinischer Zeit (1.-3. Jh. n. Chr.), sowohl in der theologischen Literatur als auch in der christlichen Kunst eine optimistische Gewissheit des Heils überwiegt. In der Ikonographie des Jenseits dominieren die Paradiesesdarstellungen, während im Schrifttum Erörterungen zum Thema „Hölle" zwar nicht einfach fehlen, aber doch eher marginale Bedeutung haben. Sie berühren zumindest keine zentralen Lebensfragen und haben auf Ansatz und Argumentation dieser Schriften keinen bestimmenden Einfluss. „Offensichtlich wurde die Hölle theologisch erst interessant", als im Verlauf des 4. Jh.s die sog. „Konstantinische Wende" innerhalb der Religionspolitik des Römischen Reiches zu Massenübertritten zum Christentum führte.[2] Bis dahin hält man, dem „Buchstaben" der entsprechenden biblischen Gerichtstexte folgend, überwiegend daran fest, dass der Satan und die mit ihm verdammten bösen Geister im Höllenfeuer eine ewige Strafe zu erleiden haben (*IgnEph* 11,1; 16,2; *IgnSm* 6,1; *Mart Pol* 2,3; 11, 2; *Herm sim* 4,2–4; 6,2,4; 8,7,3 u.ö.; Justin, *dial.* 28;140,2–4; Iren., *haer.* II 29,1;33,5;IV 39,4–40;V 27,2;30,4; Tertullian, *apol.* 45,7;47,12f.; *adv. Marc.* III 24,6; *resurr.* 35; *spect.* 30). Eine intensivere Reflexion indes findet sich, soweit die lückenhafte Überlieferung ein solches Urteil überhaupt noch zulässt, fast nur in der alexandrinischen Schule, besonders bei Origenes (s. u.).

Statt dies im einzelnen zu belegen,[3] sollen im folgenden lediglich die bedeutsamsten Abweichungen von der Regel hervorgehoben und beschrie-

---

[1] S. dazu o. den Beitrag von R. Feldmeier, Abschnitt 3, S. 176–187.

[2] Bremmer 2002, 64.

[3] Das gehaltvollste Gesamtbild vermittelt einstweilen die Monographie von Daley 1991; vgl. aber auch den Beitrag von E. Dassmann in: Colpe u.a. 1996, 353–401, mit reichen Literaturangaben, sowie Vorgrimler 1994, 66–131.

ben werden. Um des Vergleichspunktes, der Johannesbriefe des Synesios, willen, wird dabei auch hier der Fokus auf der griechischsprachigen Literatur liegen.

1. Die Offenbarung des Petrus (Petrusapokalypse) im Rahmen frühchristlicher Apokalyptik

Annähernd gleichzeitig mit Plutarchs Reflexionen in *De genio Socratis* und vor allem in *De sera numinis vindicta* samt ihren Entsprechungen bei Lukian[4] finden diese ihr christliches Gegenstück in der griechisch-äthiopischen Offenbarung (oder Apokalypse) des Petrus.[5] Dabei handelt es sich unseres Wissens zugleich um das älteste christlich-*nachbiblische* Zeugnis überhaupt, welches sich eingehender mit dem Schicksal der Menschen nach ihrem Tod befasst. Aller Wahrscheinlichkeit nach als Bestandteil der pseudoklementinischen Literatur in Ägypten um 135 n. Chr. entstanden, wurde die Schrift, obwohl anscheinend weit verbreitet, außer in der weitherzigen äthiopischen Kirche zumeist unterdrückt. In ihrer griechischen Fassung entfaltet sie ihre Jenseitsvorstellungen im Kontext einer vom Apostel Petrus in der Vergangenheitsform gehaltenen Schilderung jener Jenseitsvision, die Jesus seinen Begleitern, darunter Petrus, auf dem Berg der Verklärung (vgl. Mk 9,2–13;Mt 17,1–13; Lk 9,28–36) vermittelte, einer Schau sowohl der Welt der Gerechten als auch eines anderen, „ganz düsteren" Ortes, des „Ortes der Strafe" (21). In der in der Folge von uns vor allem berücksichtigten, weil dem Ursprünglichen wahrscheinlich am nächsten kommenden äthiopischen Version präsentiert sich dieselbe Darstellung, wenn auch mit anderer Reihenfolge der Einzelheiten, als eine Zukunftsweissagung Christi, gegeben auf dem Ölberg (vgl. Mt 24,3–25,46) im Zusammenhang der Ankündigung seiner Wiederkunft. Sie umfasst nicht zuletzt eine ausführliche Beschreibung dessen, was einst die Sünder treffen werde am „Tage Gottes" (4–12). Dabei stellt die Schilderung der Höllenqualen alles von Plutarch und Lukian her Gewohnte noch bei weitem in den Schatten.[6] Zum Beispiel, heißt es da, werde man Götzenanbeter mitsamt ihren Idolen auf ewig im Feuer brennen (6), Frauen, die sich des Ehebruchs schuldig machten, an Nacken und Haaren und Männer, „die sich mit ihnen in Hurerei niedergelegt haben", an ihren Genitalien aufgehängt

---

[4] S. o. S. 162–166.

[5] Nicht zu verwechseln mit der koptisch-gnostischen Apokalypse des Petrus (*NHC* VII, Leiden 1972). Unser Text ist (in Übersetzung und Kommentierung durch C. D. G. Müller) enthalten in: Hennecke / Schneemelcher 1989[5] 2, 562–578; zu Textüberlieferung und sonstigen Einleitungsfragen s. ebd. 562–566.

[6] C. Colpe in: Ders. u.a. 1996, 352, nennt die Schilderung zurecht ein „klassisch gewordenes Repertoire sadistischer Phantasmen". Eingehender beschäftigt sich mit ihr Bernstein 1993, 282–291; dort auch weitere Literatur.

sehen (7); Verfolgern und Verrätern des Messias („meines Gerechten") drohe als Strafe, dass sie zur Hälfte des Körpers in brennenden Schlamm getaucht werden, während gleichzeitig nimmermüdes Gewürm ihre Eingeweide zerfresse; Lästerer und Zweifler an Gottes Gerechtigkeit müssten befürchten, dass sie an ihren Zungen zu kauen und dazu noch die Peinigung mit glühenden Eisen zu erdulden haben, zumal an ihren Augen; oberhalb eines Sees, in den Eiter und Unrat der Gequälten rinnen, erwarte Männer und Frauen der Anblick eines Ortes des Entzückens, von dem aus ihre Kinder sie verfluchen, weil sie sie abtrieben und um das für alle bestimmte Licht betrogen. Und während ein Schutzengel (temeluchos)[7] die unschuldigen Kinder in seine Obhut nehme, werde man die, die sie töteten, auf unabsehbare Zeit martern, „weil Gott es so will" (8) etc. Ja, selbst dem Ungehorsam von Sklavinnen und Sklaven ihren Herrn gegenüber drohe furchtbare Vergeltung im Jenseits: sie würden (ebenfalls) „ruhelos ihre Zunge" kauen und „mit ewigem Feuer gequält" (11). Unerachtet all dessen, heißt es weiter in dieser „Offenbarung", werden die „Auserwählten und Gerechten" in Ewigkeit „(ihre) Lust sehen" „an jenen", die ihn, den Messias,

> gehasst haben ... Und alle, die in der Qual sind, sagen einstimmig: „Erbarm' dich unser, denn jetzt haben wir erkannt das Gericht Gottes, das er uns vorher angekündigt hat und wir nicht geglaubt haben ... Gerecht ist das Gericht Gottes (Ps. 54 [53], 9 u.ö.) ..., denn wir werden gestraft nach unserem Tun" (13).[8]

2. Klemens von Alexandrien und Origenes

Wenn der Kirchenhistoriker Euseb richtig gelesen hat, dann hat selbst ein so stark von griechischer παιδεία geprägter Christ wie der Alexandriner Klemens (gest. um 220 n. Chr.) von der eben erwähnten Quelle durchaus Notiz genommen. In seinen (uns nicht erhaltenen) „Skizzen" (*Hypotyposen*), welche „gedrängte Auslegungen der ganzen Bibel" geboten haben sollen, habe er auch die, wie sich Euseb ausdrückt, „*sogenannte* Petrusapokalypse" nicht „übergangen" (*h.e.* VI 14,1); das soll wohl heißen, er habe sich nicht festlegen mögen, ob sie „kanonisch" sei oder nicht, während Eu-

[7] Dessen Erwähnung wie die des „Acherusischen Sees" und des „Elysiums" (14) beweist, dass man beim unbekannten Verfasser die Kenntnis der klassisch-griechischen Unterweltszenarien (s. o. S. 161) voraussetzen kann; so auch BERNSTEIN 1993, 288, Anm.32.

[8] Auch im Kontext der frühchristlichen *Apokalyptik* steht der besprochene Text ziemlich einzigartig da; vgl. die Übersicht bei C. COLPE in: Ders. u.a. 1996, 351-353, und dazu die Texte der koptischen Apokalypse des Petrus (*NHC* VII 3; A. WERNER: HENNECKE / SCHNEEMELCHER [5] 2, 633–643), der (hauptsächlich) syrisch-lateinisch überlieferten Apokalypse des Paulus (H. DUENSING / A. DE SANTOS OTERO: ebd. 644–675), der koptischen Apokalypse des Paulus (*NHC* V 2; W.-P. FUNK: ebd. 628–633) und nicht zuletzt die sibyllinischen Orakel bzw. deren christliche Bestandteile (Buch 6-8: U. TREU, ebd. 591–619). Überall ist die Moralisierung wesentlich „sanfter" (COLPE).

seb selbst von ihrer Unechtheit überzeugt war (ebd. III 3,25). Ja, wir können hierin ganz sicher sein; denn in seinen überlieferten „Auszügen aus Prophetenschriften" (*Eclogae propheticae* [41,1(?).2; 48,1; 49,1]) zitiert Klemens drei(- oder womöglich vier)mal aus einem bestimmten Kapitel derselben (8, entsprechend der äthiopischen Überlieferung), wobei es jedesmal um die postmortale Bestrafung von Kindesabtreibungen und anderen schwerwiegenden Gewalttaten gegen Unmündige seitens ihrer Eltern geht.

Davon abgesehen aber ist Klemens, genau so wie Platon und später Origenes, offensichtlich davon überzeugt, dass Strafe eine göttliche Wohltat sei und „strafen" und „erziehen" als Synonyme zu gelten hätten.[9] Entsprechend beschreibt er das ewige Leben in vergeistigter Form: der christliche Gnostiker koste davon bereits in diesem Leben, durch Askese, Nächsten- und Gottesliebe (*strom.* I 173, 6;VI 73,4;77,1), während ihm im Eschaton, als Erfüllung allen irdischen Strebens, die unverhüllte Schau Gottes als Geschenk winke, eine Schau, derer die Seele nie überdrüssig werde und die ewig währe (VII 13,1).

Nicht minder folgenreich war, dass Klemens, den nicht erst J. Le Goff für einen der Begründer der Lehre vom Fegefeuer hält,[10] im irdischen Leben zwei Arten von Bestrafung kennt: für die besserungsfähigen Sünder besitzt die Strafe erzieherischen (διδασκαλικός), für die unverbesserlichen strafenden (κολαστικός) Charakter (*strom.* IV 152,2); in der anderen Welt dagegen sei nicht mit einem „alles verzehrenden, gewöhnlichen (‚banausischen')", sondern einem „die Seele durchdringenden" (vgl. *Hebr* 4,12 u. ö.), heiligenden, ‚intelligenten' (φρόνιμον) Feuer (VII 34,4) zu rechnen, welches die Seele in einem langen, allerdings von Leid und Schmerzen begleiteten, Prozess zur Vollkommenheit gelangen lasse, die Klemens als Wiederherstellung (ἀποκατάστασις) begreift und bezeichnet (VII 56, 5; vgl. 57,1).[11] Mit der Deutung jenseitiger Strafen als Läuterung, nicht als Vergeltung kann man bei ihm in der Tat die Lehre vom ‚Fegefeuer' Gestalt

---

[9] Vgl. *Gorg.* 478b und 525b–527a; *Phaed.* 113d; *Prot.* 324b; leg. V 728c; Clem. Alex. *strom.* V 90, 4–91,5); VII 12, 1–5; Orig. *princ* II 10,6; *De or.* 29,15 u. ö.

[10] Vgl. Le Goff 1984,72; voraufgegangen war vor allem G. Anrich mit seinem Aufsatz „Clemens und Origenes als Begründer der Lehre vom Fegefeuer", in: *Theol. Abhandlungen. FS f. H. H. Holtzmann* (Tübingen-Leipzig 1902) 95–120.

[11] Vgl. W. C. van Unnik, „The ‚Wise Fire' in a Gnostic eschatological vision", in: *Kyriakon. FS f. J. Quasten* (Münster 1970) I 277–88. Zur Vorstellung von einem Feuer, das brennt, aber nicht verbrennt, vgl. *Protr.* 53,3; *Paed.* III 44,2; *Ecl. proph.* 25,4. Die Unterscheidung ist wohl stoisch (vgl. Cic. *De nat. deor.* II 41). Origenes, der sie sich wiederholt zueigen macht, verbindet die christliche Vorstellung von der Feuerstrafe mit dem „Reinigungsfeuer" der alten Philosophen (*C.Cels.* V 15) und denkt dabei wohl vor allem an Platon, in dessen Mythen der Gedanke einer heilenden Strafe im Jenseits seinen prägenden Ausdruck findet (s. o. Abschnitt 4, S. 159–161). Unzutreffend ist wohl die Interpretation Le Goffs 1984, 75 (von zwei Feuern, darunter einem „für die Unverbesserlichen, das verbrennt und vernichtet", ist in der von ihm zitierten Klemens-Quelle [*strom.* VII 34,4] nicht die Rede).

annehmen sehen,[12] , verbunden mit einer allerdings ganz zurückhaltend formulierten Spekulation auf das universale Heil aller Menschen, die dann von Origenes (ca. 185 – ca. 254 n. Chr.) weiterentwickelt werden sollte.[13]

Dessen Eschatologie lässt sich in der Tat, aufs Ganze gesehen, als Versuch betrachten, die „apokalyptische Tradition der Hl. Schrift und des Volksglaubens in einer konstruktiven, ehrfürchtigen und pastoral fruchtbaren Weise zu entmythologisieren."[14] Dabei war er sich dessen wohl be-

---

[12] So E. Dassmann in: Colpe u.a. 1996, 361; genauer müsste man allerdings sagen, es finde sich bei Klemens bereits *ein* Element (von dreien, die nach Le Goff schließlich konstitutiv zur Fegefeuervorstellung hinzugehören sollten [s.u., Anm. 12fin]): die *purificatio*, „erstmals thematisiert im Werk jener alexandrinischen Theologen, die tief in die griechische Philosophie eingetaucht waren" (Bremmer 2002, 66). Es sei auch nicht unerwähnt gelassen, dass Klemens gelegentlich und ganz beiläufig von einer κόλασις ἐμπύριος αἰώνιος (einer „unbegrenzten Bestrafung mit dem Feuer") zur Sühnung menschlichen Fehlverhaltens in diesem Leben sprechen kann (s. *Quis div. salv.* 33,3). – Ein weiteres Element scheint sich in einer mit dem *Corpus Clementinum* annähernd gleichzeitigen, aus Nordafrika stammenden, lateinischen Quelle zu finden: dem Bericht über das Martyrium der vornehmen Christin Perpetua und ihrer Sklavin Felicitas (*Passio Perpetuae et Felicitatis*), redigiert wohl kurz nach dem (aus dem Text und den Martyrologien rekonstruierbaren) Datum ihrer Hinrichtung (7. März 203); vgl. dazu etwa Bremmer 2002, 56–70. Eingefügt in den Martyriumsbericht sind Tagebuchaufzeichnungen der Perpetua, Zeichen ihrer Bildung wie ihres (selbst für das rüde Gefängnispersonal) respektgebietenden sozialen Status; darin ist u. a. von Jenseitsvisionen, Perpetuas selbst wie ihres geistlichen Ratgebers, Saturus, die Rede. Zunächst, heißt es (Kap. 7f.), sieht P. in einer nächtlichen Vision ihren im Alter von sieben Jahren einem Krebsleiden, das ihm das ganze Gesicht zerfressen hatte, erlegenen Bruder Deinokrates aus einem „finsteren Ort", an dem sich auch andere befanden, erhitzt und durstig, beschmutzt und bleich, hervortreten, mit einer Wunde im Gesicht, die schon seinen Tod herbeigeführt hatte. Zwischen den Geschwistern tut sich ein gewaltiger Abstand (*grande ... diastema*) auf, so dass sie nicht zu einander gelangen können. Immerhin sieht Perpetua, dass sich am selben Ort wie ihr kleiner Bruder ein großes Wasserbecken befindet, dessen Ufer jedoch so hoch sind, dass der Durstende unmöglich daraus schöpfen kann. Voller Verzweiflung gibt sie sich daraufhin tagelang inständiger Fürbitte für den Bruder hin, bis sie ihn in einer weiteren Vision, nun aber gewaschen, gut gekleidet und mit vernarbter Wunde wiedersieht. Auch das Wasserbecken ist zu sehen; in diesem Moment aber ist das Ufer nur noch halb so tief, eine Schale steht zudem am Ufer, aus der der Knabe trinken kann, ohne dass sie sich leerte. Nachdem sie erwacht, geht der Schwester auf, „dass ihm die *Strafe* erlassen sei" (*intellexi translatum eum esse de poena*). – Ist es zufällig, fragt Bremmer (63), dass der Ort, an dem sich Deinokrates aufhält, ganz dem eigenen Gefängnis gleicht, das Perpetua selbst zuvor (3,3-6) als dunkel, heiß und vollgepfercht beschrieb? Und er folgert daraus: „Offensichtlich war Deinokrates nicht im Himmel; doch es ist unmöglich, auf der Basis ihrer Tagebuchaufzeichnungen zu sagen, was sie selbst über den Ort dachte, an dem sie ihren Bruder sich aufhalten sah". An die Hölle, meint er, kann sie hierbei ebenso wenig gedacht haben wie an das Fegefeuer, für das ja nach Le Goffs Definition dreierlei konstitutiv ist: das Purgatorium als ein gesonderter Ort, fürbittendes Eintreten (*intercessio*) anderer und die Reinigung (*purificatio*). Einzig die (von vielen anderen, zeitgenössischen wie wenig jüngeren, Zeugnissen geteilte) Überzeugung vom weitreichenden Nutzen der (Märtyrer-) Fürbitte sei es, die eine Brücke zur späteren Fegefeuerlehre schlage (ebd. 665f.).

[13] Vgl. dazu die erfreulich ausgewogene Präsentation von Daley 1991, 47–60, mit weiteren Literaturhinweisen, sowie Bernstein 1993, 305–313.

[14] Daley 1991, 48.

wusst, dass er damit ein sensibles Thema anschneide, zumal im Hinblick auf Wesen und Dauer der Jenseitsstrafen. Nicht zuletzt deshalb wird es schwerfallen, restlose Klarheit darüber zu gewinnen, wie er wirklich dachte! Unstrittig ist dagegen, dass er sowohl der Bibel als auch der authentischen „kirchlichen Überlieferung" treu zu bleiben, zugleich aber den christlichen Glauben vor dem Wahrheitsbewusstsein der Zeit zu verantworten bestrebt war. Damit war er gezwungen, zur selben Zeit gegen kritische Geister wie den Mittelplatoniker Kelsos, traditionsvergessene christliche Gnostiker und ‚Fundamentalisten' in den eigenen Reihen Stellung zu beziehen.

Heraus kommt als Ergebnis, dass er einerseits mit Hilfe allegorischer Bibelauslegung erläutert, wie die von der Schrift beschriebenen zukünftigen Zustände und Ereignisse sich bereits im Leben der Gläubigen, der „Fortgeschrittenen" zumal, in dieser Welt im voraus abschatten, genau so, wie er die Wiederkunft Christi sich bereits ereignen oder doch anbrechen sieht, wenn dieser in den Seelen der „Vollkommenen" gegenwärtig werde; und das wiederum werde geschehen, sobald diese imstande seien, seine geistige Schönheit zu erfassen (*Comm. ser. in Mt* 32 [zu Mt 24,3]). Insofern ist Origenes, was die Beschreibung *jenseitiger* Verhältnisse angeht, in der Tat nicht sonderlich ergiebig.[15] Seine Auffassung vom Zwischenzustand zwischen Tod und Auferstehung dürfte sich nicht wesentlich von derjenigen des Klemens unterschieden haben. Einen *Ort* der Läuterung will auch er nicht nennen. Das Feuer, durch das die Gerechten ins Paradies eingehen, während die mit leichteren Vergehen behafteten Sünder im Jenseits eine Zeit lang büßen, die Todsünder (vgl. 1. Kor 3,10–15) hingegen sich eine lange, wenngleich nicht näher bestimmbare Zeit am Läuterungs‚ort' aufhalten müssen, ist für ihn metaphorisch zu verstehen; es ist so wenig sichtbar, wie es die Seelen sind, die von ihm gereinigt werden (*princ.* II 10, 4–6); in *Rom. comm.* 7, 5; *or.* 29,15).

Andererseits kann sich Origenes den „schlichteren Gemütern" (ἁπλούστεροι, *simpliciores*) unter seinen Mitchristen gegenüber einer Belehrung über die Bestrafung nach dem Tod bedienen, die sich schlichtweg an die Bibel und die bisherige „Verkündigung der Kirche" hält oder, besser, sich daran wenigstens orientiert (*De princ.* I *praef.* 5f.; II 10,1; vgl. auch in *Jer. hom.* 19,15 [*GCS* 3,175]; *in Lev. hom.* 14,4 [ebd. 6,485,8f]; in *Hes. hom.* 4,8 [ebd. 8,368]). In diesem Kontext kann er dann auch vom „ewigen Feuer" und vom Satan reden, bringt jedoch an dieser traditionellen Redeweise immer wieder, wenn auch mit aller Vorsicht, seine „entmythologisierenden" Korrekturen an.

Trotzdem dürfte kein Zweifel an seiner Auffassung bestehen, dass alle Strafe der Besserung diene und die Barmherzigkeit Gottes alle Menschen

---

[15] E. Dassmann in: Colpe u. a. 1996, 361.

zum Heil führen wolle (*in Joh. comm.* 28,63/6 [*GCS* 4,399]; *in Jos. hom.* 14, 2 [*GCS* 7,377/81]; *in Hes. hom.* 3[*GCS* 8,348/58]). „Seine Straftheorie ist reflexiv, ohne retributiv zu sein".[16] Ob er der platonischen Vorstellung einer Metempsychose, wohl gar als eines nicht nur langdauernden, sondern unendlichen Kreislaufs von Reinkarnationen, völlig ablehnend gegenüberstand (so legen es anscheinend *in Mt. comm. ser.* 96 [*GCS* 11,2,215f.] und *princ.* II 3,lf. [*GCS* 5,113–116] nahe), ist keineswegs unumstritten.[17] Sicher aber dachte er an eine fortschreitende Entsündigung aller, die so lange währt, bis sie der Schau Gottes fähig werden (*princ.* III 6, bes. 6). Ohne eine solche ἀποκατάστασις πάντων[18] schien ihm das (1. Kor 15,24–28) verheißene Ende, bei dem „Gott alles in allem" sein werde, unvorstellbar zu sein (*in Joh. comm.* 1,91 [*GCS* 4,20]; *in Jos. hom.* 8,5 [*GCS* 7,340]; *princ.* II 3,7).[19] Auf dieser Basis lehnte er aller Wahrscheinlichkeit nach eine „ewige Bestrafung" im strengen Sinn[20] wie sie später nicht erst Calvin, sondern bereits Augustin in *De civitate Dei* mit Nachdruck verteidigen sollte, ab,[21] zumal – zu seiner sichtlichen Erleichterung – im Evangelium „darüber" gar „nichts geschrieben" stehe (*in Joh. comm.* XXVIII 8 (7),63–66)!

3. Das Problem der Jenseitsstrafen im Urteil von Anhängern und Gegnern des Origenes an der Wende vom 4. zum 5. Jh.

Anstoß erregt hat der Glaubensdenker Origenes bereits zu seinen Lebzeiten; und das nicht zuletzt mit seiner These vom universalen Heil, welches selbst die „Bekehrung" Satans und der anderen bösen Geister einschließe, wenn anders der Apostel Recht habe mit der Erwartung, dass am Ende „Gott" sein werde „alles in allem" (1. Kor 15,28). Dabei wurde meist geflissentlich übersehen, dass er diese These nie als unbezweifelbaren Glaubenssatz, sondern eher als eine zuversichtliche Hoffnung verstanden wissen wollte (vgl. *in Joh. comm.* 32,29f. [*GCS* 4,429]; *princ.* I 6,3; III 6,5; *in Rom.*

---

16 Bernstein 1993, 310, unter Berufung u. a. auf *De princ.* II 10,4: *unusquisque peccatorum flammam sibi ipse proprii ignis accendat* („[Durch Jes 50,11 wird offenbar angedeutet, dass] jeder Sünder sich selbst die Flammen seines eigenen Feuers anzündet").

17 Vgl. etwa Bremmer 2002, 60, mit 160 (Anm. 30); dort auch weitere Literatur.

18 Vgl. dazu o. den Beitrag von R. Feldmeier, Abschnitt 3. 5.

19 Vgl. E. Schendel, *Herrschaft und Unterwerfung Christi* (Tübingen 1971) 81–110; H. Crouzel, „L'Hadès et la Géhenne selon Origène": *Gregorianum* 59 (1978) 325; P. Nemeshegyi, *La paternité de Dieu chez Origène* (Paris 1960) 203–216.

20 αἰώνιος (‚ewig') hier also verstanden als ‚von endloser Dauer' und nicht nur ‚von sehr langer Zeit'.

21 Bernstein 1993, 307, unter Berufung auf C. N. Tsirpanlis, „Origen on Free Will, Grace, Predestination, Apocatastasis, and Their Ecclesiological Implications", *Patristic and Byzantine Review* 9 (1990) 95–122. Zu Augustins gegenteiliger Auffassung und ihrer Begründung s. etwa Bernstein 1993, 314–333.

comm. 5,10; 9,41 [*PG* 14, 1018A–1056A;1240C–1245B]).[22] Wir müssen uns hier allerdings auf die Beschreibung von Positionen beschränken, wie sie, zeitnah zum Auftreten des Synesios, von maßgeblichen griechischen Theologen[23] in der von Origenes angestoßenen Diskussion bezogen worden sind. Dabei nehmen wir unseren Ausgang bei den beiden Extremen auf der damaligen Meinungsskala, um danach, in aller Kürze, zwei eher vermittelnde Standpunkte vorzuführen.

Maßgeblich beteiligt an dem Wiederaufleben des Streits um Origenes in den letzten Jahrzehnten des 4. Jh.s, der besonders das ägyptische und das palästinische Mönchtum, bis weit ins 5. Jh. hinein, aufwühlen sollte, war der „Ketzerhammer" und Bischof Epiphanios von Salamis auf Zypern (315–403), der in seinem *Arzneikasten gegen alle Häresien* (*Panarion*), verfasst zwischen 374 und 377, ein ganzes langes Kapitel (64) dem Angriff auf Origenes widmete. Darin beschuldigt er ihn u. a., die Auferstehung der Toten am Ende der Tage in einem rein allegorisch-spirituellen Sinn zu verstehen und zu leugnen, dass wir auch mit unserer kreatürlichen Leiblichkeit am ewigen Leben teilhaben werden (*Panar.* 64,63–71; vgl. zu Epiphanios' eigener Auffassung sein eher katechetischen Zwecken dienendes Handbuch *Der Festverankerte* [*Ancoratus*], 87–101).

Die Gegenposition vertrat, außer dem damaligen Leiter der alexandrinischen „Katechetenschule" und, in dieser Funktion, einem der Origenesnachfolger, Didymos dem Blinden (313–398), mit besonderer Radikalität Evagrios Pontikos (ca. 345–399). In seinen letzten fünfzehn Lebensjahren hielt dieser sich unter ägyptischen Wüstenmönchen auf, verdiente sich seinen Lebensunterhalt mit dem Abschreiben von Büchern und widmete sich zusammen mit anderen gebildeten Mönchen dem Studium vor allem der Werke des Origenes. Frucht dieses Studiums ist ein, allerdings nur teilweise erhaltenes, imposantes literarisches Werk. In seiner theologischen Hauptschrift, betitelt *Grundlehren der Erkenntnis* (*Kephalaia gnostica*), einer in zwei syrischen Übersetzungen erhaltenen Sammlung von, in sechs „Zenturien" (Hundertergruppen) zusammengefassten, Aphorismen, lässt er mehrfach die Erwartung anklingen, dass die Vergeltung am „Jüngsten Tage" nicht in der Verwandlung in andere Körper, sondern in der Entfer-

[22] Allerdings bestritt Origenes in einem Brief an Freunde in Alexandrien energisch, jemals die Erlösung des Teufels gelehrt zu haben; vgl. H. Crouzel, „A letter from Origen ‚to friends in Alexandria'" in: *The heritage of the early church. FS f. G. V. Florovsky* (Rom 1973) 135–150; J. B. Russel, *Satan. The early tradition* (Ithaca/London 1981) 144–148.

[23] Blickt man auf die zeitgenössische lateinische Theologie hinüber, so zeigt sich, dass die von Hilarius von Poitiers (gest. um 367/68) entwickelte detaillierte Eschatologie, die besonders in der Beschreibung der Vorstellungen von Himmel und Unterwelt eine sonst selten erreichte Konkretheit erlangt hat (Dassmann in: Colpe u. a. 1996, 366 mit weit. Lit.), anders etwa als das Werk des Ambrosius von Mailand (gest. 397) und erst recht das des Hieronymus keinerlei Spuren der Diskussion um Origenes erkennen lässt (vgl. zu allen dreien Daley 1991, 94–104; Vorgrimler 1994,102–104; Dassmann a.a.O., 366–370).

nung alles Grob-Materiellen bestehe, „das wie eine Decke zwischen ihnen und der herrlichen Schau (sc. Gottes) hängt" (2,77; vgl. 3,40.66.68). Die „Höllenqual" sei eine durch das Feuer bewirkte Traurigkeit, die im Gericht das Leidenschaftliche (oder Leidensfähige?) an der Seele reinige (3,18). Und in einem Brief (*ep.* 59) bringt er, in Auslegung von Lk 16,19–31,[24] sein Verständnis von Allversöhnung kurz und bündig so zum Ausdruck: „Es gab eine Zeit, da das Böse nicht war, und es wird eine Zeit geben, in der es nicht sein wird (ἦν ὅτε οὐκ ἦν ἡ κακία καὶ ἔσται ὅτε οὐκ ἔσται); es gab aber keine Zeit, da die Tugend (ἀρετή) nicht war, und es wird auch keine Zeit geben, in der sie nicht sein wird."[25]

Als stark von Origenes beeinflusst erweist sich auch das Brüderpaar Basileios von Kaisareia (ca. 329/330–Herbst 378/Januar 379) und Gregor von Nyssa (ca. 335/40–vor 400), ohne dass in ihrem erhaltenen Werk auf den aktuellen Streit um seine Lehre jemals ausdrücklich Bezug genommen würde. Der Jüngere von beiden, der Nyssener, unzweifelhaft der philosophischste Kopf innerhalb der Gruppe der „Großen Kappadozier", zu der man sie mit Gregor von Nazianz und Amphilochios von Ikonion zusammenzufassen pflegt, geht am weitesten in der Aufnahme und Weiterbildung origeneischer Eschatologie. So kann er etwa (in *De mort.* [*GNO* 9,51,16-18]) ohne Umschweife erklären, „Ziel und Ende" unserer irdischen Wanderschaft (διὰ τούτων πορεία) sei es, von neuem hineinversetzt zu werden in den ursprünglichen Zustand (πρὸς τὸ ἀρχαῖον ἀποκατάστασις[26]) „was nichts anderes" bedeute, „als Gott ähnlich zu werden" (ἡ πρὸς τὸ θεῖον ... ὁμοίωσις). Allerdings scheut er – genau so übrigens wie Evagrios – auch vor offener Kritik an Origenes[27] nicht zurück, indem er z. B. dessen Idee verwirft, „im Urstand" habe der Mensch einem unkörperlichen Seelenwesen geglichen, und seine Einkörperung sei das Ergebnis eines „(Sünden-) Falles". Dem hält er entgegen, dass eine solche Theorie unserer Hoffnung auf endgültige Erlösung abträglich sei, weil sie vermuten lasse, wir seien jetzt in einer unvorteilhafteren Lage als unsere Stammeltern vor deren „Fall" (*De hom. opif.* 28 [*PG* 46, 229B–233C). Sie impliziere zudem, dass wir selbst in einem der Schau Gottes gewidmeten Leben im Himmel nicht gegen Sünde gefeit seien, so dass auch mit der Möglichkeit eines endlosen Kreislaufs von Fall und Wiederherstellung ernsthaft zu

[24] S.o. R. Feldmeiers Beitrag, Abschnitt 3.3, S. 179–183.

[25] Die Zitate entsprechen Rückübersetzungen von W. Frankenberg aus dem Syrischen ins Griechische: W. F., *Euagrius Ponticus*, AGWG.PH NF 13, Nr. 2 (Berlin 1912).

[26] Zu den zahlreichen Parallelen zu dieser Stelle wie zum Verständnis des Begriffs ἀ. im Werk des Nysseners vgl. jetzt die bequeme Übersicht in dem entsprechenden Artikel, verf. v. G. Maspero, in: L. F. Mateo-Seco / G. Maspero (edd.), *The Brill Dictionary of Gregory of Nyssa*, S.VigChr 99 (Leiden usw. 2010) 55–64.

[27] Ohne Namensnennung allerdings. Dafür verrät z.B. die Erwähnung des Werktitels Περὶ ἀρχῶν in genügender Deutlichkeit, wer konkret gemeint sei, wenn etwa von „einigen unserer Vorgänger" die Rede ist (*De hom. opif.* 28 [*PG* 46,229B]).

rechnen sei; man könne sie zumindest nicht ausschließen (*De an. et resurr.* [*PG* 46,113B–D; vgl. 125A–C]). Allein, obwohl Gregor – nicht sehr häufig, aber doch gelegentlich – von einer Bestrafung der „Menschenfeinde und Bösen" im Jenseits spricht, die ebenso lange währe wie die Seligkeit der Gerechten (z. B. *De paup. am.* [*GNO* 9, 100,3–5]), unterliegt es keinem Zweifel, dass er mit Origenes der festen Überzeugung war, dass sich Gottes Plan *letzten Endes* in jedem seiner Geschöpfe durchsetzen werde (vgl. ebd. [100,6–102, 13] u. ö.). Man werde deshalb

> entweder im gegenwärtigen Leben gereinigt durch Achtsamkeit (προσοχή) und Philosophie (sc. durch Askese), oder, nachdem man diese Welt verlassen, geläutert durch ein reinigendes Feuer (καθάρσιον πῦρ) (*De mort.* [*GNO* 9,54,17–20]).

Auch Gregors ältester Bruder, Basileios, gehörte in seiner Jugend sehr wahrscheinlich zu den Bewunderern des Origenes, allein schon wegen des hohen Ansehens, dessen sich der Origenesschüler und spätere „Apostel Kappadokiens", Gregor „der Wundertäter" (gest. 270/75), in seiner Familie mütterlicherseits erfreute.[28] Dagegen scheint er mit fortschreitendem Alter, stärker als später sein Bruder Gregor, auf Distanz zu seinen „origenistischen" Anfängen gegangen zu sein,[29] gerade auch was das Problem der Jenseitsstrafen anlangt. Doch warum war das so? Hatte es etwa primär strategische Gründe? Glaubte er als für die Moral seiner Gemeindeglieder verantwortlicher Presbyter und Bischof, von der „Höllenangst" eine positive sittliche Auswirkung auf dieselben erwarten zu dürfen?[30]

Nun, man hat, zurecht, gesagt, wer Basileios kennen lernen wolle, müsse ihn zuerst als Mönch erkennen.[31] Nach allem, was sich von ihm und über ihn in Erfahrung bringen lässt, ist er auch als Bischof mit Leib und Seele Asket geblieben und hat sich sein ausgeprägtes Krisenbewusstsein, das dieser Option zugrundeliegt, weniger an eigenen Insuffizienzgefühlen

---

[28] Ob er freilich weiterhin, zusammen mit seinem einstigen Studienfreund Gregor von Nazianz, als Herausgeber einer Blütensammlung aus den Werken des Origenes (hauptsächlich zu dessen Schrifthermeneutik und zum Thema der freien Selbstbestimmung [αὐτεξούσιον] des Menschen in ihrem Verhältnis zum göttlichen Heilsplan) unter dem Titel Φιλοκαλία gelten kann, ist nicht länger unumstritten; vgl. E. Junod, „Basile et Grégoire de Nazianze sont-ils les compilateurs de la Philocalie d'Origène?" in: *FS f. J. Gribomont* (Rom 1988) 349–360.

[29] Vgl. J. Gribomont, „L'Origénisme de Basile de Césarée": *L'Homme devant Dieu, FS f. H. de Lubac* (Paris 1963) I, 281–294. Allerdings schießt die Behauptung Vorgrimlers 1994, 101, er habe sich von seiner ursprünglichen Position „gründlich abgekehrt", übers Ziel hinaus. Dagegen bietet Daley 1991, 82f., eine Fülle von Belegen dafür, dass sich Basileios auch weiterhin auf den Bahnen eher allegorisierender Interpretationen in der Tradition des Origenes bewegt, wenn es gilt, christliche Hoffnung zu artikulieren.

[30] So legt es sich wohl Vorgrimler 1994,101, zurecht, für den die Eschatologie des Origenes den „einsamen Höhepunkt" der „christlich-theologischen Verarbeitung der Höllentraditionen" bildet (96), während er die basilianische Höllenauffassung, genau so wie H. U. von Balthasar (?), einfach „scheußlich" zu finden scheint (98).

[31] H. V. Campenhausen, *Griechische Kirchenväter* (Stuttgart [1955] [8]1993) 89.

als an dem beklagenswerten „gegenwärtigen Zustand der Kirchen“[32] entzündet. Dieser erhebe es – gegen Ende des „Jahrhunderts Konstantins“, *nota bene*! – zur allerwichtigsten Frage, wie „die Bande der ersten Liebe“ zu erneuern wären,[33] wie sich „der Kirche ihre ursprüngliche Überzeugungskraft (ἀρχαία ἴσχυς) zurückgeben“ lasse.[34] Da aber der Schaden in seinen Augen nicht so sehr in Einwirkungen von außen als vornehmlich in menschlicher „Eigenmächtigkeit“ (αὐθεντία) begründet liegt, im Ungehorsam gegenüber der Lehre Christi (*De iudicio Dei*,2 [*PG* 31,653B–656C]), kann auch die Heilung nur von einer radikalen Umkehr (μετάνοια) erwartet werden; und das heißt für ihn: von der ungeteilten Hingabe an Gottes Willen als der heilsamen Durchbrechung allen menschlichen „Eigenwillens“ (ebd. 4 [660C]), von jenem völligen Gehorsam, wie er im Neuen Testament noch strikter eingefordert werde als im Alten (ebd. 6 [665C.D]). Von diesem Gehorsam sei schlechterdings nichts und niemand ausgenommen (ebd.7 [669B]); anders gesagt, er sei Mönchen und „Weltleuten“ gleichermaßen abverlangt.[35]

Von da aus erschließt sich auch am ehesten die Funktion des Gerichtsgedanken in der basilianischen Theologie und Verkündigung. Das sei hier lediglich an zwei Textkomplexen exemplarisch verdeutlicht: der eine entstammt dem Corpus seiner asketischen Schriften, der andere seinen Gemeindepredigten. Ganz im Einklang mit Geist und Intention seiner (von ihm selbst später gründlich überarbeiten) Frühschrift, üblicherweise zitiert als *Moralia*,[36] wird zum Schluss des ihr in der Endfassung vorangestellten sog. 1. Prologs *Über das Gericht Gottes*, aus dem wir bereits zitierten, die strikte Bindung christlichen Lebens an Willen und Wort Gottes statu-

---

[32] So die Überschrift zum Schlusskapitel seines dogmatischen Hauptwerks *Über den Hl. Geist* (*De spiritu sancto*).

[33] *Ep.* 70, Courtonne I, 164.

[34] *Ep.* 66, ebd. 159. – Dass es sich bei diesen Klagen schwerlich um reine Rhetorik handelt, sondern dass sie, soweit zu sehen, – mindestens im Kern – auf dem Hintergrund der „Konstantinischen Wende“ und ihrer Folgeprobleme sehr wohl verständlich und begründet sind, hoffe ich in meinem Torontoer Kongressvortrag über „Die Theologie des Basileios im Kontext der Reichskirche am Beispiel seines Charismaverständnisses“ in: P.J. Fedwick (Hg.), *Basil of Caesarea: Christian, Humanist, Ascetic* (Toronto 1981) [411–436] (wiederabgedr. in: A.M. Ritter, *Charisma und Caritas. Aufsätze zur Geschichte der Alten Kirche* [Göttingen 1993] 69–91) gezeigt zu haben.

[35] Seine eigentümliche Konzeption des Mönchtums im Verhältnis zur Kirche kommt bei Basileios schon darin zum Ausdruck, dass die eigentlichen „Mönchsregeln“, die sog. "Sittenschriften" oder *Moralia*, die er selbst allein als „Regeln“ (ὅροι) bezeichnet und verstanden hat, nichts anderes sind als ein Abriss von Normen für die *vita christiana* nach dem Neuen Testament und dass in ihnen jedes eigentlich „mönchische“ Vokabular ebenso bewusst vermieden ist wie die Idee der „evangelischen Räte“ (*consilia evangelica*).

[36] Ursprünglich wohl nur eine thematische Sammlung von Schriftzitaten nach Art eines Registers, bieten sie seit ihrer Neubearbeitung (unter Voranstellung eines doppelten Prooemiums) 1542 Verse aus dem NT im Wortlaut, die in 80 Regeln mit z. T. mehreren Kapiteln, und zwar für alle kirchlichen Stände (!), das Evangelium als alleinigen Maßstab des Christseins anmahnen.

iert und im Anschluss an die matthäische Erzählung vom Endgericht (Mt 25,31–46)[37] eingeschärft, dass die Unterlassung des Guten genau so dem „Gericht Gottes" unterworfen sei wie das Tun des Bösen. Alles Weitere ergebe sich daraus ebenso ungezwungen wie folgerichtig. Denn wenn der Psalmist sage: „Der Herr ist verlässlich (πιστός) in *allen* seinen Worten" (Ps 144 [145],13a), dann folge daraus, dass es nichts daran herumzudeuteln gebe, gleichviel, ob er, der Herr, etwas *ver*biete oder *ge*biete, ob er etwas verheiße oder androhe (ebd. 8 [*PG* 31,673A]).[38]

Blickt man von da aus auf den zweiten Textkomplex, die basilianische Gemeindepredigt und ihre Verwendung des Gerichtsmotivs, hinüber, so wird man schwerlich irgendwelche Unterschiede von Belang feststellen können. Genau so wie im monastischen Kontext kommt der Prediger vielmehr auch dort eher selten[39] auf das Problem der Jenseitsstrafen zu spre-

---

[37] S. o. S. 181–183.

[38] Diese Grundorientierung wird durchgehalten, wenn an einer Stelle der nunmehr eindeutig an eine monastische Hörer- und Leserschaft adressierten sog. *Kurzen Regeln* (*reg.brev. tract.* 267), aufgrund von Lk 12,47f., die Frage erörtert wird, ob es im Jenseits ein Mehr oder Weniger an Strafe, mithin auch eine ‚zeitlich' begrenzte Bestrafung gebe. B.s Antwort: die dunkleren Bibelstellen müssen von den helleren her interpretiert werden. Klar und deutlich sind die Aussagen Jesu Mt 25,46; Mk 9,48 (vgl. auch Jes 66,24). Es wäre einer Einflüsterung des Satans geschuldet, wenn man an dem Grundsatz, dass Gott ein gerechter Richter ist und einem jeden vergilt nach dem, was seine Taten wert sind, auch nur die geringsten Abstriche machte. Die „ewige Bestrafung" (αἰώνιος κόλασις), von der die Bibel spreche (vgl. Mt 25,41), könne unmöglich eher ein Ende finden als das „ewige Leben". Im übrigen gebraucht Basileios zur Illustration der Jenseitsstrafen ausschließlich biblische Bilder (vgl. Mt 25,41.46; Mk 9,45; Jes 66,24; Prov 9,18). – Im monastischen Kontext gibt es, wenn ich nichts übersehen habe, außer den genannten zwei Stellen nur noch eine weitere: den Schlussteil des seelsorgerlichen Schreibens an eine „gefallene Jungfrau" (παρθένος ἐκπεσοῦσα), die also ihr Gelübde gebrochen und das asketische Leben aufgegeben hat. Basileios mahnt sie ernstlich zur Umkehr (μετάνοια), im Bedenken der erforderlichen Rechenschaftsablage am Ende der Tage, wenn der Sohn Gottes kommen werde, zu richten über Lebende und Tote (vgl. Dan 7,9–10). Nach dem Tod sei nichts mehr zu korrigieren, gebe es keine Möglichkeit, den (aus der Bibel genugsam bekannten) Jenseitsstrafen zu entrinnen. Jetzt aber sei die Zeit der Umkehr, „wenn wir nur wollen" (*ep.* 46,5.6).

[39] Außer den gleich zu besprechenden drei Predigten aus der Zeit der Hungersnot und Dürre des Jahres 368 weiß ich nur noch von *einer* Gemeindepredigt (dass Basileios hier einen Kreis von Mönchen vor Augen hätte, dafür spricht m. E. gar nichts; anders Daley 1991, 82), in der das Problem der Jenseitsstrafen eingehender thematisiert wird; das ist die *Homilie über Ps 33 (34)*. Dass er hier darauf zu sprechen kommt, ist durch den – von ihm Vers für Vers ausgelegten – Psalmtext vorgegeben, wo es in Vers 12 heißt: „Kommt her, ihr Kinder, hört mir zu; ich will euch die Furcht des Herrn lehren." Dazu bemerkt der Ausleger, wenn hier von der „Furcht des Herrn" die Rede sei, dann handele es sich um eine „heilsame, Heiligung bewirkende Furcht" (einen φόβος ὁ σωτήριος, ἁγιασμοῦ ποιητικός), einen φόβος κατ᾽ ἐπιτήδευσιν (d. h. wohl: eine Furcht, die nicht ein Gemütszustand bleibt, sondern praktisch wird). Dem dient die Erinnerung an das Jüngste Gericht und die dann fällige ἐξέτασις τῶν βεβιωμένων. Was die, die „viel Böses taten in ihrem Erdenleben", an Strafen erwarte, malt er sodann weiter aus und beschränkt sich nicht, wie gewohnt, auf Anspielungen auf biblische Bilder oder deren Anführung im Wortlaut. Als „allerschlimmste Strafe" gelten ihm allerdings auch an dieser Stelle „jene Vorwürfe (ὀνειδισμὸς ἐκεῖνος)"

chen; und wenn doch, dann überschreitet er, soweit ich sehe, nirgends die aus dem NT zu erhebenden Grenzen.[40] Allerdings verschärft sich sein Ton,

des Weltenrichters (gedacht ist wohl an Mt 25,41–46) und die „ewige Schande (αἰσχύνη αἰώνιος)." Das gelte es zu „fürchten", durch diese Furcht gelte es, sich erziehen zu lassen (παιδεύεσθαι) und wie durch einen Zügel (οἱονεὶ χαλινῷ) seine Seele vom Verlangen nach dem Bösen abzuhalten (ἀνακόπτειν).

[40] Er ist also kaum das, was man sinnvollerweise unter einem „Höllenprediger" verstehen würde. Unter diesem Etikett aber bezieht ihn Vorgrimler 1994,101, in seine Darstellung ein, wenn er ihn zunächst unter die „namhaften Theologen des Ostens" einreiht, „die sich die Höllentraditionen [welche genau?] unkritisch zu eigen gemacht haben", und unmittelbar anschliessend von Johannes Chrysostomos als einem *anderen*, immerhin „bedeutenden", „Höllenprediger im kirchlichen Osten" spricht. Wie sich leicht nachweisen ließe, ist das eine so problematisch wie das andere. Hier jedoch muss, statt eines eingehenden Nachweises, ein einziges charakteristisches Beispiel aus dem umfangreichen *Corpus Chrysostomicum* genügen, um das ein wenig zu verdeutlichen. Am Schluss der *13. (14.) Homilie über das Matthäusevangelium* (*PG* 57,216D–218B), die der Auslegung der Versuchungsgeschichte (Mt 4,1–11) gewidmet ist, bündelt Chrysostomos, durchaus in nachvollziehbarem Anschluss an das Voraufgehende, was ihm die „Lösung" des Problems zu sein scheint, wie Gott es zulassen könne, dass es in diesem Leben den Bösen vielfach so wohl-, den Guten hingegen so übel ergeht. Er sagt: „Gott straft weder alle Sünder schon in diesem Leben, damit du nicht den Glauben an die Auferstehung verlierst samt der Erwartung des Gerichts, da er ja schon in diesem Leben mit allen abgerechnet habe; noch lässt er einen jeden ungestraft (ἀτιμωρητί) sterben, damit du nicht glaubst, es sei in allem überhaupt nichts von Vorsehung wahrzunehmen. Deshalb straft er die einen, die anderen aber nicht. An den einen will er eben zeigen, dass er auch im Jenseits diejenigen zur Rechenschaft ziehen werde, die diese Welt straflos verließen; durch die anderen will er in dir die Überzeugung wecken, dass auch nach dem Tod ein furchterregendes Gericht auf uns wartet. Würde er sich aber überhaupt nicht um die zuvor Genannten (πρότεροι) kümmern, so würde er auch niemandem Strafen auferlegen und niemandem Gutes tun. Nun aber siehst du, dass er um deinetwillen das Himmelszelt ausgespannt und die Sonne entzündet hat, dass er die Erde gründete und das Meer zusammenfließen ließ ..., mit einem Wort: alles, was immer durch Gottes nie ermüdende Hand in Bewegung gehalten wird, trägt bei zur Fristung unseres Lebens und steht uns zu Diensten, und zwar nicht bloß so, dass es eben noch genügt, sondern in geradezu verschwenderischer Fülle (πρὸς φιλοτιμίαν)! Wenn du also all dies so herrlich geordnet vor dir siehst, und ich habe noch kaum den tausendsten Teil davon erwähnt (was der Erwähnung wert wäre), dann wagst du zu behaupten, der, der all diese großen und herrlichen Dinge um deinetwillen geschaffen hat, werde ausgerechnet, wenn es darauf ankommt (ἐν τοῖς καιρίοις), deiner vergessen und dich in Gemeinschaft von – Eseln und Schweinen verenden lassen? Und nachdem er dich durch die große Gnade des wahren Glaubens ausgezeichnet hat (δώρῳ σε τιμήσας τοσούτῳ, τῷ τῆς εὐσεβείας), durch die du sogar den Engeln gleich geworden bist, werde er sich um dich und all deine ungezählten Sorgen und Mühen nicht mehr kümmern? Wie hätte das auch nur einen Funken Vernunft? Allein, wenn wir auch schweigen wollten, die Steine werden es herausschreien (vgl. Lk 19,40); so offenbar und selbstverständlich ist dies, klarer noch als selbst die Sonne. – Nachdem wir also durch all diese Erwägungen uns selbst überzeugt haben, dass wir nach unserem Tod vor einem furchterregenden Gericht zu erscheinen haben werden und Rechenschaft ablegen müssen über alles, was wir getan, dass wir uns verantworten müssen und unsere gerechte Strafe in Empfang zu nehmen haben, falls wir in unseren Sünden verharren, dagegen Siegeskronen und unaussprechliche Güter auf uns warten, *falls wir uns auch nur ein wenig in Acht nehmen* (μικρὸν ἑαυτοῖς προσέχειν) wollten, so lasst uns unseren Widersachern (ἀντιλέγοντες) in diesem Punkt das Maul stopfen und uns selbst für den

sobald er auf taube Ohren zu treffen fürchtet. Das mag das Beispiel der drei erhaltenen Predigten (*hom.* 6–8) verdeutlichen, welche sich wohl allesamt derselben, im kappadozischen Binnenland sich besonders verheerend auswirkenden, Hungersnot des Jahres 368 zuordnen lassen. Während sich die erste,[41] „Über das Wort des Lukasevangeliums ‚Ich will meine Scheuern einreissen und grössere bauen' sowie über die Habgier (πλεονεξία)" betitelt, gleichermaßen an Arme wie Reiche wendet, die Schönheit des Teilens preist und die Inhumanität eines Verhaltens nach dem ‚Vorbild' des „reichen Kornbauern" geißelt, um zum Schluss durch das bloße Zitat zweier Verse aus Mt 25,31–46 die unterschiedlichen Konsequenzen ethischen Verhaltens in der aktuellen Notsituation anzudeuten, verfällt die zweite Predigt (*hom.* 7),[42] „Wider die Reichen" überschrieben und auf diese konzentriert, von Beginn an in eine andere Tonart, indem sie, ausgehend von der Erzählung vom „reichen Jüngling" nach Matthäus (19,19–26), dessen Halbherzigkeit kritisiert, ihm allerdings zugute hält, dass er sich um die Erlangung des „ewigen Lebens" besorgt zeige. Hätte er allerdings, heißt es weiter, recht mit der Behauptung, „alles getan" zu haben, was Gottes Gebote verlangen, so wäre er gar nicht (so) reich geworden, weil es Gottes Wille nun einmal ist, dass wir *teilen*! Im folgenden setzt sich der Prediger Zug um Zug mit all den Ausflüchten auseinander, mit denen sich die Reichen unter seinen Zuhörern der Pflicht zu teilen zu entziehen und ihren Reichtum zu rechtfertigen suchen, ehe er, auf dem Höhepunkt des Appells an ihre Einsicht, den Gerichtsgedanken folgendermassen ins Spiel bringt:

> (6) Ich wünschte, du legtest einmal eine kurze Atempause ein bei deinem ungerechten Handeln und ließest einmal deine Gedanken- (oder Rechen-)spiele (λογισμοί) ruhen, um darüber nachzudenken, auf welches Ziel dein Eifer gerichtet ist. Du hast soundsoviele Morgen Ackerland, soundsoviele (mit Obstbäumen und Weinstöcken) bepflanzte Fluren, (ferner) Berge, Ebenen, Wälder, Flüsse, Weiden. Und was erwartet dich danach? Sind's nicht gerade einmal drei Ellen Erde, die dir bleiben? Genügt nicht die Last von ein paar Steinen, um dein armseliges (Häuflein) Fleisch zu bewachen? Was also mühst du dich so ab? ... Führst du dir nicht das Gericht Christi vor Augen? Was wirst du zu deiner Verteidigung vorbringen, wenn dich deine Opfer rings umgeben ...? ... Wohin immer du deinen Blick wendest, wirst du (nur) die deutlichen Zeichen deiner Misseta-

Pfad der Tugend entscheiden, damit wir mit gebührendem Freimut vor jenen Richterstuhl (Gottes) treten können, um die verheißenen Güter zu empfangen, durch die Gnade und Menschenfreundlichkeit unseres Herrn Jesu Christi, dem Ehre und Macht gebührt jetzt und allezeit und von Ewigkeit zu Ewigkeit". – Schon weil Chrysostomos denselben Weg vom Mönchtum zum Bischofsamt ging wie Basileios, schon weil er über das Verhältnis Mönchtum – Kirche genau so dachte und ihm die Entscheidungsfreiheit jedes Menschen (αὐτεξούσιον) genau so ‚heilig' war wie diesem, kann er gar nicht zu einem wesentlich anderen Urteil über „Hölle" und Jenseitsstrafen gelangt sein als er. Doch das kann und braucht hier nicht vertieft zu werden. Zu „meinem" Chrysostomosbild s. zuletzt etwa den Aufsatz „Situationsgerechtes kirchliches Handeln in der Spätantike und heute am Beispiel des Johannes Chrysostomos", *Kerygma und Dogma* 55 (2009) 148–168.

[41] Ed. Y. Courtonne, *Saint Basile. Homélies sur la richesse* (Paris 1935) 15–37.

[42] Ebd., 39–71.

ten vor Augen bekommen: hier die Tränen der Waisen, dort das Seufzen der Witwen, andernorts die Armen, die du misshandeltest, die Knechte, die du auspeitschtest, die Nachbarn, die du erzürntest. Alles wird sich wider dich erheben ... Wie der Schatten dem Körper, so folgen die Sünden den Seelen nach, als deutliche Versichtbarungen (Abbilder) vollbrachter (Übel)taten. Darum gibt's dort kein Leugnen (mehr) ... Denn unsere Werke legen wortlos Zeugnis ab ... Denke an jenen Tag, an dem „Gottes Zorn vom Himmel herab offenbar wird" (Röm 1,18). Denke an die Wiederkunft Christi in Herrlichkeit, wenn auferstehen werden, „die Gutes getan haben, zur Auferstehung des Lebens, die aber Böses getan haben, zur Auferstehung zum Gericht" (Joh 5,29). Alsdann erwartet die Sünder ewige Schande (αἰσχύνη αἰώνιος), „und die Glut des Feuers, das die Widersacher verzehren wird" (Hebr 10,27). Jene (Vorhaltungen) sollen dich betrüben; nicht betrüben aber soll dich das Gebot. Wie kann ich dich nur erweichen (δυσωπήσω)? ... Trachtest du nicht nach dem (Himmel)reich (βασιλεία)? Fürchtest du nicht die Hölle (γέεννα)? Woher soll dir Heilung für deine Seele zuteil werden? Falls dich, was schaudern lässt, nicht schreckt und, was freudig stimmt, nicht lockt, so habe ich (offenbar) ein Herz aus Stein zum ‚Dialog'partner (λιθίνῃ καρδίᾳ διαλεγόμεθα: *hom.* 7, 6).

Damit ist indes das Ringen des Predigers um die Herzen der Zuhörer noch nicht immer beendet.[43] Doch das für uns Wesentliche ist gesagt.

Die dritte Predigt (*hom.* 8 [*PG* 31,304D–328D]), „gehalten zur Zeit der Hungersnot und Dürre", wie es nun im überlieferten Titel ausdrücklich heißt, setzt noch einmal ganz anders an. Sie hat nicht mehr nur die Überwindung der aktuellen Notlage im Blick, sondern erstrebt anscheinend dauerhaftere Lösungen. So fragt Basileios zunächst nach der Ursache dieser Heimsuchung und gibt zur Antwort: „Deinetwegen hat Gott dies Unglück verhängt, weil du hattest und nicht gabst", um sogleich zu konkretisieren, was denn in seinen Augen, zugunsten der Armen, hätte gegeben werden müssen: *alles* (8,1). Weil ihm jedoch in jedem Fall an der Freiwilligkeit des Gebotsgehorsams gelegen ist, zeigt er sich in der Folge, ohne sich

[43] Gleich im nächsten Abschnitt macht der Prediger ein bedeutsames Zugeständnis an die „Reichen". Zwar verhehlt er nicht, dass er „Reichtum" für „Diebstahl" hält, wie er es auch bereits in den beiden Schlussabschnitten der vorherigen Predigt (*hom.* 6,7.8) anklingen ließ. Aber um ihnen nicht jegliche Hoffnung zu nehmen, entwickelt er die Idee vom „Seelteil". Er sagt: „Steht dir nicht deine Seele näher als jedes Kind? ... So gib ihr auch den Anteil, der dem Erstgeborenen zusteht (τὰ πρεσβεῖα τῆς κληρονομίας), gib ihr reichlichen Lebensunterhalt und verteile dann den Rest unter die Kinder!" (*hom.* 7,7). Diese Idee, auf den Kanzeln Kappadoziens (und zwar erstmals, soweit wir wissen, von Basileios!) verkündet, hat in den Kulturen und Rechten vieler Länder des Orients wie Okzidents kräftig nachgewirkt und die Grundlage abgegeben für ein sich immer weiter ausbildendes kirchlich-soziales Erbrecht (vgl. E. F. Bruck, *Kirchenväter und soziales Erbrecht. Wanderungen religiöser Ideen durch die Rechte der östlichen und westlichen Welt* [Berlin usw. 1956]). – Ganz und gar nicht in der Manier eines klassischen „Höllenpredigers" schließt Basileios auch hier: „Vertraue Christus, dem wohlmeinenden Ratgeber (σύμβουλος), der dich liebt, der um unseretwillen arm wurde, auf dass wir durch seine Armut reich würden (2. Kor 8,9); der sich selbst zum Lösegeld für uns dahingab (vgl. 1. Tim 2,6). Ob wir ihm nun folgen als weisem Ratgeber, der darauf sinnt, was uns zum Besten dient, oder ihm Vertrauen schenken als einem, der uns liebt, oder ihm vergelten als einem, der uns Wohltaten erwies: lasst uns in jedem Falle *tun*, was er uns geboten hat, auf dass wir Erben werden des ewigen Lebens, das in ihm, Christus, begründet liegt, welchem sei Ehre und Macht von Ewigkeit zu Ewigkeit" (7,9).

zu einer „doppelten Moral" zu bequemen, welche für die „Masse" den Gebotsgehorsam vorsieht und das Befolgen der „evangelischen Räte", des freiwilligen Eigentumsverzichts (im Sinne von Mt 19,21) z. B., einer Elite vorbehält, zu der *Konzession* bereit, die er bereits in der voraufgehenden Predigt (*hom.* 7,7) angedeutet hatte: im Erbfall nicht auf alles zu verzichten (was, setzt er stillschweigend voraus, in den Klöstern der Brauch ist, für alle am seligsten und gewiss Gottes Wille wäre), wohl aber für die „Seele" ein Erbteil vorzusehen. So mündet denn die Predigt in den Aufruf (*hom.* 8,9):

> Triff in vernünftiger Weise (λογικῶς) Vorsorge für Gegenwart wie Zukunft, die du nicht um schändlichen Gewinnes willen fahren lassen möchtest! Ein Leib, für dich Merkmal für Leben (τὸ σὸν γνώρισμα τῷ βίῳ), wird dir nicht bleiben. Im Hinblick auf die Erscheinung des erwarteten – und unzweifelhaft kommenden! – Richters wirst du dir selbst die Austeilung der Ehrengeschenke und die himmlische Herrlichkeit verschließen und statt langdauernden, seligen Lebens unauslöschliches Feuer (Mt 3,12; 13,30), Hölle (Mt 5,22; 1.Joh 3,15 u. ö.), Strafen (vgl. Mt 25,46) und endloses Verweilen in Bitternis und Qualen (vgl. Lk 16,24) einhandeln. Meine nicht, ich suche dich wie eine Mutter oder Amme mit lügnerischen Popanzen zu schrecken ... Das (eben Gesagte) ist kein Mythos; es ist vielmehr ein Wort, verkündet von einem Mund, der nicht trügt (Ταῦτα δὲ οὐ μῦθος, ἀλλὰ λόγος ἀψευδεῖ προκεκηρυγμένος φωνῇ) ... Und sei dir vollkommen bewusst, dass nach der Ankündigung des Evangeliums (Mt 5,18) „nicht vergehen wird der kleinste Buchstabe noch ein Tüpfelchen" (sc. vom Gesetz). Doch auch ein Leib, verwest in Grüften, wird auferstehen (vgl. Mt 27,52 mit Hi 19,26, wo IClem 26,3 σάρκα liest statt δέρμα), und eine Seele, die als solche dem Tod verschlossen war, wird von neuem einem Leibe einwohnen (vgl. 2. Kor 5,10). Und es wird eine genaue Prüfung dessen stattfinden, was wir zu Lebzeiten getan (vgl. ebd.). Nicht andere Zeugen (werden zur Stelle sein), sondern unser Gewissen selbst wird Zeugnis ablegen. Einem jeden wird von dem gerechten Richter zugemessen werden, was er verdient (vgl.Joh 5,30; 2. Tim 4,8)". (Schlussdoxologie).

4. Fazit

Der Beitrag zum Thema „Jenseits, Jenseitsgericht und Jenseitsstrafen im Denken des antiken Griechentums" innerhalb dieses Bandes, welcher sich mit Platons Jenseitsmythen beschäftigt, hat gezeigt, dass Synesios in seinem für unsere Fragestellung zentralen 43. Brief „vor allem Themen aus dem *Gorgias*-Mythos aufgegriffen" hat;[44] angespielt werde ferner auf die Mythen aus dem *Phaidon* und der *Politeia*. Auf die Bibel bezieht sich Synesios hingegen in diesem Brief nirgends; und auch sonst findet sich darin wenig von christlichen Einflüssen.[45] Das ist bemerkenswert bei einem Mann, der wohl bereits von seiner Herkunft her Christ war und es schließ-

---

[44] S. o. S. 160f.

[45] Allenfalls das Auftreten gegenüber dem womöglich in schwerwiegender Weise schuldig gewordenen Freund erinnert am ehesten an episkopale „Seelsorge" oder, richtiger, Kirchenzucht.

lich sogar zur Bischofs-, ja, zur Metropolitenwürde brachte.[46] Es lässt sich auch im Blick auf die literarische Hinterlassenschaft des Synesios keineswegs ohne weiteres verallgemeinern und ist darum erklärungsbedürftig. Ansonsten ist nämlich, wie I. Tanaseanu-Döbler in diesem Band gezeigt hat, durchaus der Eindruck zu gewinnen, als sei das Denken des Kyrenäers gewiss „strukturell durch die neuplatonische Metaphysik bestimmt", spiele aber immer wieder „inhaltlich souverän mit Motiven aus verschiedenen Traditionen", darunter auch der jüdisch-christlichen. Platonische „Philosophie und Christentum erscheinen" also „nicht als Gegensätze, sondern sind miteinander vereinbar, wenngleich in einer klaren Hierarchisierung, die der Philosophie die Deutungshoheit als Führerin zu Gott einräumt."[47] Auf der anderen Seite zählt die Eschatologie, konkret: der Gedanke an ein jenseitiges Strafgericht, nach Meinung des Autors selbst eben nicht zu den „potentiellen Konfliktpunkten" zwischen christlicher Lehre und seinen eigenen philosophischen Überzeugungen.[48] Infolgedessen dürfte es seine besonderen, wohl in erster Linie in der Person des Adressaten gelegenen Gründe gehabt haben, wenn er in dem fraglichen, Aufsehen erregenden Brief an Johannes (*Ep.* 43) so argumentiert, wie er argumentiert, und sich ausschließlich auf Platons Jenseitsmythen beruft.

Unser Überblick über Hauptstationen der „Lehre von den letzten Dingen", wie sie sich innerhalb (hauptsächlich) der griechischen Theologie in der Zeit zwischen dem NT und dem Auftreten des Synesios ausbildete, hat ergeben, dass dieser mit seiner Überzeugung, dass die Eschatologie nicht unbedingt zu den Konfliktpunkten gehöre, die eine *Wahl* zwischen „Bibel und Platon" erforderlich mache, wahrlich nicht allein stand. Freilich wäre wohl keinem der besprochenen Theologen in den Sinn gekommen, in dieser wie in anderen Themenfeldern „der Philosophie die Deutungshoheit" einzuräumen.

Selbst der unbekannte Verfasser der apokryphen „Offenbarung des Petrus (Petrusapokalypse)" mit ihrem „klassisch gewordenen Repertoire sadistischer Phantasmen" (C. Colpe), macht, wie wir sahen, kein Geheimnis daraus, dass er von den klassisch-griechischen Unterweltszenarien und so wohl auch von Platons Jenseitsmythen Kenntnis besaß.[49] Erst recht erweisen sich die eschatologischen Vorstellungen der beiden Alexandriner, Klemens und Origenes, als vom Platonismus tief geprägt, ohne den es auch, um nur dieses Beispiel aufzugreifen, (trotz 1. Kor 15,28) wohl kaum zur

---

[46] Vgl. den Beitrag von I. TANASEANU-DÖBLER, o. S. 132–135. Dass sich Synesios gegen seine Bischofswahl mit Händen und Füßen gesträubt haben will (vgl. *Ep.* 105), war in diesem Fall – anders als bei vielen „Mönchsbischöfen" seiner Zeit – kein Demutstopos, sondern hatte sachliche Gründe.

[47] Ebd., S. 135.

[48] Ebd., S. 132.

[49] S. o. S. 160.

Ausbildung der Allversöhnungslehre (ἀποκατάστασις πάντων) gekommen wäre.

Wem das entschieden zu weit geht, wer die Idee einer „*All*versöhnung" als unbiblisch empfindet, wird zumindest der Ernsthaftigkeit, mit der der wahrhaft große Origenes „sowohl der Bibel als auch der authentischen ‚kirchlichen Überlieferung' treu zu bleiben, zugleich aber den christlichen Glauben vor dem Wahrheitsbewusstsein der Zeit zu verantworten bestrebt war",[50] den Respekt nicht versagen wollen. Er wird vielleicht sogar so weit gehen zuzugestehen, dass die Allversöhnungslehre kaum interpretationsbedürftiger und ‚unchristlicher' ist als die augustinische Prädestinationslehre, die ja zu implizieren scheint, dass die zur Seligkeit Vorherbestimmten im Himmel sich bei dem Gedanken zu beruhigen vermögen, für die „zum Verderben bestimmte Masse" (*massa perditionis*) gebe es auf ewig *kein Entrinnen aus der Hölle*, ohne dass das für sie die göttliche Gerechtigkeit in Frage stellt! Ist es ein Wunder, wenn auf die Dauer ausgerechnet im Wirkbereich Augustins, in der abendländischen Theologie und Kirche nämlich, die (vergleichsweise human wirkende) Lehre vom *Fegefeuer* ausgebildet wurde, während im Protestantismus, der ihr entschieden absagte, immer wieder wagemutige Geister, einschließlich so großer Theologen wie F. Schleiermacher und K. Barth, unverhohlen mit dem Allversöhnungsgedanken liebäugelten?

Andererseits war es wichtig, an Figuren wie den Mönchstheologen Basileios von Kaisareia und Johannes Chrysostomos zu studieren, dass es nicht der reine Stumpfsinn war, nicht auch die Lust an Ketzermacherei oder am Schüren von Höllenangst, das nachdenkliche Menschen, ernste Christen, auf Distanz zu Origenes gehen und andere Akzente setzen ließ. Offen blieb jedoch, ob die Herausforderung durch den Platonismus nicht sehr heilsam gewesen sei für die altchristliche Theologie, ob man wirklich *wählen*, sich entscheiden müsse zwischen „Bibel und Platon", Origenes und Basileios.

Weil das aber Fragen sind, denen sich Synesios in seinem 43. Brief nicht gestellt hat, wollen auch wir ihnen an dieser Stelle nicht weiter nachgehen.

---

[50] S. o. S. 194.

Historische Bemerkungen zu den Briefen an und über Johannes

Bruno Bleckmann

1. Die Korrespondenz des Synesios von Kyrene und ihr Quellenwert

In der Geschichte des griechischen Ostens nimmt die Kyrenaika eine Sonderstellung ein. Neben einigen Regionen Kleinasiens ist nur hier – lange vor Alexander dem Großen – durch die griechische Kolonisation eine ganze Landschaft im östlichen Mittelmeerraum hellenisiert worden. In ununterbrochener Kontinuität hat sich das griechische Element über ein Jahrtausend hinaus behaupten können. Dazu trug die Integration der Kyrenaika zunächst in die ptolemäische Großmonarchie und anschließend in das bikulturelle Römische Reich bei. Die ptolemäische Sekundogenitur Kyrene wurde 96 v. Chr. testamentarisch den Römern vermacht und 74 v. Chr. als römische Provinz konstituiert. Seit Augustus wurde die Kyrenaika als Teil einer Doppelprovinz *Creta et Cyrene* gemeinsam mit Kreta verwaltet.

Über die Geschichte dieser Region in der Kaiserzeit ist nur wenig bekannt.[1] So fällt schon die Beschreibung und Erklärung der großen jüdischen Revolte von 115-117, des bedeutendsten Ereignisses in der Geschichte der Provinz, schwer. Auch die Nachrichten über die Einfälle der Marmariden während der Regierungszeit des Claudius Gothicus (268-270) sind völlig isoliert, und es ist unklar, ob sie sich in ein allgemeines Krisenszenario des dritten Jahrhunderts einordnen lassen. Unbekannt sind schließlich auch die Hintergründe, die dazu geführt haben, dass in der Regierungszeit Diokletians (284-305) nicht nur die Provinz *Creta et Cyrene* aufgeteilt wurde, sondern auch die Kyrenaika nunmehr in zwei kleineren Provinzen, der *Libya superior* und der *Libya inferior*,[2] organisiert war.

Erst fast am Ende der tausendjährigen Geschichte des Griechentums in der Kyrenaika erlaubt das Oeuvre des Synesios – und hier vor allem die im Zeitraum von 395 bis 413 entstandene Korrespondenz – eine Detailaufnahme dieser Region, die dann wieder bis zur Eroberung durch die Araber im

[1] Aktueller Überblick zu Geschichte und Forschungsstand in Roques 2008. Uli Wiemer danke ich für freundschaftliche Hinweise und Korrekturen.

[2] Für die Provinzen wird dann die Bezeichnung *Libya Pentapolis* (so auch bei Synesios) und *Libya sicca* üblich.

historischen Dunkel verschwindet.[3] Dass der geographische Horizont, der von den Briefen des Synesios erfasst wird, relativ beschränkt bleibt, macht gerade ihren Reiz aus. Im Vordergrund des Interesses des Synesios steht vor allem der westliche Teil der Kyrenaika, der in diokletianischer Zeit aus der Provinzteilung hervorgegangenen *Libya superior* bzw. Pentapolis. Dagegen tritt der wenig besiedelte östliche Teil, die Provinz *Libya inferior* oder *Libya sicca*, so gut wie nicht hervor. Näher beleuchtet werden innerhalb der Provinz Pentapolis nur die Verhältnisse in zwei Städten, nämlich in Ptolemais und Kyrene.[4] Ptolemais spielt bei Synesios besonders als politisches und auch als kirchliches Zentrum der Provinz eine Rolle, und zwar bereits für die Zeit, bevor Synesios selbst Bischof dieser Stadt wurde. Am wichtigsten ist aber in der Korrespondenz die Heimatstadt des Synesios, auf deren Territorium auch dessen Güter lagen.[5] An wirtschaftlicher und politischer Bedeutung war Kyrene in dieser Zeit gegenüber Ptolemais zwar zweifelsohne nachgeordnet. Das mag vor allem an dem Erdbeben von 365 gelegen haben, mit dem allerdings – im Unterschied zu älteren Annahmen – nicht jedes städtische Leben zum Erliegen kam.[6] Auch die Verwaltungsreform Diokletians könnte mit der Einrichtung der Hauptstadt Ptolemais zu einer Minderung der Stellung Kyrenes beigetragen haben.[7] Die Klagen des Synesios über die Dekadenz seiner Heimatstadt beziehen sich aber, wie Roques eindringlich dargelegt hat, nicht auf die Verschlechterung der

---

[3] Zur Erschließung dieser Korrespondenz (und der für die Geschichte der Kyrenaika relevanten Passagen im übrigen Oeuvre des Synesios), vgl. Lacombrade 1951a; Roques 1987; Roques 1989; Garzya / Roques 2000; Schmitt 2001. Zum historischen Hintergrund s. ferner Liebeschuetz 1985 und 1986.

[4] Von den drei übrigen städtischen Zentren der Pentapolis, Sozousa (das frühere Apollonia), Berenike und Taucheira erfährt man bei Synesios wenig bis nichts. Aus Berenike stammt der von Synesios kritisierte und exkommunizierte Statthalter Andronikos.

[5] Den Aristokraten im Westen des römischen Reiches ähnlich, hielt sich Synesios vor allem in seinen Landgütern außerhalb der Stadt auf, vgl. Liebeschuetz 1985. Dagegen erfährt man in der Korrespondenz des Libanios nichts von einem Landleben, sondern das Sozialleben fand in Antiocheia oder Daphne statt, vgl. Liebeschuetz 1972, 51.

[6] Zum Erdbeben von 365 vgl. Schmitt 2001, 149, Anm. 32 mit Verweis auf R. G. Goodchild, *Kyrene und Apollonia* (Zürich 1971) 89–90. Schmitt nimmt an, dass nach dem Erdbeben von 365 das Haus des Libyarchen Hesychios aufgegeben wurde, vgl. dagegen Roques 1987, 49–52 mit einem umfassenden Panorama zu den Spuren des Erdbebens im Stadtbild von Kyrene. Nach Roques 1987, 49 schließt sich dem Erdbeben von 365 erst die Phase an, in der das Haus des Libyarchen auf dem durch Erdbeben zerstörten Vorgängerbau errichtet wurde. Es dokumentiert mit seiner bunten Marmorausstattung und Mosaiken die Spätblüte von Kyrene, vgl. die gegen Goodchild gerichtete Argumentation, 95-96. Die ältere Annahme, dass bereits 262 Kyrene und die Pentapolis von einem Erdbeben heimgesucht wurden, mit dem die Blüte der Provinz beendet war, beruht auf dem problematischen Zeugnis von H. A. *Gall.* 5,2-6, vgl. dazu richtig Roques 1987, 43.

[7] Allerdings ist nicht mehr eindeutig festzustellen, inwiefern Kyrene eine wie auch immer geartete Hauptstadtfunktion verloren hatte. Denn in der kompliziert organisierten Doppelprovinz befand sich der zentrale Statthaltersitz in der hohen Kaiserzeit in der kretischen Stadt Gortyn.

wirtschaftlichen und politischen Situation von Kyrene als vielmehr auf die vermeintliche Dekadenz des Geisteslebens.[8] Aus diesem Grund betont Synesios den starken Kontrast zwischen den Zeiten, in denen prominente Philosophen wie Aristippos oder Karneades aus Kyrene kamen, und den eigenen Zeiten, in denen Synesios die Gesellschaft geistloser Standesgenossen ertragen musste, darunter auch den hier im Vordergrund stehenden Johannes.[9] Die Gestalt des Synesios mit ihrer literarischen und philosophischen Bildung belegt aber, dass diese Dekadenz nicht ganz so ausgeprägt gewesen sein kann.

Die Bildung des Synesios war, wie nicht nur im Altertum üblich, Instrument der sozialen Distinktion. Synesios gehörte einer der führenden Familien der Polis Kyrene an, und er rühmte sich seiner *eugeneia* wiederholt und in einer für das christliche Ethos bisweilen befremdlichen Weise.[10] Seine Familie konnte sich angeblich bis auf eine der Gründerfamilien von Kyrene und darüberhinaus – über die Verbindungen zwischen Kyrene, Thera und der Mutterstadt Sparta – bis auf die Herakliden zurückführen.[11] Die sozioökonomische Potenz der Familie des Synesios wird in dessen Korrespondenz immer wieder deutlich. Sie gehörte nicht nur zu den ersten der Stadt Kyrene, sondern der gesamten Provinz Pentapolis. Die Mittel der Familie erlaubten dem Synesios nicht nur aufwendige Studien in Alexandreia, sondern auch die Finanzierung eines langen Aufenthalts in Konstantinopel. Als Angehöriger einer der ersten Familien war er von der Provinzialversammlung der Pentapolis nach Konstantinopel geschickt worden, um Arcadius das fällige Kranzgold zu überbringen und um Steuererleichterungen durchzusetzen.[12] Während seines Aufenthalts scheint er in der Art der prominenten „wandering poets" dieser Zeit seine literarischen Fähigkeiten zum Einwerben einer hohen Position im Reichsdienst eingesetzt zu haben.[13] Nachdem dieses Unterfangen gescheitert und er wieder in die Pentapolis zurückgekehrt war, versuchte er als einer der prominenten Angehörigen der kurialen Oberschicht die Geschicke der Provinz zu beeinflussen, insbesondere in den ab 405 auflebenden kriegerischen Unruhen. Auch seine Wahl zum Bischof von Ptolemais und damit zum Metropoliten der Pentapolis erklärt sich durch seine Zugehörigkeit zur provinzialen Eli-

---

[8] Roques 1987, 27–40, besonders 31.

[9] Synesios *Ep.* 52.

[10] Z. B. in der Gegenüberstellung zur obskuren Herkunft des Aristonikos in *Ep.* 41, 239–246.

[11] Synesios, *hy.* 3,38–39; *Ep.* 113 ; 41; *catast.* 2, 5,1. Vgl. Liebeschuetz 1985, 159; Roques 1987, 127; Schmitt 2001, 148.

[12] Roques 1987, 160 f. Zur Frage vgl. zuletzt Lamoureux / Aujoulat 2008a, 1–10.

[13] In Analogie zu den zahlreichen prominenten Vertretern der ägyptischen Elite, die durch ihre Bildung Reichskarriere machten, vgl. dazu Cameron 1965. Die Analogie ist insbesondere von Schmitt 2001 hervorgehoben worden.

te[14] und spiegelt eine in vielen Gegenden des römischen Reiches zu beobachtende Entwicklung wider, in dem führende Familien das Bischofsamt als eine neue Möglichkeit entdeckten, die eigene Macht zu sichern und zu stabilisieren.

Die Details des Stemmas und der Verortung der Familie des Synesios im Gefüge der Eliten des römischen Reiches sind nicht genauer zu klären. So wird etwa die Verbindung zwischen Synesios und dem epigraphisch bezeugten Libyarchen Hesychios, also dem mit dem Kaiserkult der Provinzialversammlung betrauten Honoratioren, kontrovers beurteilt.[15] Insbesondere bleibt die jüngst vorgebrachte These, dass Synesios selbst senatorischen Rang hatte, also zum von Konstantin neu gegründeten, die Osthälfte des Reiches repräsentierenden Senat von Konstantinopel gehörte, der Diskussion unterworfen.[16] Zweige der Familie des Synesios waren immerhin eindeutig senatorisch. Zum Senat gehörte etwa der vorübergehend als Statthalter der Pentapolis (?) tätige Herodes, der Onkel einer jungen entfernten Cousine des Synesios, deren Verhalten dieser in einem Brief beklagte.[17] Durch die Möglichkeiten des Aufstiegs in den Reichsdienst, den

[14] Vgl. auch Liebeschuetz 1986, 189–193, der darauf hinweist, dass das Bischofsamt keinen Bruch in der militärischen (Selbstverteidigungskommandos) oder patronalen Tätigkeit des Synesios bedeutet.

[15] Zu den Familienverhältnissen des Synesios, deren Darstellung vor allem durch die Inschriften aus dem an der Agora ergrabenen „Haus des Hesychios" zusätzliche Komplexität gewonnen hat (*SEG* XVII 745–746 ; *BE* 1960 437 und *BE* 1961, 835; bequeme Zusammenstellung bei Schmitt 2001, 150f.), vgl. vor allem P. Maas, „Verschiedenes II: Hesychios, Vater des Synesios von Kyrene" (1913), in: ders., *Kleine Schriften* (München 1973) 175–176 (dem bereits die scharfsinnig aus dem Werk des Synesios gewonnene Erkenntnis zu verdanken ist, dass ein Hesychios Vater des Synesios war); Liebeschuetz 1985 (deutet das „Haus des Hesychios" in Kyrene als Sitz der Familie des Synesios); Schmitt 2001, 151–161 (mit der Annahme, dass erst der jüngere Hesychios der Vater des Synesios war und dass der „Libyarch" Hesychios in eine ältere Generationsschicht einzuordnen ist).

[16] Auf die Beweisführung von Schmitt 2001, warum Synesios selbst Senator gewesen sein soll, kann im Kontext dieser knappen Einleitung nicht eingegangen werden. Insbesondere geht es um die neuartige Auffassung von *Ep.* 93, die Schmitt 2001, 230–240 dazu veranlaßt, im Bruder des Synesios Euoptios und damit a fortiori auch in Synesios selbst einen Senator zu erkennen. Nach der Auffassung von Schmitt müßte Hesychios als außerordentlicher Interimsmagistrat den Euoptios um 412 in einer Liste, die den Empfang wichtiger Persönlichkeiten regelte, unter die „Bouleuten" (= Senatoren) gezählt und von der Liste der Angeklagten (das „schlechte Buch") gestrichen haben. Nach der Auffassung von Roques 1987, 206–213 war dagegen Hesychios ein *defensor civitatis*, der nach der Ordinierung des Synesios an dessen Stelle seinen Bruder Euoptios in das *album* der Kurialen eingetragen hat.

[17] Vgl. zu *Ep.* 3 (ungehöriges Verhalten der Nichte des Aischines und des Herodes) und 35 (Herodes im Reichsdienst) Roques 1987, 132. Schmitt 2001, 220–228 unterscheidet die in *Ep.* 3 und 35 genannten Personen: Nur der Herodes in *Ep.* 35 gehöre zur Familie des Synesios, sei aber als militärischer „Hegemon" nicht Statthalter der Kyrenaika gewesen. Diese Deutung ist allerdings riskant. Denn „Hegemon" wird vielleicht in historischen Texten der Spätantike (bei Zos. 1,21,2; 3,19,2; 3,22,1; 3,28,2) für Kommandeursposten gebraucht, im offiziellen Sprachgebrauch und in der übrigen Korrespondenz des Synesios allerdings eindeutig für zivile Statthalterposten.

Synesios selbst während seines Aufenthalts in Konstantinopel durchaus angestrebt hat, waren für die höchstgestellten Familien einer Provinz, zu denen die ersten Familien einer bedeutenden Stadt wie Kyrene auf jeden Fall gehörten, die Grenzen zur Senatsmitgliedschaft ohnehin fließend.[18] Perspektiven und Urteile in der Korrespondenz erklären sich jedenfalls eindeutig damit, dass Synesios trotz seiner höheren Ambitionen den Sorgen, Nöten und Vorurteilen der in den lokalen Stadträten vertretenen Eliten, den Kurialen, verbunden blieb.[19] Den Horizont der Pentapolis, die er als seine eigentliche Heimat, seine *patris*, empfunden hat,[20] verlässt er in der Korrespondenz nicht. Neben der umfangreicheren Korrespondenz des Libanios stellt damit die Briefsammlung des Synesios das wichtigste Zeugnis dar, aus dem die Perspektive der kurialen Oberschicht einer Provinz des Ostens erkennbar ist.[21]

2. Zur Identität des Johannes

Die historische Interpretation der Korrespondenz des Synesios unterliegt vielen Schwierigkeiten. Das liegt nicht nur daran, dass angesichts der bunten Fülle verschiedener Aspekte, bei denen neben die topisch beschriebene Idylle des Landlebens die eindringliche Beschreibung einer Seefahrt tritt, keine einheitliche Thematik auszumachen ist. Die Briefe sind nicht chronologisch angeordnet und lassen sich auch nur schwer im Nachhinein in eine chronologische Ordnung einfügen, zumal die zentralen Daten des Lebens des Synesios selbst sehr umstritten sind.[22] Manchmal kann nicht einmal

---

[18] Zu den durch Libanios dokumentierten Fällen des Aufstiegs von Kurialen in den Senat von Konstantinopel vgl. P. Petit, „Les sénateurs de Constantinople dans l'oeuvre de Libanius", *Antiquité Classique* 26 (1957) 347–382. Zu den zahlreichen Aufstiegsmöglichkeiten seit Konstantin vgl. P. Heather, „New men for new Constantines? Creating an imperial elite in the eastern Mediterranean", in: P. Magdalino (Hrsg.), *New Constantines. The Rhythm of Imperial Renewal in Byzantium, 4th – 13 th centuries* (Ashgate 1994) 11–33.

[19] Daran ändert die distanzierte Haltung gegenüber den üblichen Verpflichtungen der Lokalaristokratie nichts. Wie alle Kurialen dieser Zeit versuchte Synesios den drückenden Lasten (*munera*) der Curialen zu entkommen und dieses Privileg auch für andere Mitglieder der Familie zu sichern. Zu den Parallelen bei Libanios vgl. R. Pack, „Curiales in the correspondance of Libanios", *TAPhA* 82 (1951) 176–192.

[20] Vgl. zum Gebrauch von ‚patris' für die gesamte Pentapolis, statt für Kyrene, Roques 1987, 6. Liebeschuetz 1972, 23 stellt für Synesios fest, daß er im Unterschied zu Libanios „from a provincial rather than a city point of view" schreibt.

[21] Vgl. bereits C. H. Coster, „Synesius, a Curialis at the Time of the Emperor Arcadius", *Byzantion* 15 (1940–41) 10–38.

[22] Synesios wurde um 370 n. Chr. geboren und studierte in Alexandreia bei Hypatia. Auftakt seiner Karriere war seine Entsendung nach Konstantinopel. Diese Gesandtschaft wird entweder 399–402 (seit O. Seeck, „Studien zu Synesios", *Philologus* 52 [1894] 442–483) oder 397–400 (die ältere, aber jüngst wieder belebte Position) datiert, vgl. zu den kontroversen Positionen den Forschungsbericht von Aujoulat in Lamoureux / Aujoulat 2008, 11–26. Zur Chronologie des Bischofsamtes vgl. zu *Ep.* 13 und 12 Liebeschuetz 1986, 180f.

entschieden werden, ob ein Brief aus der Spätphase im Zeithorizont der Bischofserhebung oder aus der Frühphase im Zeithorizont der Gesandtschaft nach Konstantinopel stammt.[23] Die konkreten Aussagen zu Familienverbindungen, zu Ämtern, zu militärischen Sachverhalten etc. werden vom gebildeten Stilisten Synesios in einer Art und Weise formuliert, die eine große Spannweite moderner Interpretationsmöglichkeiten garantiert. Bezeichnend für diese Spannweite ist der Befund, dass die beiden in jüngerer Zeit vorgelegten großen Monographien zur historischen Interpretation der Korrespondenz des Synesios, nämlich diejenigen von D. Roques und T. Schmitt, mit völlig konträren Deutungen aufwarten.[24]

Die hier als „Johannes-Briefe" zusammengestellten Briefe erlauben einen Einblick in die Art und Weise, in der Synesios die Verhältnisse in Kyrene und der Kyrenaika aus der Perspektive eines betroffenen und am Tagesgeschehen beteiligten Angehörigen der kurialen Oberschicht beschreibt. Dies geschieht unter anderem dadurch, dass er einige ihm persönlich bekannte Mitglieder der Lokalaristokratie charakterisiert.[25] Als Inbegriff der dekadenten Gegenwart von Kyrene stellt er dabei in seinem hier bereits diskutierten Brief (*Ep.* 52) zwei Standesgenossen vor, nämlich Ioulios und Johannes. Während die Identifizierung des Ioulios keine Probleme bereitet,[26] gibt es mit dem in *Ep.* 52 genannten Johannes gewisse Schwierigkeiten. Vom Johannes der *Ep.* 52 ist mit Sicherheit der in *Ep.* 110 genannte Johannes zu unterscheiden, der als *comes sacrarum largitionum* sich der Gunst der Kaiserin Eudoxia erfreute und im Unterschied zu dem in den übrigen Briefen figurierenden Johannes nichts mit den Verhältnissen in der Kyre-

---

Als Datum des Todes wird in der Regel 413 angenommen, vgl. aber Liebeschuetz 1986,195 (erst nach 414 gestorben).

[23] Vgl. etwa zum Brief 95, den Liebeschuetz 1986,146–154 nicht ins Jahr 399, sondern ins Jahr 410 datiert und auf die Flucht vor der drohenden Bischofserhebung bezieht.

[24] Die Diskussion über die Thesen von Schmitt 2001 ist noch nicht abgeschlossen, vgl. etwa A. Demandt, *Byzantinische Zeitschrift* 97 (2004) 250–252; H. Seng, *Gymnasium* 110 (2003) 290–293 und vor allem (der auf die Angriffe Schmitts replizierende und gegen die „litanie de pseudo-nouveautés" gerichtete) Rezensionsartikel von D. Roques, „Synésios de Cyrène", *Revue d'Histoire Ecclésiastique* 99 (2004) 768–783. Auf einige der Alternativinterpretationen von Schmitt wird im Folgenden hingewiesen. Der Verfasser dieses Beitrags wäre allerdings anhand seiner nur kurzen Beschäftigung mit der Synesios-Korrespondenz damit überfordert, einen Schiedsspruch in dieser grundsätzlichen Kontroverse zu fällen.

[25] Folgende *curiales* sind neben Synesios und seinen Bruder Euoptios als Personen greifbar (vgl. die Übersicht bei Roques 1987, 134): Ioulios, Hesychios, Alexander, Johannes, zwei Personen, die Aischines heißen, Magnos, Leukippos, Euagrios. Synesios, Hesychios und Ioulios gehören dabei in die Spitzengruppe der *principales*, der führenden Männer in den einzelnen Stadträten.

[26] Zu Ioulios vgl. *Ep.* 79 und 95 (nicht identisch mit dem in *Ep.* 134 erwähnten Individuum dieses Namens). Vgl. Roques 1987, 179–180, der in ihm ein Mitglied einer der führenden Familien (der *principales*) von Kyrene sieht, der dann in das officium des Gouverneurs Andronikos aufgestiegen sei.

naika zu tun hat und auch nicht aus Kyrene stammte.[27] Dagegen sind nach einer weitverbreiteten Sicht die Briefe 2, 34, 43, 63, 64, 94 und 104 auf die in Brief 52 genannte Person zu beziehen.[28]

Eine gewisse Skepsis mag a priori hier zunächst angebracht sein. Denn der Name Johannes war in der Spätantike weit verbreitet. Der zweite Band der *PLRE* nennt allein schon hundert Personen dieses Namens, die bedeutende Stellungen in Verwaltung oder Militär erreicht hatten. Und da die Kyrenaika in der Epoche des Synesios wohl weitgehend christianisiert war – auch Synesios stammte aus einer schon längst christlichen Familie[29] –, war er trotz einer weiterhin existenten Vorliebe für die traditionellen griechischen Namen auch im Kreise der mit Synesios persönlich bekannten Kurialen sicher nicht ungewöhnlich. Es erscheint daher zunächst als kühn, die entsprechenden Briefe der Synesios-Korrespondenz zur Biographie einer schillernden Gestalt Johannes zu verbinden, der „zunächst als ein jugendlicher Aufschneider auftritt, später unter Mordverdacht gerät, unter Anysios wieder als Soldat dient und schließlich Mönch wird".[30]

Bei genauem Hinsehen sind freilich bestimmte Kombinationen durchaus möglich. Eindeutig auf dieselbe Person bezogen sind mit Sicherheit alle Briefe, die mit der Behandlung des Mordverdachts gegen den aus dem kurialen Milieu von Kyrene stammenden Johannes zusammenhängen. Johannes wurde beschuldigt, seinen Bruder Aimilios durch einen Mordauftrag beseitigt zu haben. Diese Affäre bestimmt die direkt an Johannes gerichteten und zusammengehörenden Briefe 43 und 2 sowie die beiden „Billets" 63 und 64, die m. E. in ihrer Knappheit und ihrem Inhalt nicht verständlich wären, wenn sie nicht in den Rahmen einer umfassenderen Kor-

---

[27] Zum Johannes am Hof von Konstantinopel vgl. *PLRE* II, s. v. Ioannes 1, 593-594. Ein Günstling der Eudoxia Johannes wird von Zosimos 5,18,8 als mutmaßlicher Vater des Theodosius II. ausgegeben. Seine Identifizierung mit dem *comes sacrarum largitionum*, dem Johannes von *Ep.* 110, ist allerdings möglicherweise unsicherer als von der Synesiosforschung, etwa bei Roques 1989, 167, angenommen, vgl. F. Paschoud, *Zosime. Histoire Nouvelle.* Tome III, 1re partie (Livre V), (Paris 1986), 149 und 170–176. Damit stellt sich die Frage, ob in *Ep.* 110 irgendwelche Anspielungen auf den Tod Eudoxias und das Risiko einer Minderung des Einflusses des Johannes zu erkennen sind, wie Roques angenommen hat. Schmitt 2001, 577 nimmt sogar aufgrund der Nachricht bei Zosimos 5,18,8 an, dass „Synesios' Erstaunen über Johannes' Beharrungsvermögen in einer einflußreichen Position" mit dem schädlichen Gerede über die Herkunft des Theodosius II. in Verbindung zu bringen und dass der Brief 110 also eher nach der Geburt des Theodosius II. am 10. April 401 zu datieren sei.

[28] Lacombrade 1951a, 207, Anm. 40; Roques 1989, 227–230 (mit einer ausführlichen Begründung der Identität); Garzya / Roques 2000, 124–125.

[29] Euagrios, *h. e.* 1,15 hat die späte Taufe des Synesios vermutlich falsch ausgedeutet. Synesios hat sich erst 404 von Theophil von Alexandreia taufen lassen. Zum Christentum der Familie des Synesios s. vor allem die aus einer nachvollziehbaren Interpretation der Korrespondenz (etwa von *Ep.* 66) gegebene und m. E. zwingende Begründung bei Roques 1987, 301–303. Vgl. auch Schmitt 2001, 190.

[30] Schmitt 2001, 696, Anm. 408.

respondenz mit einem bereits bekannten Adressaten einzufügen wären. Brief 52 macht deutlich, dass der Mordverdacht von kurialen Gegnern des Johannes gestreut wurde, und liefert damit eine präzisierende Information zum Brief 43.

Der Mordverdacht gegen Johannes hing mit der Verwicklung des Johannes in die inneren Auseinandersetzungen der Elite von Kyrene zusammen und illustriert also einen wichtigen Aspekt der Existenzbedingungen eines Kurialen im beginnenden fünften Jahrhundert. Auch in der Spätantike waren die Rivalitäten innerhalb der einzelnen Stadtaristokratien, die sich seit der Entstehung der Polis nachweisen lassen und die bis zu offenem Bürgerkrieg (*stasis*) reichen konnten, nicht zur Ruhe gekommen, und sie wurden nicht nur in neuen Formen – etwa dem Streit um die Besetzung eines Bischofssitzes –, sondern auch in vertrauten Techniken, wie der Ruinierung des persönlichen Feindes im Prozesskrieg, ausgetragen. Einen anderen Aspekt der Existenzbedingungen der *principales*, also der bedeutendsten kurialen Familien einer Stadt, illustrieren die Briefe 34, 94 und 104, in denen es darum geht, dass infolge der Unsicherheiten der Völkerwanderungszeit selbst im relativ abgelegenen Kyrene lokale Selbstverteidigungsmilizen wieder an Bedeutung gewannen, deren Kommando wie in den alten Milizheeren der Polistradition den Eliten vor Ort oblag. Die Annahme, dass Johannes, der alte Bekannte und „Freund" des Synesios,[31] offenkundig eine Zeitlang, nachdem die Mordvorwürfe sich als gegenstandslos erwiesen hatten, in einem solchen Selbstverteidigungskommando tätig war bzw. tätig sein wollte, ist daher plausibel.

Unsicher ist dagegen die Kombination der bisher erwähnten Briefzeugnisse zu Johannes mit dem Brief 147, in dem Synesios einen Johannes zur Wahl der mönchischen Existenz beglückwünscht. Von diesem Johannes ist beispielsweise nicht gesichert, dass er aus Kyrene stammt.[32] Aus dem Brief 147 geht lediglich hervor, dass Synesios ihn bereits von früher kannte und aus diesem Grunde einen Ganos nach Nachrichten über ihn fragte. Man muss auch anfügen, dass die Wahl der mönchischen Existenz durch Angehörige aus hochgestellten Familien, gerade im beginnenden fünften Jahrhundert ein überaus verbreitetes Phänomen gewesen ist. Dass der zuvor erwähnte Kuriale Johannes sein Leben als Mönch beendet hat, ist also,

---

[31] Vgl. dessen Charakterisierung als σύντροφος in *Ep.* 94,21. Es geht nicht an, im Johannes von *Ep.* 104 einen anderen, aus Phrygien stammenden Militär zu erkennen (so *PLRE* 2, Ioannes 2, p. 594). Als Phrygier (*Ep.* 104, 18) wird er nur im übertragenen Sinne wegen seiner Feigheit bezeichnet.

[32] Schmitt 2001, 696, Anm. 408 stellt das auch für den Johannes von *Ep.* 43 in Frage: „Unklar ist es weiterhin, ob der unter Mordverdacht geratene Johannes ein Kyrenäer ist." In der folgenden Anmerkung erkennt er aber an, dass *Ep.* 52 und 43 sich auf die gleiche Affäre beziehen. Aus *Ep.* 52 geht aber eindeutig hervor, dass Johannes wie Ioulios aus Kyrene stammt.

auch wenn die Annahme nicht bewiesen werden kann, an sich im sozial- und mentalitätsgeschichtlichen Horizont dieser Zeit nicht untypisch.

Die Zusammenfügung der drei Gruppen der Johanneskorrespondenz, also erstens der Briefe 43, 2, 63, 64 und 52, zweitens der Briefe 34, 94 und 104 und drittens des Briefes 147, zum Gesamtbild eines Johannes bleibt hypothetisch, stellt aber keine abenteuerliche Konstruktion dar. Vielmehr entsteht so das Modell einer kurialen Biographie, die im beginnenden fünften Jahrhundert möglich war. Die methodische Umsicht gebietet es gleichwohl, die drei Einzelfacetten dieser konstruierbaren Gesamtexistenz zunächst auch isoliert voneinander zu betrachten.

3. Johannes, die Kurialen und die Statthalterjustiz

Im Brief 43 erteilt Synesios seinem Standesgenossen und „Freund“[33] Johannes Ratschläge, ganz im Rahmen einer Ethik, in der einerseits eine innerliche emotionale Beziehung zu einem durch gegenseitige Interessen und gemeinsamen Umgang erworbenen Freund nicht notwendig war und in der andererseits Freundschaftsverpflichtungen vor allem darauf hinausliefen, den Freunden zu nützen und den (persönlichen) Feinden zu schaden. Der Nutzen besteht dabei in den von Synesios erteilten Ratschlägen, und der Schaden darin, dass er seinen Feinden seine nützlichen Ratschläge verweigert.[34] Rein formal genügte Synesios damit den erwarteten Freundschaftsverpflichtungen, blieb aber, weil der Ratschlag inhaltlich kaum den Erwartungen des Johannes entsprochen haben kann, der Synesios um Unterstützung angesichts von Mordvorwürfen ersucht haben muss, in Wirklichkeit auf Distanz zu Johannes. Diese Distanz wird in *Ep.* 52 dann auch deutlich formuliert.[35]

Johannes war dadurch in Bedrängnis geraten, dass seine persönlichen Feinde ihn des Mordes an seinem Bruder Aimilios bezichtigen. Diese Feinde werden in 52 deutlich umrissen als seine πολιτευόμενοι ἔχθροι. Πολιτευόμενοι sind unter den Bedingungen oligarchisch organisierter Städte *de facto* in der Spätantike nur die am politischen Leben teilnehmenden Kurialen. Die Motive der Feindschaft werden von Synesios nicht genannt, aber das Faktum allein entspricht der bekannten Tatsache, dass die Einbindung der Poleis in das römische Reich die wie auch immer motivier-

[33] Zum auch in der Spätantike gültigen Konzept der antiken „Freundschaft“ vgl. S. Rebenich, „Freund und Feind in der christlichen Spätantike“, in: Fuhrer 2008, 11–31 mit der am Anfang dieses Aufsatzes erwähnten Literatur zum Freundschaftsproblem.

[34] Zur Schädigung der Feinde, vgl. *Ep.* 43, 35–44.

[35] Liebeschuetz 1985, 163 ordnet die Briefe im Sinne einer Entwicklung an: Der Wechsel von einem ersten, neutralen Brief zum ausführlichen Brief mit den eindringlichen Mahnungen erkläre sich daraus, dass Synesios in der Zwischenzeit Bischof geworden sei. Gegen diese Hypothese vgl. aber Schmitt 2001, 696f. Anm. 409.

ten inneraristokratischen Auseinandersetzungen in den einzelnen Städten keineswegs zur Ruhe gebracht hatte.[36] Das arrogante und gewalttätige Verhalten, das Johannes auszeichnete,[37] zeigt, dass dieser für sich im inneraristokratischen Wettbewerb um Rang und Ehre eine besonders hohe Stellung beanspruchte. Auf dieses Verhalten reagierten nun seine Feinde, indem sie ihm unterstellten, den Mord gegen den wie auch immer durch Gewalteinwirkung umgekommenen Bruder Aimilios in Auftrag gegeben zu haben. Die Vorwürfe der Feinde gegen Johannes reichten zwar nicht über die bloße Gerüchtebildung hinaus und wurden anonym formuliert. Gleichwohl waren solche Gerüchte für Johannes von existentieller Gefährlichkeit. Denn „Verleumdungen" konnten den endgültigen Ruin des Konkurrenten einleiten.

Entscheidend war, dass diese Verleumdungen den Boden für Anklagen vorbereiteten und auf diesem Weg zum Statthalter gelangten, der in den spätantiken Kleinprovinzen sich mit allen Kapitaldelikten befasste. Diese Anklagen wurden – in Ermangelung eines Staatsanwalts – entweder von *stationarii* aus dem *officium* des Statthalters formuliert oder aber eben von Privatpersonen, die sich als *accusatores* konstituierten. Im einzelnen wurde in der spätantiken Gesetzgebung versucht, Auswüchse der privaten Denunziation zu steuern. So wurden etwa anonyme *libelli* verboten. Private Ankläger hatten sich durch eine *inscriptio* zu verpflichten, bei der Anklage zu bleiben und sich selbst schwerer Bestrafung zu unterziehen, wenn die Anklage sich als unbegründet erwies. Ferner wurden Regelungen für Denunziationen im Affekt getroffen. Als minderwertig geltende Aussagen von Frauen oder Sklaven sollten keine Berücksichtigung finden. Diese sehr unzureichenden Regelungen konnten am Grundproblem der Instrumentalisierung privater Anklagen für den Strafprozess nichts ändern, dass nämlich diese Anklagen dazu dienten, Rivalitäten und Feindschaften auszutragen. Synesios sieht in diesen klassisch als Sykophanten bezeichneten Anklägern die Geißeln der Stadt Kyrene[38] und nennt einige Opfer dieser Ankläger, etwa seinen Cousin Diogenes[39] oder den sonst nicht günstig beurteilten Kurialen Ioulios mit seiner Familie.[40]

Um Johannes aus der gefährlichen Situation zu befreien, die mit einer Denunziation vor dem Statthalter verbunden sein könnte, regt Synesios an, Johannes möge sich in Abwehr dieser Eventualität selbst dem Gericht des Statthalters stellen. Während in anderen Briefen der Korrespondenz des Synesios eine durchaus skeptische Beurteilung von korrumpierbaren oder

[36] Vgl. auch Liebeschuetz 1985, 162 zum „habit of ruthlessly attacking each other and each other's property".
[37] Vgl. *Ep.* 104.
[38] Synesios *Ep.* 118, 131 und 150. Zu den Sykophanten und ἐνδεῖκται vgl. auch *Ep.* 73 (Gastmähler unter Andronikos von Sykophanten denunziert) und *Ep.* 49 und 150 (Notwendigkeit, die Provinz von den Sykophanten zu befreien).
[39] *Ep.* 49 und 51.
[40] *Ep.* 95 und 159.

grausamen Statthaltern zu erkennen ist,[41] scheint Synesios in Brief 43 davon auszugehen, dass die Statthalterjustiz funktionierte. Auch dass beim Statthalter gefoltert wird, gehört zu dem von Synesios durchaus akzeptierten Regelwerk. Seine andernorts geäußerte Empörung über die Folterpraxis des Statthalters Andronikos bezieht sich nur darauf, dass hochgestellte Persönlichkeiten mit ungewöhnlichen Innovationen und ohne Rücksicht auf den durch die Kirche gewährten Schutz gefoltert werden.[42] Im Falle des Strafprozesses des Johannes soll dagegen nach den durchaus zeittypischen Vorstellungen des Synesios die Folter als Mittel rechtmäßiger Wahrheitsfindung Anwendung finden.[43] In aller Deutlichkeit betont Synesios, dass das Folterinstrument der eisernen Kralle[44] die gleiche Kraft habe wie philosophische Syllogismen und dass auf diese Weise die reine Wahrheit offengelegt werde. Der Folter soll allerdings in dem Strafprozess nicht Johannes selbst unterzogen werden, sondern nur dessen Handlanger Spatalos, in dem man einen in welcher Weise auch immer von Johannes abhängigen Angehörigen der Unterschicht, vielleicht einen abhängigen Pächter, sehen kann.[45] Die Verschonung des Johannes und die Folterung des Handlangers entspricht der spätkaiserzeitlichen Klassenjustiz mit ihrer scharfen

---

[41] Dazu Roques 1987, 195–206.

[42] *Ep.* 41,156–166; *Ep.* 42, 9–15 und 39–60.

[43] Vgl. zur Akzeptanz der Folter im Strafprozess bei Ammianus Marcellinus J. Matthews, „Ammianus on Roman Law and Lawyers", in. J. den Boeft / D. den Hengst / H. C. Teitler (Hrsg.), *Cognitio Gestarum. The Historiographic Art of Ammianus Marcellinus* (Amsterdam 1993) 47–57, besonders 53–57.

[44] Die *ungulae*, die Krallen, begegnen als Folterinstrument, durch das meistens mit zwei Spitzen die Seiten aufgerissen wurden, in der spätantiken Gesetzgebung, vgl. *Cod. Theod.* 9,12,1 und 9,16,6, vgl. auch Seneca, *epist. mor.* 14 (*uncus*). Zur Kombination der Anwendung mit dem *eculeus* Sozom. 5,11,4–6. Vgl. auch im einzelnen A. Ehrhardt, „Tormenta", *RE* 6 A 2 (1937) 1778–1794 ; J. Vergote, „Folterwerkzeuge", *RAC* 8 (1972) 111–141; M. Halm-Tissérant, *Réalités et imaginaire des supplices en Grèce ancienne* (Paris 1998) 37–38. Weitere Folterinstrumente werden in *Ep.* 58 genannt.

[45] Solche abhängigen Bauern sind etwa die seit vier Generationen auf den Gütern des Libanios ansässigen jüdischen Pächter, vgl. zu Libanios *or.* 47,13 Liebeschuetz 1972, 44. Banden, die aus abhängigen Bauern gebildet und in Gewalttätigkeiten verwickelt sind, werden etwa von Libanios *or.* 47,6 beschrieben, vgl. Liebeschuetz 1972, 201. Ihre Herren sind Offiziere, die in Syrien Grundbesitz besaßen, aber Ähnliches kann auch für zivile Grundbesitzer angenommen werden. Vgl. auch P. Abinn. 18 (H. I. Bell / V. Martin / E. G. Turner / D. van Berchem (Hrsgg.), *The Abinnaeus Archive* (Oxford 1962): Beschwerde eines Buleuten von Arsinoe gegenüber Abinnaeus über von diesem Abhängige, die das Haus des Hatres in Theoxenis geplündert haben, vgl. zur sozialgeschichtlichen Deutung J. M. Carrié, „Patronage et propriété militaires au IVe s. Objet rhétorique et objet réel du discours Sur les patronages de Libanius", *BCH* 100 (1976) [159–176] 172-173. G. Grützmacher, *Synesios von Kyrene. Ein Charakterbild aus dem Untergang des Hellenentums* (Leipzig 1913) 117 sah in Spatalos einen „Soldaten" des Synesios, was eine Gleichsetzung mit den in *Ep.* 104 genannten Bewaffneten bedeuten würde.

Verschiedenheit in der Behandlung einer scharf abgegrenzten Oberschicht der *honestiores* und der Unterschicht der *humiliores*.[46]

4. Johannes im Selbstverteidigungskommando

Synesios leitet seinen langen Brief 104 mit der Sentenz ein, dass der Krieg Personen, die in Friedenszeiten frech seien, auf ihre Ernsthaftigkeit prüfe und deren in Wirklichkeit völlig schlechten Charakter erweise. Dem arroganten Auftreten des Johannes auf der Agora (von Kyrene) steht seine Feigheit in der kriegerischen Situation gegenüber. Als die kyrenische Miliz, zu der Synesios selbst gehört (der Bericht wird in der ersten Person Plural gegeben), die erste Begegnung mit den feindlichen Invasoren vorbereitet, fehlt Johannes und lässt aus dem Kreis seines dubiosen Gefolges diverse Entschuldigungsgründe vorbringen. Als es nach einigen Tagen dann doch zur Feindbegegnung kommt, ist Johannes zwar – im Glauben, der Feind komme nicht – zufällig dann doch präsent. Er sät aber dann, indem er mit Kommandorufen die Karikatur eines Generals abgibt, Unordnung. Schließlich flieht er in spektakulärer Weise und findet in der Felsenburg von Bombe einen Schlupfwinkel.

Die Datierung des Briefes mit der sehr plastisch geschilderten Feigheit des Johannes ergibt sich aus einer Beobachtung von Roques. Während in der Schilderung des Synesios in Brief 104 ein nur auf Pferden durchführbarer Massenausfall des Truppenkorps der Balagriten erfolgt, erfährt man später (Brief 132), dass der 405 amtierende Militärbefehlshaber (*dux*) Kerealios den Balagriten die Pferde weggenommen und aus ihnen eine infanteristische Einheit gemacht hat.[47] Der Brief 104 wird daher nicht nur von Roques, sondern auch von Schmitt spätestens in das Jahr 405 datiert, wobei m. E. eine große Restunsicherheit verbleibt, weil die Maßnahme des Kerealios ja auch in den Folgejahren rückgängig gemacht worden sein kann. Die beiden übrigen Briefe, in denen es um die Beteiligung des Johannes am Milizheer geht, sind dagegen durch den Adressaten, den 410 bis 411 amtierenden *dux* Anysios, eindeutig datiert.[48] Hier spricht sich Synesios in

[46] Nur in besonderen Fällen, nämlich in Anklagen wegen Hochverrats (Majestätsprozessen), wurden auch Angehörige der Oberschicht gefoltert, vgl. *Dig.* 48,18,10,1, ab Theodosius wurden zumindest einfache Kuriale auch wegen Steuerdelikten gefoltert, vgl. *Cod. Theod.* 12,1,126. Galerius wird als Regelverstoß nicht die Folter an sich, sondern das Foltern von gesellschaftlich hochstehenden Kurialen und noch höher stehenden Personen vorgeworfen, vgl. Lactantius, *de mort. pers.* 21,3: *Torquebantur ab eo non decuriones modo, sed primores etiam civitatum, egregii ac perfectissimi viri, et quidem in causis levibus atque civilibus.* Zum Beginn der sozialen Distinktion bei der Anwendung der Folter P. Garnsey, *Social Status and Legal Privilege in the Roman Empire* (Oxford 1970) 141–147 und 213–216.

[47] Mai 405: Roques 1989, 165, der den Brief 132 in den Zeitraum Mai bis September 405 datiert. Vgl. Schmitt 2001, 581.

[48] Zur Überlappung zwischen der Amtszeit des Anysios und dem Episkopat des Synesios, vgl. Liebeschuetz 1986, 191.

Empfehlungsschreiben dafür aus, dass sich Johannes trotz seiner (im Brief 94 angedeuteten) Feigheit wieder militärisch bewähren darf.

Die militärische Bedrohungslage, in der Johannes sich als Feigling erweist, wird in *Ep.* 104 nur in vager Form skizziert. Konkreter ist in diesem Brief eigentlich nur die Schilderung der direkten Konfrontation ausgefallen. Hier beschreibt Synesios eine kleine Gruppe erbärmlich aussehender Feinde, die zu Pferde angreifen und für den Kampf absitzen müssen. Die Beschreibung genügt immerhin, um zu erkennen, dass die These von nomadisierenden Dromedarreitern, die Nordafrika und Libyen in der Epoche der Völkerwanderung unsicher machten, hier jedenfalls keinen Anhaltspunkt hat. Ansonsten müssen für die Rekonstruktion der in den Briefen 104, 24 und 94 vorausgesetzten Gefahrensituation spärliche Nachrichten aus dem übrigen Oeuvre des Synesios und aus anderen Quellen hinzugezogen werden.

Aus diesen Zeugnissen ergibt sich, dass es anscheinend zunächst eine Ruhepause gab, nachdem im dritten Jahrhundert die Kyrenaika bereits in ähnlicher Form wie Nordafrika von Nomadenstämmen aus der Wüste attackiert worden war, der Feldherr Tenagino Probus aber die Marmariden bezwungen hatte. Erst für die Zeit um 400 berichtet der radikal-arianische Kirchenhistoriker Philostorgios über Barbarenangriffe auf die Provinz Kyrene:[49] Maziken und Auxorianer, die zwischen Libyen und dem römischen Africa wohnten,[50] verwüsteten Libyen, das westliche Ägypten und Africa. Mit den Nachrichten des Philostorgios korrespondieren einige Angaben des Synesios. Synesios macht nämlich für die verschärfte Bedrohungslage, mit der es die Kyrenaika nach seiner Darstellung ab 405 zu tun hat, die Ausurianer und Maketen verantwortlich, sofern er nicht allgemein von Feinden oder Barbaren berichtet. Eine Parallelisierung des von Philostorgios erwähnten Bedrohungsszenarios mit den bei Synesios geschilderten Angriffen ist angesichts des sich deckenden Zeithorizonts auf jeden Fall möglich,[51] auch wenn eine Identifizierung der Maziken des Philostorgios

[49] Nach einem ausführlichen Überblick über Einfälle von Europa bis nach Koile-Syrien und Kilikien widmet sich Philostorgios der Situation in Afrika. Das Panorama der Barbareneinfälle, das bei Philostorgios beschrieben wird, umfasst einen großen Raum und Zeithorizont. Die Serie dieser Einfälle wird durch unglücksverheißende Vorzeichen im Jahre 389 angekündigt und endet eigentlich erst mit dem Überfall Alarichs auf Rom.

[50] Als Paarbildung (Maxyer und Auseer) bereits bei Herodot IV, 191 und 175 zu finden.

[51] Schmitt 2001, 566–569 bezieht das Katastrophenszenario auf den Eunuchen Eutropius. Die Katastrophen sind seiner Ansicht nach die göttliche Vergeltung für das widernatürliche Eunuchenregiment. Eine solche Perspektive, wie sie in der heftigen Parteinahme des Poeten Claudian gegen Eutropius zu finden ist, ist m. E. für Philostorgios auszuschließen. Schmitt 2001, 566f. zieht, um diese Perspektive zu gewinnen, Philostorgios 11,6 und 11,8 zusammen, wie aus seiner Übersetzung in 567, Anm. 5 hervorgeht. M. E. ist aber der letzte Abschnitt von 11,6 nicht als Überleitung des Photios zum direkten Philostorgios-Zitat in 11,7 und 8 aufzufassen.

mit den Maketen bei Synesios wohl nicht vorgenommen werden kann.[52] Die von Philostorgios gebotenen und beispielsweise mit Ammian (XXVI 4,5 und XXVIII 6,2) übereinstimmenden geographischen Angaben über die Herkunft der Auxorianer/Ausurianer aus der Gegend zwischen dem römischen Africa und Kyrene liefern auf jeden Fall zusätzliche Indizien dafür, dass die neuartige Bedrohung der Kyrenaika aus dem Westen kam und nicht, wie noch in der älteren französischen Forschung angenommen, eine große Völkerwanderung von Ägypten aus in Richtung Westen stattfand. Hier kann man Roques folgen. Dessen Annahme, die bei Synesios greifbare Bedrohung sei mit dem Aufstand des Mauren Gildo, dem *bellum Gildonicum*, in den ersten Regierungsjahren des Honorius zu verbinden, ist damit aber noch nicht zu begründen. Am Aufstand Gildos mögen zwar die „Maziken" teilgenommen haben, die bei Philostorgios als Angreifer gegen Libyen erwähnt werden. Das ist aber nicht spezifisch genug, weil „Maziken" nicht viel mehr als „Mauren" oder „Berber" bedeutet.[53] Allerdings ist der Grundgedanke von Roques, dass erst die Situation in anderen Provinzen mittelbar eine Verschlechterung der Sicherheitslage in Kyrene herbeigeführt hat, durchaus plausibel. Dazu können natürlich auch Truppenabzüge und Barbarenbewegungen im Zusammenhang mit dem *bellum Gildonicum* gehört haben, ohne dass dies explizit bewiesen werden könnte. Das Zeugnis des Synesios macht jedenfalls deutlich, dass man es ab 405 nicht mehr nur mit vereinzelten Angriffen von Räubertrupps, sondern mit einer größeren Bedrohung zu tun hatte, die die Pentapolis in einen Ausnahmezustand brachte. Die Invasoren gelangten etwa durch das Wadi el Kuf bis nach Phykus, der Hafenstadt von Kyrene.[54] Neben kleineren Räubergruppen – eine solche Gruppe wird auch in *Ep.* 104 beschrieben – konnten sich auch Mannschaften in vierstelliger Größe zusammenschließen und einen entsprechend großen materiellen Schaden verursachen.[55] Synesios berichtet als einzige Quelle über die Reaktionen des römischen Militärs und der Provinzialen auf die neuartigen Bedrohungen. Da die entsprechenden Angaben der *Notitia dignitatum* über die Truppenkörper in den beiden libyschen Provinzen verloren gegangen sind, liefern die Angaben des Synesios über die Organisation der Verteidigung überhaupt die einzigen Anhaltspunkte für die Militärgeschichte Libyens dieser Zeit. Synesios ist allerdings bei der Darstellung römischer Truppenstrukturen wenig systematisch. Es stellt sich sogar die Frage, ob bei der von ihm vorgenommenen

[52] Die Maketen erscheinen bei Synesios *Ep.* 130 als bereits ansässige „Halbbarbaren", die kaum frisch angreifende Berber sein können, vgl. gegen Roques 1987, 270 die Kritik von Schmitt 2001, 686, Anm. 392.

[53] J. Desanges, *Catalogue des tribus africaines de l'Antiquité classique* (Dakar 1962) 34. 63. 112.

[54] Vgl. hierzu Roques 1987, 267.

[55] *catast.* 1,2,1; *catast.* 2,3,6.

Abgrenzung von Fremden, Einheimischen und Verbündeten in der römischen Armee an eine in der modernen Militärgeschichte reflektierte Dichotomie wie die von *limitanei* (Angehörige des Grenzverteidigungsheers) und *comitatenses* (Angehörige des zentralen Bewegungsheers) oder an Kategorien wie *foederati* zu denken ist oder ob einfach nur alteingesessene Soldaten von Neuzugängen geschieden werden.[56] Immerhin bietet Synesios einige Angaben zum neugeschaffenen Kommando des *dux Libyarum*[57] und zu einzelnen Truppenkörpern des in der Pentapolis stationierten Heeres wie der Unnigardai,[58] der wenig kriegerischen Truppe der Markomannen[59] oder auch der Balagriten, die in der Johannes-Korrespondenz eine Rolle spielen.

Die meisten der im Lande seit der tetrarchischen Epoche ansässigen Limitantruppen scheinen nicht besonders kampfkräftig gewesen zu sein und den Griechen von Kyrene nur unzureichenden Schutz vor den Invasionen geboten haben. Synesios beschreibt eine Anzahl von feigen Kommandeuren und wenig rühmlichen Soldaten der Limitantruppen.[60] Neben der geringen Kampfmoral dürfte auch die kleine Anzahl an Truppen, die der von Synesios heftig kritisierte Kerealios möglichst breit zu streuen suchte,[61] eine Rolle gespielt zu haben. Angesichts der geringen Möglichkeiten, die das römische Militär hatte, wurde es für die lokale Grundbesitzerschicht, die mit der extensiv betriebenen Jagd zumindest eine gewisse Vorbereitung für kriegerische Operationen erhalten hat, attraktiv, die Verteidigung selbst in die Hand zu nehmen. Dieser Eigenbeitrag zur Heimatverteidigung hat, wie Schmitt richtig festgestellt hat, nichts mit angeblichen feudalen Strukturen zu tun, in denen die Grundbesitzer Privatarmeen mobilisieren konnten.[62] Vielmehr waren die als altehrwürdig empfundenen,

[56] Zur kontroversen Deutung von ἐγχωρίοι und ξένοι (*Ep.* 95 und 130) vgl. Roques 1987, 234–23; Schmitt 2001, 641–644; 658–685. Die Deutung der ξένοι als (bekanntlich in den Städten stationierte) *comitatenses* bei Roques, 239 ist kaum möglich. *Comitatenses*, die nicht unter dem Befehl des *dux* standen, waren in der Kyrenaika nicht stationiert und sind wohl auch nicht infolge des Bedrohungsszenarios von 405 dorthin gekommen. Die bei Synesios (*Ep.* 87) erwähnten Dalmater sind mit D. Hoffmann, *Das spätrömische Bewegungsheer und die* Notitia dignitatum (Düsseldorf 1969) Band 1, 249 zu den Limitantruppen zu zählen, nicht zu den *comitatenses*, vgl. auch zum Fehlen von *comitatenses* in Libyen Hoffmann, 463 und Schmitt 2001, 659.

[57] Der Posten des in Ptolemais stationierten *dux Libyarum* war gerade erst – als Antwort auf die neue Qualität barbarischer Bedrohung – geschaffen worden. Zuvor gehörten die beiden libyschen Provinzen zur Domäne des *dux* von Ägypten.

[58] Vgl. Roques 1987, 244; Schmitt 2001, 732f.; O. J. Maenchen-Helfen, *Die Welt der Hunnen* (Wien 1978) 185.

[59] Vgl. Roques 1987, 247.

[60] Insbesondere Cheilas und seine Markomannen (*Ep.* 110) oder den Soldaten Karnas (*Ep.* 6 und 14). Vgl. zur Charakterisierung der Limitantruppen *catast.* 1,2,2 und 3,1; *catast.* 2,2,3.

[61] Synesios *Ep.* 130; *catast.* 2,8–9.

[62] Richtig bereits gegen Lacombrade 1951a, der Synesios als „grand féodal" charakte-

von Synesios (*Ep.* 113) mit Sparta und Leonidas in Verbindung gebrachten kriegerischen Traditionen der alten Poleis trotz der langen *pax Romana* keineswegs obsolet geworden.[63] Schon die Reichskrise des dritten Jahrhunderts bietet hier eine Reihe von Beispielen, allen voran die Verteidigung Athens gegen die Heruler durch den Historiker Dexippos, die dieser selbst in den Mittelpunkt seiner zeitgeschichtlichen Darstellung der „Skythenkriege" (also der Kriege gegen Goten und andere Ostgermanen) gestellt hat.[64]

Über die Notwendigkeit, trotz der Gesetzeslage die Selbstverteidigung zu organisieren und mit Waffen zu versehen, korrespondierte Synesios im Brief 107 und 108 mit seinem Bruder Euoptios.[65] Das Gewaltmonopol des römischen Staates hatte dazu geführt, dass Waffen ausschließlich in staatlich betriebenen Waffenfabriken (*fabricae*) hergestellt wurden, und schloss daher eigentlich die Bildung von regelrechten Milizen aus. Der Brief 104 mit den Schilderungen der „Ruhmestaten" des Johannes zeigt allerdings weiter, dass die römische Militärführung vor Ort in besonders kritischen Situationen gleichwohl diese Selbstbewaffnung erlaubte. Geschildert wird, wie der Verband der Balagriten unter der Führung eines Phylarchen, vielleicht des Tribuns einer Reitereinheit,[66] in Verbindung mit den Leuten des Synesios operierte und wie man auf die dann ausbleibende Verstärkung des Johannes wartete. Die in das Jahr 411 gehörenden Briefe 34 und 94 an den *dux* Anysios scheinen sogar eine mittlerweile noch engere Kooperation zu belegen, die sich zwischen den römischen Autoritäten und den

---

risiert, der seine Bauern bewaffnet, Roques 1987, 135, der darauf hinweist, dass Synesios nicht „ses paysans", sondern „des paysans" bewaffnet; zu einer ähnlichen Position wie Lacombrade vgl. Liebeschuetz 1972, 44, Anm. 9, der in Synesios einen „semi-feudal desert-fringe magnate" sieht. Vgl. generell gegen die zu weit reichenden Vorstellungen einer Feudalisierung der spätantiken Gesellschaft J.-U. Krause, *Spätantike Patronatsformen im Westen des Römischen Reiches* (München 1987) 1–3; 336. Allerdings muss es in Kyrene durchaus auch direkt vom Großgrundbesitzer abhängige Bauern gegeben haben, zu denen m. E. Spatalos zu zählen ist, s. o. Anm. 46.

[63] Da bei Synesios von Epheben die Rede ist (*Ep.* 131 und 132), ist sogar die Existenz einer militärisch geprägten Ausbildung der jüngsten Jahrgänge der Bürgerschaft für das spätantike Kyrene nicht auszuschließen (Hinweis von H-.U. Wiemer). Zur Institution der Ephebie vgl. N. Kennell, *Ephebeia. A Register of Greek Cities with Citizen Trainig Systems in the Hellenistic and Roman Periods* (Hildesheim 2006).

[64] G. Martin, *Dexippos von Athen, Edition, Übersetzung und begleitende Studien* (Tübingen 2006).

[65] Zur Zusendung von Pfeilen vgl. auch *Ep.* 133.

[66] Vgl. Roques 1987, 251–252; Schmitt 2001, 590, der sich hier gegen F. Gschnitzer, „Phylarchos", *RE* Suppl. 11 (1968) 1067–1090, besonders 1079 wendet, der „Phylarchos" als „Häuptling" einer einheimischen Truppe versteht. Auch wenn man die Identifizierung mit einem Häuptling ausschließen möchte, so ist damit aber noch nicht die Eigenschaft als Offizier im Reichsdienst nachgewiesen. Phylarchos bedeutet hier vielleicht nur – in Anlehnung an die Verhältnisse in Attika – untergeordneter Reiterkommandeur. Die Gleichsetzung des „Phylarchen" mit einem Offizier des Limitanheers ist jedenfalls nicht zwingend nachweisbar, s. auch die nächste Fußnote.

städtischen Milizen entwickelt hatte, wobei, wie die von Synesios erbetene Reaktivierung des Johannes zeigt, der *dux* direkt in die Belange dieser Miliz eingriff und auch darüber entschied, welche Personen einem städtischen Offizier untergeordnet wurden.

In welcher Form die berittene Selbstverteidigungstruppe von Kyrene organisiert war, lässt sich nicht erkennen. Synesios spricht Johannes, der einen solchen Verband leitete, jede Autorität ab. Auf der anderen Seite geht aber aus seinem Bericht hervor, dass dieser militärische Befehle – wenn auch in anmaßender Form – erteilte[67] und dass das Stadt-Territorium von Kyrene in Sektoren aufgeteilt war, von denen mindestens einer von Johannes verteidigt wurde. Johannes bezieht ferner am Ende seiner unglücklichen Operationen eine durch Natur und Kunst ausgebaute Festung, nämlich Bombe, die vielleicht auch in seinem Sektor lag.[68] Bei seiner Reaktivierung im Jahre 411 sollte Johannes nach dem Willen des Synesios statt vieler nunmehr nur seinen eigenen Bruder befehligen, was offenkundig als Korrektiv zu den im Brief 104 geschilderten Ereignissen gemeint war, bei denen Johannes eine größere Truppe befehligt hatte.

Die Korrespondenz des Synesios verrät letztlich auch, warum – wie schon beim Einsatz des Dexippos im dritten Jahrhundert – die Selbstverteidigungskommandos trotz der Beschwörung aller ehrwürdigen Traditionen letztlich erfolglos blieben und den Lauf der Dinge nicht aufhalten konnten. Denn der mangelnde militärische Erfolg des unerfahrenen Johannes, der von Synesios in übertriebener Form karikiert wird, ist letztlich, auch wenn Synesios durchaus auch erfolgreiche Selbstverteidigungsak-

[67] Schmitt 2001, 590–594 hält den Johannes wegen seiner (einen Strategiewechsel verordnenden) Befehlsgewalt für einen in die römische Militärhierarchie integrierten Offizier. Johannes habe eine Stellung bekleidet, die zwar ursprünglich dem Posten eines städtischen Offiziers entsprochen habe, dann aber vom Reich eingesetzt worden sei. Dabei sieht er eine Parallele in der Stadt Termessos, wo Schutztruppen dem Reichsmilitär eingegliedert, aber weiter vor Ort rekrutiert werden, vgl. Schmitt 2001, 594 und ders., „Römisches Militär in städtischer Hand. Das Beispiel Termessos", in: Jaroslawski Gosudarstwenny Universitet Imeni P. G. Demidowa (Hrsg.) *Antikowedenie i medievistika*, Band III (Jaroslawl 2001). Bei diesem Modell scheint bedenkenswert, dass die Balagriten sowohl Bewohner eines Dorfes auf dem Gebiet von Kyrene als auch als Abteilung des Limitanheeres Teile des Reichsheers sein könnten. Allerdings ist die auch von Roques 1987, 250–251 postulierte Zugehörigkeit der Balagriten zum Limitanheer hypothetisch. Aus *Ep.* 132 geht hervor, dass die Balagriten eine Einheit von berittenen Bogenschützen darstellen, dass aber dann der *dux* Kerealios veranlasst, dass ihre Pferde verkauft werden, ohne dass der Grund des Verkaufs deutlich wird. Jedenfalls ist zu prüfen, ob ein korrupter *dux* einfach die Möglichkeit hatte, eine berittene Truppe des Limitanheeres ohne weiteres in eine Infanterieeinheit zu verwandeln, auch wenn er für umfangreiche taktische Veränderungen verantwortlich war (*catast.* 2,2,2). Wenn die nunmehr nur zu Fuß agierende Truppe der Balagriten sich dem Befehl des Synesios unterordnete (*Ep.* 132), spricht dies dagegen, in den Balagriten eine reguläre Einheit der römischen Armee zu sehen. Sie wäre eher eine leichtbewaffnete, polizeilichen Zwecken dienende Einheit der Polis Kyrene gewesen, vergleichbar den Diogmiten in Kleinasien.

[68] Zu Bombe/Bomba (vielleicht Gasr Beni Gdem), vgl. Garzya / Roques 2000, 361, Anm. 24.

tionen kennt und beschreibt,[69] keineswegs ein Einzelfall. Während allein schon vierzig professionelle Hunnenkrieger genügten, um den Invasoren schwere Verluste zuzufügen, blieben die eilig rekrutierten Milizen im Waffenhandwerk zu unerfahren.[70] Das ständige Misstrauen der Kaiser, die die in Bürgerkriegen eventuell gefährliche Stärkung städtischer Milizen eher für ein Risiko hielten, sorgte dafür, dass sich keine Strukturen entwickeln konnten, die ein effizientes Training dieser Milizen hätten gewährleisten können. Aus diesem Grund blieb selbst im abgelegenen Libyen nur der Weg, barbarische Hilfstruppen mit dem Abwehrkampf zu beauftragen. So riet Synesios selbst, aufgrund seiner Einsicht in die militärischen Notwendigkeiten, dazu, die Truppe der vierzig effizienten Hunnenkrieger auf zweihundert oder vierhundert aufzustocken.[71]

5. Johannes als Mönch

Im Brief 147 beglückwünscht Synesios Johannes dafür, schon zu Lebzeiten dem weltlichen Treiben entkommen und auf diese Weise der göttlichen Weisheit näher gekommen zu sein. Der radikale Wandel, im Sinne einer *conversio*, würde zum Johannes der übrigen hier genannten Briefe insofern gut passen, als er voraussetzt, dass der Adressat des Briefes zuvor einen weltlichen Lebenswandel pflegte. Dass sich Johannes wie viele Angehörige der Elite in dieser Zeit und wie sein Standesgenosse aus Kyrene, der Kuriale Alexander,[72] eine mönchisch-asketische Existenz gewählt hatte[73] wird einerseits explizit gesagt (μονήρη βίον), andererseits durch den Hinweis auf das von Johannes angenommene graue bzw. schwarze Gewand zum Ausdruck gebracht. Denn dieses Gewand galt gerade auch in der nichtchristlichen Literatur der Spätantike als typisches Attribut des Mönchs. Als erster spricht Libanios von den schwarzgekleideten Mönchsscharen im schwarzen Gewand, die als Schädlinge mit dem Appetit von Elephanten hingestellt werden.[74] In der Erzählung des Zosimos (aus Eunapios) werden im Zusammenhang mit den Unruhen um Johannes Chrysostomos – ungefähr zeitgleich mit der Synesios-Korrespondenz – die schwarzgeklei-

---

[69] Vgl. *Ep.* 132 und 122.

[70] Vgl. auch Synesios *Ep.* 131 und 132 (unerfahrene Epheben in den Milizen), *Ep.* 122 (untrainierte Bauern). Zur Abkühlung des anfänglichen Optimismus des Synesios vgl. auch R. S. O. Tomlin, „Meanwhile in North Italy and Cyrenaica", in: P. J. Casey, *The End of Roman Britain* (Oxford 1979) [253–270] 265.

[71] Synesios *Ep.* 78 ; *catast.* 1; *catast.* 2, 10–14.

[72] Synesios *Ep.* 67: Alexander gehörte in Konstantinopel zu den Anhänger des Johannes Chrysostomos und wurde Bischof von Basilinupolis, bevor er in die Kyrenaika zurückkehrte, vgl. auch *Ep.* 66, 341–359.

[73] Parallelen, vgl. etwa Johannes Chrysostomos (*Pall. Dial.* 5) oder der heilige Neilus, vgl. F. Degenhart, *Der heilige Nilus Sinaiticus* (Münster 1915) 27.

[74] Libanios *or.* 30,8.

deten Mönche in Konstantinopel genannt.[75] Zwar wird aus dieser Erzählung deutlich, dass um 400 auch andere Personen schwarze Tracht aus welchen Gründen auch immer (Trauerfall) annehmen konnten. Diese Personen werden aber, wie dem Bericht des Zosimos weiter zu entnehmen ist, vom Pöbel von Konstantinopel sofort für Mönche gehalten und aus diesem Grund erschlagen.[76] Das erlaubt die Schlussfolgerung, dass in dieser Zeit die übliche Bedeutung des schwarz-grauen Gewandes die eines Attributs der Mönche war. Dass – abweichend vom der üblichen Auffassung und abweichend vom Brief 147, wo die Identität des Johannes als Mönch evident ist – Synesios in anderen Kontexten seiner Oeuvres mit den „grauen" Mänteln Kyniker meinen soll, ist möglich, aber nicht mit letzter Sicherheit nachweisbar.[77]

Das Mönchtum war seit der Mitte des vierten Jahrhunderts zu einem Breitenphänomen in der Reichskirche geworden und hatte bereits zu einer Fülle verschiedener Formen geführt, von den einzelnen lebenden Asketen der nitrischen und sketischen Wüste, der straff organisierten Klostergemeinschaft nach dem Muster der Gemeinschaft des Pachomius, den neuen mit dem Patriarchen von Alexandreia verbundenen Gemeinschaften in der Reichshauptstadt Konstantinopel bis zu den gallischen Wanderasketen oder den oft durch westliche Gründer initiierten Klöstern in Palästina.[78] Es ist zu vermuten, dass die Kyrenaika recht früh – durch die direkte Einwirkung der ägyptischen Kirche und des Bischofs von Alexandreia, zu dessen

[75] Zosimos 5,23,4–6. Vgl. zum Mönchsbild des Eunapios Eunap. frg 55 und 65,1 Müller, ferner *Vit Soph.* 6,11,6–8 p. 39,13–22 Giangrande.

[76] Zosimos 5,23,6.

[77] Dabei geht es um die Interpretation von *Ep.* 154 und der Schrift *Dion*. S. Vollenweider, *Neuplatonische und christliche Theologie bei Synesios von Kyrene* (Göttingen 1985) 19f. deutet *Dion* 7–9 als Mönchskritik, geht aber davon aus, dass *Dion* 10–11 auf heidnische Popularphilosophen, auf Kyniker, zu beziehen ist und dass dies auch für Brief 154 anzunehmen ist. Zum schwarzen Pallium von Kynikern oder aber auch von als neue Kyniker aufgefassten Mönchen vgl. M. Goulet-Cazé, „Kynismus", *RAC* 22 (2008) [631–687] 683–685. Ein Problem bei der von Vollenweider gebotenen Interpretation bleiben allerdings die in *Dion* 10,5 als Vorbilder der Popularphilosophen genannten „barbarischen" (also in der Zeitdiktion christlichen) Weisen, in denen große christliche Asketen zu erkennen sind, vgl. C. Lacombrade, „Le Dion de Synésius de Cyrène et ses quatre «ages barbares»", *Koinonia* 12 (1988) 17–26. Roques in Garzya / Roques 2000, 423, Anm. 7 folgt abweichend von seinen früheren Erklärungen diesem Ansatz, dass die Polemik in *Ep.* 154 nicht gegen Mönche, sondern gegen in der Stadt wohnende Kyniker gerichtet ist. Roques nimmt freilich an, dass eine Identifizierung der Mönche in *Dion* 7 mit den in *Ep.* 154 erwähnten „Dunkelmänteln" deshalb nicht möglich sei, weil „les moines du Dion vivent dans la réclusion et loin des villes, tandis que les ‚manteaux bruns' de l'épître 154 vivent en pleine Alexandrie." Synesios, *Dion* 7 enthält aber keine Aussage über ländliches Eremitentum, sondern weist darauf hin, dass die Mönche unpatriotisch sind und sich in keine Bürgergemeinschaft einfügen, ein Vorwurf, der genau zu den auch in den profanen Quellen gezeichneten Merkmalen der Mönche passt. Dass das ägyptische Mönchtum in der Spätantike durchaus städtisch geprägt sein konnte, hat Wipszycka 1994 in wünschenswerter Klarheit nachgewiesen.

[78] Vgl. C. Andresen, *Die Kirchen der alten Christenheit* (Stuttgart 1971) 416–445.

Einflussbereich die Kyrenaika zählte und der sich um 366 sogar in Ptolemais aufhielt, um den Metropoliten Siderios zu weihen[79] – vom eremitischen Mönchtum geprägt wurde, das auch in Episoden der Korrespondenz des Synesios Erwähnung findet.

Wie früh es neben dem ländlichen Eremitentum in der Kyrenaika auch klosterähnliche Formen des Zusammenlebens gab, muss dagegen offen bleiben. Roques sieht in der im Brief 147 gegebenen Angabe, Johannes sei in die Stadt Ptolemais gekommen, einen Hinweis darauf, dass sich in der Nähe von Ptolemais ein regelrechtes Kloster befand.[80] Aus diesem Kloster sei Johannes dann aufgebrochen, um die Stadt selbst zu besuchen und um in der bischöflichen Bibliothek heilige Schriften zu lesen und über sie zu meditieren. Es stellt sich die Frage, ob nicht eine andere Deutung dieser Passage zu bevorzugen ist, die eher auf das Phänomen der Mönche in den Städten verweist: Johannes kommt, von allen früheren Bindungen gelöst, als individueller Mönch in die Stadt, um dort sein Auskommen zu finden.[81] Er wäre damit einer der vor allem im urbanen Umfeld lebenden Individualmönche gewesen, die in diesem Stadium der Entwicklung des Mönchtums häufig begegnen und um deren Disziplinierung und Einbindung in die kirchlichen Strukturen sich besonders die Bischöfe bemühten.[82] Die Verachtung, die die gebildete hellenische Welt gerade diesen in der Stadt wirkenden Mönchen gegenüber aufbrachte und die bei Synesios in den Kapiteln 7–9 des *Dion* noch deutlich zum Ausdruck gebracht wird, ist im Brief 147 noch nicht völlig abgelegt worden. Synesios akzeptiert zwar, dass das schwarzgraue Gewand einem Lebenswandel entspricht, der zur höheren Sphäre und zum Göttlichen führt, zeigt aber deutlich seine Vorliebe für die durch den weißen Mantel symbolisierte Lichtphilosophie des Platonismus.

---

[79] Vgl. Roques 1987, 378.

[80] Roques 1987, 378.

[81] Vgl. dazu auch Liebeschuetz 1972, 237: „It was their custom (nämlich der Mönche) to come into the town during the summer singing hymns."

[82] Vgl. Hieronymus *Ep.* 22,34 zum in Ägypten verbreiteten städtischen sehr kritisch dargestellten Individualmönchtum der *remnuoth*, die in Zweier- oder Dreiergruppierungen in der Stadt leben, vgl. auch Johannes Cassianus, *Conlationes* 18,7, der diesen Mönchstyp als *sarabaitae* bezeichnet. Entgegen der Darstellung des Hieronymus hielten sich Mönche dieses Typs nicht zwingend nur in Städten auf, vgl. Wipszycka 1994, 4–6. Typisch war aber die besondere Ungebundenheit, die dann auch den Besuch der Städte erlaubte. Der Mönch Johannes kommt m. E. diesem Typus der ägyptischen Mönche besonders nah. Synesios selbst nahm als Bischof von Ptolemais (Syn. *Ep.* 66, 323–359) in einem langen Schreiben an den Patriarchen Theophilos unter anderem gegen mit einem lateinischen Fremdwort als βακάντιβοι bezeichnete Personen Stellung. Die Übersetzung von Roques in Garzya / Roques 2000, 184 „vagants" (vgl. Roques 1987, 373 mit einer Ableitung von einem *vagantivi*) erweckt allerdings falsche Assoziationen an ein Wandermönchtum. Es handelt sich bei den *vagantivi* um dienstfrei gestellte Militärpersonen bzw. hier um Kleriker, die in ihrer Heimat abgesetzt worden sind.

D. Anhang

Literaturverzeichnis

1. Abkürzungen

CPG — *Corpus Paroemiographorum Graecorum* ed. E. L. v. Leutsch et F. G. Schneidewin. Tomus I (Göttingen 1839). Tomus II (ebd. 1851). Supplementum (Hildesheim 1961)

HRwG — H. Cancik, B. Gladigow, M. Laubscher (ab Bd. 2: K.-H. Kohl) (Hrsg.), Handbuch religionswissenschaftlicher Grundbegriffe, 1988ff.

AST — D. F. Astius, *Lexicon Platonicum sive Vocum Platonicarum Index* (Leipzig 1835/1838, Nachdruck Bonn 1956)

DPhA — *Dictionnaire des philosophes antiques*. Ed. R. Goulet. Tome 1 (Paris 1989). Tome 2 (ebd. 1994). Tome 3 (ebd. 2000)

DThC — *Dictionnaire de la théologie catholique*, 15 Bde. (Paris 1903–1950)

Greek Particles — *The Greek Particles*. By J. D. Denniston. Second Edition. Revised by K. J. Dover (Oxford 1950; Nachdruck London / Indianapolis / Cambridge 1996)

PLRE — *The Prosopography of the Later Roman Empire*. A. H. M. Jones / J. R. Martindale / J. Morris (Ed.). I A.D. 260–395 (Cambridge 1971). II A.D. 395–527 (ebd. 1980)

RGG[4] — *Religion in Geschichte und Gegenwart. Handwörterbuch für Theologie und Religionswissenschaft*. Vierte völlig neu bearbeitete Auflage hrsg. von H. D. Betz / D. S. Browning / B. Janowski / Eb. Jüngel, 8 Bde. Register (Tübingen 1998–2007)

2. Ausgaben, Kommentare und Übersetzungen von Synesios' *Briefen*

Casini 1969 — A. Casini, *Sinesio di Cirene Epistolario. Prima versione italiana con la disposizione delle Lettere in ordine cronologico* (Milano 1969)

Druon 1878 — H. Druon, *Œuvres de Synésius, évêque de Ptolémais dans la Cyrénaique au commencement du Ve siècle* (Paris 1878)

Fitzgerald 1926 — A. Fitzgerald, *The Letters of Synesius of Cyrene, Translated into English with Introduction and Notes* (Oxford 1926)

Fitzgerald 1930 — A. Fitzgerald, *The Essays and Hymns of Synesius of Cyrene, Translated into English with Introduction and Notes* (Oxford 1930)

Garzya 1979 — *Synesii Cyrenensis Epistolae*. A. Garzya recensuit, Scriptores Graeci et Latini consilio Academiae Lynceorum editi (Rom 1979)

Garzya 1989 — A. Garzya, *Opere di Sinesio di Cirene. Epistole Operette Inni*, Classici Greci (Turin 1989)

Garzya 1999 — A. Garzya, *Opere di Sinesio di Cirene. Epistole, Operette, Inni* (Turin 1999)

GARZYA / ROQUES 2000 — *Synésios de Cyrène. Tome II. III. Correspondance. Lettres I-LXIII. LXIV-CLVI. Texte établi par* A. GARZYA. *Traduit et commenté par* D. ROQUES, Collection des Universités de France, publiée sous la patronage de l'Association G. Budé (Paris 2000)

KEHL 2002 — A. KEHL, „Die Briefe des Philosophen und Bischofs Synesios an die Philosophin Hypatia in Alexandria ins Deutsche übersetzt", in: M. HURTER u.a. (Hgg.), *Hairesis. FS für K. Hoheisel zum 65. Geburtstag*, JbAC Ergänzungsband 34 (Münster 2002), 281?286

LAPATZ 1870 — F. LAPATZ, *Lettres de Synésius traduites pour la première fois, et suivies d'études sur les derniers moments de l'Hellénisme* (Paris 1870)

VOGT 1985 — s. u. *Sekundärliteratur* (enthält vollständige Übers. der *Epp.* 4.10.11.16. 57. 58. 81. 96. 101. 105. 114. 148)

3. Sekundärliteratur (und Editionen anderer Werke)

ALBERT 1984 — G. ALBERT, *Die Goten in Konstantinopel* (Paderborn 1984)

AMATO u.a. 2006 — E. AMATO u.a. (Hgg.), *Approches de la Troisième Sophistique. Hommages à Jacques Schamp*, Collection Latomus 296 (Brüssel 2006)

ASMUS 1900 — J. R. ASMUS, „Synesius und Dion Chrysostomus", Byzantinische Zeitschrift 9 (1900) 85–151

ATHANASSIADI 1999 — P. ATHANASSIADI, „Chaldaean Oracles", in: dies. / M. FREDE (Hg.), *Pagan Monotheism in Late Antiquity* (Oxford 1999) 149–183

AUJOULAT 1986 — N. AUJOULAT, *Le Néoplatonisme Alexandrin. Hiéroclès d'Alexandrie. Filiations intellectuelles et spirituelles d'un néo-platonicien du Ve siècle*, Philosophia antiqua XLV (Leiden 1986)

BAGNALL 1993 — R. S. BAGNALL, *Egypt in Late Antiquity* (Princeton, N.J. / Chichester 1993)

BARNES 1986 — T. D. BARNES, „Synesius in Constantinople", *GRBS* 27 (1986) 93–111

BEIERWALTES 1979 — W. BEIERWALTES, *Proklos. Grundzüge seiner Metaphysik*, (Frankfurt a. M. ^{2}1979, erste Auflage 1965)

BEIERWALTES 1985 — W. BEIERWALTES, *Denken des Einen. Studien zur neuplatonischen Philosophie und ihrer Wirkungsgeschichte* (Frankfurt a. M. 1985)

BERNSTEIN 1993 — A. E. BERNSTEIN, *The Formation of Hell. Death and Retribution in the Ancient and Early Christian Worlds* (London 1993)

BETTINI 1938 — G. BETTINI, *L'attività pubblica di Sinesio* (Udine 1938)

BOHNENBLUST 1905 — G. BOHNENBLUST, *Beiträge zum Topos περὶ φιλίας*, Diss. Bern (Berlin 1905)

BOVON 2001 — F. BOVON, *Das Evangelium nach Lukas. Lk 15,1–19,27*, EKK III/3 (Neukirchen-Vluyn 2001)

BRANCACCI 1985 — A. BRANCACCI, Rhetorike philosophusa. *Dione Crisostomo nella cultura antica e bizantina*, Elenchos XI (Neapel 1985)

BRAUNERT 1964 — H. BRAUNERT, *Die Binnenwanderung. Studien zur Sozialgeschichte Ägyptens im der Ptolemäer- und Kaiserzeit*, Bonner historische Forschungen 26 (Bonn 1964),

BREGMAN 1982 — A. J. BREGMAN, *Synesius of Cyrene, Philosopher-Bishop*, The transformation of the Classical heritage 2 (Berkeley, Cal. u.a. 1982)

BREGMAN 1974 — A. J. BREGMAN, „Synesius of Cyrene. Early life and conversion to philosophy", *CalifStudClassAnt* 7, 1974, 55–88

BREMMER 2002 — J. N. BREMMER, *The Rise and Fall of the Afterlife, The 1995. Read-Tuckwell Lectures at the University of Bristol* (London / New York 2002)

BROWN 1992 — P. BROWN, *Power and Persuasion in Late Antiquity. Towards a Christian Empire* (Madison 1992)

BRUNNER 1983 — H. BRUNNER, *Grundzüge der altägyptischen Religion, Grundzüge* 50 (Darmstadt 1983)

BURKERT 1961 — W. BURKERT, „Hellenistische Pseudopythagorica", *Philologus* 105 (1961) 16–43. 226–246

BURKERT 1962 — W. BURKERT, *Weisheit und Wissenschaft. Studien zu Pythagoras, Philolaos und Platon,* Erlanger Beiträge zur Sprach- und Kunst wissenschaft 10 (Nürnberg 1962)

BURKERT 1977 — W. BURKERT, *Griechische Religion der archaischen und klassischen Epoche,* Die Religionen der Menschheit 15 (Stuttgart u.s.w. 1977)

CAMERON 1965 — A. CAMERON, „Wandering Poets. A Literary Movement in Byzantine Egypt", *Historia* 14 (1965) 470–509

CAMERON 1987 — A. CAMERON, „Earthquake 400", *Chiron* 17 (1987) 343–360

CAMERON 1992 — A. CAMERON, „Synesius and Late Roman Cyrenaica", *JRA* 5 (1992) 419–430

CAMERON / LONG 1993 — A. CAMERON / J. LONG, *Barbarians and politics at the court of Arcadius,* with a contribution by L. SHERRY (Berkeley 1993)

CAMPENHAUSEN 1932 — H. F.VON CAMPENHAUSEN, „Synesius", *RE* II 4 (1932) 1362–1365

COLPE u.a. 1996 — C. COLPE u. a., *Jenseits (Jenseitsvorstellungen),* in: *RAC* 17 (Stuttgart 1996) 246–407

COURCELLE ²1948 — P. COURCELLE, *Les lettres grecques en occident, de Macrobe à Cassiodore* (Paris ²1948):

COSTER 1940/41 — C. H. COSTER, „Synesius, a ‚curialis' of the time of the emperor Arcadius (1940/41)", in: Ders., *Late Roman Studies* (Cambridge, Mass. 1968) 104–144

CRAWFORD 1901 — W. S. CRAWFORD, *Synesius the Hellene* (London 1901)

DALEY 1991 — B. E. Daley, *The Hope of the Early Church. A Handbook of Patristic Eschatology* (Cambridge 1991)

DALFEN 2004 — J. DALFEN (Hg.), *Platon. Gorgias.* Übersetzung und Kommentar, in: *Platon. Werke.* Übersetzung und Kommentar VI.3 (Göttingen 2004)

DELMAIRE 1995 — R. DELMAIRE, *Les institutions du Bas-Empire romain de Constantin à Justinien* (Paris 1995)

DES PLACES 1971 — É. DES PLACES (Hg.), *Oracles Chaldaïques avec un choix de commentaires anciens* (Paris 1971)

DIHLE 1990 — A. DIHLE, „Die Gewissensentscheidung des Synesios", in: Ch. ELSAS / H.G. KIPPENBERG (Hg.), *Loyalitätskonflikte in der Religionsgeschichte.* Festschrift für C. Colpe (Würzburg 1990), 324–329

DIMITROV 2008 — D. Y. DIMITROV, „Synesius of Cyrene and the Christian Neoplatonism: Patterns of Religious and Cultural Symbiosis", in: EL-ABBADI / FATHALLAH 2008, 149–170

DIRLMEIER 1931 — F. DIRLMEIER, *ΦΙΛΟΣ und ΦΙΛΙΑ im vorhellenistischen Griechentum*, Diss. (München 1931)

DODDS 1959 — E.R. DODDS, *Plato Gorgias*. A Revised Text with Introduction an Kommentary (Oxford 1959)

DOVER 1983 — J. DOVER, *Homosexualität in der griechischen Antike* (München 1983) (zuerst als *Greek Homosexuality*, London 1978)

DUCLOUX 1994 — A. DUCLOUX, Ad ecclesiam confugere. *Naissance du droit d'asile dans les églises* (IVe-milieu du Ve s.) (Paris 1994)

DZIELSKA 1998 — M. DZIELSKA, *Hypatia of Alexandria* (Cambridge, Mass. /London 1998)

DZIELSKA 2008 — M. DZIELSKA, „Learned Women in the Alexandrian Scholarship and Society of Late Hellenism", in: EL-ABBADI / FATHALLAH 2008, 129–147

EL-ABBADI / FATHALLAH 2008 — M. EL-ABBADI / O. M. FATHALLAH (Hg.), *What Happened to the Ancient Library of Alexandria*? (Leiden / Boston 2008)

ERLER 2008 — M. ERLER, „Die helfende Hand Gottes. Augustins Gnadenlehre im Kontext des kaiserzeitlichen Neuplatonismus", in: FUHRER 2008 189–204

FITZGERALD 1996 — J. T. FITZGERALD (Hg.), *Friendship, flattery, and frankness of speech*, Supplements to Novum Testamentum 82 (Leiden / New York / Köln 1996)

FESTA 1893 — N. FESTA, „La strategia di Giovanni (Synes. ep. 104)", *SIFC* 1 (1893) 127f.

FESTUGIÈRE 1945 — A.J. FESTUGIÈRE, „Sur les hymnes de Synésios", *REG* 58 (1945) 268–277

FRITZ 1898 — W. FRITZ, *Die Briefe des Bischofs Synesius von Kyrene. Ein Beitrag zur Geschichte des Attizismus im IV. und V. Jahrhundert* (Leipzig 1898) (Neudruck Aalen 1982)

FÜRST 1996 — A. FÜRST, *Streit unter Freunden. Ideal und Realität in der Freundschaftslehre der Antike*, Beiträge zur Altertumskunde 85 (Stuttgart / Leipzig 1996)

FUHRER 2008 — TH. FUHRER (Hg.), *Die christlich-philosophischen Diskurse der Spätantike: Texte, Personen, Institutionen. Akten der Tagung vom 22.–25. Februar 2006 am Zentrum für Antike und Moderne der Albert-Ludwigs-Universotät Freiburg*, Philosophie der Antike 28 (Stuttgart 2008)

GARZYA 1981 — A. Garzya, „Ai margini de neoplatonismo: Sinesio di Cirene", *AAP* 30 (1981) 153–165 (wieder in GARZYA 1985, 223–241)

GARZYA 1985 — A. GARZYA, *Il mandarino e il quotidiano. saggi sulla letteratura tardoantica e bizantina* (Neapel 1985)

GARZYA 1986 — A. GARZYA, „Sinesio e Andronico", *Hestiasis* (Studi tardoantichi) 1 (1986) 93–103

GAUDEMET 1958 — J. GAUDEMET, *L'Eglise dans l'Empire romain* (4e–5e s.) (Paris 1958)

GAUDEMET ^{2}1982 — J. GAUDEMET, *Les institutions de l'Antiquité* (Paris ^{2}1982)

GEORGIADOU / LARMOUR 1998 — A. GEORGIADOU, D. H. J. LARMOUR, *Lucian's Science Fiction Novel* True Histories. *Interpretations and Commentary* (Leiden u.a. 1998)

GIANNANTONI 1958 — G. GIANNANTONI, *I Cirenaici. Raccolta delle fonti antiche. Tradizione e studio introduttivo*, Pubblicazioni dell'Istituto di filosofia dell'Università di Roma (Firenze 1958)

GOLDSTEIN 1968 — J.A. GOLDSTEIN, *The Letters of Demosthenes* (NewYork / London 1968)

GÖRGEMANNS 1987 — H. GÖRGEMANNS, „Jenseitsfurcht und Jenseitshoffnung bei den Griechen (von Homer bis Synesius)", in: *Zeit und Ewigkeit. Antikes Denken im Spannungsfeld zwischen irdischer Begrenztheit und Jenseitsvorstellung* (= 25 Jahre Gaienhofen. XIII. Ferienkurs für Lehrer der alten Sprachen, 3.– 8. August 1987 [LEU, L 49]), 26–66

GÖRGEMANNS 2009 — H. GÖRGEMANNS (Hg., mit Beiträgen von R. FELDMEIER und J. ASSMANN), *Plutarch. Drei religionsphilosophische Schriften*, Sammlung Tusculum (Düsseldorf / Zürich [2003] ^{2}2009)

GRUBER / STROHM 1991 — H. GRUBER / J. STROHM, *Synesios von Kyrene: Hymnen* (Heidelberg 1991)

GRÜTZMACHER 1913 — G. GRÜTZMACHER, *Synesios. Ein Charakterbild aus dem Untergang des Hellenismus*, (Leipzig 1913)

HADOT 1968 — P. HADOT, *Porphyre et Victorinus* (Paris 1968)

HADOT 1978 — I. HADOT, *Le problème du néoplatonisme alexandrin: Hiérocles et Simplicius* (Paris 1978)

HADOT 2004 — I. HADOT, *Studies on the Neoplatonist Hierocles* (Philadelphia 2004)

HAGL 1997 — W. HAGL, *Arcadius Apis Imperator. Synesios von Kyrene und sein Beitrag zum Herrscherideal der Spätantike*, Frankfurter althistorische Beiträge 1 (Stuttgart 1997)

HAHN 1989 — J. HAHN, *Der Philosoph und die Gesellschaft. Selbstverständnis, öffentliches Auftreten und populäre Erwartungen in der hohen Kaiserzeit* (Stuttgart 1989)

HALFWASSEN 2008 — J. HALFWASSEN, „Neuplatonismus und Christentum", in: CH. SCHÄFER (Hg.), *Kaiser Julian ‚Apostata' und die philosophische Reaktion gegen das Christentum* (Berlin / New York 2008) 1–15

HARICH-SCHWARZBAUER 2001 — H. HARICH-SCHWARZBAUER, „Schweigen und doch nicht schweigen. Beobachtungen zur literarischen Technik des Synesios von Kyrene", in: S. JÄKEL / A. TIMONEN (Hgg.), *The language of Silence*. Vol. I., Ann. Univ. Turkuensis Sarja – Ser. B Osa Tom. 246. Humaniora (Turku 2001), 113–126

HARICH-SCHWARZBAUER 2002 — H. HARICH-SCHWARZBAUER, „Erinnerungen an Hypatia von Alexandrien. Zur fragmentierten Philosophenbiographie des Synesios von Kyrene", in: B. FEICHTINGER / G. WÖHRLE (Hgg.), *Gender studies in den Altertumswissenschaften. Möglichkeiten und Grenzen*, Iphis 1 (Trier 2002), 97–108

HAUCK 1911 — A. HAUCK, *Welche griechischen Autoren der Klassischen Zeit kennt und benützt Synesius von Kyrene? Ein Beitrag zur παιδεία des 4. Jahrhunderts n. Chr.*, Gymn. Prog. (Friedland in Mecklenburg 1911)

HENNEKE / SCHNEEMELCHER 1989^{5} — E. HENNEKE / W. SCHNEEMELCHER, *Neutestamentliche Apokryphen, II. Apostolisches, Apokalypsen und Verwandtes* (Tübingen ^{5}1989)

HERMELIN 1934 — I. HERMELIN, *Zu den Briefen des Bischofs Synesios* (Diss. Uppsala 1934)

HORNUNG 1990 — E. HORNUNG, *Das Totenbuch der Ägypter. Eingeleitet, übersetzt u. erläutert von Erik Hornung*, Die Bibliothek der alten Welt: Reihe der Alte Orient (Zürich / München 1990)

HOSE 2001 — M. HOSE, „Der Bischof und die Philosophin. Über die Inszenierung eines Paares in den Briefen des Synesios an Hypatia", in: A. HEITMANN / S. NIEBERLE / B. SCHAFF / S. SCHÜLTING (Hgg.), *Bi-Textualität: Inszenierungen des Paares*, Geschlechterdifferenz und Literatur 12 (Berlin 2001), 323–333

HOSE 2003 — M. HOSE, „Synesios und seine Briefe. Versuch der Analyse eines literarischen Entwurfs", *WJbb* 27 (2003) 125–141

HÜBNER 2005 — S. HÜBNER, *Der Klerus in der Gesellschaft des spätantiken Kleinasiens*, Altertumswissenschaftliches Kolloquium 15 (Stuttgart 2005)

JONES 1973 — A. H. M. JONES, *Later Roman Empire* (Oxford 1973)

KARLSSON 1962 — G. KARLSSON, *Idéologie et cérémonial dans l'epistolographie byzantine* (Uppsala 1962)

KEYES 1935 — C. W. KEYES, „The Greek Letter of Introduction", *AJPh* 56 (1935) 28–48

KLAUCK 1998 — H.-J. KLAUCK, *Die antike Briefliteratur und das Neue Testament. Ein Lehr- und Arbeitsbuch*, UTB 2022 (Paderborn / München u.a. 1998)

KONSTAN 1997 — D. KONSTAN, *Friendship in the Classical World*, Key Themes in Ancient History (Cambridge 1997)

KOSKENNIEMI 1956 — H. KOSKENNIEMI, *Studien zur Idee und Phraseologie des griechischen Briefes bis 400 n.Chr.*, AASF B 102,2 (Helsinki 1956)

KRAELING 1962 — C.H. KRAELING, *Ptolemais, City of the Libyan Pentapolis* (Chicago 1962)

LACOMBRADE 1951a — Chr. LACOMBRADE, *Synésios de Cyrène, hellène et chrétien* (Paris 1951)

LACOMBRADE 1951b — Chr. LACOMBRADE, *Le Discours sur la Royauté de Synésios de Cyrène à l'empereur Arcadius* (Paris 1951)

LACOMBRADE 2001 — Chr. LACOMBRADE, „Hypatie, Synésios de Cyrène et le patriarchat alexandrin", *Byzantion* 71 (2001) 404–421

LAMOUREUX/ AUJOULAT 2004 — J. LAMOUREUX / N. AUJOULAT, *Synésios de Cyrène*. Tome IV: *Opuscules* I (Paris 2004)

LAMOUREUX/ AUJOULAT 2008a — J. LAMOUREUX / N. AUJOULAT, *Synésios de Cyrène*. Tome V: *Opuscules* II (Paris 2008)

LAMOUREUX/ AUJOULAT 2008b — J. LAMOUREUX / N. AUJOULAT, *Synésios de Cyrène*. Tome VI: *Opuscules* III (Paris 2008)

LE GOFF 1984 — J. LE GOFF, *Die Geburt des Fegefeuers* (Stuttgart 1984)

LIEBESCHÜTZ 1972 — J. H. W. G. LIEBESCHÜTZ, *Antioch. City and imperial administration in the Later Roman Empire* (Oxford 1972)

LIEBESCHUETZ 1984 — J. H. W. G. LIEBESCHUETZ, „The Date of Synesios' *De providentia*", in: *Actes du 7e Congrès de la F.I.E.C*, tome II (Budapest 1984) 39–46

LIEBESCHÜTZ 1985 — J. H. W. G. LIEBESCHÜTZ, „Synesius and municipal politics of Cyrenaica in the 5th century A. D.", *Byzantion* 55 (1985) 146–164.

LIEBESCHÜTZ 1986 — J. H. W. G. LIEBESCHÜTZ, „Why did Synesius become bishop of Ptolemais", *Byzantion* 56 (1986) 180–195

LIEBESCHUETZ 1990 — J. H. W. G. LIEBESCHUETZ, *Barbarians and bishops. Army, church and state in the age of Arcadius and Chrysostom* (Oxford 1990)

LIPSIUS 1905–15 — J. H. LIPSIUS, *Das attische Recht und Rechtsverfahren. Mit Benutzung des Attischen Processes*, 3 Bde. (Leipzig 1905–15, Nachdruck 1984)

LONG 1992 — J. LONG, „Dating an ill-fated journey: Synesius, *ep.* 5", *TAPhA* 122 (1992) 351–380

LOUTH 2001 — A. LOUTH, „Synesius von Cyrene", *TRE* 32 (2001) 524–527

LUCHNER 2005 — K. LUCHNER, „‚Gott- und Selbstrepräsentation in den Briefen des Synesios von Kyrene", *Millennium* 2 (2005) 33–62

MAAS 1913 — P. MAAS, „Verschiedenes II: Hesychios, Vater des Synesios von Kyrene (1913)", in: DERS., *Kleine Schriften* (München 1973) 175f.

MAJERCIK 1992 — R. MAJERCIK, „The Existence-Life-Intellect Triad in Gnosticism and Neoplatonism", *CQ* 42 (1992) 475–488

MALHERBE 1988 — A.J. MALHERBE (Hg.), *Ancient Epistolary Theorists*, SBL.SbibSt 19 (Atlanta 1988)

MARROU 1952 — H.-I. MARROU, „La ‚conversion' de Synésius", *REG* 65 (1952) 474–484

MARROU 1964 — H.-I. MARROU, „Synesius of Cyrene and Alexandrian Neoplatonism", in: A. MOMIGLIANO, (Ed.): *The Conflict between Paganism and Christianity in the Fourth Century* (Oxford 1964) 126–150 (wieder in: *Patristique et Humanisme* (Paris 1976) 295–319)

MARTI / BEER 1927 — K. MARTI / G. BEER, *Abot* (*Väter*). *Text, Übersetzung und Erklärung. Nebst einem textkritischen Anhang*, Die Mischnah IV. Seder. Neziqin. 9. Traktat. Abot (Gießen 1927)

VON MÖLLENDORFF 2000 — P. VON MÖLLENDORFF, *Auf der Suche nach der verlogenen Wahrheit. Lukians Wahre Geschichten*, Classica Monacensia 21 (Tübingen 2000)

MÜLLER 2004 — K. MÜLLER, „Dating the Ptolemaic city-foundations in Cyrenaica", *Libyan Studies* 35 (2004) 1–10

NICOLOSI 1959 — S. NICOLOSI, *Il* De Providentia *di Sinesio di Cirene. Studio critico e traduzione*, Publicazioni dell'Istituto Universitario di Magistero di Catania. Serie filosofica. Monografie 15 (Padua 1959)

NIERI 1892 — A. NIERI, „La Cirenaica nel secolo quinto giusta le lettere di Sinesio", *RIFC* 21 (1892) 220–297

NILSSON II 1961 — M. P. NILSSON, *Geschichte der griechischen Religion*, Handbuch der Altertumswissenschaft 5. R., Bd. 2, T. 2 (München 1961)

PARKER ^{2}1996 — R. PARKER, *Miasma. Pollution and Purification in Early Greek Religion* (Oxford ^{2}1996, zuerst *ebd.* 1983, Nachdruck 2003)

PERNOT 1993 — L. PERNOT, *La Rhétorique de l'éloge dans le monde Gréco-Romain*, Tome I. II, Collection des Études Augustiennes. Série Antiquité 137. 138 (Paris 1993)

PETIT 1955 — P. PETIT, *Libanios et la vie municipale à Antioche* (Paris 1955)

PIZZOLATO 1993 — L. F. PIZZOLATO, *L'idea di amicizia nel mondo antico classico e cristiano* (Turin 1993)

PIZZONE 2006 — A. PIZZONE, *Sinesio e la ‚sacra ancora' di Omero. Intertestualità e modelli tra retorica e filosofia*, Il Filarete. Collana di studi e testi 231 (Mailand 2006)

RAPP 2005 — C. RAPP, *Holy Bishops in Late Antiquity. The Nature of Christian Leadership in an Age of Transition* (Berkeley u. a. 2005)

REBENICH 2008 — St. REBENICH, „Freund und Feind bei Augustin und in der christlichen Spätantike", in: FUHRER 2008, 11–31

REISER 1990 — M. REISER, *Die Gerichtspredigt Jesu. Eine Untersuchung zur eschatologischen Verkündigung Jesu und ihrem frühjüdischen Hintergrund*, NTA NF 23 (Münster 1990)

RIEDWEG 2002 — Chr. RIEDWEG, *Pythagoras. Leben, Lehre, Nachwirkung. Eine Einführung* (München 2002)

ROOS 1991 — B.-A. ROOS, *Synesius of Cyrene. A Study in His Personality*, Studia Graeca et Latina Lundensia 2 (Lund 1991)

ROQUES 1987 — D. ROQUES, *Synésios de Cyrène et la Cyrenaïque du Bas-Empire*, Études d'Antiquités Africaines (Paris 1987)

ROQUES 1989 — D. ROQUES, *Études sur la Correspondance de Synésios de Cyréne*, Latomus 205 (Bruxelles 1989)

ROQUES 2006 — D. ROQUES, „Synésios de Cyrène et la rhetorique", in: AMATO u.a. 2006, 242–272

ROQUES 2008 — D. ROQUES, „Kyrenaika", *RAC* 22 (2008) 687–754

SCHIEMANN 1998 — G. SCHIEMANN, „Folter", *DNP* 4 (1998) 584–587

SCHMITT 1998 — T. SCHMITT, „Neue Quellen zur Auseinandersetzung zwischen Synesios und Andronikos? Die zwei Versionen von Syn. *ep.* 42 Garzya und Basil. *ep.* 61", *RhM* 141 (1998) 379–393

SCHMITT 2001 — T. SCHMITT, *Die Bekehrung des Synesios von Kyrene. Politik und Philosophie, Hof und Provinz als Handlungsräume eines Aristokraten bis zu seiner Wahl zum Metropoliten von Ptolemaïs*, Beiträge zur Altertumskunde 146 (München / Leipzig 2001)

SCHREINER 1981 — J. SCHREINER, *Apokalypsen. Das 4. Buch Esra*, *JShrZ* V,4 (Gütersloh 1981)

SEECK 1893 — O. SEECK, „Studien zu Synesius. II. Die Briefsammlung", *Philologus* 52 (1893) 458–483

SENG 1996 — H. SENG, *Untersuchungen zum Vokabular und zur Metrik in den Hymnen des Synesios*, Patrologia IV (Frankfurt a. M. / Berlin u.a. 1996)

SIMEON 1933 — X. SIMEON, *Untersuchungen zu den Briefen des Bischofs Synesios von Kyrene*, Rhetorische Studien 18 (Paderborn 1933)

SIRINELLI 1989 — J. SIRINELLI, „La crise de conscience d'un néoplatonicien", in: *Mélanges offerts au Doyen Pitti Ferrandi* (Paris 1989), 133–147

SLOOTJES 2006 — D. SLOOTJES, *The Governor and his Subjects in the Later Roman Empire* (Leiden / Boston 2006)

STENGER 2009 — J. STENGER, *Hellenische Identität in der Spätantike. Pagane Autoren und ihr Unbehagen an der eigenen Zeit*, Untersuchungen zur antiken Literatur und Geschichte 97 (Berlin / New York 2009)

STÄDELE 1980 — A. STÄDELE, *Die Briefe des Pythagoras und der Pythagoreer*, Beiträge zur Klassischen Philologie 115 (Meisenheim am Glan 1980)

STEMBERGER 1977 — G. STEMBERGER, *Geschichte der jüdischen Literatur. Eine Einführung*, Beck'sche Elementarbücher (München 1977)

STIREWALT 1993 — M. L. STIREWALT, *Studies in Ancient Greek Epistolography*, SBL. Resources BibSt 27 (Atlanta 1993)

Stowers 1986 — S. K. Stowers, *Letter Writing in Greco-Roman Antiquity*, LEC 5 (Philadelphia 1986)

Susanetti 1992 — D. Susanetti (Hg.), Sinesio di Cirene. *I Sogni*, introd., trad. e comm., studi e commenti 10 (Bari 1992), 127.

Sykutris 1931 — J. Sykutris, „Epistolographie", *RE Suppl.* 5 (1931) 185–220

Tanaseanu-Döbler 2008 — I. Tanaseanu-Döbler, *Konversion zur Philosophie in der Spätantike. Kaiser Julian und Synesios von Kyrene*, Potsdamer Altertumswissenschaftliche Beiträge 23 (Stuttgart 2008)

Theiler 1942 — W. Theiler, *Die Chaldäischen Orakel und die Hymnen des Synesios* (Halle 1942)

Thraede 1970 — K. Thraede, *Grundzüge griechisch-römischer Brieftopik*, Zetemata 48 (München 1970)

Tinnefeld 1975 — F. Tinnefeld, „Synesios von Kyrene. Philosophie der Freude und Leidensbewältigung", in: C. Gnilka / W. Schetter (Hg.), *Festschrift W. Schmid. Studien zur Literatur der Spätantike* (Bonn 1975) 139–179

Traulsen 2004 — Ch. Traulsen, *Das sakrale Asyl in der antiken Welt* (Tübingen 2004)

Turner 1992 — J. D. Turner, „Gnosticism and Platonism: The Platonizing Sethian Texts from Nag Hammadi in their Relation to Later Platonic Literature." In *Neoplatonism and Gnosticism*, ed. by. R. T. Wallis and J. Bregman, 425–459

Vogt 1985 — J. Vogt, *Begegnung mit Synesios, dem Philosophen, Priester und Feldherrn*. Gesammelte Beiträge (Darmstadt 1985) [darinnen: Einleitung, 1–13 (erstmals 1985); „Synesios gegen Andronikos: der philosophische Bischof in der Krisis", 15–32 (zuerst 1968); „Synesios auf Seefahrt", 33–47 (zuerst 1970); „Synesios vor dem Planisphaerium", 48–67 (zuerst 1970); „Synesios im Glück der ländlichen Einsamkeit", 68–83 (zuerst 1971); „Das unverletzliche Gut: Synesios an Hypatia", 84–91 (zuerst 1972); „Philosophie und Bischofsamt: Der Neuplatoniker Synesios in der Entscheidung", 92–108 (zuerst 1975); „Synesios von Kyrene: Hellene, Feldherr, Priester", 109–122 (zuerst 1979)]

von Albrecht u.a. 2002 — M. von Albrecht u.a. (Hgg.), *Jamblich. ΠΕΡΙ ΤΟΥ ΠΥΘΑΓΡΕΙΟΥ ΒΙΟΥ. Pythagoras: Legende – Lehre – Lebensgestaltung*. Eingeleitet, übersetzt und mit interpretierenden Essays versehen, SAPERE 4 (Darmstadt 2002)

Vollenweider 1985 — S. Vollenweider, *Neuplatonische und christliche Theologie bei Synesios von Cyrene*, Forschungen zur Kirchen- und Dogmengeschichte 35 (Göttingen 1985)

Vollenweider 2002 — S. Vollenweider, „Synesios von Kyrene", in: S. Döpp / W. Geerlings, *Lexikon der antiken christlichen Literatur* (Freiburg u.a. ³2002) 578–580

Volz 1934 — P. Volz, *Eschatologie der jüdischen Gemeinde im neutestamentlichen Zeitalter. Nach den Quellen der rabbinischen, apokalyptischen und apokryphen Literatur*, 2. Auflage des Werkes *Jüdische Eschatologie von Daniel bis Akiba* (Tübingen 1934)

Vorgrimler 1994 — H. Vorgrimler, *Geschichte der Hölle* (München [1993] ²1994)

White 1992 — C. White, *Christian Friendship in the Fourth Century* (Cambridge 1992)

Wipszycka 1994 — E. Wipszycka „Le monachisme égyptien et les villes“, *Travauxet Mémoires* 12 (1994) 1–44

Stellenregister (in Auswahl)

Namensregister

SAPERE

Scripta Antiquitatis Posterioris
ad Ethicam REligionemque pertinentia

Schriften der späteren Antike
zu ethischen und religiösen Fragen

Lieferbare Bände nach Bandnummern:

XVII *Synesios von Kyrene:* Polis – Freundschaft – Jenseitsstrafen
Briefe an und über Johannes
Eingeleitet, übersetzt und mit interpretierenden Essys versehen von Katharina Luchner, Bruno Bleckmann, Reinhard Feldmeier, Herwig Goergemanns, Adolf Martin Ritter, Ilinca Tanaseanu-Doebler
2010. XI, 243 Seiten. ISBN 978-3-16-150654-3 Broschur;
ISBN 978-3-16-150655-0 Leinen.

XVI *Plutarch:* On the daimonion of Socrates
Human liberation, divine guidance and philosophy
Edited by Heinz-Günther Nesselrath. Introduction, Text, Translation and Interpretative Essays by Donald Russell, George Cawkwell, Werner Deuse, John Dillon, Heinz-Günther Nesselrath a.o.
2010. X, 225 Seiten. ISBN 978-3-16-150137-1 Broschur;
ISBN 978-3-16-150138-8 Leinen.

XV *Joseph und Aseneth*
Herausgegeben von Eckart Reinmuth. Eingeleitet, ediert, übersetzt und mit interpretierenden Essays versehen von Eckart Reinmuth, Stefan Alkier, Brigitte Boothe, Uta B. Fink, Christine Gerber, Karl-Wilhelm Niebuhr u.a.
2009. XI, 280 Seiten. ISBN 978-3-16-150161-6 Broschur;
ISBN 978-3-16-150162-3 Leinen.

XIV *Cornutus:* Die Griechischen Götter
Ein Überblick über Namen, Bilder und Deutungen
Herausgegeben von Heinz-Günther Nesselrath, eingeleitet, übersetzt und mit interpretierenden Essays versehen von Fabio Berdozzo, George Boys-Stones, Hans-Josef Klauck, Ilaria Ramelli und Alexei V. Zadorojnyi
2009. X, 259 Seiten. ISBN 978-3-16-150071-8 Broschur;
ISBN 978-3-16-150072-5 Leinen.

XIII *Dion von Prusa:* Der Philosoph und sein Bild

Herausgegeben von Heinz-Günther Nesselrath, eingeleitet, ediert, übersetzt und mit interpretierenden Essays versehen von Eugenio Amato, Sotera Fornaro, Barbara E. Borg, Renate Burri, Johannes Hahn u.a.

2009. XI, 317 Seiten. ISBN 978-3-16- 149440-6 Broschur; ISBN 978-3-16-149441-3 Leinen.

XII *Rufus of Ephesus:* On Melancholy

Edited by Peter E. Pormann. Introduction, Text, Translation and Interpretative Essays by Philip J. van der Eijk, Vivian Nutton, Peter E. Pormann, Thomas Rütten, Peter-Klaus Schuster, Simon Swain a.o.

2008. XV, 332 Seiten. ISBN 978-3-16-149759-9 Broschur; ISBN 978-3-16-149760-5 Leinen.

XI *Der apokryphe Briefwechsel zwischen Seneca und Paulus*

Zusammen mit dem Brief des Mordechai an Alexander und dem Brief des Annaeus Seneca über Hochmut und Götterbilder

Eingeleitet, übersetzt und mit interpretierenden Essays versehen von Alfons Fürst, Therese Fuhrer, Folker Siegert und Peter Walter

2006. X, 215 Seiten. ISBN 978-3-16-149130-6 Broschur; ISBN 978-3-16-149131-3 Leinen.

X *Plutarch:* Dialog über die Liebe

Amatorius

Eingeleitet, übersetzt und mit interpretierenden Essays versehen von Herwig Görgemanns, Barbara Feichtinger, Fritz Graf, Werner G. Jeanrond und Jan Opsomer

2006. X, 323 Seiten. ISBN 978-3-16-148824-5 Leinen.

Einen Gesamtkatalog erhalten Sie gerne vom Verlag
Mohr Siebeck, Postfach 2040, D–72010 Tübingen.
Aktuelle Informationen im Internet unter www.mohr.de